U0450183

国家社会科学基金项目"全球应对老龄化治理与构建年龄友好城市研究"（编号：18BZZ044）

中国保险学会2024年度研究课题"长期护理保险促进健康养老服务产业发展路径研究——基于典型国家经验的比较制度分析"（编号：ISCKT2024-N-1-04）

福利制度视野下的**少子高龄化**应对

日本实践与中国实践

LOW BIRTH RATE AND POPULATION AGING

罗鹏 [日]川池智子 杨一帆 主编

中国社会科学出版社

图书在版编目（CIP）数据

福利制度视野下的少子高龄化应对 : 日本实践与中国实践 / 罗鹏，（日）川池智子，杨一帆主编. -- 北京 : 中国社会科学出版社，2025. 4. -- ISBN 978-7-5227-4839-9

Ⅰ. C924.313.4；D731.37；C924.24

中国国家版本馆 CIP 数据核字第 2025HN7844 号

出 版 人	赵剑英	
责任编辑	刘亚楠	
责任校对	张爱华	
责任印制	张雪娇	

出　　版	中国社会科学出版社	
社　　址	北京鼓楼西大街甲 158 号	
邮　　编	100720	
网　　址	http://www.csspw.cn	
发 行 部	010－84083685	
门 市 部	010－84029450	
经　　销	新华书店及其他书店	

印　　刷	北京君升印刷有限公司	
装　　订	廊坊市广阳区广增装订厂	
版　　次	2025 年 4 月第 1 版	
印　　次	2025 年 4 月第 1 次印刷	

开　　本	710×1000　1/16	
印　　张	26	
插　　页	2	
字　　数	381 千字	
定　　价	158.00 元	

凡购买中国社会科学出版社图书，如有质量问题请与本社营销中心联系调换
电话：010－84083683
版权所有　侵权必究

前　言

杨一帆

在全球人口结构深刻变革的浪潮中，少子高龄化已成为不可逆转的时代趋势，深刻地重塑着社会的各个层面。日本作为最早迈入老龄化社会的国家之一，其在应对少子高龄化挑战的漫长历程中积累了丰富的经验与教训，而中国在人口结构快速转变的当下，正面临着前所未有的机遇与挑战。正是在这样的时代背景下，我们编写了这本《福利制度视野下的少子高龄化应对：日本实践与中国实践》。

少子高龄化并非仅仅是人口数量和结构的变化，它背后蕴含着社会结构的重组、家庭功能的转变、经济发展的压力以及文化观念的碰撞。日本在过去的几十年间，从最初的震惊与应对无措，到逐步建立起较为完善的社会福利体系，其在养老保障、医疗护理、儿童养育支持等诸多领域的探索，为其他国家提供了极具价值的参考范例。而中国作为人口大国，近年来在社会保障体系的构建、养老服务模式的创新以及积极应对人口老龄化的国家战略中，也展现出了强大的决心与行动力。

本书邀请了西南交通大学外国语学院日语系罗鹏老师和日本学界久负盛名的川池智子老师同我一起担任主编，遴选组织了中日两国在社会福利、老年学、公共管理等领域的四十余位专家学者参与编写。我们试图从宏观的社会政策层面，深入剖析日本在应对少子高龄化过程中社会福利制度的演变、介护保险制度的实施、儿童与老年人福利政策的创新等关键领域，同时结合中国在城市建设、社会福祉人才培养、老龄科技发展等方面的实践探索，通过跨国比较的视角，为两国在少子高龄化背景下的社会政策制定与优化提供理论支持与实践参考。

在编写过程中，我们还深入研究了中日两国近年来的畅销文学作品和通俗读物，从中挖掘大众对少子高龄社会福祉观的认知与期待，试图从文化层面理解社会观念的转变对政策实施的影响。因为我们深知，少子高龄化问题的解决并非一蹴而就，它需要政府、企业、社会组织以及每一个家庭的共同努力，更需要在全社会范围内形成一种积极应对老龄化、尊重老年人、支持生育与养育的文化氛围。

本书按国别分为两个部分。上篇聚焦于日本的社会福利与社会保障制度及其实践，系统梳理了日本社会保障与社会福祉的结构、理念及其发展历程，深入剖析了日本应对高龄化与少子化的福利机制与实践，包括介护保险制度、老年福祉实践、少子化对策及儿童福祉创新等内容，同时还探讨了日本社会福祉专职教育与福祉技术创新的现状与挑战。深入研究了与社会福利相关的创新和挑战，包括从行政主导型福利体系向地方分权和地域主义的转变，以及市民和年轻人在地域社会中的角色和贡献，进一步分析了多样性与社会福利之间的关系。下篇对中国社会保障与社会福祉的现状和挑战进行了宏观概述，深入探讨了中国在社会保障与社会福祉领域的现实问题与革新方向，结合中日比较视角，分析了中国在应对少子高龄化方面的实践与创新，包括社会福祉服务的法律与制度发展、社会福祉人才培养、灵活就业人员的社会保障以及老龄科技与创新设计等前沿议题。

我们希望本书能够为从事社会福利、公共政策、老年学研究的学者与实践者提供一个全面、系统的视角，帮助他们更好地理解少子高龄化对社会结构与福利体系的深远影响；也希望本书能为政策制定者提供有益的参考，助力他们在制定应对少子高龄化政策时，能够充分借鉴国际经验，结合本国国情，制定出更具科学性、前瞻性和人文关怀的政策措施；更希望本书能够唤起全社会对少子高龄化问题的关注与思考，激发每一个社会成员积极参与到应对这一全球性挑战的行动中来。

在人口结构深刻变革的时代浪潮中，少子高龄化既是一场严峻的挑战，也是一个推动社会进步与创新的契机。让我们携手共进，以科学的态度、创新的精神和坚定的决心，共同探索应对少子高龄化的有效路径，为构建一个更加公平、包容、可持续发展的社会而努力。

目　录

上　篇　日本社会福利的结构、实践与项目

俯瞰　日本的社会保障与社会福利制度及其实践	川池智子	/ 3
社会保障/社会福利的理念	河谷 Harumi	/ 6
社会保障/社会福祉制度概要	木口惠美子	/ 12
残疾人福利及其动向	根岸洋人	/ 22
残疾人福利：日本残疾儿童教育的动向	河合高锐	/ 28
贫困和社会福利：围绕地域差距的"公共援助个案工作"	胁山园惠	/ 32
贫困和社会福利：支援流浪者	山迫麻帆	/ 36
儿童家庭福利：日本儿童福利与社会养护	古野爱子	/ 39
儿童家庭福利：21世纪初日本社区支援儿童的特色	立柳聪	/ 41
走向福利国家的进程	樋川隆　龟田尚	/ 43
介护保险的概况	郑丞媛	/ 55
介护保险制度的开展与课题	伊奈川秀和	/ 65
提高介护质量：第三方评价制度	仓田康路	/ 73
老年人的介护预防：以老年人为主体的娱乐活动	泷口真	/ 83
痴呆症护理的最前线	户田京子	/ 87
介护现场的座位和姿势的实际情况	木村颂	/ 90
介护保险制度的课题：介护场所的科学化和人性化	末广洋祐	/ 95

社区综合支援中心：介护保险制度的地域核心……………………龟田美和 / 97
小规模多功能设施：在地区开设………………………………山下裕美 / 101
与大学生一起创建的社区福利据点……………………………高谷 Yoneko / 104
以居民为主体的"社交场所"……………………………………郑丞媛 / 107
少子社会中的"少子化对策 / 育儿支援"………………………川池智子 / 109
NPO 法人致力于"儿童·家庭·整体"支援事业………………山田耕司 / 124
人与人的联系开出繁盛果实
　　——以镰仓寺子屋活动为例…………………………………小木曾骏 / 131
想与患有重度障碍的女儿一起度过丰富的社区生活……………圆井美贵子 / 134
从幼儿时期开始的环境教育
　　——利用当地资源的体验活动的意义………………………增田直广 / 140
福利专职与培养教育………………………………………………小森敦 / 145
社会工作实践的课题………………………………………………小林优志 / 154
精神保健福祉士的实践中：
　　与当事人同行的社会福祉专业人员…………………………川池秀明 / 158
介护福祉士教育中接收留学生的实际情况和课题………………豆田和也 / 164
通过大学四年学习成为介护福祉士的意义………………………佐佐木 Sachiko / 169
短期大学专业的介护福利教育……………………………………绵贯惠子 / 170
高中福祉教育的现状与课题………………………………………铃木恭太 / 176
人际支援职业………………………………………………………国弘望 / 179
幸福追求权、基于 ICF 护理观的
　　重新认识和福祉器具创新……………………………………大桥谦策 / 182
关于福祉辅具、介护机器人的开发和普及………………………五岛清国 / 193
从行政主导型福利体系到地方分权·地域主义……………………平野方绍 / 217
市民和年轻人共建的地域社会……………………………………岩渊泰 / 223
多样性与社会福利…………………………………………………田中丰治 / 229
结语　为了迎接充实的百年人生时代……………………………川池智子 / 239

目 录

下 篇　中国社会福利的结构、实践与课题

展望　中国社会福利的结构、实践、课题……………………… 杨一帆　罗　鹏 / 249

面对人口减少·老龄化局面的中国与日本………………………………… 长宗武司 / 251

中国人口老龄化和社会福祉的演变……………………………… 王双双　何昕颖 / 255

大众视野下的少子高龄社会福祉观
　　——对日本、中国近年的畅销文学作品和
　　　通俗读物的观察……………………………………………… 罗　鹏　吕兆新 / 267

一般社会福祉的法律与制度发展……………………… 范文婷　彭春花　向书颖 / 283

中国老年福利的制度体系……………………………… 王双双　彭春花　赵石铄 / 291

地方福祉政策的实施和全国应用……………………… 杨一帆　田金吉　兰婧怡 / 301

中国儿童友好城市和老年友好城市概述……………… 杨一帆　张雪永　李唯为 / 312

"一老一小"统筹解决的方案 ………………………… 杨一帆　陈　璐　蒋　馨 / 327

应对少子化的中国探索………………………………… 范文婷　张　欢　米源源 / 336

儿童友好城市和社区案例研究…………………………………… 张雪永　李唯为 / 346

中国老年护理人才培育现状及存在问题……………… 罗　鹏　魏子轩　敬璐璐 / 358

探索面向职业化的全新社会福祉人才教育体系……………… 罗　鹏　田金吉 / 371

灵活就业人员的社会保障：现实困境与可能的出路……… 颜学勇　潘君豪 / 385

飞速发展的中国老龄科技与创新设计………………… 杨一帆　潘君豪　杨　溢 / 394

上 篇
日本社会福利的结构、实践与项目

俯 瞰

日本的社会保障与社会福利制度及其实践

川池智子[*]

本书的上篇详细介绍了日本社会保障和社会福利制度的概况，以及在这些制度框架下开展的社会福利实践的现状。其内容具有独特的价值，区别于其他同类书籍。

第一，以丰富的图表与通俗易懂的方式，详细解析了日本介护保险制度（日本于2000年实施的一项社会保险制度，旨在为需要长期护理的老年人提供必要的护理服务和经济支持）及其基础——社会保障与社会福利制度的最新动态。

第二，收录了近20个基于现行法律制度的真实实践案例。这些案例由活跃在介护[①]和社会福利第一线的专业人士及民间从业者撰写。再完善的法律制度，若缺乏高素质的专业人员与支持团队，仍难以真正为人们提供优质服务。这些实践案例为如何更好地支持服务对象提供了宝贵的参考。

第三，介绍了介护与福利领域专业人才培养的最新教育动向。高质量的人才才能推动法律制度的有效落地，并成为介护与福利事业持续发展的核心动力。

第四，提出了一个重要的观点——在少子高龄化社会中，应当一体化考

---

[*] [日]川池智子（川池 智子）：博士，护理伦理与护理劳动研究会主席。原山梨县立大学人类福祉学院副教授，原鹤见大学短期大学部保育系教授。本文译者：雷凤琴，四川外国语大学日语学院硕士研究生。

[①] 介护：为老年人或身体不便者提供日常生活照料和护理的服务，这一概念起源于20世纪中期的日本。

虑少子化与高龄化应对问题，而非割裂对待。

第五，从学术角度探讨了推动介护与社会福利事业多维度发展的必要性。其中包括 IT 化的应用、地方政策的完善、促进地区活力以加强不同人群的连接等关键议题。

上篇收录文章按顺序可分为四部分。首先，清晰地阐述了包括介护保险制度在内的日本社会保障与社会福利的整体架构，并涵盖了残疾儿童福利、贫困问题以及儿童家庭福利等具体案例。并进一步追溯了日本介护、福利与社会保障制度的历史演变，形成理念与思维方式。这些内容对于理解当前制度的背景和逻辑至关重要。

其次，总结了日本应对少子高龄化社会的法律体系及其实践探索。首先详细解析了介护保险制度的服务体系、具体内容、资金来源等。其次围绕提高介护服务质量的对策展开讨论，包括"第三方评价制度""成人监护制度""虐待防止法"等法律制度、提高介护质量的文娱活动、痴呆症护理知识、轮椅正确坐姿等实践性知识。再次介绍了"社区综合中心""小规模多功能设施"等扎根于社区的介护保险事业，以及民间主体对老年人的支援案例。最后总结了与少子化问题相关的讨论。从 1990 年代末的"天使计划"到近年来"儿童家庭厅"的设立，展现了日本针对少子化的育儿支持政策的逐步推进。通过年表形式，回顾了各个阶段的政策演变，并结合研究成果，深入讨论了父母们寻求的"育儿支援"。此外，还介绍了大学生儿童支援、残疾儿童父母为主体的实践、NPO 有组织性的儿童家庭支持、幼儿环境教育四项创新实践。

接着讨论了福利教育和技术创新。在社会快速变化的背景下，福利领域也面临着创新的需求。说到革新，人们往往聚焦于技术层面，但这属于硬件方面，本书特别强调教育这一软件方面的革新。从这个角度出发，首先，介绍了社会福利专业人员的教育体系及其实践案例，以及接受教育并承担实践任务的专业人员。包括详细的社会福利专业人员培训课程，大学、短期大学、专门学校、高中这四类学校中介护福祉士培训的教育状况，以及活跃在一线的社会福祉士[①]、精神保健福祉士[②]、介护福祉士[③]的实践性论考，探讨了在社会福利领域中遇到的各种问题和挑战，并分享了有效的解决方法和实践经验。

最后，讨论了在国际上备受关注的福利技术发展核心——福利器具。不仅讨论了福利器具如何与福利理念及实践的变革紧密相连，分享了相关研究论文，还介绍了IT技术、机器人技术在最新福利领域的应用，并附有大量照片，强调在IT化的创新中，实践的理论、方法必须与设备的发展齐头并进，希望读者能从中领悟到这一重要观点。最后，总结了当今日本社会福利面临的两大课题——地区振兴与福利、社会多样化与福利。

我们通过"俯瞰"，对上篇关于日本的介护保险、社会福利、社会保障等进行了整体梳理与概览总结。该部分由知名研究人员、活跃一线的专业人士以及志愿投身于地区高龄化和少子化支援的社会工作者共同编写，力求全面呈现日本介护与福利的真实现状，希望能够对读者有所帮助。

---

① 社会福祉士：日本的一项专业资格，主要职责是提供专业的咨询和支持服务，帮助个人和家庭解决生活中的各种社会福祉问题。
② 精神保健福祉士：日本的一项专业资格，专注于为精神障碍者提供心理健康支持和社会福祉服务。
③ 介护福祉士：日本的一项专业资格，主要职责是为老年人或身体不便者提供专业的日常生活照料和护理服务。

社会保障／社会福利的理念

河谷 Harumi*

一 关于社会保障制度的建议

日本的社会福利和社会保障制度是在第二次世界大战后，根据国家最高法规——《日本宪法》（1946年11月3日公布，次年5月3日施行）逐步建立的。《日本宪法》的基本原则包括三大要点：尊重国民主权、尊重基本人权、和平主义。社会福利与社会保障制度正是基于尊重基本人权的理念而发展起来的。

在构建社会保障制度的过程中，1950年，社会保障制度审议会提出了《关于社会保障制度的建议》，为制度的确立奠定了基础。在此之前，日本并未真正贯彻社会保险和社会福利的理念。该审议会明确提出，社会保障制度应当以《日本宪法》第25条"生存权"的理念为基础，确立统一的社会保障体系。社会保障制度的定义为："针对疾病、受伤、分娩、残疾、死亡、老龄、失业、多子以及其他导致贫困的原因，通过保险或由政府直接负担的方式提供经济保障，对陷入贫困的人群，国家应提供最低生活保障，同时保障公共卫生和提高社会福利，从而确保所有国民能够过上与文明社会成员相适应的生活。"此外，社会保障制度不仅以社会保险为中心，还包括公共扶助、社会福利和公共卫生等内容，其中民生保障的责任由国家承担。社会保障制

---

* ［日］河谷 Harumi（河谷 はるみ）：管理学博士。西南学院大学教授。本文译者：吕兆新，西南交通大学外国语学院日语系讲师。

度应面向全体国民，秉承公平和机会均等的原则，确保人们能够维持健康且符合文化水平的生活。该制度倡导国民树立社会共同体精神，根据自身能力履行维持和运用该制度的社会责任。

1995 年，社会保障制度审议会提出了最终建议，明确了"社会保障体制再建设"的新理念，即"保障广大国民能够健康、安心地生活"，并强调"社会保障制度必须成为 21 世纪社会共同体的证明"。该建议还指出："今后的生活保障方式将更加多样化，产生了与社会保障接受方相关的选择权问题，这些选择的范围将超越生存权的范畴，逐步扩展。"

1998 年，中央社会福利审议会社会福利构造改革分科会发布了意见书《关于社会福利基础构造改革（中间总结）》，这成为社会福利理念转变的关键契机。意见书强调："社会福利的目的不再局限于保护和救济少数人，而应面向全体国民，并在问题发生时立足于社会共同体的观念进行救助。个体应拥有尊严，无论是在家庭中还是在社区中，无论是否有残障、年龄大小，都应支持其自立地过上符合人类尊严的生活。"

2000 年，社会福利事业法依据这一意见书进行了修订，成立了社会福利法，并对其他相关法规也进行了调整。同年 4 月，日本实施了《介护保险法》。社会福利从"措施"（行政处理）转向"合约"，即基于使用者的自主选择和决定，进入了福利服务"合约化"的新时代。由此，保障服务"量"的同时也提出了保障"质"的要求。福利服务质量评估体系成为保障服务质量体系的一部分。该评估体系的基本理念是尊重个人的自我决定权、充分利用其剩余能力，并确保生活的持续性。

二 社会福利／社会保障与《日本宪法》

《日本宪法》第 25 条规定了"生存权"。根据这一宗旨，日本制定了许多与社会保障、社会福利和公共卫生相关的法律。那么，该条宪法具体保障着公民哪些权利呢？"健康文明的、最低限度的生活保障"具体指的是什么呢？在日本，这也被称为"人类审判"①，在朝日诉讼案件中最高法院的判决进一步确认了其法律性质。

《日本宪法》第 25 条：
全体国民都应享有健康文明的、最低限度的生活保障。
国家必须在各个生活领域全力以赴，努力提升和改善社会福利、社会保障及公共卫生体系。

朝日茂（原告）在结核疗养所接受生活保护（包括医疗扶助和生活扶助）期间，福利事务所所长因为朝日接受了哥哥的生活补贴而停止了向其发放生活扶助费。朝日认为，按照当时生活保护标准（每月 600 日元），无法维持健康文明的、最低限度的生活，因此提出异议。该案件最终提出了一个关键问题：厚生大臣（当时）制定的生活保护基准（每月 600 日元）是否符合《日本宪法》第 25 条规定的"健康文明的、最低限度的生活保障"标准？这就是朝日诉讼。一审（地方法院）判定该标准违反宪法，朝日胜诉；但二审（高等法院）则认为该标准符合法律要求，朝日败诉。最终，朝日提出上诉。

最高法院在 1967 年 5 月 24 日的判决中指出，《日本宪法》第 25 条是国家努力的目标，属于"程序规定说"，其保护基准应当根据厚生大臣（当时）的判断而定。"程序规定说"是指"虽然法律条文中明确规定了保障基本生活，但实际上，这些规定只是国家的努力方向和政策方针的预期，而并非赋予每个公民具体的法律权利"。

虽然朝日茂本人在审判中败诉（他于 1964 年 2 月 14 日去世，当时仍在

---

① 从正面质问"对于人来说，生存的权利是什么？"，这被称为"人类审判"，掀起了国民诉讼支援运动，东京地方法院也做出了审判史上划时代的判决，判定当时的生活保护标准违宪。

上诉最高法院的判决过程中），但该案件引发了广泛的舆论关注，并对民生保障制度和保护基准产生了深远影响。社会各界对朝日诉讼的支持最终促使政府对保护基准进行了上调，因此，尽管朝日败诉，这一诉讼实际带来了类似胜诉的效果，被视为社会保障审判的标志。

朝日诉讼的判决成为《日本宪法》第25条的最高法院审判案例的基础。最高法院对于"健康文明的、最低限度的生活保障"普遍采用"程序规定说"，广泛认可保障标准由立法机关和行政政府根据实际情况自由裁定。这一立场反映了日本司法、立法、行政之间三权分立的制约关系。涉及社会保障这类财政预算问题时，司法机关通常不做过多干预。换言之，为了避免侵犯国会的预算权，司法机关往往选择不发表明确意见，这也导致了司法机关与立法机关之间复杂的关系。在此背景下，马萨诸塞州提出的"司法机关通过行政立法"成为应对这种制约的一种可能。

近年来，与《日本宪法》第25条的生存相并列，第13条的"自由"和"幸福追求权"也逐渐受到广泛关注。这一理念强调重视支援个人人格自立和保障个人自由。

◀◀◀

《日本宪法》第13条：

全体国民都作为独立个体而受到尊重。其生命、自由及追求幸福的公民权利，在不违反公共福利的情况下，立法或其他国家政治机关应给予最大的尊重。

▶▶▶

社会保障的目标不仅仅是传统意义上的国民生活保障，从根本上讲，它更是"对个人自立的支援"。这一理念强调"为了使个体在人格上独立，并能够主动追求自己生活方式的补充条件"，由此展开社会保障的规范基础论。具体而言，这意味着将社会保障制度中的个人参与、信息公开以及场所设施中的隐私保障等问题，与《日本宪法》第 13 条所保障的个人决定权、隐私权等基本权利相结合进行探讨。

国家积极介入，保护弱者。

社会权之一是生存权。

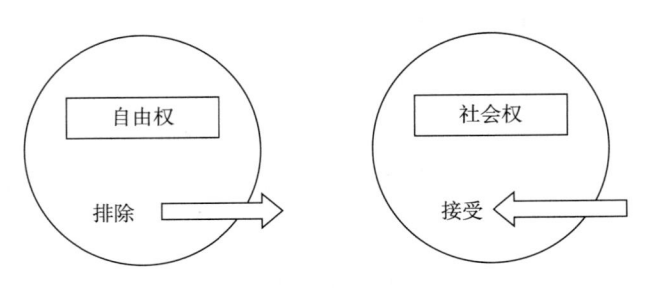

图 1　自由权与社会权的关系

注：笔者自制。

关于与《日本宪法》第 14 条"法律之下人人平等"关系的讨论，近年来有一起备受关注的遗属补偿养老金案例（请求撤销遗属补偿养老金不予支付决定的案件，该案由大阪地方法院于 2013 年 11 月 25 日判决）。遗属养老金是在被保险人或曾经的被保险人死亡时，支付给依赖被保险人维持生计的遗属。领取遗属养老金的资格附加了"维持生计"这一必要条件，旨在只向因被保险人死亡而失去生计来源、需要生活保障的人支付遗属养老金。遗属补偿养老金也是以保障遗属的生活为目的，把没有自我生存能力作为养老金领取的必要条件。

《日本宪法》第 14 条：

全体国民法律之下人人平等，不因人种、信仰、性别、社会身份或门第而在政治、经济或社会关系上遭遇歧视。

在该审判中，争议焦点是遗属补偿养老金的领取条件，其中配偶中的"丈夫"一方被要求年满 60 岁这一条件是否违反《日本宪法》第 14 条第 1 项？初审（大阪地方法院）认为这一要求违宪，允许原告提出请求，但二审（大阪高等法院）则认为该要求合宪，认为"在支付条件中看到的男女差别不违反《日本宪法》第 14 条第 1 项"。最终，2017 年 3 月，最高法院也判定这一规定"合宪"。

如该案所示，与社会保障密切相关的宪法条文，除了第 25 条以外，还有许多需要关注的条文。关于《日本宪法》第 14 条第 1 项后段中"法律之下人人平等"的具体含义，各界有不同的理解。但是，对于该案中的男女差别，基于严格合理的基准，应当在考虑其是否违宪的判断框架下有逻辑地判断。在该案中，围绕遗属补偿养老金的领取权展开了广泛的讨论，经历了一审、二审以及最高法院判决的审理。通过这些审判可以看出，基于社会形势变化和事实关系的认识，遗属养老金制度可能需要进行重新评估。

社会保障／社会福祉制度概要

木口惠美子[*]

一 社会保障的概念和作用

（一）社会保障的概念

1946年，《日本宪法》颁布，其中第25条首次使用了"社会保障"这一术语。随后，在1949年（昭和24年）设立的社会保障制度审议会于1950年（昭和25年）发布的《关于社会保障制度的建议》（简称《建议》）中，对社会保障制度作出了明确定义："社会保障制度是通过保险形式或直接由公共财政提供经济保障，以应对因疾病、负伤、生育、伤残、死亡、年老、失业、多子等原因引发的贫困问题。对于生活贫困者，国家应通过扶持措施保障其最低生活水平，同时通过改善公共卫生和社会福利，确保全体国民能够享有与文化社会成员身份相适应的生活。"进一步明确了社会保障的核心责任应由国家承担，为日本社会保障体系的构建奠定了基础。

◂◂◂ ─────────────────────────────

《日本宪法》第25条：

全体国民都应享有健康文明的、最低限度的生活保障。

国家必须在各个生活领域全力以赴，努力提升和改善社会福利、社会保

─────────────────────────────

[*] ［日］木口惠美子（木口 惠美子）：社会福祉学博士。鹤见大学短期大学部儿童保育系副教授。儿童保育士、社会福祉士和精神健康福祉士。本文译者：罗鹏，西南交通大学外国语学院日语系讲师。

障及公共卫生体系。

（二）社会保障的作用

每个人都可能面临受伤、生病、失业或死亡等超出个人能力范围的情况。例如，突如其来的传染病扩散可能使人们面临健康和生命的威胁，而经济环境的急剧恶化则可能导致失业的风险。在这样的背景下，社会保障的意义尤为突出。正如《厚生劳动省白皮书》（2017年）所言："社会保障的作用在于通过几代人的努力，守护国民的一生，帮助人们抵御个人能力难以应对的生活风险。"

日本的社会保障制度大致分为两类：一类是以保险金为主要资金来源的社会保险制度，另一类是以税收为主要资金来源的税收制度（见图1）。关于社会保障与社会福利的定义，存在多种解读，图1展示了其中一种观点。本文从狭义的社会保障（社会保险与政府扶助）和社会福利展开论述。

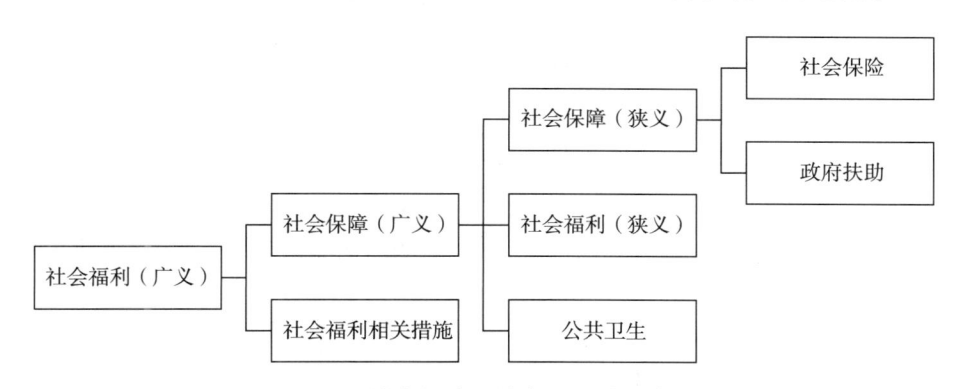

```
社会福利（广义） ─┬─ 社会保障（广义） ─┬─ 社会保障（狭义） ─┬─ 社会保险
                  │                      │                      └─ 政府扶助
                  │                      ├─ 社会福利（狭义）
                  │                      └─ 公共卫生
                  └─ 社会福利相关措施
```

图 1　社会保障和社会福利的概念

资料来源：参考［日］宇山胜仪等编『三订 社会福利概论』，光生馆2019年，第109页，笔者自制。

二 人生各阶段的社会保障和社会福利

从胎儿期到老年阶段，人生的每个阶段都受到社会保障制度的支持。

表1 一生主要的社会保障/社会福利制度

	社会援助（补助·津贴）	社会保险	社会福利（设施·服务·事业等）	保健·医疗等·其他
产前			助产设备	产检·母婴健康手册·助产设备
幼儿期	生活保护 儿童津贴 儿童抚养津贴 特别儿童抚养津贴	医疗保险 遗属抚恤金	托儿所·儿童福利设施·社会福利院·养父母·区域育儿支援服务·残障儿童服务等	上门访问 培养医疗等
成年期	生活保护 特别残障者人士津贴	医疗保险 雇佣保险 工伤保险 介护保险（2号） 遗属抚恤金 残障抚恤金	妇女保护设施 母婴福利中心 基于残障人士综合支援法的服务 听觉残障人士情报中心 盲文图书馆 日常生活自立支援服务等	权利维护 消除残障人士歧视法 自立支援医疗等
老龄期	生活保护	医疗保险·高龄人士医疗 雇佣保险 工伤保险 介护保险（1号） 老龄养老金 残障抚恤金	养老院 低费用养老院 老人福利中心 日常生活自立支援事业等	区域支援事业 维护权利等

笔者自制。

（一）婴幼儿期的社会保障/社会福利

从胎儿时期开始，国家便会通过体检和发放母婴健康手册等方式提供健康保障，婴儿出生后需进行户籍登记。户籍的拥有对于享受社会保障和接受教育至关重要。针对儿童的政府扶助措施包括儿童津贴、儿童抚养津贴和特别儿童抚养津贴。儿童津贴发放给需要抚养子女的家庭，儿童抚养津贴主要面向单亲家庭等提供经济支持，特别儿童抚养津贴提供给抚养 20 岁以下残障子女的父母，津贴的具体金额根据父母的收入情况确定。

表 2 儿童津贴 （截至 2022 年度 9 月）

儿童的年龄	支付额（每个人的每月份额）
未满 3 岁	一律 15000 日元
3 岁以上，小学毕业前（第一、二胎）	10000 日元
3 岁以上，小学毕业前（第三胎及以上）	15000 日元
中学生	一律 10000 日元

笔者自制。

儿童福利的核心机构是儿童咨询中心，都道府县及指定城市必须设立此类机构。其主要职责包括提供咨询服务，协调和引导福利机构的利用措施等，并受理关于养护、残障、犯罪、养育及保健等多方面的咨询。

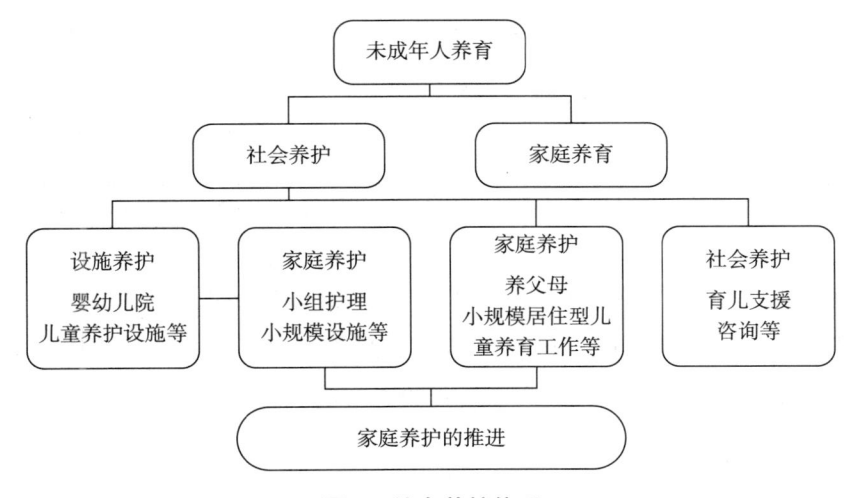

图 2 社会养护体系

资料来源：［日］高岛正树、原田旬哉编著，2018 年，第 75 页表，笔者自制。

《儿童福利法》规定了社会养护制度，该制度涵盖婴儿院、儿童福利院及养父母等内容，旨在为因虐待或其他原因无法与父母共同生活的儿童提供社会抚养。从落实儿童权利公约的角度出发，该制度的目标是增加养父母委托的数量，并缩小相关设施的规模，以更好地保障儿童的福祉。

社会养护体系中设有托儿所，用于照顾白天无法由父母看护的婴幼儿，同时设有兼具幼儿园与托儿所功能的幼保联合型儿童机构。此外，对残障儿童的支持措施包括提供医疗和康复训练，以便及设立长期照护和短期照护设施，以满足残障儿童的多样化需求。

（二）成年期的社会保障/社会福利——社会保险和生活保护

社会保险与生活保护是成年阶段社会保障与社会福利的核心内容。这两者都是应对生活风险的重要机制，其各自特征如表3所示。

表3 社会保险和生活保护的对比

	社会保险	生活保护（政府扶助）
性质	风险的预防及分散	应对已发生的风险
主要经济来源	以保费为中心	税收
受益对象	所有适用的被保险人	仅限生活贫困者
受益条件	需提前注册和缴纳保费	不以缴费为前提 贫困认定
资产调查	无	有

资料来源：参考［日］桥本好市、宫田彻编，2019年，第65页表4-4，笔者自制。

日本的社会保险体系包括五大类别：养老保险、医疗保险、工伤补偿保险、雇佣保险和介护保险。自1961年起，日本实现了全民覆盖，所有国民均需加入养老保险与医疗保险（即全民保险与全民养老金制度）。

（三）社会保险

1. 养老保险

日本的公共养老金制度采用双层结构，包括两部分：一是所有居住在日本且年龄在 20 岁至 60 岁之间的居民必须加入的"国民养老金（基本养老金）"；二是在企业等单位工作的人需加入的"福利养老金"。（见图 3）

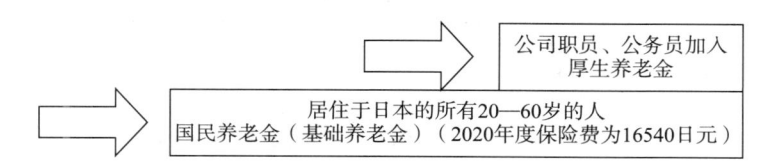

```
                                    ┌─────────────────────────┐
                            ⇨       │ 公司职员、公务员加入      │
                                    │ 厚生养老金                │
                                    └─────────────────────────┘
        ┌──────────────────────────────────────────────────┐
  ⇨     │ 居住于日本的所有 20—60 岁的人                      │
        │ 国民养老金（基础养老金）（2020 年度保险费为 16540 日元）│
        └──────────────────────────────────────────────────┘
```

图 3　养老金的结构

资料来源：参考厚生劳动省养老金 HP 表，笔者自制。

个体户和退休人士等未被雇佣的人属于 1 号被保险人，雇佣人员属于 2 号被保险人，2 号被保险人所扶养的配偶则为 3 号被保险人（见表 4）。为了缩小领取养老金时国民养老金与福利养老金之间的差距，还设有可自由加入的机制。在缴费困难的情况下，个人可以申请免除缴费。

国民养老金分为三类：老龄养老金、残障抚恤金和遗属抚恤金。原则上，若保费缴纳时间累计达到 10 年以上（包括免除缴费期间），从 65 岁起即可开始领取老龄养老金。

表 4　被保险人的类别及加入制度

被保险人的类别	1 号被保险人	2 号被保险人	3 号被保险人
职业等	个体户、学生、退休人士等	公司员工、公务员等	家庭主妇等
加入制度	仅限国民养老金	国民养老金和福利养老金	仅限国民养老金

资料来源：参考厚生劳动省养老金 HP 表，笔者自制。

2. 医疗保险

医疗保险包括区域保险、职业保险和高龄老年人医疗制度。区域保险即国民健康保险，适用于个体户、退休人士等未被雇佣的人员，保险人是当地市政机关。职业保险是通过职场加入的保险，具体的保险种类和保险人依据企业规模和工种的不同而有所变化。高龄老年人医疗制度是一项独立的制度，于 2008 年开始实施,主要针对 75 岁以上的高龄老年人。

表 5 医疗保险的种类

职业保险	企业职员加入的健康保险组合、协会健康保险公务员加入的互助工会等
区域保险	个体户、职员 OB 等可加入的国民健康保险
高龄老年人医疗制度	75 岁以上可加入（2008 年起）

注：笔者自制。

医疗保险覆盖诊疗、治疗、家庭疗养管理与看护、住院疗养及看护等服务，部分费用需由患者自费。无论加入哪种保险，自费比例会根据年龄有所不同。具体如下：义务教育前为 20%；义务教育后至 69 岁为 30%；70 岁至 74 岁原则上为 20%；75 岁以上原则上为 10%。此外，为了避免医疗费用的自费部分过高，设有高额医疗费用制度。该制度规定了自费限额，超过限额的部分可以申请退款。

3. 劳动保险（工伤补偿保险·雇佣保险）

雇佣保险和工伤补偿保险统称为劳动保险。保险人是国家。

表 6 劳动保险

工伤补偿保险（劳灾保险）	针对工作事故或通勤事故，提供回归社会和生活的援助等 保费由企业主全额负担，小时工、兼职工也包含在内 受益需要提供工伤证明
雇佣保险	主要针对失业人群，支援稳定生活和帮助就业（失业救济、能力发展项目等）

注：笔者自制。

4. 介护保险

自 2000 年起，日本为应对高龄化带来的介护问题，实施了介护保险相关制度。40 岁及以上的人群可以开始缴纳保费，保险人是当地政府机关。65 岁及以上者为1号被保险人，40岁至64岁的医疗保险投保人为2号被保险人。2号被保险人的投保条件是被认定患有特定疾病，且需要介护。介护费用的自费部分原则上为10%。

（四）生活保护

第二次世界大战后不久，日本于1946年制定了《生活保护法》。该法于1950年进行重订，并经过多次修订，至今仍在持续实施。《生活保护法》基于《日本宪法》第25条的理念，确立了四大原则：国家责任（第1条）、无差别平等（第2条）、保障最低生活水平（第3条）以及补充性保护（第4条）。补充性保护的含义是，在保障最低生活水平的基础上，优先利用所有可用的资产和能力等资源。在申请生活保护时，相关部门会对申请人的存款、储蓄、资产等进行审查，并在实施生活保护前进行必要的检查。申请人对检查结果可以提出异议。生活保护共有八种类型（见表7），根据具体情况确定相应的保护费用。

截至2019年10月，接受生活保护的人数约为207万（保护率[①] 1.64%）。2015年3月，接受保护的人数达到最高点，之后至今已减少约十万人。从按年龄段划分的受益人数量来看，老年人的比例显著上升，65岁以上的老年人群体几乎占到一半。

表7　保护的种类

营生费用	扶助种类	支付内容
日常生活所需费用 （食品消费、服装消费、电费等）	生活扶助	（1）伙食费等个人支出 （2）水电费等一般家庭支出之和
公寓等的租金	房屋扶助	实际费用将在指定范围内支付
义务教育所必需的学习用品费	教育扶助	支付规定的标准金额
医疗服务费用	医疗扶助	支付给直接医疗机构 （无个人负担）（实物支付）

[①] 保护率根据公式"实际受保护人员（每月平均）÷截至每年10月1日，总务部估计人口（总人口）×1000"计算得出。

续表

营生费用	扶助种类	支付内容
介护服务费用	介护扶助	支付给直接介护人员（无个人负担）（实物支付）
生育费用	生育扶助	实际费用将在指定范围内支付
学习就业必需技能等所需费用	生业扶助	实际费用将在指定范围内支付
丧葬费用	丧葬扶助	实际费用将在指定范围内支付

注：笔者自制。

《生活贫困者独立支援法》是"生活保护"之前的低收入者支援措施，于2015年开始实施。该法包括一系列支援措施，如咨询支援、就业支援、住房保障、家庭经济咨询、健康支援以及对儿童和年轻人的支援等。

（五）老龄期的社会保障／社会福利

关于老龄期的相关内容将在后述内容中讨论，这里将重点介绍介护保险以外的其他制度。《老年福利法》（1963年）规定了老年人可以入住的设施，包括养老院和低费用养老院。养老院为65岁以上、不需要24小时随时介护但因家庭环境或经济原因无法居家生活的老年人提供服务。低费用养老院有三种类型，主要为60岁以上、因家庭或住房条件而无法在家中生活的老人提供住房和必要的帮助，其中部分为免费提供，部分则收费低廉。

（六）残障时的社会保障／社会福利

1.残障人士福利的相关法律

《残障人士基本法》（1993年）是日本残障儿童和残障人士福利法的基础。为了获批《联合国残疾人权利公约》，日本于2011年修订了《残障人士基本法》。此次修订明确了残障人士的定义，除了身体障碍、智力障碍和精神障碍外，还新增了发育障碍，并广泛涵盖了其他精神和身体机能障碍。此外，此次修订还在限制残障人士生活的障碍中增加了"社会性屏障"这一概念，强调了社会模式的意义；第4条明确规定了禁止歧视，并纳入了考虑权利条约的合理性。

根据不同类型的残障，分别制定了《身体残障人士福利法》（1949年）、《智力残障人士福利法》（1960年）、《精神健康福利法》（1995年）和《发育残障人士支援法》（2004年），对残障类型进行定义并明确政府的职责。残障儿童的相关规定则由《儿童福利法》（1947年）加以解释。

2.残障人士福利的履行与支援服务

《残障人士综合支援法》（2013年实施）规定了为残障人士提供的一系列服务，其中还涵盖了一些疑难杂症的治疗。该法的服务内容大致可分为独立支援福利和社区生活支援两个项目，社区生活支援项目是由当地市政机关独立实施的，而独立支援福利则可以在全国范围内提供。由于服务是基于个人计划进行的，因此该法特别设有计划咨询等支援服务。此外，独立支援医疗包括为儿童提供的发育医疗、为精神残障人士提供的精神门诊医疗，以及为身体残障人士提供的福利医疗。在残障福利服务方面，介护福利包括对居家或外出活动的支援，以及为入住福利机构的残障人士提供的帮助；培训福利则涵盖了就业支援和集体住房等方面的服务。

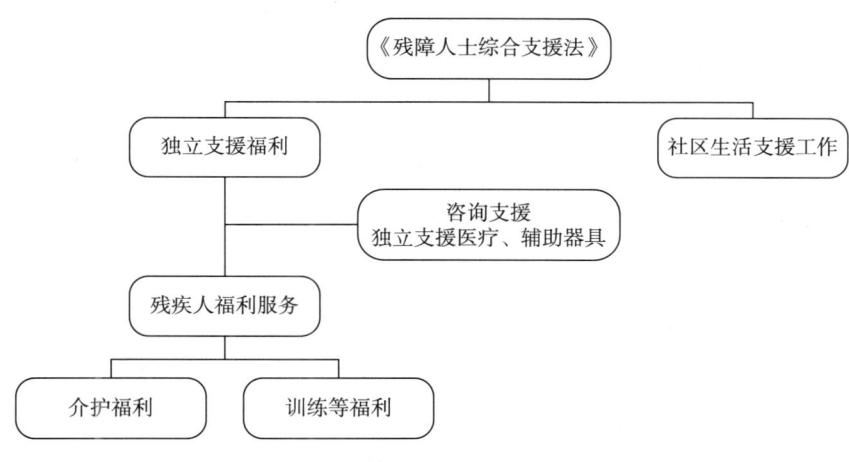

图4 残障人士综合支援法的项目概要

资料来源：参考［日］佐藤久夫，第168页图，笔者自制。

残疾人福利及其动向

根岸洋人[*]

一 日本的残疾人及其福利

据推算，日本的残疾人总数约为964.7万人，占总人口的7.6%。其中，肢体残疾人436万人，智力残疾人109.4万人，精神残疾人419.3万人。

残疾人相关法律制度自1945年起开始制定。1970年代，日本根据"为残疾人建造设施并进行终身保护"的理念制定了相关政策。进入1990年代后，基于"生活正常化"理念，政策目标转向"在社区中生活"。

2000年以来，日本出台了《残障人士自立支援法》，旨在"促进残疾人的社区生活与就业，并支持其独立"，这一法律极大地改变了以往的残疾人福利制度。改革的重点是系统性地配置残疾人设施，每种残疾类型对应设有30多种不同设施。此外，针对残疾人在普通企业就业率仅为1%的问题，该法律对就业支援设施进行了大幅度改革和评估。然而，"按受益负担"的理念引发了广泛争议，并最终导致了"残疾人独立支援法违宪诉讼"。

发育残疾至今尚未成为福利服务的正式对象，但《自立支援法》的修订已明确将其纳入法律的涵盖范围。目前（2022年），日本根据《残障人士综合支援法》为残疾人提供福利服务，该法继承了其前身——《残障人士自立支援法》的基本内容和理念。

总之，残疾人独立支援法的目的，包括以下几点：

---

[*] [日]根岸洋人（根岸 洋人）：高崎健康福祉大学副教授。本文译者：陈蕾蕾，西南交通大学外国语学院日语系本科生。

1. 超越残疾类型的制度设计——消除残疾类型的差异；
2. 残疾人设施的组织和效率——将小型工作场所等纳入公共系统；
3. 大力加强就业支援——构建一个人人皆可参与的就业社会；
4. 支付决定的透明化和明确化——消除地区差异；
5. 强化支援机制——应对日益增长的预算，负担福利服务费用（原则上承担10%）。

二 残障人士在社区生活的机制

根据《残障人士综合支援法》，残疾人福利服务主要分为两大部分：独立支援福利和社区生活支援项目。独立支援福利提供全国统一的服务，而社区生活支援项目则是一个可以根据地区特点和用户需求灵活调整的制度。由于《残障人士综合支援法》假定了残疾人基本的社区生活需求，因此，结合"日间活动"和"居住支援"等多种服务形式，形成了全面的支援体系。在这一体系中，咨询支援服务起着至关重要的作用。

《儿童福利法》专门为残疾儿童提供服务。为了支持残疾儿童的社区生活，部分残疾福利服务也被纳入《残障人士综合支援法》，使残疾儿童能够享受其中的相关支援。

三 残障人士在社区生活的意义

那么，"残疾人在社区生活"到底意味着什么呢？笔者在图1中总结了日本"社区生活"的构成要素。

"在社区生活"并不仅仅意味着居住在社区内。只有当这些要素融入日常生活中，才能真正实现"在社区生活"的意义。单纯地在居所和工作地点之间往返，并不能算作社区生活。因此，为了将这些要素充分融入我们的日常生活，除了目前在设施中提供的支援外，还需要额外的支援。同时，社区生活与提高残疾人的生活质量（QOL）密切相关。如图 2 所示，从三个方面来理解 QOL，有助于更好地把握其含义。

在社区生活	不与社区断绝往来，共享社区的普通场所
选择	拥有或大或小的选择机会，提高自主性
生活能力	即使在需要援助的情况下，也能提高开展有意义的生活活动的技能和能力
社会权威和尊严	在被赋予社会价值的社会中占据一席之地，提高自尊心
维系人际关系	在社区扩展被赋予社会价值的人际关系网络

图 1　在社区生活的意义

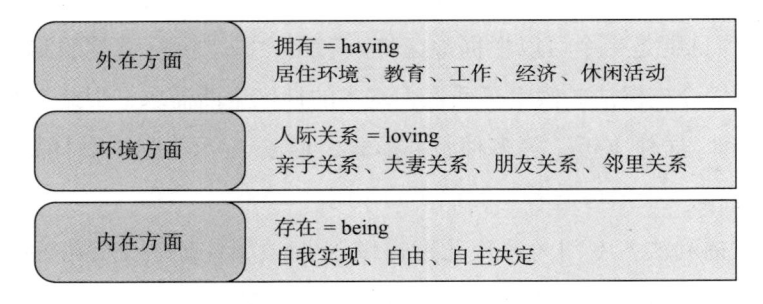

外在方面	拥有 = having 居住环境、教育、工作、经济、休闲活动
环境方面	人际关系 = loving 亲子关系、夫妻关系、朋友关系、邻里关系
内在方面	存在 = being 自我实现、自由、自主决定

图 2　生活质量（QOL）的保障

笔者自制。

四　残障人士在社区生活的现状和问题

在日本，社区是残疾人生活的场所，制度和服务是在"在社区生活"的前提下逐步发展起来的。目前（2022 年），入住设施的残疾人比例为：1.7% 的肢体残疾人、12.1% 的智力残疾人和 7.2% 的精神残疾人，这些比例仍在持续下降。这表明，选择在社区生活的残疾人数量正稳步增加。然而，残疾人如何实现社区生活呢？从社区生活的形式来看，与家人同住的残疾人比例超过 80%。特别是智力残疾人，其中超过九成的人与父母同住。

换句话说，残疾人的社区生活大多依赖家庭的支持。那么，为什么残疾人的社区生活与家庭如此紧密相关呢？以下是笔者对日常家庭所面临的几个问题的思考。

首先，对于残疾儿童而言，"社区生活＝与家人共同生活"是顺理成章的。然而，许多家庭在残疾人进入成年后依然维持这种生活模式。残疾人在就业和婚姻等独立生活领域的参与相对较少，社会上普遍存在着"残疾人与家人一起生活才是幸福"的偏见，这也影响了残疾人实现社区生活的方式。

如何理解"独立"的概念也与社区生活密切相关。有严重肢体残疾的人通过独立生活训练等方式展现了独立生活的模式。然而，对于重度智力障碍人士来说，尚未形成可行的独立生活模式。相关的集体康复设施和社会资源依然非常有限也是一个重要的问题。此外，自闭症、严重行动障碍等残疾类型多种多样，长年共同生活的家庭成员往往是最了解残疾人士习性的人，且他们通常也是最好的照护者。这成为残疾人转入集体康复之家或其他设施的一大障碍，因为家庭成员以外的介护反而会导致残疾人的生活质量（QOL）下降。因此，这些多重因素共同促成了"与家人一起生活"的社区生活模式。

- 社区生活和家庭
  - 社区生活＝与家人生活
  - 与家人一起生活才是幸福的偏见
- 独立的障碍
  - 没有重度智力残疾人的独立模式
- 残疾的特殊性障碍的特殊性
  - 残疾特征多种多样⇒家人是最好的护理者
- 父母去世后的不安
  - 融入普通社会的影响⇒在社区生活◎
  - 家人护理到没有能力继续时⇒入住设施

图 3　残疾人家庭面临的问题点

笔者自制。

我们应从如图4所示的生命周期角度来考虑残疾家庭的需求。发育期家庭与成年期家庭的需求各不相同，因此针对这些需求的支援方法也应有所不同。迄今为止（2022年），日本的福利体系主要聚焦于"发育期家庭"。然而，随着残疾人进入成年期，现有的支援模式面临新的挑战。因此，有必要建立一种能够适应整个生命周期的支援体系，以全面满足不同阶段家庭的需求。

目前（2022年），日本正面临"8050问题"。最初这一术语用于描述"家里蹲"现象，但在残疾领域，它也用来描述"80岁的父母照顾50岁的残疾孩子"的现实。这一现象揭示了所谓的"老残护理"问题，引起了广泛关注。年长的父母通常会尽最大努力照顾自己的孩子，直到身体状况无法继续时才会将孩子托付给设施。这种社区生活的现状如今已成为一个亟待解决的问题。

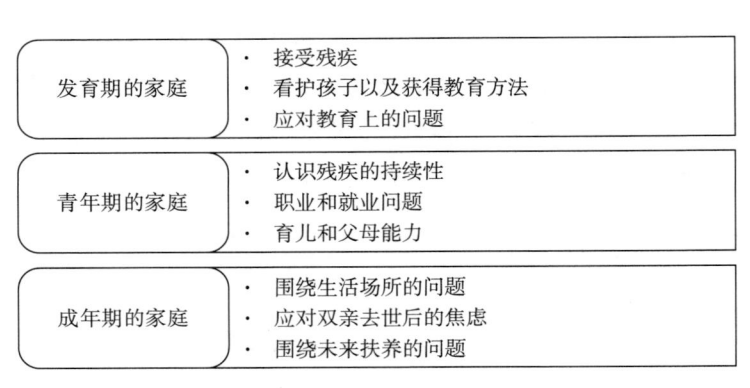

发育期的家庭	・接受残疾 ・看护孩子以及获得教育方法 ・应对教育上的问题
青年期的家庭	・认识残疾的持续性 ・职业和就业问题 ・育儿和父母能力
成年期的家庭	・围绕生活场所的问题 ・应对双亲去世后的焦虑 ・围绕未来扶养的问题

图4 全生命周期的残疾家庭

笔者自制。

针对这些情况，日本已创设了"独立生活援助"计划，旨在应对残疾人在父母去世后独居的挑战，并帮助残疾人过上独立生活。此外，日本也在积极实践将父母仍在世的残疾人搬入集体康复之家或其他设施生活的模式。然而，这些措施仍在发展阶段，尚未完全渗透到社会各个层面。未来需要继续拓展这一领域，以应对不断增长的需求。

此外，目前我们所看到的"依赖家庭的社区生活"的模式将持续存在。在这一背景下，包括福利人员在内的整个社会容易将"残疾问题"视为家庭问题，认为家庭是基本的支援中心，而福利服务则是对其的补充。然而，正如生活正常化理念改变了我们过去的认知一样，我们迫切需要转变观念，认识到"残疾问题是一个社会问题"，并为此提供更全面的社会支持。

残疾人福利：日本残疾儿童教育的动向

河合高锐＊

残疾儿童福利在日本社会福利体系中的发展，离不开残疾儿童教育的不断完善。本文总结了近年来日本残疾儿童教育的发展动向。

一 从"特殊教育"到特别支援教育

"特别支援教育"基于"支持残疾儿童学生独立和社会参与的主体性措施"的理念，旨在评估每位幼儿及学生的教育需求，提升其能力，改善或克服学习与生活中的困难，提供适当的指导及必要的支持。

从1990年到2000年，日本的残疾儿童教育以"特殊教育"为主，主要针对盲、聋、体弱等不同程度与不同类型残疾的学生，在盲校、聋校、养护学校以及特殊班级（养护班级）中进行分离式教育。

2001年，文部科学省开始推动从"特殊教育"到"特别支援教育"的转型，以统合教育（integration）为目标，将更多残疾学生融入普通教育环境。这一转型的重点是尽可能在普通教育场所中实施统合教育，同时针对学习障碍（LD）、注意力缺陷多动障碍（ADHD）、高功能自闭症和阿斯伯格综合征等广泛性发育障碍的学生，提供专业支持和指导。根据文部科学省2021年的调查，在患有LD、ADHD、高功能自闭症等需要特别教育支援的学生中，约6.5%就读于普通班级，包括超过6%的发育障碍儿童在内，许多残疾儿童在

＊［日］河合高锐（河合 高鋭）：鹤见大学短期大学部儿童保育系副教授。本文译者：雷凤琴，四川外国语大学日语学院硕士研究生。

普通班级中仍面临教育条件不足的问题，尤其是在学校整体支援体系、小班教学、辅助教师配置等方面缺乏必要的支持。这一问题至今尚未得到有效解决。

在幼儿教育和保育领域，针对发育障碍儿童的"特别支援保育"逐步得到重视。在保育员培训课程中，关于发育障碍儿童的理解教育和保育方法的内容已成为重要组成部分。此外，尽管一些"引起关注的孩子"未被正式诊断为发育障碍，但表现出明显特性，针对这些儿童的保育工作正在保育现场反复试验与改进。

二　教育课程的编排

（一）特别支援学校

特别支援学校在提供幼儿园、小学、初中和高中教育的同时，为了帮助学生克服和改善由于残障带来的各种困难，还设立了"自立活动"这一特别指导项目。此外，根据孩子的残疾情况，学校还可以制定灵活的教育课程，以更好地满足个别需求。

对于教育智力障碍者的特别支援学校，学校根据智力障碍者的特征和学习特性，设计了独特的课程内容、教学目标及教学方法，确保教育的针对性和有效性。

（二）特别支援班级

特别支援班级的教学大体上遵循小学和中学的学习指导要领，但根据学生的具体情况，也可以参考特别支援学校的教学大纲，灵活制定特别教育课程。

（三）通级指导[①]

在"通级指导"中，针对残障学生的特殊需求，学校安排在专门的指导场所（如通级指导教室）进行特别指导（如自立活动的指导等）。在此基础

[①] 指残疾程度较轻的学生在普通班级上课的同时，还会在专门的通级指导教室内，根据其残疾类型和程度，接受针对性的特殊教育。

上，除了常规班级的教育课程外，还可以根据需要编制特殊教育课程，部分特教课可替代普通教育课程的内容。

（四）普通的班级

对于在普通班级就读的残疾儿童，教育内容和方法将根据他们的实际情况进行调整和个性化设计。

三　个别支援计划与在校残疾儿童的关系

在学年伊始，学校通常会对有发育障碍的儿童及其他需要关注的学生的监护人进行详细询问。在此过程中，学校会记录孩子的兴趣、优缺点、困扰的问题、个人独立性等信息，并建立个人档案。这些档案将被充分利用，以帮助教师更好地了解孩子的需求和监护人关心的事项，提供更多支持和关怀，这也是加深对孩子理解的重要契机。

教师将以个人档案为基础，制作评估表。通过评估表，教师可以全面评估孩子在学习、身体发展、生活技能和人际沟通等方面的表现，并确定他们所需的支持程度。个人档案和评估表的内容将被纳入个别支援计划，以明确支援的方向和内容，确保为孩子和监护人提供有针对性的帮助。

个别支援计划专门为有发育障碍或需要关注的孩子量身定制，旨在设定在一年内可以实现的具体目标，关注孩子当前能够完成的行动。对于尚未能完成的任务，不是放任不管，而是要反思"无法完成的原因是什么"，并根据实际情况调整教育策略，每次反思都将反馈到新的指导计划中。个别支援计划依据国家通知制订。

在小学阶段，若有需要，学校会制订"个别指导计划"，根据每个学生的具体需求，明确指导目标、内容和方法。此外，还会与相关机构合作，确保从婴幼儿期到毕业的连贯支援，推动制订包括教育支援目标和内容在内的"个别教育支援计划"。

在盲校、聋校、特殊班级以及"通级指导"课程中，特别强调对自闭症儿童的适当指导。为此，学校将制订个别指导计划和个别教育支援计划，以确保每个孩子都能得到最适合他们发展的支持。（具体内容详见《关于支援有发育障碍的儿童学生等"初等、中等、高等教育局局长、体育·青少年局长3局长通知》，2005年4月1日）

以下是在学校指导中的一名发育障碍儿童的案例——"来回踱步的博士型男孩B君"。

B君是6岁的小学1年级男生。他心神不定，经常在班级里走来走去。对感兴趣的话题或喜欢的活动，B君有时会不顾场合或情境，一直说个不停。课堂上也时常出现类似的情形：

① 只愿意做自己喜欢和感兴趣的事情。

② 一遇到不开心的事，就会情绪崩溃，嚎啕大哭。

③ 经常说"讨厌""笨蛋"等脏话。

④ 尽管上小学后没有因分班而感到困惑，但难以与老师建立良好的关系。

⑤ 上课时常常离开班级，需要老师提醒才能回到班级。

⑥ 虽然能在集体中生活，但很难集中注意力参与课堂活动，容易分心做其他事情，或随意躺下，因此基本需要一对一辅导。

⑦ 只能和特定的人交流。

针对B君的支援方法是：首先要将上述特点中突出的部分转化为B君的优点。为了帮助他更好地融入课堂环境，支援的第一步是增加B君从事自己喜欢的活动（如看图鉴等）的时间。在这些时刻，老师也会与他一起认真参与，建立积极互动。

另外，老师会在同学们面前积极称赞B君的表现，帮助其他孩子理解和接纳他。让B君在逐渐获得认同的过程中，增加对集体活动的参与度。

贫困和社会福利：围绕地域差距的"公共援助个案工作"

胁山园惠[*]

一 问题所在

日本的民生保障率在2018年为1.66%，但不同地区之间存在显著差异。大阪市的民生保障率最高，达到5.35%；而富山县的民生保障率最低，仅为0.27%，两者之间的差距接近20倍。这一地区差距不仅源于贫困率的不同，还与民生保障制度的应用存在密切关系，包括行政窗口、文化背景以及制度设计等方面的差异。本文将聚焦于民生保障中"汽车保有量"这一问题进行探讨。

由于人口减少、少子高龄化等人口动态变化，许多国家的地区差距不断扩大，而这种差距在汽车保有量上尤为明显。地方圈的汽车保有率（83.7%）明显高于首都圈的保有率（64.4%），相差近20个百分点。[①] 在地方圈中，汽车保有率因城市规模不同而有所差异：大型都市的汽车保有率为74%，中型都市为83.9%，小型都市为88.1%，周边城市则为92%。这一趋势表明，城市规模越小，汽车保有率越高。在公共交通设施逐渐衰退的地区，汽车已成为人们日常生活的必需品。然而，民生保障制度原则上禁止生活贫困者拥有汽车。这一制度安排尤其影响地方的单亲家庭，许多符合民生保障条件的贫困者因无法放弃汽车而被迫放弃申请，许多生活贫困者被迫放

---

[*] ［日］胁山园惠（脇山 薗惠）：佐久大学人类福祉学院讲师。国家公共经济研究协会副秘书长。社会福祉士、介护支援专家。本文译者：吕兆新，西南交通大学外国语学院日语系讲师。

[①] 首都圈指的是1都7县（东京、埼玉、千叶、神奈川、茨城、群马、山梨、栃木）。地方圈则指的是首都圈以外的区域。

弃申请民生保障，从而不得不生活在低于保障基准的困境中。

二 民生保障中的补充性原理与保有、使用汽车之间的"壁垒"

在民生保障制度中，"资产的使用"是获得保障的必要条件。这意味着，生活贫困者必须"利用所有可以利用的资产、资源和力量，以维持最低限度的生活"，这一原则被称为"保障补充性原理"。然而，法律并未明确规定哪些资产可以拥有，也没有明确规定资产的数量和使用标准。实际操作中，法律执行的详细要求多由厚生劳动省（以下简称"厚劳省"）发布的通知加以规范。这些通知主要收录于工作实施要领和民生保障手册问答集中，作为社会工作者的实践指南。在实施要领中，厚劳省允许拥有汽车的用途限定为：①工作用，②通勤用，③残疾人或儿童去医院、门诊、通勤用。如果使用者是伤者或病患等（非残疾人），则只有在当地居民明显使用公共交通工具的有困难情况下，才能在满足与残疾人相同条件的前提下允许拥有汽车。

三 法律自下而上的系统与动态实施要领

每年5月前后，厚劳省都会向福利办公室征集关于"保障实施要领"的修改意见。民生保障法正是在吸收基层实践反馈、国民生活变化及各类审批案例反馈的基础上，逐步发展和完善的。随着社会需求的变化，汽车保有权与使用权的接受条件范围也在不断扩大（参照表1）。

表1 实施要领中接受汽车拥有权的条件变化

年份	内容
1973	允许残疾人拥有通勤用汽车
1978	允许接受民生保障者山区及偏远地区等地拥有通勤用汽车

续表

年份	内容
1981	允许残疾人拥有门诊用汽车
1999	放宽接受民生保障者通勤用汽车的拥有条件（包含深夜上班等情况）
2008	放宽通勤用汽车的拥有条件（在使用公共交通工具有明显困难的地区生活或通勤，如果在保障开始后的 6 个月以内实现就业独立，就暂缓对汽车的处理）
2013	放宽通勤用汽车的拥有条件（保障开始后 1 年以内实现就业独立的情况）

资料来源：［日］吉永纯：『民生保障制度的结构』，第 77 页图表 3-2-2。

根据现行实施要领的处理方式，如果能够结合当地实际情况灵活适用这些要领，那么相当多的家庭可以拥有汽车。例如，在部分领取民生保障福利地区的家庭中，约 8.3% 的家庭获得了汽车保有许可。

四 "全国公共扶助研究会"的意义

设立民生保障法主要基于两个目标：一是通过国家的责任保障公民的最低限度生活，二是帮助实现生活独立（即独立帮扶）。最低限度的生活保障由收入保障来实现，提供必要的经济福利；而独立帮扶作为社会福利的一项功能，则通过个案工作来落实。然而，由于法律本身具有一定弹性，国家下达的监察政策和福利办公室的实施方针在实际操作中可能会有较大的变化。截至 2021 年在民生保障法的实施过程中，制度运用者通常强调"公共扶助个案工作＝经济独立＝停止帮扶"这一路径，这一导向在民生保障的实际操作中占主导地位，导致个案工作往往仅限于较为狭窄的领域。

全国个案工作者组成的自主研究团体"全国公共扶助研究会"在国家的监察和政策指导下，持续呼吁对民生保障管理中的具体问题进行改进，并致力于守护和发展健康、文化的最低生活保障体系。该研究会每年都会举办全国性研讨会，讨论地区差距背景下的日常工作问题，探讨民生保障在何种程度上能够帮助解决生活困境，哪些问题无法通过民生保障解决，并强调通过工作中的具体案例说明这些问题的重要性。

个案工作者应当遵循法律原则，聚焦生活贫困者在地区性、个别性和具体性上的问题，最大限度地运用实施要领来开展个案工作，这体现了法律在应对地区差距时的正向作用。然而，这种正向作用也可能伴随着负向作用，即形成法律壁垒，导致统一的个案工作无法充分反映各地的实际情况。国家下达的监察政策和福利办公室的实施方针，在正向机能和负向机能之间起着关键作用。

为了将地区间差距的负向机能转化为正向机能，福利事务所需要根据各地区的特点，有组织地识别并应对贫困家庭在生活中面临的持续性、综合性问题。此外，还应在公共和私人领域共同呼吁，揭示当地法律体系中的矛盾和不足。

在公共卫生研究所等自主团体中，全国的个案工作者能以独创性的视角回顾和反思自己的工作内容，这对缩小地区间的民生保障差距具有重要意义。

贫困和社会福利：支援流浪者

山迫麻帆[*]

一 日本无家可归者（流浪者）的状况

最新的调查数据显示，日本目前的无家可归者（流浪者）人数为 4555 人，其中东京都 23 区及指定城市的无家可归者约占全国总数的四分之三。自 2015 年实施生活贫困者自立支援法以来，政府在全国设立了包括住宅、工作、家计等方面的咨询窗口，这一举措在减少无家可归者人数方面取得了一定成效。然而，由于各种原因，仍然有越来越多的人陷入贫困状态。

生活贫困不仅仅是经济孤立（如没有足够的金钱、食物和住所），更是社会孤立的复合结果。缺乏能够沟通、依赖和信任的人等的社会性孤立，也是贫困状态的重要表现。

二 帮助无家可归者的非营利性组织的建立

这项支援活动最初是由志愿者为流浪者提供饭团并进行调查开始的，2000 年该组织正式成为 NPO 法人。该组织接受市政府自立支援中心的委托，帮助流浪者实现自立。2010 年，该组织开设了免费或低收费住所，现如今不仅为露宿街头的人提供帮助，还为生活贫困者提供全方位的支援。除了提供基本的食物和自立后的持续帮助外，组织还为残疾人、老年人、贫困家庭、

---

[*] ［日］山迫麻帆（山迫 麻帆）：社会福祉法人，绿色合作组织抱朴馆福冈职员。本文译者：雷凤琴，四川外国语大学日语学院硕士研究生。

厌学者、"家里蹲"、触觉障碍者等群体提供援助。

该组织的支援理念区分了"物理贫困"和"关系贫困"两种情况。"物理贫困"被称为"无家可归"（houseless），而"关系贫困"则被称为"流浪"（homeless）。因此，支援的目标不仅是为流浪者提供住所、帮助他们摆脱无家可归的困境，还包括消除"关系贫困"，即帮助流浪者恢复与家庭和社会的联系。

三 支援的情况

无家可归者的支援对象多为年老或因生病无法工作的 50 岁以上的男性，但近年来，越来越多的年轻贫困者也在 24 小时营业的快餐店或网吧中过夜。许多无家可归者来自家庭关系复杂、低学历的背景，超过一半的人属于这一群体。此外，许多人还面临智力障碍、发育障碍、赌博依赖和酒精成瘾等精神障碍问题。几乎所有入住设施的流浪者在评估过程中都被发现存在某些障碍，并因此取得了残疾人手册。虽然这些人在入住设施时的平均年龄为 60 岁，但由于缺乏公共福利和外界的理解，他们往往一直生活在不稳定的工作环境中。

该设施为流浪者提供一系列支援服务，包括身份证制作、银行账户开设、医院就诊、养老金申请、雇佣保险手续办理等。通过这些服务，流浪者能够利用现有资源，获得法律咨询、就业活动（技能培训和就业辅导），并办理残疾福利服务、介护保险手续、找房子、搬家等必要事务。

尽管所有无家可归者都以重新开始为目标进入该设施，但并非所有人都能适应集体生活。部分人由于身体原因难以适应，或是由于社交障碍，坚决拒绝沟通。因此，该组织的目标是通过在设施内建立信任关系，为流浪者提供稳定的支持系统，让他们能够在离开设施后依然获得必要的咨询和帮助。

截至 2021 年，设施累计使用者已超过 1000 人。该组织认为，建立伙伴关系和创造生存价值非常重要。为此，设施提供了多种形式的社交活动，如社区清扫、乒乓球、卡拉 OK 和园艺等项目。此外，还设有一周一次的社区咖啡活动，供当地居民和设施使用者轻松交流。对于那些搬出设施的使用者，组织还会定期寄送贺年卡、夏季问候以及季节性问候。对于长期失联的人员，工作人员会亲自登门拜访。

四　支援的课题

近年来，单身高龄者和非正式雇佣者的数量持续增加，血缘、地缘和社缘的关系逐渐淡薄，家庭功能的社会化已变得愈发必要。与其传统的直接帮助和解决问题的方式相比，我们现在更加需要构建一种陪跑型支援方式，即帮助无家可归者、贫困者寻找资源并创造新的可能性。这些问题将是我们未来面临的重要挑战。

此外，很多无家可归者和贫困者也开始担忧自己的后事。应社会各界的建议，我们建设了公共墓地，提供了一个解决方案。如果没有亲属来安排葬礼，我们也会负责处理葬礼和火葬的相关事务。

每个入住设施的人都有各自的生存困境，许多问题无法完全解决。作为支援人员，我们常常面临个人愿望与制度之间的矛盾。设施运营的资金大多来源于入住者支付的使用费，但这些费用远不足以维持设施的正常运行。此外，入住者离开设施后的后期支援费用也需要由设施承担。当前，设施只能依靠广泛募集的捐款维持运营。

为了向社会传达"家族社会化"这一目标的重要性，我们努力推动日常活动，帮助贫困者建立起稳定的生活支持系统。我深感自己从事与贫困者密切相关的工作，是一项责任重大但充满意义的使命。在未来，我将继续珍惜与这些人建立的各种关系，满怀责任感地为他们提供帮助和支持。

儿童家庭福利：日本儿童福利与社会养护

古野爱子*

1945年8月，太平洋战争结束。在战后的废墟中，福利院收容和保护了约12万名因战争失去父母的战争孤儿。随着这一历史背景的发展，1947年日本通过了《儿童福利法》。该法明确规定："保障所有儿童的基本人权，保障其权利的责任在于国家。"这标志着随着从过去的"限定性福利"转变为"全体儿童福利"的时代，儿童福利的理念发生了重大变化。

日本进入20世纪50年代中期后，经济迅速发展，伴随着城市化和小家庭化的趋势，家庭养育功能逐渐减弱。这一变化导致了与传统家庭模式不同的儿童问题，如拒绝上学、不良少年等。60年代后，尽管许多孩子仍有监护人，但未能得到适当养育的情况日益严重。90年代左右，社会开始普遍认识到出生率的低下，1994年以"天使计划"为开端，日本启动了以充实保育制度为中心的少子化对策。尽管面临少子化的挑战，保育所的需求却不断增加，"儿童排队上保育所"的问题逐渐扩大。这背后的原因之一是双职工家庭的增多。日本的社会发展历程中，有一段时间女性结婚生子后通常会辞去工作，但随着孩子的教育费用和家庭生活费的增加，越来越多的母亲开始选择在孩子的幼儿期重返职场。

此外，虐待儿童的问题也逐渐成为社会焦点。受此影响，20世纪80年代起，日本政府开始加大力度推进儿童的"社会性养护"对策。在儿童养护设施等领域，短期寄养生活援助（短租）和夜间寄养（暮光寄宿）等支持家

---

* ［日］古野爱子（古野 爱子）：昭和学院短期大学副教授。儿童保育员。本文译者：雷凤琴，四川外国语大学日语学院硕士研究生。

庭养育的"补充性"服务不断增加。90年代起，日本进一步关注受伤儿童的"治疗性支持"，并配备了家庭支援专业咨询员（家庭社会工作者）等。

2011年，厚生劳动省发布了《社会养护的课题和前景》报告，提出"推进家庭式养护"的方针，明确规定寄养父母家庭、家庭住宅（familyhome）的"家庭式养护"和集体之家家庭式养育环境各占三分之一。

在领养制度方面，2012年，日本在幼儿院和儿童养护设施中配备了寄养家庭支援专门咨询员（寄养家庭社工），并加强了与儿童咨询所和寄养会的合作。2016年，《儿童福利法》进行了修订，明确了儿童的主体性权利。2017年，《新的社会养育愿景》提出了"永久解决"（永久保障）的目标，倡导贯彻婴幼儿家庭养育原则，推进寄养家庭委托，并推动机构的小规模化和区域分散化。未来的社会养护工作将在优先考虑儿童最佳利益的基础上，聚焦如何更好地支持孩子及其育儿家庭。这将是今后儿童福利工作中亟待解决的核心问题。

儿童家庭福利：21世纪初日本社区
支援儿童的特色

立柳聪[*]

21世纪初的十年间，日本儿童支援的特点表现为"新自由主义急速扩展与民间组织主导的儿童支援转变"。在接下来的十年中，虽然继承了这些特点，但也出现了"重点关注特定问题儿童的支援和新的儿童支援政策"的趋势。这二十年间，日本儿童支援的特色主要体现在"为了实现儿童的权利，扩大措施实施力度，转变儿童观念"。那么，为什么会形成这样的特色呢？

2001年，日本迎来了新政权，随之而来的新自由主义政策推动了许多重大改革。新自由主义强调最小化政府监管，提倡自由竞争，这一系列政策导致了公共设施的私有化、企业职员兼职化等变化，这些改革加剧了贫困问题。尤其是2008年，被称为"儿童贫困元年"，超过3万名儿童因父母收入减少或失业，无法支付保险费用，进而无法获得保险医疗服务。

20世纪以来，儿童虐待和霸凌问题也持续受到关注，这些直接影响儿童生命和福祉的问题并没有得到根本解决，反而仍在持续发生。拒绝上学的儿童人数已高达10万，而在日本各地，许多孩子正面临这些难以解决的问题。另一方面，1998年制定的《NPO法》（特定非营利组织促进法）推动了众多志愿者活动组织的成立，并且迅速发展为具有法人资格的NPO组织。这些组织在当地社区中活跃，因其熟悉地方性问题及社会问题，拥有广泛的人脉，并且常常具有超越政府的远见、灵活执行力和有效的问题解决能力。在"指

---

* ［日］立柳聪（立柳　聡）：社会学博士。福岛县立医科大学护理学院副教授。日本志愿者学习协会常务理事。本文译者：吕兆新，西南交通大学外国语学院日语系讲师。

定管理者制度"下，NPO 组织受托管理并运营当地的儿童设施（如学校托儿所、儿童之家等），以其创新性和前瞻性解决了众多儿童相关问题。

进入 2010 年代，这些变化更加明显。以下是两个例子。首先，2012 年日本修订了《儿童福利法》，制定了"课后日间服务项目"。到 2019 年年底，全国各地相关营业场所已达到 14000 家，这一政策的实施背景与 2000 年左右开展的残疾儿童课后保障运动密切相关。其次，随着儿童贫困问题关注度的日益加深，2012 年东京诞生了"儿童食堂"（为不得不独自用餐的孩子提供免费或低价食物的设施）。到 2020 年年末，"儿童食堂"数量已超过 5000 家，这些食堂如今已被视为学习支援和社区互动的重要场所，得到了广泛的认可。在政府与社会的共同努力下，日本于 2013 年相继推出了《防止霸凌对策推进法》和《儿童贫困对策法》，针对日益严重且急需解决的儿童问题展开了立法和政策措施。这一过程表明，解决制约儿童健康成长的时代问题，离不开教育和福利、学校与社区之间的紧密协作，学校社会工作的重要性因此愈发突出。

最后，回顾这一时期的未成年人支援思想背景及其影响，可以发现日本在 1994 年批准了《未成年人权力条约》，21 世纪，基于这一条约，围绕未成年人权利的各项措施在全国范围内得到了积极推进。《未成年人权利条约》强调尊重未成年人作为发展主体的地位，这种"未成年人观"广泛传播，影响了日本政府对未成年人的法律和政策的制定。如今，日本政府在关于未成年人的各种法律、政策和措施中，已经不再使用"儿童"这一词汇，而是转用"未成年人"这一表述。此外，日本在 2016 年修订了《公职选举法》，将 18 岁定为拥有法定选举权年龄。

走向福利国家的进程

樋川隆　龟田尚[*]

日本的社会福利历史大致可以分为四个阶段：①从明治维新到第二次世界大战，②第二次世界大战后，③从1980年开始的福利审视时期至日本社会福利基础结构改革，④2000年之后。

一　从明治维新到第二次世界大战的社会福利

表1

（单位：年）

1874	明治7	制定救援条例
1917	大正6	冈山县：建立救世顾问制度
1918	7	大阪府：建立地方委员制度
1922	11	制定《健康保险法》（1927年施行）
1929	昭和4	制定《救护法》（1932年施行）
1933	8	制定《少年救护法》《儿童虐待防止法》
1937	12	制定《母子保护法》
1938	13	设立厚生劳动省 （旧）制定《国民健康保险法》
1944	19	制定《福利养老金保险法》

参考川池智子编《新社会福利论——基础与案例》，2012年；社会福祉士养成讲座编辑委员会：《新·社会福祉士养成讲座12 社会保障》第6版，中央法规2019年；社会福祉动向编辑委员会：《社会福祉的动向2018》，2017年，笔者自制。

* ［日］樋川隆（樋川 隆）：一般社团法人，山梨儿童的明天代表。［日］龟田尚（龟田 尚）：麻生医疗福祉专门学校福冈分校社会工作者科，教师。本文译者：雷凤琴，四川外国语大学日语学院硕士研究生。

(一)明治政府的举措

在明治维新推翻了江户幕府的锁国政策后,日本开启了近代化进程。新政府提出了"富国强兵·殖产兴业"的口号,强调发展工业是当务之急。在农村,长子作为家族继承人继续从事农业生产,而次子、三子或未婚女性则被招募到工厂中工作。

随着工业化进程的推进,工厂的劳动条件严酷,工人受伤和生病的情况屡见不鲜。然而,政府并未积极采取措施改善劳动条件,受伤的工人往往被迫返回农村,之后再从农村招募新的劳动力。这种模式不断重复,形成了"归农政策",即通过家庭内的互助解决照顾伤者的问题。维持这种家庭内的互相扶持机能非常重要,因此政府保留了三代同堂等大家庭制度。该政策由旧的民法典制定,并一直维持到第二次世界大战结束。这一观念影响至今,特别是在介护等领域,民众仍然普遍认为家庭应当承担照护责任。

二 公共救济体系的出现

1874年,日本政府制定了"救援条例",标志着公共救济体系的开端。该制度的基本理念以"民心相通"为前提,救助对象仅限于残疾人、70岁以上的老人、因疾病无法工作的劳动者、13岁以下的未成年人等,并不涵盖所有国民。

三 民间慈善事业的发展

救援制度建立后,政府在社会福利制度建设方面进展缓慢,因此民间的慈善事业在这一时期发挥了重要作用,弥补了政府的不足。

1900年,日本制定了《感化法》,旨在从社会保护的角度出发,对青少年犯罪行为进行管教和辅导。从此,"社会工作"开始被称为"感化救济工作"。该项目通过对个体能力和性格的分析,探讨导致贫困和失业的根源,并从道德与教育的角度进行援助。

与此同时,1911年,日本颁布了第一部工人保护法——《工厂法》。该法律规定了工作时间的限制,并禁止深夜工作。尽管工人保护法案从明治时代起便被多次提出,但由于工商界的强烈反对,法律的通过过程颇为曲折。即便最终获得通过,也经过了五年的实施滞后期,且内容上未能充分保护工人权益。

日本的劳动者保护政策逐渐成形,标志性的转折点出现在二战后,1947年制定的《劳动基准法》。该法为日本的劳动保护制度奠定了基础,并逐步完善与劳动相关的法律框架。第一次世界大战结束后的社会动荡,引发了暴乱和稻米暴动,迫使政府重新审视社会救济政策,逐步将救济工作从"感化救济"转向更加系统的"社会工作",并致力于通过公共市场、简易食堂、公益当铺和公营住房等措施,为人民提供基本的经济保障。在社会工作领域,为了应对贫困问题,政府设立了救援顾问制度和地方委员制度。1936年,日本在全国范围内实施了《地方委员条令》,该制度作为国家行政体系中的辅助机关,旨在推动基层社会福利工作。如今,民生委员制度便源于这一地方委员制度。

(一)从社会工作到福利工作

1929年,日本颁布了《救护法》,取代了此前的《救援条例》。这一法律的核心意义在于确立国家的公共救助义务。然而,救助对象仍然仅限于《救援条例》所规定的特定人员。此外,由于该法未能赋予需要救助的人寻求保护的权利,以及接受救助后可能失去选举权的问题,该法的实施一度被推迟了三年。

1923年发生的关东大地震和1929年全球大萧条导致日本陷入经济衰退,雇佣童工和经济压榨现象猖獗。为保护未成年人,1933年日本制定了《儿童虐待防止法》，以防止儿童遭受虐待，这一法律的核心内容至今仍被纳入现行的《儿童福利法》，并被明确规定为禁止行为。1937年，政府出台了《母子保护法》，专门针对贫困的单亲母子家庭提供帮助。母子共同自杀事件的频繁发生，揭示了单亲家庭所面临的极端困境和贫困问题。

与此同时，日本在这一时期处于战时体制，政府需确保充足的兵力和劳动力。因此，1938年日本成立了厚生劳动省，强化了"健兵健民"的政策。然而，在这一政策下，残疾人常因缺乏战斗力或劳动力而受到歧视和不公正对待。例如，《麻风病防治法》对麻风患者采取了极为不人道的处理方式。

四　第二次世界大战后的社会福利

表2

（单位：年）

1946	昭和21	颁布《日本宪法》 制定《生活保护法》（旧法）
1947	22	制定《儿童福利法》 制定《失业保险法》（1974年修订为《就业保险法》）
1949	24	制定《残疾人福利法》
1950	25	"关于社会保障制度的建议"（社会保障制度审议会） 制定《生活保护法》（新法）
1951	26	制定《社会福利工作法》
1954	29	全面修订《厚生养老金法》
1958	33	（新）制定《国民健康法》
1959	34	制定《国民养老金法》
1960	35	制定《智力欠缺者福利法》（1998年修订为《智力残疾者福利法》）
1961	36	实行全民保险、全民养老金体制

续表

1963	38	制定《老年福利法》
1964	39	制定《母子福利法》（2014年修订为《单亲母子、单亲父子及寡妇福利法》） 制定《身心残疾者对策基本法》（现为《残疾人基本法》）
1970	45	老龄化社会到来（老龄化率7%）
1973	48	福利元年

参考川池智子编《新社会福利论——基础与案例》，2012年；社会福祉士养成讲座编辑委员会：《新·社会福祉士养成讲座12 社会保障》第6版，中央法规2019年；社会福祉动向编辑委员会：《社会福祉的动向2018》，2017年，笔者自制。

（一）"福利三法"时代

1945年战争结束后，在联合国司令部（GHQ）的指导下，日本制定了一项新的社会福利法律框架。该框架的原则基于1946年GHQ向日本政府提出的《关于社会救济的备忘录》（SCAPIN775），其中强调了"国家责任，无差别平等，必要充足"的核心理念。同年，日本政府颁布了《生活保护法》（旧法），该法虽然确立了社会救助制度，但存在对象限制、无权要求保护以及无权提出抗议等问题。

1947年，日本制定了《儿童福利法》，为儿童的基本福利提供法律保障。1949年又制定了《残疾人福利法》，与《生活保护法》共同构成了"福利三法"的基础法律体系。

根据1950年社会保障制度委员会发布的建议，"福利三法"的适用对象被界定为"需要国家援助的贫困者、身体残疾者、儿童以及其他需要帮助和培训的人，即需要必要的生活指导、康复指导及其他援助和训练，以达到能独立运用自己的能力的人"，而并非面向全体国民。

1951年，《社会福利事业法》作为社会福利的基本法律正式确立。为了确保战后社会福利政策的有效实施，日本政府在这一时期建立了"措施委托制度"，这一行政管理机制旨在更高效地将社会福利措施落实到地方。政府还设立了社会福利法人，利用公共资金灵活开展社会福利服务。

这一时期，日本的福利行政体制为中央集权体制，地方政府作为国家机关的下属，负责具体的福利政策执行。各级地方政府的知事、市町村首长承担了具体的福利事务管理。"福利三法"时代的实施措施在日本被视为社会福利制度的基础。

（二）从战败到经济高速增长

1956 年，日本经济计划厅在《日本经济的增长和现代化》白皮书中宣布："日本如今不再处于战后期"，标志着日本进入了"经济高速增长期"。1960 年池田内阁推出"收入倍增计划"，其后经济增长持续了近二十年，直到 1973 年石油危机的爆发。

与明治时期一样，因战败而化为焦土的日本以"追赶欧美、超越欧美"为目标，自上而下追求急速的经济增长，最终以前所未有的速度加入了世界发达国家行列。然而，这种经济增长带来的副作用也逐渐显现，如都市人口急剧集中所引发的交通拥堵、托儿所供不应求、农村人口减少、环境污染加剧以及过长的工作时间等一系列社会问题。

（三）"福利六法"时代

在经济高速增长推动金融发展的背景下，日本政府于 1960 年制定了《智力欠缺者福利法》，1963 年制定了《老年福利法》，以及 1964 年制定了《母子福利法》，这些法律为日本社会福利体系奠定了基础，标志着日本从福利三法进入了"福利六法"的时代。

随着经济的迅猛增长，日本政府于 1961 年实施了"全民保险、全民养老金"制度，在经济增长的背景下，1970 年，中央社会福利审议会提出了"社会福利设施的紧急准备"，并且在 1973 年，根据《老年福利法》的修订，成功实现了免费医疗服务，为老年人提供保障。

1973 年被政府定为"福利元年"，并在此基础上，考虑如何完善与未来经济增长相适应的社会福利制度。与此同时，政府也预见到日本将在 1970 年迎来超过 7% 的高龄化率，标志着高龄化社会的到来。然而，随后的两次石油危机引发了经济危机，迫使日本政府不得不调整其社会福利政策的方向，以应对新的经济挑战。

五　从 1980 年代开始的社会制度审查期到社会福利基础构造改革

表3

（单位：年）

1973	昭和 48	第 1 次石油危机
1979	54	第 2 次石油危机 内阁会议决定"新经济社会 7 年计划"
1981	56	成立第 2 次临时行政调查会（第 1 次~第 5 次报告） 国际残疾人年（"充分参与和平等"）
1982	57	制定《老人保健法》
1986	61	引入基础养老金制度 制定《地方公共机构的执行机关作为国家机关办公的整顿及合理化的相关法律》（整理合理化法）
1987	62	制定社会福利工作者及介护福利工作者法
1989	平成 1	制定老龄人保健福利推进十年战略（黄金计划） 未来的社会福利（福利关系三审议会合同计划分科会）
1990	2	修订《老年福利法》等福利关系八法 1.57 冲击（1989 年总出生率低于 1966 年总出生率，从 1.58 降至 1.57。）
1993	5	制定《残疾人基本法》（修订旧身心障碍者对策基本法）
1994	6	制定"关于今后育儿支援的基本方向"（天使计划） 21 世纪福利方法 老龄化率超过 14%

续表

1995	7	"社会保障制度的再构筑（建议）——以能让人们安心生活的21世纪社会为目标—"（社会保障制度审议会） 制定精神保健福利法 制定残疾人计划（常态化7年战略） 新老年人保健福利推进十年战略（新黄金计划）
1997	9	制定《介护保险法》（2000年实施） 关于社会福利的基础结构改革（主要论点）
1998	10	制定《认知障碍者福利法》（修订《智力欠缺者福利法》）
1999	11	建立成人监督制度　创立日常生活自立技援事业 制定"促进地方分权相关法律"（地方分权一体法）（废止机关委任事务、团体委任事务、固有事务、自治事务和法定受托事务）
2000	12	制定《社会福利法》，对促进社会福利的《社会福利事业法》等进行部分内容修订

参考川池智子编《新社会福利论——基础与案例》，2012年；社会福祉士养成讲座编辑委员会：《新·社会福祉士养成讲座12 社会保障》第6版，中央法规2019年；社会福祉动向编辑委员会：《社会福祉的动向2018》，2017年，笔者自制。

（一）第2次临时行政调查会报告

第一次石油危机发生在1973年，导致日本经济受到严重冲击，陷入通货膨胀和经济衰退并存的滞胀状态。同年，政府宣布"福利元年"，但由于经济形势恶化，随之而来的是对社会福利支出进行"福利审查"的讨论。第二次石油危机发生于1979年，大藏省强烈要求缩减社会保障相关费用。

为了应对经济困境，政府于1979年通过了内阁会议决定的"新经济社会七年计划"，并提出了"日式福利社会"的构想。1981年，政府成立了第二次临时行政调查会，呼吁对社会福利体系进行全面审查。调查会在其第三份报告——"基本报告"中明确指出，政府应通过"不增加税收的财政重建"来建设"充满活力的福利社会"。该报告提倡以个人独立、自助为基础，强调家庭、邻里、职场或社区的团结与互助，并鼓励活用私营部门的资源，明确否定了西方"高福利、高负担"的"大政府"模式，提出向"日式福利政府"过渡。这份报告对后续的社会保障和福利财政政策产生了深远影响，尤其是在减轻国库负担方面，推动了财政紧缩和社会福利的改革。

在临时行政调查会的报告中，特别强调，在经济危机的背景下，福利问题应当交由家庭等社会基本单位进行互助解决。

1986年，日本政府制定了《地方公共机构的执行机关作为国家机关办公的整顿及合理化的相关法律》（整理合理化法），并将社会福利相关工作从原先的机关委托工作转变为地方公共机构的独立职能，成为地方政府固有的职责。

（二）社会福利审查的萌芽

1981年，国际残疾人年以"充分参与和平等"为口号举办，这是"日常生活正常化"理念在日本渗透和确立的关键契机。

1989年，社会福利关系三审议会（包括中央社会福利审议会、残疾人福利审议会和中央儿童福利审议会）的合同企划分科会通过了一份具有里程碑意义的报告，提出了对未来社会福利的几项重要改革建议：①将过去依赖于机构（设施）为中心的福利服务转为家庭福利服务；②将福利服务的权限从都道府县下放至市町村；③要求市町村承担制订"老人保健福利计划"的义务等。同年，日本政府推出了"老年人保健福利推进十年战略"（即黄金计划）。这是一个自下而上总结的长期规划，需要集结各个地方公共机构的力量来应对老龄化问题。

为了将黄金计划纳入法律体系，1990年6月，日本修正了包括《老人福利法》在内的福利关系八法，具体修订内容包括：①明确住宅福利服务在福利法中的定位，扩大住宅福利工作的覆盖范围，推动第2类社会福利服务的实施；②将家庭福利服务和设施福利服务集中到市町村；③要求市町村及都道府县制订老人福利计划等。

在"日式福利构想"中,政府原本期望通过家庭成员的扶助功能来解决福利问题。然而,政府逐渐认识到家庭扶助功能的局限性,因此开始更加关注家庭福利。这一转变是福利关系法修订的背景之一,即政府意识到仅依靠家庭无法解决所有的介护问题,进而推动了居家福利服务的发展。

1995年,社会保障制度审议会发布了关于"社会保障制度再构筑"的报告,提出以"确保人民安稳生活的21世纪社会"为目标,明确社会福利的服务对象应为全体国民。报告中进一步强调,未来的社会福利制度应过渡到"自主选择、自主决定"的契约制度,同时指出建设公共介护保险制度的紧迫性。

(三)社会福利基础结构改革

1997年,厚生省成立了"社会福利工作等研讨组",开始研究和讨论日本社会福利制度的改革。在研讨会中,主要提出了以下几个核心论点:一是服务供给主体的多样化;二是改革过去的基础结构,即措置制度,将过去依赖于行政干预的服务模式转变为基于个人选择的服务利用制度;三是引入保护自主决定能力低下人群权利的制度,并力求在公共部门与私营部门之间达成共识,以此为基础制订地区福利计划。

2000年,日本修订了《社会福利事业法》,将其更名为《社会福利法》,并在其中引入了地区福利计划、福利服务使用者投诉解决机制等内容。措置委托制度是"福利三法"时代建立的社会福利基础结构,在社会制度基础结构改革的过程中,措置委托制度逐渐转变为基于自主选择和自主决定的契约制度。此外,1999年日本还制定了"成人监督制度"和"日常生活自立支援事业",以帮助无法充分自主决策的群体做出必要的选择。在这些制度的背景下,日本于1997年成立了介护保险制度,并于2000年开始实施。

此外,随着1999年"促进地方分权相关法律"(即地方分权一体法)的颁布,日本废除了过去的机关委任事务、团体委任事务和固有事务,地方公共机构开始承担更多自治事务的责任,并接受政府委托的法定受托事务。在福利相关行政事务方面，除了民生保障执行外，其他相关事务都逐渐转交给各地方公共机构。

六 2000年以后的社会福利所直面的课题

表4

（单位：年）

2000	平成12	制定《儿童虐待防止法》
2003	15	制定《应对少子化对策基本法》 制定《下一代抚养支援措施推进法》（10年限期立法）
2005	17	制定《残疾人自立支援法》
2010	22	制定"儿童·育儿未来设想"
2012	24	制定《社会保障制度改革推进法》 制定《儿童·育儿支援法》等儿童·育儿关联三法
2013	25	制定《生活贫困者自立支援法》
2014	26	制定《城镇·人·工作创建法》
2015	27	延长《抚养支援措施推进法》
2016	28	修订《儿童福利法》（将儿童权利条约的概念导入法律概念）

参考川池智子编《新社会福利论——基础与案例》，2012年；社会福祉士养成讲座编辑委员会：《新·社会福祉士养成讲座12社会保障》第6版，中央法规2019年；社会福祉动向编辑委员会：《社会福祉的动向2018》，2017年，笔者自制。

日本的人口自1971年至1974年第二次石油危机后开始呈现下降趋势。到2016年，出生人口首次低于100万，2018年出生人口约为91.8万，合计出生率为1.42%。2019年，出生人口更是降至90万以下。与此同时，老年人平均寿命延长，65岁及以上人口达到3621万，占总人口的28.9%（根据2021年10月《令和3年老龄社会白皮书》数据）。

日本人口的下降趋势预计将持续。为了实现从儿童到老年人都能得到必要支援的目标，传统的垂直性思维已经不再适用。日本在2015年发布了《应对新时代的福利展望》，提出应提供综合性支援，而非单纯根据年龄、高龄或有无残疾来提供个别性支援。

儿童福利问题尤为突出，尤其是虐待儿童和贫困儿童现象的增加。核心家庭的普及与社区家庭关系淡漠化背景下，家庭问题的潜在化与孤立化、监护人养育能力的不足、身边支援者的缺乏，以及缺乏获取育儿资源的途径等，都是造成儿童福利问题的根源。

为应对这些挑战，日本在2018年7月制定了《加强虐待儿童应急综合对策》，要求各地政府加强信息共享，提升对虐待儿童的评估能力，并通过地区保护协会为寻求帮助的儿童提供支持。同时，儿童指导中心开始提供面对面的咨询，严格执行48小时内应对儿童虐待的规定。同年12月，日本政府进一步提出了《强化防止虐待儿童对策体制综合计划（新计划）》，着手加强儿童指导中心的体制建设。

学校教育中的"霸凌"问题也是一个不容忽视的重要课题。由于遭受霸凌而选择自杀的事件屡屡发生，公共教育体系面临着巨大的挑战。为此，继"学校辅导员"之后，日本的文部科学省决定，在2019年前，在全国所有中学配备"校园社工"（计划派遣1万名社工）。

此外，"儿童贫困"问题同样严峻。根据厚生劳动省2017年的报告，2015年日本儿童的相对贫困率为13.9%，而单亲家庭则达到了50.8%。在34个先进国家中，日本的儿童贫困率排名第十位。这种贫困状况是导致学业差距的一个主要原因。目前（截至2021年），许多社会组织和个人在全国范围内运营"儿童食堂"等项目，提供帮助和支援，但要从根本上解决这一问题，仍需国家层面的政策和措施介入。

介护保险的概况

郑丞媛[*]

一 介护保险制度的目的和机制

（一）介护保险制度的基本概念

1. 独立支援：不仅是照顾需要介护的老年人，更要支持他们实现"独立生活"。

2. 以用户为导向：根据用户的选择，提供多样化的医疗保健和福利服务。

3. 社会保险方式：采用明确福利与负担关系的社会保险模式。

（二）资金来源

以40岁以上国民缴纳的保险费（50%），以及国家、都道府县、市町村拨付的税金（50%）为资金来源。

（三）保险费和个人负担

第1号被保险人的保险费原则上从养老金中扣除，由市政府代为收取。第2号被保险人的医疗保险费则由其所属的医疗保险机构代为收取。原则上，服务使用者在使用服务时需支付10%的费用（高收入者需支付20%—30%）。

二 介护保险制度主要修改经过

介护保险制度被创建以来，经过多次修正，详见图2。

---

[*] ［日］郑丞媛（鄭 丞媛）：新见公立大学教授。本文译者：罗鹏，西南交通大学外国语学院日语系讲师。

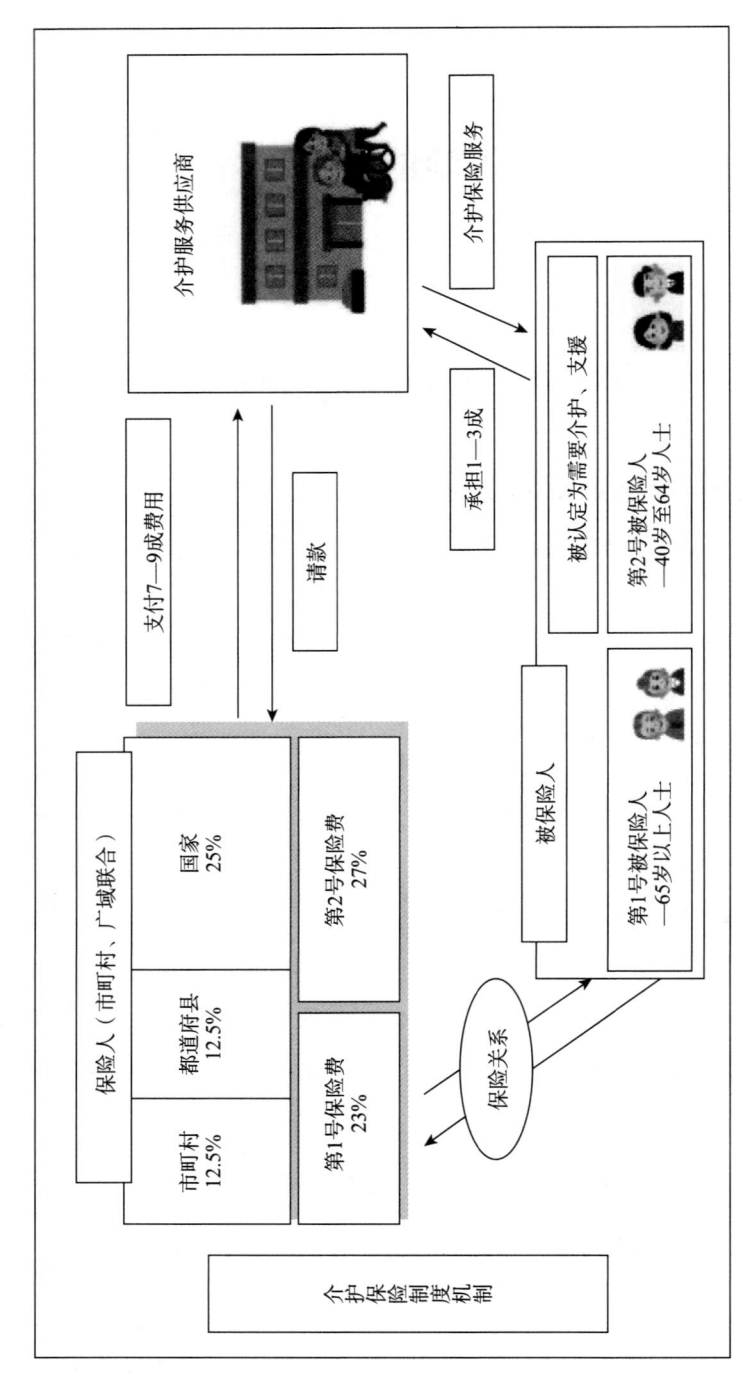

图1 日本介护保险的结构

资料来源：参考《厚生劳动省：介护保险制度概要（2021）》制成。

介护保险的概况

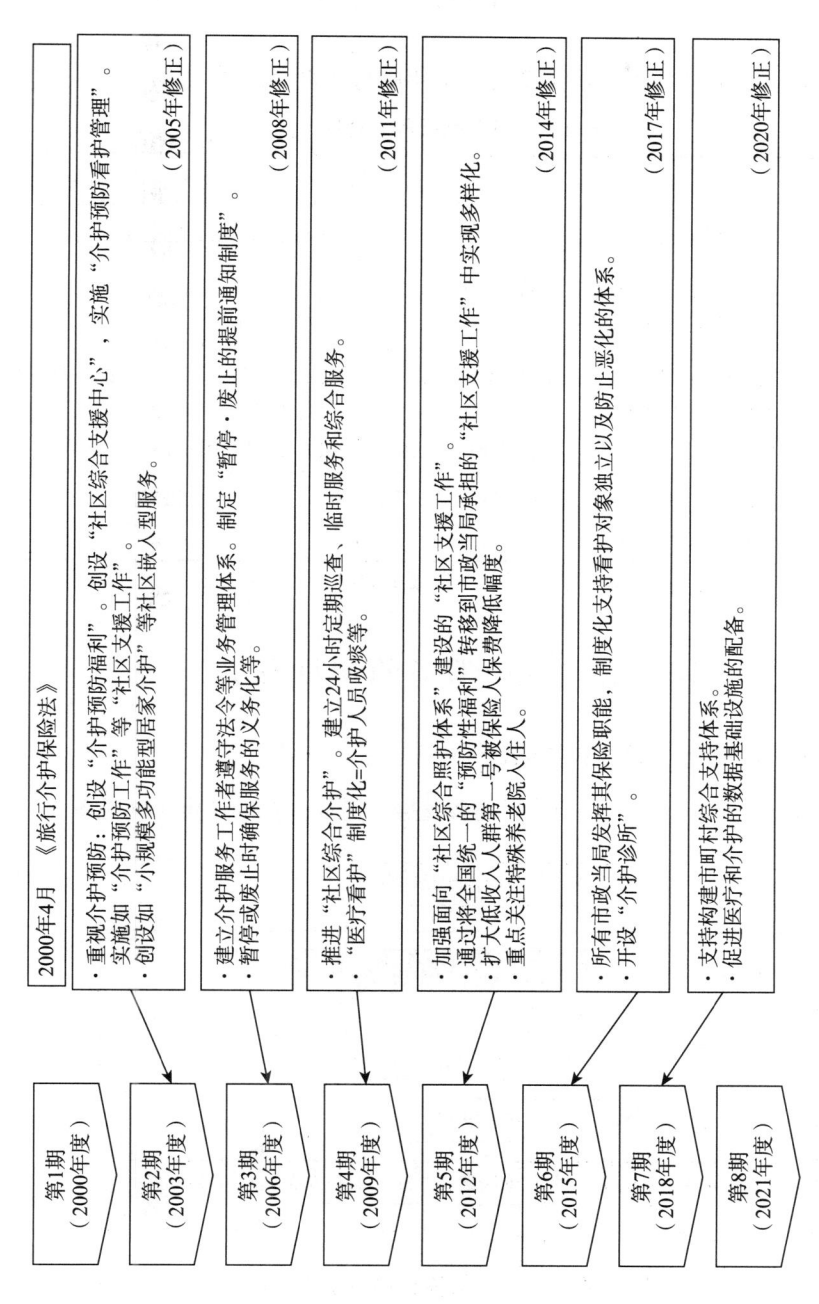

第1期 (2000年度)	2000年4月 《旅行介护保险法》
第2期 (2003年度)	• 重视介护预防:"介护预防福利"等"介护预防看护管理"。 • 实施"介护预防"等"社区支援工作",创设"社区综合支援中心",实施"介护预防看护管理"。 • 创设如"小规模多功能型居家介护"等社区嵌入型服务。 (2005年修正)
第3期 (2006年度)	• 建立介护服务工作者遵守法令等业务管理体系。 • 暂停或废止时确保服务的义务化等。 (2008年修正) 制定"暂停·废止的提前通知制度"
第4期 (2009年度)	• 推进"社区综合介护"。建立24小时定期巡查、临时服务和综合服务。 • "医疗看护"制度化:介护人员吸痰等。 (2011年修正)
第5期 (2012年度)	• 加强面向"社区综合照护体系"建设的"社区支援工作"。 • 通过将全国统一的"预防性福利"转移到市政当局承担的"社区支援工作"中实现多样化。 • 扩大低收入人群第一号被保险人保费降低幅度。 • 重点关注特殊疗养院入住人。 (2014年修正)
第6期 (2015年度)	• 所有市政当局发挥其保险职能,制度化支持看护对象独立以及防止恶化的体系。 • 开设"介护诊所"。 (2017年修正)
第7期 (2018年度)	• 支持构建市町村介护综合支持体系。 • 促进医疗和介护的数据基础设施的配备。 (2020年修正)
第8期 (2021年度)	

图2 介护保险制度主要修改经过

资料来源:参考《厚生劳动省:介护保险制度概要(2021)》制成。

三 介护保险服务的对象

介护保险服务加入者（被保险人）按年龄分为两类，详见表1。

表1 介护保险服务的对象

	第1号被保险人	第2号被保险人
对象	65岁及以上的人	40—64岁的医疗保险加入者
人数	3526万人（65—74岁：1730万人；75岁及以上：1796万人）	4192万人
条件	需要介护的状态：处于卧床不起、痴呆症等需要介护的状态 需要支援的状态：日常生活中需要支援	需要介护和支援的状态视"特定疾病，如晚期癌症和类风湿性关节炎等由衰老引起的疾病"的情况而定
认证人数	645万人（其中65—74岁：73万人；75岁及以上：572万人）	13万人

资料来源：参考《厚生劳动省：介护保险制度概要（2021）》制成。

四 介护保险服务的使用方法

（一）需要支援、需要介护认定

要使用介护保险服务，必须接受需要支援、需要介护的认定（详见图3）。

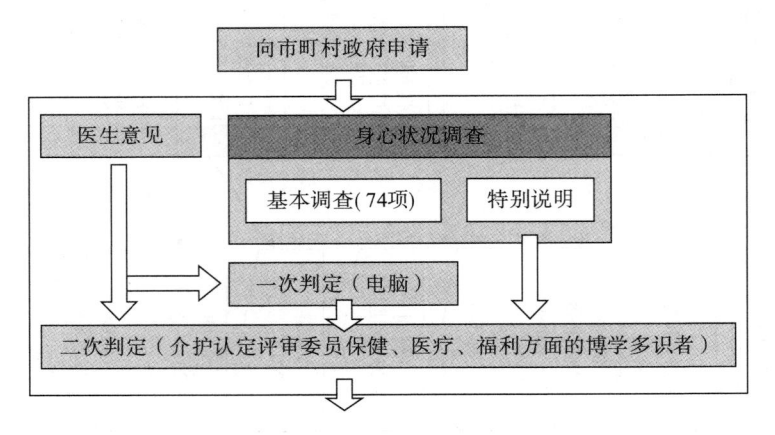

图3 需要支援、需要介护的认定方法

资料来源：参考《厚生劳动省：介护保险制度概要（2021）》制成。

（二）需要支援、需要介护的分类

根据日常生活能力按需要支援1—2，需要介护1—5的顺序分为7个阶段。

```
┌──────┐ ┌──────────┐ ┌──────┐ ┌──────┐ ┌──────┐ ┌──────┐
│需要支援1│ │需要支援2/需要│ │需要介护2│ │需要介护3│ │需要介护4│ │需要介护5│
│      │ │ 介护1    │ │      │ │      │ │      │ │      │
└──────┘ └──────────┘ └──────┘ └──────┘ └──────┘ └──────┘
```

起床、站立

单脚站立、日常决策、购物

走路、清洗身体、剪指甲、喝药、金钱管理、简单料理

翻身、排尿、排便等 穿脱上衣、穿脱裤子等

保持坐姿、双脚站立、移乘、移动、洗脸、整理头发

瘫痪、食物摄入、外出频率、短期记忆

（日常生活能力下降）

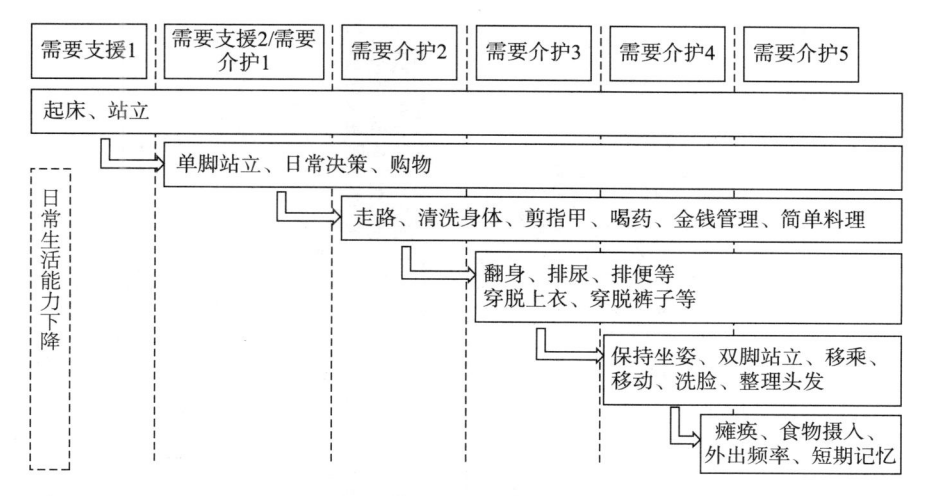

图4　需要介护状态的不同形式

资料来源：参考《厚生劳动省：需要介护认定的机制和程序》制成。

五　服务的种类

被认定为"需要介护"时，可以使用提供介护服务的福利，被认定"需要支援"时，则可使用提供预防性服务的福利。

1.居家介护服务

主要包括上门介护（家访介护人员上门提供照护服务）、门诊介护（用户到门诊介护设施接受照护）、福利设备租赁（根据用户的身心状况、个人意愿、生活环境等选择提供的福祉辅具，并协助安装、调整），等等（详见表2）。

	都道府县、政令指定城市、核心城市指定监督	市政府指定监督
介护福利	居家介护服务 【上门服务】 ・上门介护 ・上门沐浴介护 ・上门看护 ・上门康复 ・居家疗养管理指导 ・特定设施居民的介护 ・福利设备租赁 ・特定福利设备的销售 【门诊服务】 ・门诊介护 ・门诊康复 【短期设施内服务】 ・短期设施内生活介护 ・短期设施内疗养介护 设施服务 ・老年人介护福利设施 ・老年人介护保健设施 ・介护疗养型医疗设施 ・介护医疗院	社区嵌入型介护服务 ・定期巡视和不定期上门介护看护 ・夜间家访介护 ・社区嵌入型门诊介护 ・痴呆症友好型门诊介护 ・小型多功能居家介护 ・社区嵌入型特定高龄者介护福利设施居民生活介护 ・复合型介护 ・家庭介护疗所
预防性福利	介护预防性服务 【上门服务】 ・介护预防性上门沐浴介护 ・介护预防性家访视介护 ・介护预防性家访康复 ・介护预防性居家疗养管理指导 ・介护预防性福利设备租赁 ・特定介护预防性福利设备销售 【门诊服务】 ・介护预防性门诊康复 【短期设施内服务】 ・介护预防性短期设施内生活介护 ・介护预防性短期设施内疗养介护	社区嵌入型介护预防服务 ・介护预防性痴呆症友好型居家介护 ・介护预防性痴呆症友好型多功能社区介护 介护预防性支援

图5 介护服务的种类

资料来源：参考《厚生劳动省：介护保险制度概要（2021）》制成，进行了部分修改。

表 2 介护保险服务（居家服务）

种类		内容
上门介护	上门介护	协助购物、清洁、饮食和排泄
	上门沐浴介护	帮助使用移动浴缸洗澡
	上门看护	遵照医嘱管理医疗器械、预防和治疗褥疮等
	上门康复	康复指导和支援
门诊介护	门诊介护	提供吃饭、洗澡介护、看护、康复和娱乐等
	门诊康复	
短期设施内介护	短期设施内生活介护	用户在设施内短期住宿，帮助吃饭、排泄、康复和提供娱乐
	短期设施内疗养介护	
其他	特定设施居民的生活介护	在有偿养老院和团体之家提供膳食、排泄护理、康复和娱乐
	福利设备租赁	轮椅、特殊病床等福利设备的租赁
	特定福利设备租赁	坐便器、洗浴用品等福利设备的销售
	房屋装修费用支付	家中安装扶手、消除台阶等小规模改造
	居家疗养管理指导	访问住宅，提供疗养方面的管理、指导和建议
	家庭介护支援	根据用户与介护服务提供者之间的协调、用户及其家人的意愿制定介护计划

资料来源：参考《厚生劳动省：介护·老年人福利》制成。

（二）设施服务

原则上，设施服务主要适用于需要介护程度中度至重度的人员（需要介护 3—5）。2018 年 4 月至 2024 年 3 月，介护疗养型医疗机构逐步转型为介护诊所。

表3 介护服务（设施服务）

种类	内容
介护老年人福利设施入住者生活介护	长期在特殊养老院接待用户，帮助膳食、排泄介护、提供康复娱乐等
介护老年人保健设施入住者生活介护	一定时期内在老年人介护保健设施接待用户，提供医疗处理和饮食、排泄介护等
介护疗养型医疗设施入住者生活介护	在介护疗养型医疗机构接待用户，提供医疗管理下的康复和膳食、排泄的介护等
介护诊所	长期接收需要疗养的人员，提供医疗护理和介护一体化服务

资料来源：参考《厚生劳动省：介护·老年人福利》制成。

（三）社区嵌入型介护

如表4所示，社区嵌入型介护是一种在小型家庭环境中，通过与当地居民互动，提供膳食、洗浴等日常生活支援，并开展功能训练的服务。

表4 介护保险服务（社区嵌入型介护）

种类		内容
上门·门诊型	小型多功能居家介护	提供一站式上门、门诊、短期入院服务
	夜间家访介护	通过定期的夜间访问和不定时的紧急访问进行介护。
	定期巡视和不定期上门介护	提供一体化介护和看护，每天白天和晚上多次定时访问和不定时紧急访问
痴呆症友好型	痴呆症友好型门诊介护	在门诊设施为痴呆症患者提供膳食、排泄介护、康复和娱乐等
	痴呆症友好型社区生活介护	在集体之家提供看护和生活援助、康复和娱乐等
设施/特定设施	社区嵌入型特定设施居民生活介护	在使用人数29人以下的"有偿介护老人院""介护院""面向高龄者的服务住宅"（服高住）等，提供饮食、洗澡、看护等生活支援和功能训练

续表

种类	内容
社区嵌入型老年人长照福利设施居民生活介护	在使用人数29人以下的设施中协助用餐、洗澡和排泄，进行功能训练和医疗上的生活支援

资料来源：参考《厚生劳动省：介护·老年人福利》制成。

（四）介护预防性服务

介护预防性服务的服务对象原则上为被认定为"需要支援"的人员，旨在提供适合介护预防的服务，以维持和提升生活功能，预防进入需要介护状态，该服务根据轻度症状用户的需求、时间和方式进行调整。

表5 痴呆症介护疗法（非药物疗法）

名称	概要
现实导向	以文字和时刻表的形式展现24小时的日程，并适时利用日期、星期几、时刻表等，询问与认知相关的内容，从而减少老人的焦虑和困惑。
回想法	由美国精神病学家巴特勒创立的老年人心理治疗。患者可通过观看旧照片回忆过去，从而激活老人大脑、恢复记忆，并增强自信心、稳定情绪。
有效性检查	美国社会工作者开发的一种与痴呆症患者的沟通技巧。该疗法旨在帮助看护者理解痴呆症患者的经历和情感世界，对他们产生共鸣，鼓励他们，"设身处地地感受"和"关怀与体谅患者的介护"。即使每天仅进行5—10分钟，也能有效减少问题行为的发生。①真诚的眼神交流；②重复患者所说的话；③让患者想象最糟糕和最好的情况，并让他们能轻松容易地表达自己的感受；④肢体接触（抚摸肩膀和上臂）；⑤谈论回忆；⑥采用患者喜欢的交流方式（包括非语言交流），原则上，寻求患者言行的本意，展示尊重和共鸣，接受患者本来的样子。
认可疗法	由法国体育老师Eve Ginest和Rosette Marescotti开发。Humanitude意为"人性"这是一种基于感知、情感和语言综合交流的痴呆症护理技术，不需要特殊的技术或治疗。4个基本动作：①"看"，以同一视线从正面抓住对方的目光；②"说"，即使对方没有回应，也要频繁地使用温和而积极的语言；③"触碰"，以温柔的方式触摸患者，如同慢慢包裹住他们；④"站立"，目标是每天至少站20分钟。人会通过站立感受尊严。

续表

名称	概要
以人为本的介护	英国布拉德福德大学的社会心理学家汤姆·基德伍德倡导以人为本的介护。以人为本指的是"以人为中心",即将痴呆症患者"作为人来尊重"和"从人的角度理解"痴呆症患者。该方法使用"痴呆症护理映射法"。观察方法:①仔细观察痴呆患者的行为,每5分钟记录一次,连续6小时;②评估记录的行为是"良好状态"还是"不良状态";③患者与看护人的关系。这关系到对介护人员态度的评估。病人的尊严是否得到保护是关键。将此类信息制成表格,通过该表可以把握患者接受的护理和本人状况。

注:由佐佐木Sachiko[①]制成。

此外,我们每天都在设计和思考"运动疗法""园艺疗法""音乐疗法""艺术疗法""动物疗法""芳香疗法"等,设计和实施能够促进身心愉悦的疗法。这些疗法可以让患者享受生活,且不会加重痴呆症。

---

① [日]佐佐木Sachiko(佐々木 さちこ):身延山大学佛教科福祉学专业特聘副教授、护士。

介护保险制度的开展与课题

伊奈川秀和*

介护保险制度作为第五种社会保险制度于 2000 年 4 月正式实施，自 1997 年颁布该法以来，已经过去了四分之一个世纪。在此，笔者想从支持制度的社会必要性（立法背景）和实现制度选择（政策手段）两个角度，进一步进行探讨。

一 制度概要

首先，对作为研究前提的制度框架进行概览（参照图 1）。

介护保险是以市町村为保险人的社会保险制度，参保人包括 65 岁及以上的老年人（第 1 号被保险人）以及 40—64 岁的医疗保险参保人（第 2 号被保险人）。

保险事故的给付（提供服务）前提是参保人被认定处于需要介护或需要支援状态（以下统称为"需要介护的状态等"），根据其严重程度，分为需要支援 1 级和 2 级，以及需要介护 1—5 级。因此，参保人在使用介护服务前，需要进行介护认定等手续。

可使用的服务包括居家服务（如上门介护、上门看护、短期住院生活介护等），设施服务（如介护老人福利设施、介护老人保健设施、介护诊所等）以及社区嵌入型介护服务（如痴呆症应对型共同生活介护、小规模多功能型居家介护等）。此外，由于介护状态通常呈渐进性发展，介护预防及早期支援至关重要，因此，作为市政项目的社区支援项目也被纳入该制度。

---

* ［日］伊奈川秀和（伊奈川 秀和）：东洋大学社会学院社会福祉系教授。本文译者：雷凤琴，四川外国语大学日语学院硕士研究生。

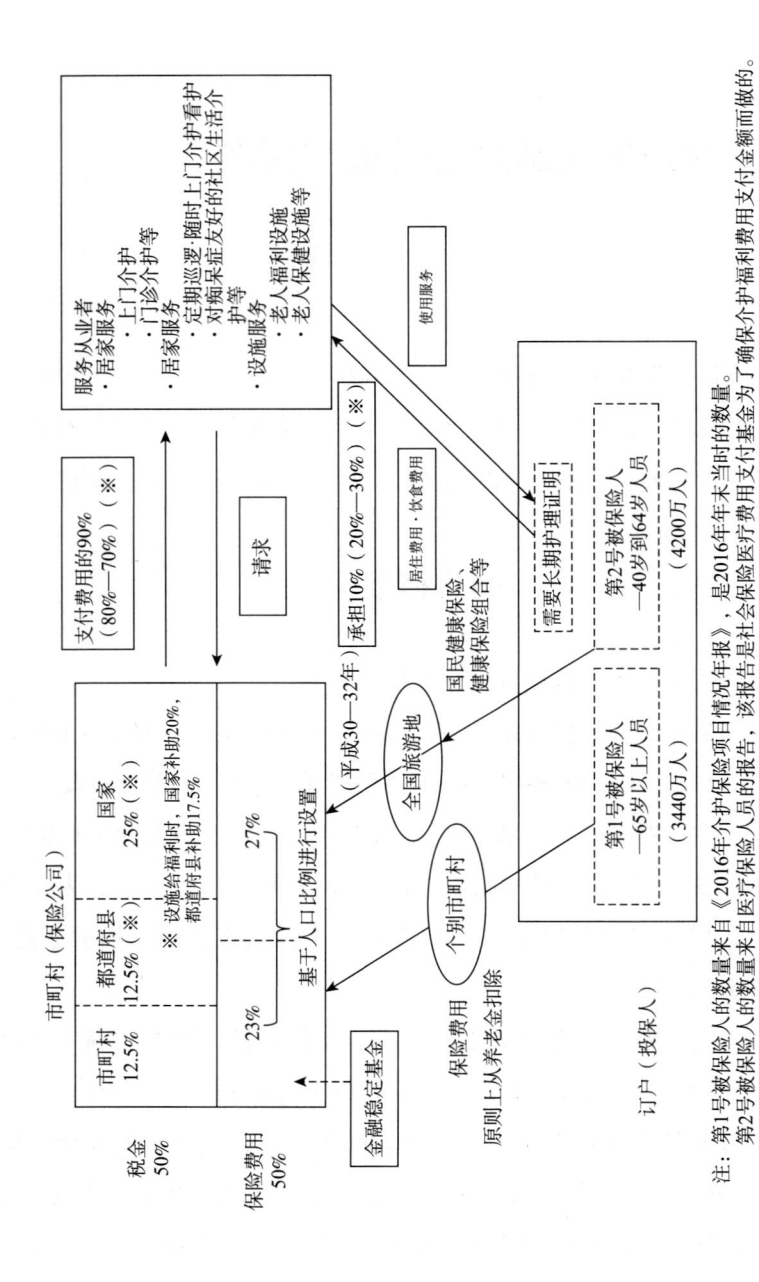

图 1 介护保险制度的结构〔厚生劳动省第75次介护保险分会资料（2019年2月25日）〕

资料来源：厚生劳动省社会保障审议会介护保险部会（2022年3月）。

注：第1号被保险人的数量来自《2016年介护保险项目情况年报》，是2016年年末当时的数量。
第2号被保险人的数量来自医疗保险人员的报告，该报告是社会保险介护保险医疗费用支付基金为了确保介护福利费用支付金额而做的。
第2号被保险人的数量是2016年内的月平均值。
（※）收入超过一定水平的人，要承担费用的20%（2015年8月实施）或者承担30%（2018年8月实施）。

用户可以在支付限额基准额度范围内选择所需的服务。为此，设立了介护支援专家（护理经理）以协助制定必要的介护服务计划（护理计划）。

使用服务时，用户需支付一定比例的费用，原则上为10%（高收入者需支付20%—30%）。剩余部分作为介护报酬，由介护保险支付给服务提供者和设施。

整体制度中，介护福利所需的财政资源一半由国家、都道府县、市町村等公共资金（税收来源）提供，另一半则来自保险费。此外，保费按比例分配至第1号被保险人和第2号被保险人，目前分别为23%和27%。

该制度由市町村运营，并由国家、都道府县和医疗保险公司等提供多层次支持。为了保证制度的公平性，国家和都道府县政府根据财政实力，将公共资金分配给市町村。此外，第1号被保险人的保险费会根据收入水平从养老金中直接扣除，以减轻市政当局的征收负担；第2号被保险人的保险费则由参与的医疗保险公司收取，并分配给市町村。

为了确保服务的必要性和适度性，市政府每三年制定一期介护保险业务计划。因此，第1号被保险人的保险费也会固定每三年进行一次调整。

二 建立介护保险制度的必要性

制度改革往往是在各类问题积累到临界点时才会启动，介护保险也不例外。1973年，随着石油危机的爆发，1960年代经济高速增长期转向稳定增长期，介护保险改革的根源也可追溯至这一时期社会保障体系的结构性问题。

（一）"日式福利社会"的局限性

在1979年的《经济社会七年计划》中，"日式福利社会"理念被正式提出，主张"日本应实现一个不落后于欧美的日式福利国家"。然而，随着战后经济的高速增长，劳动力大规模从农村向城市迁移，核心家庭模式逐渐形成，三代同堂的比例在1980年代后显著下降（见图2）。与此同时，随着人均寿命的延长和痴呆症问题的日益严重，依赖家庭介护的社会基础设施效果逐渐减弱。

（二）老人医疗的局限

1973 年被称为"福利元年"，以《老年福利法》修改中的老年人免费医疗为标志。同时，1973 年也是日本社会经济转折的关键年份。在经济高速增长的背景下，人口老龄化问题已逐渐显现。早在 1961 年，日本就实现了全民养老金制度，1963 年制定了《老年福利法》，这些改革都是基于应对老龄化社会的需要而进行的。事实上，1970 年，日本的老龄化率已超过 7%，正式进入了老龄化社会。随着老龄化进程的推进，医疗需求不断增加。然而，老年人免费医疗政策却进一步加剧了医疗费用的上涨。究其原因，医疗保险原则上是免费的，许多老年人集中到医院就医，导致医院在某种程度上承担了他们的介护需求。虽然医院作为医疗机构对老年人进行用药和检查，但反过来，必要的康复治疗却未得到充分重视，"卧床不起"和"社会性住院"等社会问题逐渐暴露出来。

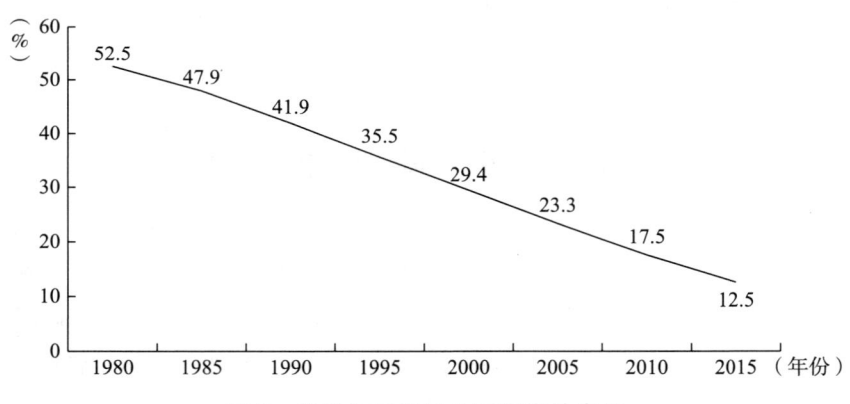

图 2　父母与已婚子女同居率的变化

资料来源：厚生劳动省"国民生活基本调查表"。

（三）措施制度的局限

医疗费用的增加也反映了社会福利制度中的问题。当时，老年人福利等代表社会福利的措施体系是一种三管齐下的制度，包括服务使用的行政决定、委托社会福利法人提供服务，以及作为服务回报的措施费（公共资金）。该制度的一个显著特点是缺乏纠正未满足需求的机制。在供求关系上，需求（即老年人的照护需求）并未直接决定供给（即服务的数量和质量）。由于措施费的预算有限且对社会福利机构的设施维护补贴存在限制，供给量受到了很大的制约，出现结构性问题。此外，人们普遍认为接受社会福利措施并非使用者的基本权利，这也使得一部分人无法进入养老设施。

三　介护保险的环境

即使上述未被满足的需求是制度改革的核心，创造一个使制度改革成为可能的环境也非常重要。

（一）地方分权

制度的承担者在承担责任方面起着决定性作用。日本在现代化进程中最初采用中央集权体制，但根据宪法规定了地方自治，"二战"后，分权逐步成为主流，政府整体阶段性推动了地方分权，而社会福利领域正是这一分权趋势的先行者。例如，1990年对八项福利相关法律的修订，便是一个重要标志。在此次修订中，将过去由都道府县负责的《老年福利法》实施权移交给了市町村，市政当局也因此被赋予了为老年人制定包括服务建设目标在内的老年人保健福利计划的责任。

（二）基础设施建设

为了确保制度不只是纸上谈兵，不仅需要制定如老年人保健福利计划等政策，还必须完善实际的基础设施。有人曾对介护保险制度提出"有保险但没有服务"的担忧，这一观点凸显了基础设施建设的紧迫性。1989年出台的"老年人保健福利推进十年战略"（黄金计划）对后续基础设施的发展起到了关键作用。

在该计划中，日本政府计划在未来10年内投入约6万亿日元的财政资源。然而，1993年发布的"老年人保健福利计划"的数据显示，基础设施的建设需求已远远超过黄金计划的初步预估。因此，1995年出台了新的"老年人保健福利推进十年战略"（新黄金计划）。这一行政计划的作用之一就是基于证据的行政"可视化"。可以说，介护保险制度出台之前的这些行政计划，已在这一方面起到了先驱作用。

四 介护保险制度的政策手段

从1994年4月设立老年人介护本部开始，到最终实施制度，这一过程充满了曲折。值得关注的是，在众多选择中抉择出当前机制的这一重要问题。

（一）介护的社会化

"老年人介护和独立支援系统研究会"被认为是介护保险的基本概念来源。该研究会在1994年的报告中指出了家庭介护的问题。随着世代同居率的下降，家庭介护的局限性愈发明显，并且由此带来的国民经济损失也日益严重。因此，介护的社会化已成为不可避免的趋势。然而，在讨论介护保险的过程中，这成为争议的焦点之一。受到德国介护保险的影响，最初考虑以介护津贴的形式向家庭支付现金。然而，随着对介护人员流动性、老老介护和年轻护理人员等问题的进一步关注，现金福利的引入被暂时搁置，仍有许多相关课题需要深入探讨。

（二）社会保险方式

社会保险的特点在于，参保人缴纳保险费，一旦发生保险事故，即可获得赔付的权利。此外，尽管需要介护证明才能启动服务，但与基于行政决定的措施不同，用户可以根据自身需求选择所需的服务组合。与措施制度下用户仅为服务接受者不同，社会保险制度下，服务提供者和用户之间形成了合同关系。在这一点上，正如社会福利基础体制改革的方向是"从措施到合同"，社会保险制度也逐步转向合同化管理。

（三）多层次的相互支持

在社会保险体系中，保险人是不可或缺的组成部分。审议过程中，一个主要的争论点是，谁应该承担保险人职责。保险人不仅负责提供福利，还承担收取保险费和财务管理的责任。考虑到介护服务的地域性和现有的地方分权体制，将市町村当局设为保险人显得具有可行性。

然而，市町村当局对此表示强烈反对，因为他们已经承担了国民健康保险的财政问题。最终，虽然保险责任依然由市町村负责，但如前所述，保险费从养老金中扣除、医疗保险者向第 2 号被保险人收取保险费、国家和都道府县提供公共资金等多层次支持机制，贯穿于整个系统。

另外，在介护保险事业计划中，保险费每三年修订一次，这一做法有助于减轻市町村的财政负担。值得注意的是，第 2 号被保险人不仅需要照顾自己，还可能面临照顾父母的责任。将这一代人纳入保险体系，也有助于实现世代间的相互支持。

（四）护理管理

介护保险的一个显著特点是，不仅提供来自传统的社会福利法人和医疗法人的服务，还包括来自非营利组织（NPO）等各类主体的服务。这些服务涵盖了福利服务和医疗服务，而介护保险制度特别强调老年人的独立性。因此，这一制度的引入实际上也是解决过去措施制度下服务不足以及医疗保险体系中存在的社会住院问题的一种方式。然而，为了实现用户的选择权，仍然需要提供用户支持，并促进多职能之间的合作与协调。关键在于基于护理计划的护理管理，以及专业护理管理者的角色。

五　制度引入后的发展和问题

在制度引入时，有人担心"有保险但没有服务"的问题，但事实上，介护保险的费用逐年增加，已经是最初的三倍（参见图 3）。这一变化表明，介护保险制度的建立和发展虽然取得了进展，但也带来了新的挑战。此外，在过去的25年里，随着少子化和老龄化问题的不断加剧，如何确保数量足够的介护人员，并应对日益严重的痴呆症问题，依然是制度发展面临的重要课题。

介护保险每三年修订一次介护报酬，因此制度改革相对频繁。从大趋势来看，介护保险制度已从扩展期进入审查期，逐渐转向强调预防的制度，并引入了针对需要支援者的预防性福利。例如，在向重视预防的系统转型过程中，推动了地域综合护理系统的深化，涵盖了包括24小时定期巡查和临时服务等在内的地区紧密结合型服务，并建立了地区综合支援中心。此外，财政方面，对于收入在一定水平以上、有支付能力的人群，使用费将上调至20%—30%。在2020年改革中，为了实现"地区共生社会"，日本修改了《社会福利法》，建立了一个多层次的支援体制，旨在全面解决包括介护问题在内的社区生活问题。残障人士综合支援法与残障人士福利之间的关系，是制度中的遗留问题之一。为此，日本在2022年制定了介护保险和残疾福利服务经营者指定手续的特别规定，以便残障人士在年老后能够继续使用现有设施。

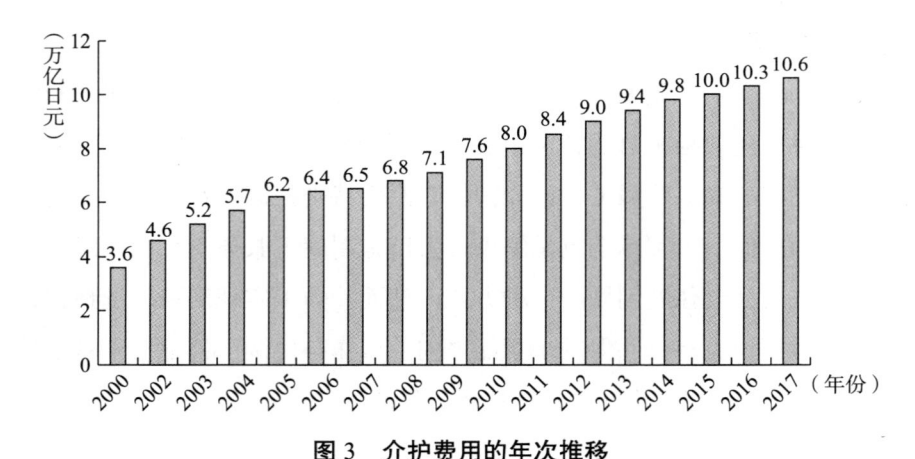

图3 介护费用的年次推移

资料来源：参考厚生劳动省《介护保险工作情况报告》，笔者自制。

从这一系列改革中可以看出，制度建成并非终点，仍需不断进行调整和完善，以应对新的社会经济环境和不断变化的需求。因此，理解和分析制度的基本概念及立法者的初衷至关重要。

提高介护质量：第三方评价制度

仓田康路[*]

一 建立"以使用者为主体"的介护体制

多年来一直实施的措施制度，作为福利与介护服务（以下简称"服务"）的利用方式，在1998年的社会福利基础构造改革中得到了重新评估，并由此转变为合同制度。也就是说，原本在措施制度中由行政部门根据自身判断来决定服务内容的体系，转变为使用者根据自身需求收集信息，并通过与服务提供者签订合同来选择所需服务的体系。

这种以使用者为中心的理念，建立在服务使用者与服务提供者之间的平等关系基础上，旨在提供优先满足用户需求的服务，并尊重其选择权。这一理念在合同制度中得以落实，并通过权利保障体系加以完善，同时通过提升介护质量体系来进一步强化。

服务使用者是那些面临生活困境或特殊问题的群体。与普通消费者不同，包括根据自己的意愿和判断来选择和使用服务的人在内的使用者不仅依赖于服务，还将自己的需求和选择权委托给服务提供者。因此，服务提供者有责任履行权利维护义务，保护使用者的基本权利，并确保他们的尊严。所谓"权利维护"，即帮助那些判断能力较弱的用户维持其基本权利，保障他们的需求得以实现。这不仅是为福利服务使用者争取权利的行动，也是为他们提供代言和辩护。

---

[*] ［日］仓田康路（倉田 康路）：社会福祉学博士。西南学院大学教授。日本社区福祉学会理事。本文译者：吕兆新，西南交通大学外国语学院日语系讲师。

在合同制度下的服务利用方式中，服务种类和经营者的选择等都需由使用者在签订合同时自行判断。此外，在合同签订后，使用者将直接获得包括衣食住等在内的生活援助。可以说，权利维护制度强调服务使用者在获得权利过程中的主体地位，并赋予其价值。体现这一权利维护理念的制度还包括成年监护制度、日常生活自立支援事业以及投诉解决机制等。

权利维护体系在合同制度中起到了补充和完善的作用。同时，强化合同制度本身并提供更优质的服务，有助于提升介护质量。《社会福利法》第3条明确规定，服务必须"优质且适当"。

"优质"指的是服务的质量水平，即法律要求服务必须达到高水平的标准。"适当"则意味着服务应当符合使用者的实际需求，提供他们所需要的内容。具体来说，服务的内容和数量应根据使用者的身心状况进行调整，并充分考虑使用者及其家属的意愿。提高介护质量的体系包括福利服务的第三方评价制度、介护服务信息公开制度，以及基于护理服务计划提供的个性化服务等。

二 维护使用者的权利，提高介护质量的体系与功能

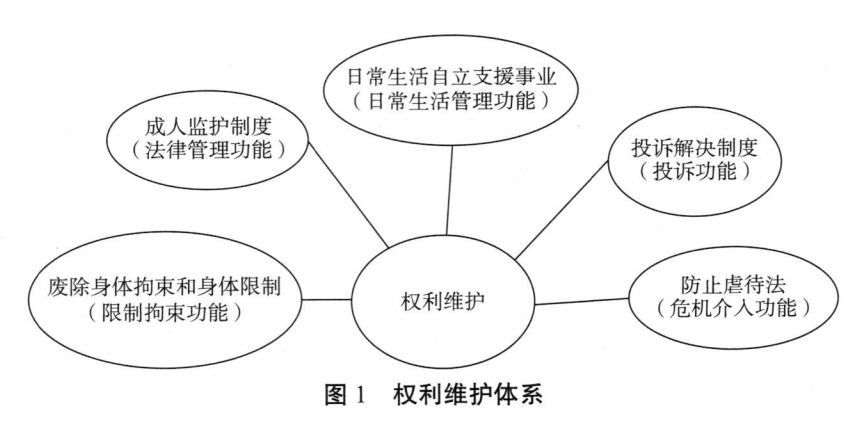

图1 权利维护体系

笔者自制。

除了之前提到的成年监护制度、日常生活自立支援事业和投诉解决制度，权利维护体系中还包括防止虐待法、废除身体拘束和身体限制等相关制度。与此同时，在提高服务质量的体系中，除了福利服务的第三方评价制度、介护服务信息公开制度以及基于介护服务计划（护理计划）提供的个性化服务外，还包括知情同意、风险管理等机制。这些体系各自承担不同的功能，共同促进了权利的维护和介护质量的提升。（参见图1和图2）

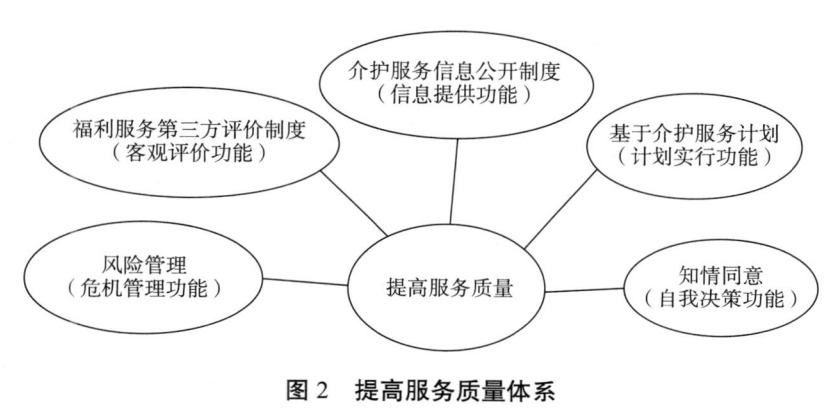

图2 提高服务质量体系

笔者自制。

三 权利维护体系与机能

（一）成年监护制度

成年监护制度旨在通过派遣法律援助人员，帮助那些判断能力不足的人管理其财产、生活和健康等事务。这一制度基于民法，具有法律管理功能，能够执行包括房地产出售在内的法律行为，进而实现有效的权利维护作用。

成年监护制度分为两种类型：法定监护制度和任意监护制度。法定监护制度根据个人判断能力的下降程度，由法律援助人员决定适当的援助内容，并根据严重程度由重到轻分为"监护""佐助"和"辅助"三种类型。

法定监护制度适用于判断能力下降的情况，由家庭法院决定援助内容。任意监护制度则是在个体仍具备判断能力时，根据其本人意愿来决定援助的对象和内容。任意监护制度分为三种类型：速效型（签订合同后立即生效）、将来型（在判断能力下降后生效）、过渡型（在判断能力下降前后提供持续性援助）。

（二）日常生活自立支援事业

日常生活自立支援事业（在《社会福利法》中称为"福利服务利用援助事业"）为判断能力不足的人提供服务利用方面的援助，涵盖日常生活的各个方面，如金钱管理、文件保管等。该事业具备日常生活管理的功能，并起到权利维护的作用。

该事业的实施主体为各都道府县和指定城市的社会福利协议会（部分事务委托给市町村的社会福利协议会）。原则上，事业的实施依托使用者与实施者之间的合同进行的。社会福利协议会安排的专业人员为使用者制定必要的援助计划，并由生活援助人员根据该计划提供具体援助。与成年监护制度相比，成年监护制度基于家庭法院裁定的法律制度，而日常生活自立支援事业则作为社会福利政策的公共服务。由于其程序简便，能够在更日常的生活层面为使用者提供及时的援助。

（三）投诉解决制度

投诉解决制度是针对服务使用过程中产生的各种不满，接受使用者及其家属的投诉并进行妥善处理。该制度体现了服务使用者与服务提供者之间平等关系的申诉功能，旨在维护使用者的权利。

根据《社会福利法》，所有社会福利事业单位必须接受服务使用者的投诉并妥善处理。此外，都道府县社会福利协议会设立的运营合理化委员会也将从第三方角度介入投诉的处理。委员会规定，在处理投诉时，应与投诉者进行沟通，提供必要的建议，调查相关人员的情况，并积极解决投诉问题。

在合同制度下的介护保险服务中，除了服务提供者外，作为保险人的市町村、介护援助专业人员（介护管理者）配置的居家介护援助经营者以及国民健康保险团体联合会等也共同承担着解决投诉的职责，从而形成了一个多层次的支持结构。

（四）防止虐待法

防止虐待法包括《防止虐待老年人法》（旨在防止对老年人实施虐待并为其赡养者提供援助的相关法律）、《防止虐待儿童法》（针对防止虐待儿童等群体的法律）以及《防止虐待残疾人法》（旨在防止虐待残疾人并为其赡养者提供援助的法律）等。依据这些法律，已采取一系列措施来防止对老年人、儿童、残疾人等脆弱群体的虐待，并在虐待发生后积极采取行动加以解决。这些防虐措施不仅关注及时干预身心受虐的危机场景，还具备危机应对功能，有效地维护了弱势群体的权利。

在《防止虐待老年人法》中，虐待行为被定义为身体虐待、心理虐待、疏忽与放任、性虐待以及经济虐待等多种形式。市町村在此法律框架下发挥着核心作用，负有防止虐待、迅速为受虐老年人提供适当保护，以及为赡养者提供必要援助的责任。

（五）废止身体拘束和身体限制

废止身体拘束和身体限制以《介护保险法》等相关法律为基础，原则上禁止在提供服务时对使用者实施身体约束或束缚。限制在介护过程中不当使用约束手段，以确保使用者在日常生活中的行动自由，从而有效维护其基本权利。

从服务使用者的角度来看，剥夺自由即对身体进行约束或束缚，这是一种具体的行为。例如：为防止使用者乱走，使用绳子捆绑其身体；为阻止使用者下床，用栅栏将其围住；为避免使用者从轮椅上滑落，佩戴Y型束缚带或腰带；为防止使用者拆除尿布，为其穿上连体护理衣；为安抚使用者使其服用精神药物；为防止使用者开门，将其隔离在房间里并锁门。

然而，在某些不可避免的情况下，身体拘束与身体限制是可以接受的。但这种做法必须符合特定条件：迫切性、非代替性和暂时性；同时必须遵循明确的程序，包括进行有组织的判断、向家属解释并获得同意，以及做好详细记录。

四　提高介护质量的体系与功能

（一）福利服务第三方评价制度

福利服务第三方评价制度通过独立第三方进行客观评价，旨在对社会福利服务提供者进行全面评估，确保其服务质量达到预期标准，从而促进服务质量的提升。

该评价体系依据《福利服务第三方评价标准指南》，按照明确的评估标准，通过综合评估来确定服务提供者的服务水平。评估过程包括经营者自身的自我评估、服务使用者的反馈评估以及评估机构的实地访问调查评估，最终公开评估结果，确保透明性。

具体的评估内容包括以下几个方面：确立理念和基本准则、制定事业计划、服务质量提升的组织措施、服务提供的基础和管理措施、管理者的责任感和领导力、人才的保障和培养、运作的透明性、组织的运营和管理（例如与社区的互动）、尊重使用者的态度与环境改善，以及为提供安心、安全服务所采取的措施等。评估结果将根据服务质量分为A、B、C三个等级。

（二）介护服务信息公开制度

介护服务信息公开制度旨在公开经营者的基本信息，如所在地、职员人数、服务内容等。使用者可以在比较、讨论这些公开信息后，依据个人需求做出选择。该制度具有信息提供的功能，并有助于提升服务质量。

有关事业单位或设施的运营状况，包括计划执行情况、是否存在已实施或未实施的服务项目等信息，将通过都道府县等管理部门的官方网站公开。

（三）基于介护服务计划（护理计划）提供的服务

服务不应仅基于援助者的经验和直觉，而应建立在科学性、客观性的基础上，依托对使用者需求的测定和目标的确立来提供服务。尤其在多职种协作的体系中，服务必须具备计划性和可执行性。在服务提供过程中，有责任为每个使用者制定个性化的介护服务计划（护理计划），该计划具有执行功能，对提高介护质量至关重要。

介护服务计划（护理计划）包括使用者的需求评估、满足需求的目标设定、实现这些目标所需的服务种类与内容以及服务提供者的安排等内容。根据计划，相关服务提供者将协同合作，确保服务的实施与效果。整个流程涵盖了介护计划的制定、实施前的评估、实施后的跟踪与效果评估等步骤。这一系列的流程都属于介护管理，基于介护计划的服务提供可视为介护管理的重要组成部分。

（四）知情同意

在提供服务时，服务经营者必须基于充分的说明，向使用者及其家属征求同意。根据"知情同意"（说明和同意）程序，在确保使用者充分理解的基础上，签订正式合同。这一过程体现了使用者的自我决定权，并在此基础上提升介护服务质量。

对于某些使用者来说，理解并同意服务内容的能力可能有限，因此服务提供者必须采取详细且易于理解的说明方式，必要时可通过图片、文字等多种方式加以辅助。此外，不仅要向使用者本人提供说明并获取同意，还应确保其家属或成人监护人等代表使用者的人也能理解服务内容并表达同意，从而保障使用者的自我决定权。

（五）风险管理

在服务提供过程中，使用者时常面临事故等风险，因此经营者必须采取有组织的风险管理措施，预测并回避潜在的事故，尽可能减少使用者受伤。风险管理是一种分析并预防潜在风险的制度，旨在通过采取有效对策避免事故发生，具有危机管理功能，并在此过程中提升介护服务质量。

在进行风险管理时，首先需要识别提供介护服务时最容易发生的风险情形和易引发事故的场景。接着，分析事故的发生原因，包括服务利用者自身的因素（如身心状况）、服务提供人员的因素（如专业知识、技能）以及服务环境相关的因素（如设备配置、人员配置等）。基于这些分析，制定并实施防止事故发生的具体措施。

介护保险制度创立于20多年前，始终坚持原则上禁止使用身体拘束与身体限制，以确保使用者的安全并防止事故的发生。通过有效的风险管理，保障使用者的自由与尊严，并有效防止事故发生。

五　运行体系的人员、过程和生活环境

为了维护使用者的权利并提高介护质量，不仅需要完善上述的管理体系，还必须关注管理运行体系中的关键要素：人员（援助者）、服务提供过程（服务流程）以及实施的场所环境（建筑物和设备等物理环境）。在经营学中，通常将人员（People）、服务过程（Process）和物理环境（Physical evidence）视为品质管理的三大要素，品质管理决定了产品服务质量。

介护服务改进管理（3个P和1个S）	
	People（援助者）
	Process（服务提供过程）
	Physical evidence（物理环境）
	System（系统）

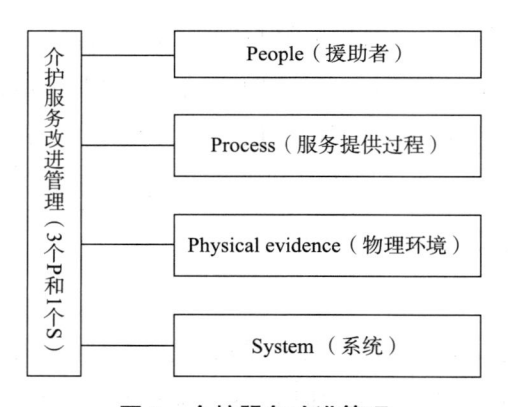

图 3　介护服务改进管理

笔者自制。

毋庸置疑，介护服务不同于有形的产品（物品）。介护服务本质上是人对人的服务，是在人与人直接接触的情境下提供的高度人性化服务。因

此，实际维护权利、提供服务的人员以及服务过程本身至关重要。同时，除了关注人员和服务流程等软性要素，还必须加强硬件方面的建设，如改善服务使用者的居住环境和设施。通过全面优化这些方面，可以有效提高介护质量。

前述的品质管理体系由四个关键要素组成：作为工作人员的援助者（People）、服务提供过程（Process）、物理环境（Physical evidence）以及作为结构基础的体系（System），这四个要素（3个P和1个S）共同构成了介护服务的提升管理框架（见图3）。体系这一部分之前已经提到过，援助者的培训和专业化可以参考后续的"日本的社会福利专业与培训教育"。至于物理环境，必须根据所提供的服务类型和内容进行相应的设施配置。最后将详细阐述服务提供过程。

服务通常不是由单一援助者向单一使用者提供的，而是由多个援助者协作，为多个使用者提供服务。在这种组织模式下，援助者之间的差异可能带来风险。此外，介护服务的无形性（非物质性）和连续性（服务可能长期持续提供）也会在一段时间内显现。

因此，介护质量改善的核心要求是提供标准化的服务流程，即消除援助者之间的差异，确保服务的均匀性。在多个援助者共同参与的情况下，无论由哪位援助者提供服务，都必须确保介护流程的一致性，以保持介护质量在长期内稳定并达到同一水平。这就要求必须有组织地管理和优化服务流程。那么，为了实现服务流程的标准化管理，需要做些什么呢？

为了持续提供标准化的服务，统一组织内部每位援助者的服务意识，采用"共享"的观点至关重要。为了将服务进行有组织的统一化，需要明确以下几点：首先，援助者应以怎样的价值观来提供服务，服务的"理念"是什么，以及朝着什么方向提供服务，服务的"目标"又是什么。在日常生活的各个方面——如饮食、洗澡、排泄等——服务内容应具体体现服务的"理念"和"目标"。例如，以"确保使用者尊严"和"以使用者为主体"为服务理念的具体体现，以"提高QOL（生活质量）"或"支持持续家庭生活"为目标，那么这些理念和目标必须在饮食服务中得到体现，如菜单的选择、就餐环境、进餐时间、饮食护理方法等方面。

在没有理解其目的和意义的情况下提供的服务往往是机械且空洞的。因此，制订包含服务"理念""目标"和"内容"的整体服务计划（事业计划）和个别的介护服务计划（介护计划）至关重要。这两个计划都应围绕 PDCA 循环展开，从而实现对服务提供流程的有效管理，确保服务的标准化。PDCA 循环包括：P（Plan：制订计划）、D（Do：根据计划执行）、C（Check：实施后的检查与评估）、A（Action：基于评估进行改进）。通过这一循环，可以明确业务推进方式，准确把握业务结果并进行持续反馈（见图 4）。

除了依靠 PDCA 循环推动服务优化外，为了确保服务流程的标准化，还需通过工作场所内外系统化的培训和研修。按服务内容、提供场景和不同职业分类汇总的服务提供手册也能发挥重要作用。此外，会诊、会议、介护记录等机制有助于援助者之间的信息共享，确保服务的适当性和一致性。

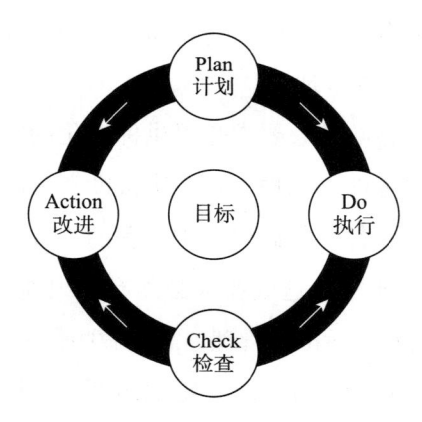

图 4　PDCA 循环

老年人的介护预防：以老年人为主体的娱乐活动

泷口真*

一 老年人休闲娱乐的社会背景

日本的介护福利体系之所以引入休闲娱乐，主要基于以下两个原因。首先，在1987年制定的《社会福祉士和介护福祉士法》中，休闲娱乐指导法被纳入介护福祉士国家考试的指定科目（后修订为《休闲娱乐活动帮助法》）。其次，为预防老年人孤独、促进健康和降低介护需求，每个中学校区都设立了老年人日间服务，其中"休闲娱乐"作为日间服务的重要福利项目之一被纳入其中。

此后，休闲娱乐在各都道府县社会福利委员会和各都道府县休闲娱乐协会的共同主办下，开展了全国范围内的研讨会和福利讲座。这一趋势促使1995年日本娱乐休养协会成立了"福利休闲娱乐工作"公认资格培养制度。

二 福利休闲娱乐的概要

另外，在医院中，治疗对象通常被称为"患者"，而在福利机构中，福利对象则被称为"福利服务使用者"，强调使用者自我选择和自我决策的重要

---

* [日]泷口真（滝口 真）：博士。大分大学福祉健康科学学院副教授。厦门理工学院日本文化语言中心客座教授。日本基督教社会福祉协会副会长、日本福祉文化学会理事、日本看护福祉学会理事等。本文译者：雷凤琴，四川外国语大学日语学院硕士研究生。

性。而在福利休闲娱乐领域，休闲娱乐设施的适用对象被称为"生活者"。"生活者"这一术语中的"生活"概念，源自"生活黄金分割法"的相关理论。

---

①基础生活（30万小时）——满足维持人类生命所必需的生理需求（※）、安全需求（※）的领域。例如，睡觉、饮食、洗澡、排泄等。

②社会生活（10万小时）——满足在使用者个人与他人或是社会组织的关系中的归属、爱的需求（※）、自尊需求（※）的领域。例如，上学、学校、通勤、工作、社区自治活动等。

③闲暇生活（30万小时）——丰富福利服务使用者的人生，引领使用者发现与开拓新的自我自由实践（在休闲娱乐中称为"处置时间"），是满足自我实现需求（※）的生活领域。例如，趣味活动、学习、训练、阅读、运动、音乐演奏、音乐鉴赏、电影鉴赏等或动或静的闲暇活动。

注：※为亚伯拉罕·马斯洛的需求层次理论。

资料来源：［日］泷口真：「休闲娱乐的理念与开展」，大桥谦策监修『获得文部科学省社会福利援助技术认证』，中央法规出版2004年，第116—117页，笔者对其中部分进行了修正。

三　福利休闲娱乐的援助角度

上述①基础生活＋②社会生活＋③闲暇生活＝70万小时。这70万小时相当于80年的日本人平均寿命（截至2019年，日本男性平均寿命约81岁，女性约87岁），换算成小时大约为70万小时。其中，①基础生活对于维持生命至关重要；②社会生活可以理解为强制性的生活领域，在义务教育期间以及作为社会一员时，社会生活是不可避免的。因此，日本人往往非常重视社会生活中的学历与工作经历，一般求职时，履历书中为了确保个人的可靠性，会特别强调"学历"和"工作经历"。然而，从休闲娱乐的角度来看，③休闲娱乐具有独特性。与基础生活和社会生活不同，休闲娱乐没有任何强制性要求。在休闲娱乐的时间里，人们可以根据个人兴趣爱好，自由探索和创造，实现自我发现。从欧美福利观的角度来看，这段时间是非常重要的生活组成部分。

在欧美社会，休闲时间内进行的各种活动被统称为"休闲经历"，这可视为福利服务使用者个人独特性和主体性的体现。这是因为在人类的生活时间中，社会生活最终会逐渐减少，未来的老年人将不可避免地在基础生活和休闲生活之间循环往复，直至生命尽头。可以说，这意味着"优质的休闲经历照亮了老年生活"。

此外，正如亚伯拉罕·马斯洛的需求层次理论所示，在人类自我实现的过程中，休闲娱乐同样强调以心理满足感为基础的人际交流。这一特征与老年期常见的四大丧失感（社会接触的丧失、社会角色的丧失、经济丧失、健康丧失）密切相关。

四 福利休闲娱乐的援助方法

在休闲娱乐中，一个重要的观点是关注个人的"休闲经历"，评估福利服务使用者的自主性和主体性，并将其纳入福利援助计划。

日本引入介护保险后，该制度迅速实现了从大量保护性收容向重视个别护理支援的转变。护理管理、集体康复之家、单元式护理等受到了越来越多的关注和重视。

与此相呼应，在福利休闲娱乐中，美国的 TR（Therapeutic Recreation）模型得到了广泛关注。该模型包括以下五个步骤：①对使用者进行事前评估与审定（Assessment）→②制定计划与筹划（Planning）→③实践与实施（Implementation）→④评价与反思（Evaluation）→⑤再次评估（Re-

Assessment）。TR 模型基于这一系列循环来开展休闲娱乐服务，同时也采用 A-PIE 程序的援助方式。

如图 1 所示，对于福利服务使用者的休闲娱乐活动，关键在于认识到当事者是生活的主体。首先需要对主体进行事前评估，倾听使用者及其家人的想法，然后根据这些信息制订个性化的休闲娱乐计划，实施具体服务。

换言之，福利休闲娱乐援助工作者的核心能力之一，就是通过捕捉福利服务使用者的整体生活行为，充分发挥其自主性和积极性。

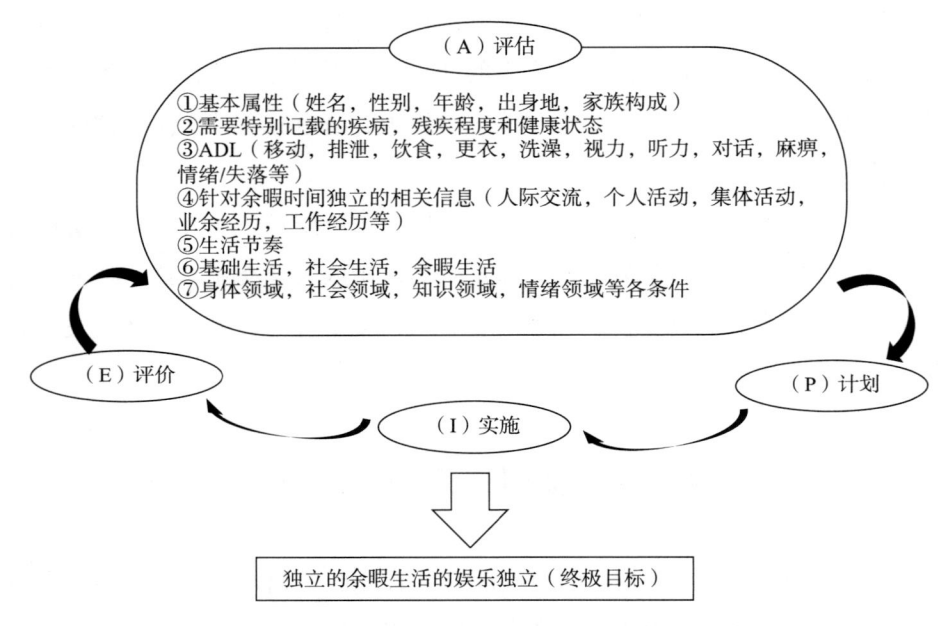

（A）评估
①基本属性（姓名，性别，年龄，出身地，家族构成）
②需要特别记载的疾病，残疾程度和健康状态
③ADL（移动，排泄，饮食，更衣，洗澡，视力，听力，对话，麻痹，情绪/失落等）
④针对余暇时间独立的相关信息（人际交流，个人活动，集体活动，业余经历，工作经历等）
⑤生活节奏
⑥基础生活，社会生活，余暇生活
⑦身体领域，社会领域，知识领域，情绪领域等各条件

（E）评价   （I）实施   （P）计划

独立的余暇生活的娱乐独立（终极目标）

图 1　福利娱乐中的 A-PIE 流程

资料来源：［日］泷口真：「福利娱乐援助的全体面貌」（财），日本娱乐协会监修『福利娱乐系列|福利娱乐总论』，中央法规出版 2000 年，第 130 页。

痴呆症护理的最前线

户田京子*

一 痴呆症看护的现状

关于痴呆症患者的看护,目前最受关注的理念是"以人为本"。这一理念强调,在照护痴呆症患者时,应以患者本人以及与其照护相关的家属或护理人员为中心,提供个性化的帮助。

我们将痴呆症患者的潜在心理需求归纳为"五个要素":舒适感、保持自我、参与感、情感联系和共存。在此基础上,我们明确了"良好状态"与"不良状态"以及"良好看护"与"不良看护"的标志。在这种视角下,如何准确捕捉和满足痴呆症患者潜在的心理需求,成为介护保险制度下痴呆症护理管理中的重要课题。

痴呆症患者良好状态以及不良状态的标志表

良好状态的标志	不良状态的标志
·在可理解的范围内,能够表达自己正在想什么,希望对方做什么 ·身体舒展,没有紧张或是僵硬 ·体谅身边人 ·幽默感 ·唱歌、跟随音乐舞动身体、绘画等具有创造性的自我表达	·感到悲痛时,对悲伤置之不理 ·持续的愤怒 ·不安 ·无趣感 ·对周围的事情漠不关心,封闭在自己的世界里

---

* [日]户田京子(戶田 京子):原鹤见大学短期大学部儿童保育系福祉讲师。介护福祉士、社会福祉士、精神保健福祉士。本文译者:罗鹏,西南交通大学外国语学院日语系讲师。

续表

良好状态的标志	不良状态的标志
·享受生活的某些方面 ·为别人做某事 ·主动接触社会 ·表达爱 ·自尊心 ·表达所有的情感 ·接受并理解其他痴呆症人群	·自暴自弃 ·身体不舒服或是痛苦

资料来源：［日］铃木瑞江：「使用痴呆症护理映射法的以人为本护理实践报告集」，『品质』2009年，第4页。

二 当代痴呆症护理方法

目前的痴呆症护理目标是帮助痴呆症患者过上与自身能力相适应的独立日常生活。因此，护理的重点是帮助患者调整生活节奏，适当介入和支持由痴呆症引起的生活障碍，鼓励患者尽可能做自己能够完成的事情，并在需要时提供帮助。我们不能因为痴呆症患者出现某些困难就放弃他们的活动能力。为了确保痴呆症患者能够参与日常生活的各项活动（activity），我们运用了多种方法来实践这一理念。接下来，将介绍在实际护理现场中应用的具体技法。

① 现实定向：通过易于理解的对话或精心营造的环境氛围，帮助患者提高对自我以及周围事物的"定位"意识。通过让患者理解"我是谁、现在是什么时候、周围发生了什么"等信息，帮助患者更好地理解现实。

② 回忆法：通过与包容性强、能够理解并支持表达的听者进行互动，鼓励患者自由回忆过去。通过这种心灵共鸣的交流方式，帮助痴呆症患者化解未解决的心理冲突，实现人格的统一。

③ 音乐疗法：音乐具有生理、心理和社会层面的多重作用，它可以有目的、有计划地应用于身心障碍的康复、身体机能的维持与改善、生活质量的提升及行为的改变。患者通过一边对话一边参与音乐互动，即使患有痴呆症，他们也能通过歌唱等活动享受愉悦时光，促进身心活性化。

④ 有效性检查治疗（对话治疗）：痴呆症的发展通常分为四个阶段："认知障碍""日期与时刻／季节混乱""重复动作"和"植物状态"。根据不同的阶段，选择适当的对话技巧来进行有效性检查。有效性检查技巧包括"居中"（精神的统一）、"基于事实的语句使用"以及"反复"（重复自己说过的话）等 14 种方法。以"认知障碍"阶段为例，在此阶段，治疗并不强迫患者直接面对他们的情感，而是通过回溯和使用患者之前说过的话，帮助他们逐步接近并表达自己的想法。我们期望通过有效性检查治疗，增进患者对看护者的信任，鼓励他们表达内心的情绪，并有效地舒缓紧张情绪。

这些方法是代表性的治疗手段，根据实际情况及不同痴呆症患者的需求，结合娱乐活动等多种方式进行综合实施。我们致力于以下四点：①整合患者的整体生活状况；②根据个别需求提供定制化的护理；③综合主观和客观信息进行全方位评估；④以同理心去理解和回应患者的需求，努力提高护理质量。

介护现场的座位和姿势的实际情况

木村颂*

一 为什么介护现场的座位保持／体位变换是必要的？

在介护现场，我们经常听到"座位保持"和"体位变换"这样的术语。那么，为什么这两者如此重要？它们又能发挥怎样的效果呢？我们可以通过现场的实际案例来思考这一问题。

所谓"座位保持"，是指在介护过程中，确保介护对象能够坐在轮椅或椅子上进行活动的过程。而"体位变换"则指的是介护对象在床上或进行康复训练时，通过改变卧床姿势进行活动的过程。

在介护工作中，我们经常依据"座位保持·体位变换的理论"来作为解决问题的方法。例如，如图1所示，介护对象在进食时，常常会出现屁股从轮椅上滑下的情况。在介护现场，这类问题是经常遇到的。职员们通常会这样讨论：

◀◀◀─────────────────────────────

职员："A女士开始进食后，五分钟内就会滑下去。我们想找到一个更合适的姿势，有什么有效的方法吗？"

我："如果屁股滑下去，会带来什么样的问题呢？"

职员："屁股不能滑下去。请帮我们找到一个更合适的姿势吧。"

─────────────────────────────▶▶▶

---

* ［日］木村颂（木村 颂）：日本 Wheelchair Seating 财团认证的轮椅工程师，日本 NO LIFT 协会认证的护理协调员和康复工程师。本文译者：陈蕾蕾，西南交通大学外国语学院日语系本科生。

这个介护员并没有充分理解"为什么屁股不能滑下去"以及"采取合适的姿势会带来哪些好处"。那么，什么才是"好的姿势"呢？根据ICF的构架，我们明白目前还没有合适的方法可以解决这个问题。

座位保持和体位变换是手段，而不是最终目的。笔者要强调的是，没有明确目标的手段（如座位保持和体位变换）可能会变成拘束和限制，对介护对象没有任何益处。

图 1

笔者拍摄。

比如，在这个事例中，A女士的脊柱弯曲，无法将脊柱伸直。如果她的正常坐入轮椅，头部会自然向前倾斜。这样一来，她就无法顺利地将食物送进嘴里，因此在进食过程中可能无法得到足够的满足感。进食本身是一个独立的活动，如果用屁股滑下椅子的姿势，A女士是可以自己端饭碗，使用筷子，将食物送进嘴里，并顺利咽下的。然而，如果我们仅仅采取"屁股不能滑下去"和"好的姿势"这种没有明确目的的手段，就限制了她本来能够自己完成的行为。归根结底,这是支援方法本身有问题。

二 用以什么为目的的手段?想达到什么程度的效果?

在提出"找到合适的姿势"之前,团队应该充分讨论:我们采取这些手段的目的是什么?想要达到什么样的效果?这才是真正的"座位保持／体位变换"。不是从方法手段出发,而是应将方法手段作为达成目的的工具。我们可以尝试按照①目的,②课题,③原因,④应对手段的顺序整理这个事例。

①目的:"凭自己的力量自然进食"。确保介护对象能够凭借自己的力量顺利进食,而非单纯追求"好的姿势"。为了实现这一目标,提供合适的坐姿和支撑是确保座位保持的基本要求。

②课题:介护对象在当前状态下,伸向饭碗的手无法顺利伸展。如果保持屁股滑落的姿势过久,背部会进一步弯曲,可能导致进食时的吞咽困难和呼吸不畅,甚至引发更严重的健康问题。

③原因:随着年龄的增长,肌肉力量逐渐减弱,身体的状况也随之变化。通常,骨盆后倾、背肌的力量不足,以及骨骼在弯曲状态下的僵硬,会导致活动关节的力量减弱,从而影响介护对象的坐姿和进食功能。

说到底,A女士无法采取通常意义上所说的"好姿势"(例如膝关节弯曲90度、背部挺直的姿势),无论身体机能是否允许,这种姿势对她来说都是巨大的负担。因此,介护者和团队需要共同讨论并明确"在何种程度上预期达到何种效果"。在这一过程中,姿势的调整程度至关重要。

首先,我们尝试轻微抬起倾斜的骨盆,这样相比骨盆物理性后倾时,屁股不会那么容易滑下去(如图2所示)。当骨盆后面有空隙时,背部会逐渐变得弯曲和僵硬,因此抬起骨盆有助于减少骨骼变形的风险。然而,介护对象目前缺乏足够的脊柱伸展肌肉力量,一旦抬起骨盆,头部可能会向下倾斜,导致食物从嘴里流出。

相反，当骨盆向后倾斜时，尽管面部确实朝向前方，但这会引发前述的问题（如图3所示）。

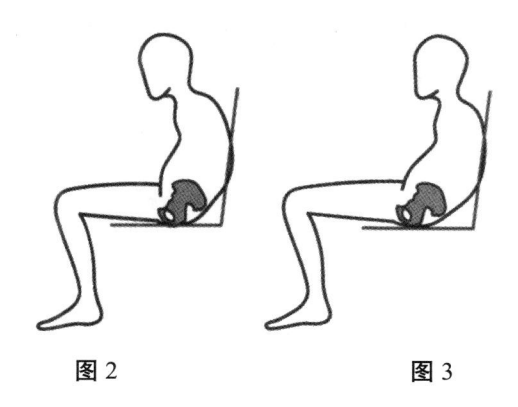

图2　　　　　图3

笔者自制。

在此，笔者思考的是，能否采取有效对策来解决这些问题。问题的核心包括：①屁股下滑，②骨盆后倾、背部弯曲，③脸朝下方。其中，③是根本原因。介护对象缺乏恢复身体状态所需的肌肉力量，且骨骼无法支撑，导致面部无法朝向正确的方向。虽然可以尝试在额头前方使用支撑物之类的方法，但这并不现实。针对①，解决办法是在坐骨前部加入防滑材料。而②则可以通过在骨盆后方放置软垫来缓解。

然而，最应优先解决的问题是③这一核心问题。只有在解决了这个问题的基础上，其他问题才能得到有效解决，从而形成一个完整的课题解决方案。

三　使用者角度的座位保持和体位变换

虽然并非所有事例都能完全适用于座位保持和体位变换的方案，但我们已经充分认识到在介护现场座位保持和体位变换的重要性。几乎没有人会觉得"不需要进行座位保持和体位变换"。然而，如果介护者过于执着"采取好的姿势"这种手段，而迷失了介护的本质，最受影响的将是介护对象本身。

介护者需要清楚地认识到座位保持和体位变换的核心目的是什么，必须始终评估"介护对象的目标是什么？""他们在接下来的人生中想要追求什么？"以及"他们想要实现什么？"这些是介护者必须具备的基本能力。

介护保险制度的课题：介护场所的科学化和人性化

末广洋祐[*]

笔者在大学从事介护福祉士教育工作与经营介护保险业务，希望从教育和实践的角度更全面地描述日本介护保险制度所面临的课题。这个课题可以从介护行业人力资源的数量与质量两个方面来分析。

从数量角度来看，近年来注册介护福祉士的人数增长放缓，且介护福祉士培训机构的注册学员数量也有所减少。介护福祉士是介护行业的核心力量，明确用户需求，制定、实施与评估介护计划的能力（"制定介护流程"）以及多职种协作和团队管理至关重要。当前，致力于成为介护福祉士的从业人员严重短缺。新冠疫情前，许多企业开始依赖外国劳动力，但由于疫情后入境限制的新规定，外籍劳动力的使用变得愈加困难。

从质量的角度来看，需基于人力资源短缺的现状，探索理想的教育方式，并重构一个能够实现高质量介护服务的体系。例如，在工作人员之间共享根据介护计划创建的个人介护规划信息，这一过程需要投入大量时间和精力。因此，建立一个合理有效的信息共享、规划与评估机制显得尤为重要，像将数据数字化并进行综合管理等方法是关键。此外，派遣员工参加工作单位内的全体员工培训和外部培训依然面临困难。尽管我们通过远程授课等方式进行培训，但仍然需要一个有效管理每位介护福祉士信息的机制。同时，评估实践效果，并通过信息技术或统一指标进行科学评估，也是亟待解决的问题。

---

[*]［日］末广洋祐（末廣 洋祐）：佐贺女子短期大学社区未来系福祉和社会护理课程教师。本文译者：田金吉，西南交通大学公共管理学院硕士研究生。

数量和质量方面的人力资源问题叠加，介护保险机构的情况持续紧张。人际协作中，许多内容是 IT 和机器无法完全替代的。正因如此，为了腾出更多时间与用户进行直接介护，并使团队能够有更充裕的时间深入讨论每个人的介护问题，亟须在国家层面上推动 IT 技术和软件的开发与应用。

如果我们能够在一个重视用户与员工关系的组织中工作，那么这将为介护福祉士提供一种荣誉感，并为他们扎根于介护行业开辟新的道路。在介护保险制度改革过程中，我们绝不能忽视对介护福祉士工作的改革。

社区综合支援中心：介护保险制度的地域核心

龟田美和[*]

一 社区综合支援中心设置的目的和业务

（一）社区综合支援中心的含义

社区综合支援中心（以下简称"综合中心"）是推进社区护理的核心机构，由市町村在每个生活区域设置。根据《介护保险法》规定，综合中心是"以综合支援为目的的设施，旨在保持当地居民的身心健康和生活安定，提供必要的援助，从而推动完善保健医疗以及增进福利"（《介护保险法》第115条第46项）。

日本面临少子高龄化、单身人口和老年人夫妇家庭增加以及老年痴呆症患者人数增长等社会问题，这些都成为设立综合中心的背景。在此背景下，为了让老年人能够在熟悉的社区中安享晚年，继续过上有尊严的生活，亟须建立一个能够充分利用多种社会资源的支持体系。该体系于2006年由市町村创设。

每个综合中心配备了三种专业职种：保健医疗领域的保健师、社会工作领域的社会福祉士以及护理管理领域的主任介护支援专家。这三类职种各自发挥着独特的专业优势。

（二）社区综合支援中心的业务

综合中心的主要业务分为以下四类。

---

[*] ［日］龟田美和（龟田 美和）：社区综合支援中心经理。社会福祉士、介护福祉士、首席介护支援专家。本文译者：罗鹏，西南交通大学外国语学院日语系讲师。

1. 综合咨询支援业务

为了确保老年人在当地能够安心生活，需要推行适当的服务，并建立相关机构和制度。此外，我们致力于将这些业务整合到一个窗口中，以便提供更加高效和便捷的服务。

2. 维权业务

应对及防止虐待老人和损害消费者权益的行为，对因痴呆症导致判断能力低下的老人提供决策支持。

3. 综合的、持续的护理管理业务

根据《介护保险法》，介护支援专家为每位老人提供综合性、持续性的护理管理服务，针对个体需求开展支援。

4. 介护预防护理管理

根据基本检查清单，对老年人进行基础检查（包括25个身心机能方面的项目）。根据检查结果，在一定时期内提供上门访问服务和门诊服务等，针对老年人的需求实施必要的介护预防和日常生活支援。

二　社区综合支援中心的实践示例

（一）确保老人的安定生活和对介护人员进行支援［上述1.2.3.的业务发挥机能的示例］

A（86岁，女性）与独生儿子（53岁）共同生活。两年前，A在自家浴室摔倒，导致右大腿骨折，自此依赖轮椅行动。她通过介护保险，每周两次接受门诊介护，享受洗澡和运动等服务。儿子负责照料母亲的介护需求以及家庭事务，因此无法外出工作。

某日，负责该家庭的介护支援专家向综合中心进行了咨询。

据专家反映，A的儿子希望停止接受门诊介护服务，因为他们拖欠房租，并且房东正在催缴。A的养老金足够维持母子两人的生活。然而，介护支援专家提供的信息显示，A 的儿子似乎将 A 的一部分养老金用于赌博。

接到报告后，综合中心的工作人员决定与 A、她的儿子及介护支援专家一同进行面谈。面谈前，市役所的相关负责人与综合中心一起讨论了未来的方案。最终，大家一致决定："让 A 进入介护机构，同时鼓励儿子去工作。"

在面谈开始时，A 的儿子表达了希望能够继续与母亲一起在家生活。至于是否进入介护机构，A 的意向每天都在变化。

对于综合中心的建议，A 的儿子坚决拒绝让母亲进入介护机构。随后，综合中心的工作人员决定每月上门一次，以确认 A 的安全状况。然而，A 的儿子对工作人员的态度非常强硬，即便工作人员能够进入家中，也只能匆匆看一眼 A。A 的儿子反复强调："我自己会照顾母亲。"

第一次面谈后的大约三个月，医院联系了综合中心，通知称："A 因紧急情况被送入医院，她的臀部出现褥疮，出现脱水症状，并且处于营养不良的状态。"综合中心评估后认为，即使 A 出院回家，仍然会面临与之前相同的问题。因此，综合中心开始寻找可以接收 A 的介护机构。

综合中心向 A 的儿子解释了这一情况。尽管刚开始儿子强烈反对母亲进入介护机构，但综合中心的工作人员多次在面谈中强调："如果您的母亲回家后继续这样的状况，可能会面临生命危险。"最终，儿子同意了将母亲送入介护机构的方案。此外，工作人员还向儿子介绍了面向中老年人的就业支援中心，帮助他寻求工作机会并提供就业支持。

◀◀◀

<矛盾、困境>

当尊重 A 作为母亲希望与儿子共同生活的愿望，与为了保障其生命和生活安全而采取的支援措施发生冲突时，如何平衡和尊重她的意愿呢？支援往往伴随着矛盾。

▶▶▶

（二）介护预防护理管理的示例［上述 4. 的业务］

保健师根据情况会在社区中心为老年人开设体操课程，并提供相关建议，帮助老年人理解并持续参与这些活动。在课堂上，保健师会分发"健康检查表"，请参与者填写。检查表的结果将影响社会资源的合理分配。例如，对于容易摔倒的老年人，外出机会可能减少，这时可以引导他们参加预防性课程，学习适合自己的体操项目，从而帮助他们提高生活质量并减少跌倒的风险。

三　社区综合支援中心今后的课题

随着只有老人的家庭数量不断增加，在许多情况下，服务往往是在老人的病情严重化后才得以提供。此外，许多家庭存在复合性问题，例如与老人共同居住的子女是精神病患者，或是子女依赖老人的养老金生活等。这些情况往往超出了单纯依靠综合中心解决的范围。我们认为，未来与其他机构和多个职业领域的协作将变得更加重要。

四　精华与魅力

许多老人对于突发疾病或突然陷入需要介护的状态感到忧虑和困惑，带着种种不安前来咨询。在了解他们的心情后，我们会提供必要的社会资源，帮助老人重新在熟悉的社区中安心生活。此时，我们更加深刻地体会到这份工作的真正意义与魅力。

小规模多功能设施：在地区开设

山下裕美*

笔者与小规模多功能住宅（小规模多功能居家介护事业所）初次接触，至今已有十多年。在这段时间里，笔者从与小规模多功能住宅的接触中学到了许多经验，也深刻感受到这些经验和教训一直支持着笔者如今的工作和生活。

无论是需要介护的老人、痴呆症患者，还是独自生活的高龄者，小规模多功能居家介护通过灵活地结合"上门服务""通勤"和"住宿"等方式，贴近使用者和其家庭的需求，提供全方位的支持，帮助他们更好地生活。

笔者的事务所的注册上限为25人，共设有7个房间，每天的出入人数限制为15人，目前已注册的用户约为20人。该事务所隶属一家医院附属的社会福利公司，致力于与社区紧密结合，设有特别养护老人之家（特养）、面向高龄者的服务住宅（服高住）和日间护理服务。

小规模多功能住宅所在的地区位于福冈市，接近市中心，完全没有农田，是典型的都市型住宅区。然而，由于该地区公寓较多、邻里交流较少且缺乏自治会会长等纽带，居民之间的互动并不频繁，这也使得入会工作面临一定的困难。

尽管如此，我们依然积极努力构建与使用者的邻居、熟人以及"民生委员"等社会成员之间的和谐关系。为了促进这一点，员工们通过日常寒暄问候，逐步建立人际联系，诸如"如果有什么事，请随时联系我"这样的简单

---

* ［日］山下裕美（山下 裕美）：小型多功能设施经理。社会福祉士、介护福祉士、首席介护支援专家和认证心理学家。本文译者：雷凤琴，四川外国语大学日语学院硕士研究生。

问候。

此外，也有"召来"模式（将住在农村的年迈父母请来共同生活）。我们正在为这类人群努力建立新的社区，积极与出入设施的志愿者建立联系，同时也在促进使用者之间的和谐关系。

最近，小规模多功能住宅成立了"社区企业网络"。我们相信，大家齐心协力，做单个企业无法做到的事情，能够为地区做出贡献，建设一个无论是否患有痴呆症都能便捷生活的城市。例如，我们通过"社区沙龙""社区咖啡""介护预防自主团体"和"老人会"等集会派遣讲师，举办"预防介护讲座"。去年，N还与公民馆合作举办了"培养亲子中的老年人援助者讲座"活动。在这种情况下，笔者发现原本以为交流较少的都市型社区比预想得更加活跃。当地居民为了将社区建设成宜居之地，积极开展了各种活动。小规模多功能设施每两个月举办一次"运营推进会议"，邀请当地居民参与。通过这样的会议，大家互相了解，共同探讨可行的事项。

此外，还有一个被称为"地区评价"的制度，即由外部对事务所的实践内容进行评估。该机制首先要求员工回顾自己的护理过程，并与同事一起讨论，然后对事务所进行自我评价，并向运营推进会议的成员公开，让他们进行评价。起初，笔者对此持否定态度，质疑"为什么要花这么多时间和精力？"但每次参加市里举办的"小规模多功能护理网络"学习课程，并反复进行"外部评估"后，笔者发现每位员工的护理质量都有显著提升，最终意识到评估的重要性。通过让"运营推进会议"的成员参与评价，有些成员对"建设具有小规模多功能的社区"产生了兴趣。有人开始思考："如果社区中有人对此感兴趣，应该怎么办？"并采取了实际行动。

福冈市的"小规模多功能护理网络"自平成18年开始运作，旨在构建后进企业间的互相支持关系，并进行"以小规模多功能为目标的护理＝生活援助工作"的实践。

最后，笔者想谈谈"对我而言，介护工作是什么"。

笔者非常重视以下三点。第一，关注每位使用者的生活，最大限度地挖掘和利用他们在过去人生中培养的个人力量，只有在必要时才提供护理。第二，保持生活的连续性。第三，即使老人患有痴呆症，也要倾听他们的声音，帮助家属一起面对困境和挑战。为了让使用者们能过上愉快的生活，还要与同事们共同努力，进行各种尝试。

作为共同生活的第二个家庭，我们不仅仅是介护方与被介护方的关系。从今往后，无论是为了眼前的使用者，还是为了社区，抑或是为了与我们共同工作的同事，我们都需要共同思考、共同努力，以应对未来的变化。

人无法单靠自己生活下去，每个人都渴望过上更好的生活。不仅仅是使用者，每个人都是自己人生的主角。作为护理者的我们，同样是自己人生的主角。与其说这项工作是为了生活，不如说它是为了自我实现。笔者觉得这既有趣，又值得深入探索。

与大学生一起创建的社区福利据点

高谷 Yoneko[*]

一 前 言

日本刚开始实施介护保险时，人们普遍认为：“这样就能解决介护问题了”。然而，在福祉大学的研讨会上，我们提出了疑问：“真的是这样吗？”"如果制度不完善，最终可能会变得疲软。"因此，我们决定"以支援老年人为主的社区为基础，打造一个24小时随时能够辐射到每个角落的'社区灯塔'，倾听那些需要帮助的人的声音"。

首先，我们在当地的公民馆内创建了一个空间，居民可以在这里烹饪餐点和小吃、交流分享、聊天和休息，每周日向当地居民开放。随着青年、老年独居人口的增加，我们从支援与被支援的角度出发，思考在相互扶持的基础上，即使一个人长期卧床，他还能做些什么，或者希望做些什么。我们致力于打造一个据点，构建一个能够鼓励主体性发展的地区社会，使每个人从出生到人生终点，都能感受到自己的价值被充分认可和尊重。

二 创建一个不分年龄、能力、贫富或社会地位，能与旅客和访客建立联系的场所

我们的目标是构建一个开放包容的空间，无论是儿童、残疾人、老年人，

---

[*] ［日］高谷 Yoneko（高谷 よねこ）：社会福祉学博士，前西南学院大学教授。社会福祉士、介护福祉士、介护支援专家。本文译者：雷凤琴，四川外国语大学日语学院硕士研究生。

还是小学生、中学生、高中生、大学生、老师或其他任何人，都能自由参与，并相互理解与包容。这个场所名为"青鳉鱼的聚集地"，灵感来源于童谣《青鳉鱼的学校》中的一句歌词："谁是学生，谁是老师。"

经费由参与者共同承担。与当地居民协商后收费标准如下：享用午餐和点心 500 日元，仅享用午餐 400 日元，仅享用点心 100 日元。每次活动结束后，我们都会进行账目报告。我们也欢迎各种形式的捐赠，例如若田地被野猪破坏，农民可捐赠无法出售的土豆作为午餐食材。我们灵活地接受各种捐赠，营造互助的文化。

三　学生和居民的学习场所

参与活动的学生通过亲身体验，一点一滴地学习"什么是社区"，从而提供社会福祉专业中独一无二的实践教育机会。

对于居民来说，这个据点不仅是社会教育的场所，也是他们理解介护保险制度的契机。在这里，居民们从不同角度探讨如何完善制度，从而建立起居民向政府建言的渠道，并让大家意识到，制度的完善需要转化为更具可操作性的实际措施。

我们的活动目标是以普通人的力量推动社会共融的动态发展之路。我们希望每个人都能切身感受从"接受"到"共享""分享"和"创造"的全过程。

四　社区赋权

真正的生活意味着融入一个让我们能够感知自己存在的社区。如果我们不将介护视为生活的一部分，不建立通过共享来连接彼此的社会，介护保险制度将难以长久维持。

与他人建立真切的联系，并深刻认识到这种联系的重要性，同时将其数据化。我们要不断检验这些联系，并将其转化为面向未来的宝贵财富。

每周的活动内容会发布在我们的主页上，并打印分发到社区各处。我们相信，信息的传递和声音的交流是实现社会资源共享的关键。

活动不是简单的重复，我们的目标是每次都能有所进步。因此，全身心投入活动后的反思与总结同样至关重要。

五　社区的"灯台"是什么

这种实践以整体情况为出发点，关注活动的理念、速度、透明度、问责制、行动力、个人能力的发挥，以及贡献与成长。

然而，由于笔者已到退休年龄，不得不停止这一活动。时间、人员、环境和资源每天都在变化，笔者认为，这种联系应该由网络社区承接和延续，而不是依赖个人的力量。

接下来，笔者想总结一下"我的社区灯塔"的形式见下表。

项目	"灯台"的屏障	点亮"灯台"的东西
价值观	依据/依赖	分享/创造
介护保险	制度的界限	制度可持续性的前景
社会意识	对自己的执着	意识到作为"他者"的"自我"
资　源	服务/物品	社区意识/发现/参与
立　场	孤立/冷漠	作为社会性存在的自己
行为动机	蛰居	在当地生活
服务和关系	索取（take）	贡献与成长（give & take）

笔者自制。

以居民为主体的"社交场所"*

郑丞媛

日本的"团块世代"——婴儿潮时期出生的一代人——即将步入后期高龄阶段（超过75岁的老年人），这使得日本在医疗和介护方面的需求急剧增加，面临着巨大的危机。

为应对这一挑战，日本开始着力推进老年人疾病预防、疾病重症化预防的"保健业务"，以及以改善生活机能为目标的"介护预防业务"。自2020年起，日本的市町村开始将这两项业务进行整合，推进"老年人保健业务与介护预防业务一体化"。这一整合不仅包括对介护风险较高的老年人提供个别支持（高风险方法），还包括对老年人聚集的"社交场所"进行功能强化（群体方法）。

"社交场所"由市町村等支持建设，通常设立在老年人方便前往的地方，并提供丰富多样的项目。这项活动已经在全国95.9%的市町村中实施，共有237万名老年人参与，占老年人口的6.7%。其中，有91万人（占老年人口的2.6%）每周至少参加一次活动。最受欢迎的项目是"体操（运动）"，占比52.0%；其次是"茶话会"（18.8%）、"兴趣活动"（17.8%）、"痴呆症预防"（4.1%）和"聚餐"（3.6%）。据报道，这些活动有助于降低痴呆症的发生、减少需要介护认证的风险、降低医疗费用，并抑制介护费用的增长等，发挥着显著的介护预防效果。

"社交场所"由参与者自主运营，以维持健康为目标。日本人常说："人

---

* 本文译者：吕兆新，西南交通大学外国语学院日语系讲师。

生百年时代"。随着年龄的增长，适当的支援不可避免。然而，为了更健康地、按照自己的方式生活，即使是老年人，也不应完全依赖他人。大家应该尽早主动参与健康维护活动，并付诸实践。

少子社会中的"少子化对策／育儿支援"*

川池智子

少子化问题与老龄化问题一样，已经成为日本最重要的社会课题之一。日本的"少子化对策"已经实施了 30 年，但曾一度下降的生育率并未实现显著回升，2022 年的合计生育率仍仅为 1.33%。在这样的社会背景下，政府于 2023 年设立了"儿童家庭厅"，统一负责儿童政策。笔者将概述日本的少子化趋势以及相关的少子化对策，并在此基础上，针对当前"少子化对策"存在的不足提出若干建议。

一　日本少子化趋势

所谓"少子化"，是指"合计生育率在较长时间内低于维持人口所需的水平"，指的是"女性在一生中，按各年龄段的生育率推算出的平均生育子女数"。

如图 1 所示，日本正式进入"少子化"时代是在 20 世纪 70 年代末。换言之，日本的"少子化"问题已持续了超过 50 年。老年人口不断增加，总人口开始下降。

关于生育率持续下降，有以下几个因素：

○结婚的年轻人数量减少。

○未婚率上升：30 多岁男性中超过一半未婚，超过 20% 的女性在 40 岁之前未结婚。

---

* 本文译者：雷凤琴，四川外国语大学日语学院硕士研究生。

○晚婚晚育：平均初婚年龄和生育年龄都有所上升。

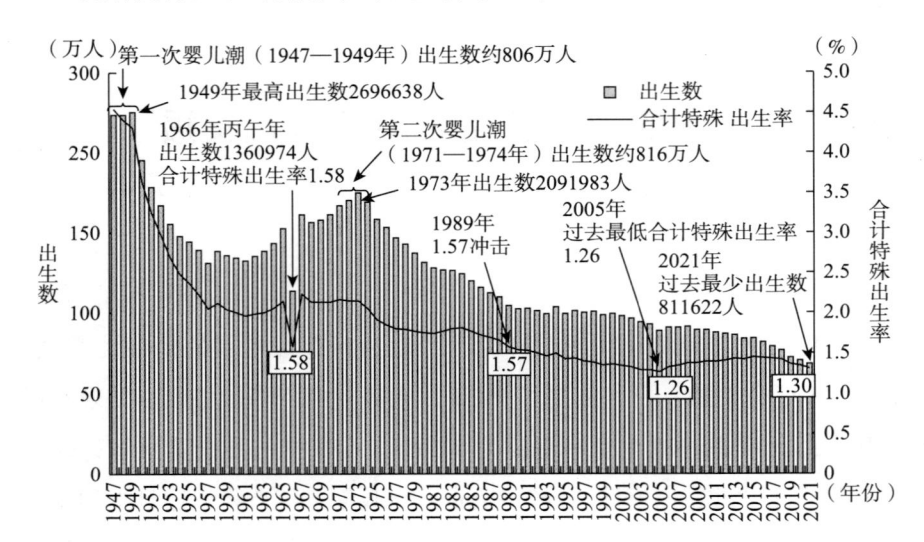

图1 出生数和合计特殊出生率的年度变化

资料来源：《少子化社会对策白皮书（内阁府）》，2022年。

20世纪70年代，女性生育第一个孩子的平均年龄为25岁，而现在已经超过30岁。其背后原因包括女性社会参与率的提高以及育儿经济负担的增加。特别是自2000年以后，社会普遍认为非正式雇用的增加是生育率持续下降的主要原因。有学者指出："结婚适龄期的年轻人所追求的支持双职工家庭的劳动市场尚不完善，因此未婚率上升。然而，年轻人并非回避结婚。"（上野，2022）

少子化趋势本身就是全球性的现象。2020年的数据显示，在欧美和亚洲的发达国家中，没有一个国家的合计生育率高于人口替代水平[①]；即便是家庭政策完善的法国和瑞典，合计生育率也分别为1.82%和1.66%。在亚洲，一些国家的合计生育率处于更低水平，如新加坡为1.10%、韩国为0.84%等。产业结构的巨大变化和经济的发展，促使家庭形态和与之相关的育儿观念发生了深刻转变。

---

① 为使一个国家或某个区域在人口上出生与死亡达到某种相对的平衡而产生的一个比率，即每个妇女平均生小孩的个数，去扭转失调或保持平衡状态。（https://baike.baidu.com/ 人口替代率/22362768）

少子社会中的"少子化对策/育儿支援"

表 1 没有理想孩子数量的原因（2021 年）

（%；人）

计划孩子数低于理想孩子数的夫妻的组合	计划孩子数低于理想孩子数的夫妻细目	（客体数）	没有理想孩子数的原因										
			经济原因			年龄身体原因			育儿负担	丈夫的原因			其他	
			因为育儿与教育太花钱了	因为家很小	因为妨碍自己的工作（职业或家业）	因为不想高龄生产	因为健康方面的理由	因为虽然想要孩子但是不要了	因为受不了更多的育儿的心理与肉体负担	因为得不到丈夫对家务与育儿的帮助	因为丈夫不想要	因为希望最小的孩子在丈夫退休前成年	没有孩子能茁壮成长的环境	因为重视自己的生活和夫妻生活
理想 1 人以上计划 0 人	4.7	(39)	17.9	2.6	12.8	23.1	12.8	61.5	7.7	5.1	17.9	5.1	2.6	12.8
理想 2 人以上计划 1 人	37.0	(316)	46.2	6.0	9.2	40.5	17.7	32.0	23.7	10.4	7.0	4.7	3.5	8.5
理想 3 人以上计划 2 人以上	58.4	(499)	59.3	12.0	20.2	41.7	17.0	15.8	23.6	12.6	9.4	8.0	6.2	7.6
总数	100	(854)	52.6	9.4	15.8	40.4	17.4	23.9	23.0	11.5	8.9	6.7	5.0	8.2

资料来源：『基于国立社会保障・人口问题研究所「第 16 次出生动向基本调查」』，2021 年，内阁府制成。

注：对象为对计划生育子女数低于理想子女数，调查时妻子未满 50 岁的初婚夫妻。由于为多选项，合计百分比可能超过 100%。

二 政府开展少子化对策

日本直到 20 世纪 90 年代才以"育儿支援"的口号,正式启动"少子化社会对策",主要政策及其概要如表 2 所示。

表 2　日本的"少子化对策政策"(育儿支援政策)趋势

年	国家政策法律措施	概述
1990	〈1.57 冲击〉	1989 年,日本的总和生育率降至 1.57%,低于 1966 年(昭和 41 年)的 1.58%,创历史新低。
1994	"关于今后支持育儿政策的基本方向:文部、厚生大臣及其他 4 大臣达成一致"("天使计划")	为了在包括国家,地方政府,企业和社区在内的全社会范围内支持育儿,日本政府以支持育儿和工作的平衡为主要目标,确定了今后 10 年应努力的基本方向和重点措施。
	"推进当前紧急保育对策等基本思路"(《保育对策等 5 年事业》)	充实保育所的数量和质量,丰富多样的保育所服务:低龄儿童保育,延长保育,紧急和临时保育,疾病恢复期保育,课后儿童社团和社区育儿支援中心。
1995	儿童计划制定指南	制定和完善地方保育等计划
1997	"关于少子化的基本想法——人口减少社会,对未来的责任和选择"(人口问题审议会)	整理并提出了少子化的背景、现状和课题。少子化主要成因包括"未婚率上升""夫妇平均出生儿数与平均理想孩子数的差距",其背景是"女性进入社会""固定的男女角色分工""就业惯例"等。政府提出了"消除年龄和性别之间的隔阂,创造新的就业环境","建立公平且稳定的社会保障制度","完善地方行政体制,激活社区","培养儿童独创性和社会性的教育和健全培养"等对策。
1999	"关于应重点推进的少子化对策的具体实施计划:大藏、文部、厚生大臣及其他 6 大臣达成一致"("新天使计划")	日本政府进一步充实天使计划和紧急保育对策 5 年计划。在最后一年应该达成的目标值项目中,不仅包括迄今为止的保育关系,还包括就业、母子保健、咨询、教育等事业,内容广泛。

续表

年	国家政策法律措施	概述
2001	"零待机儿童行动"	为了解决保育所等的待机儿童问题（解决等待入住保育所的儿童和不能入住保育所的问题），政府提出多项政策，包括利用保育所、保育妈妈、幼儿园的托管保育等措施，接收婴幼儿增加15万人次的对策。
2003	《下一代培养支援对策推进法》	为推动全社会支持育儿，政府立法要求地方政府和企业制定系统性、长期性的育儿支援行动计划。
2003	《少子化社会对策基本法》	确定了在少子化社会中实施政策的基本理念。内阁府设立了"少子化社会对策会议"。会长由内阁总理大臣担任，会议由全体内阁成员组成。此外，政府有义务制定作为应对少子化政策方针的"少子化社会对策大纲"。
2004	"少子化社会对策大纲"	推动社会向"孩子健康成长的社会""从生养孩子中能感受到快乐的社会"转变是亟待解决的课题。为了改变少子化的趋势，站在"为了育儿家庭安心、快乐地养育孩子，需要全体社会进行支援"的基本想法上，其相应措施被放在极其重要的位置，并倡导全社会共同努力。
2004	"关于基于少子化社会对策大纲的具体实施计划：少子化社会对策会议"（《儿童·育儿支援计划》）	政府联合地方政府与企业，制定五年行动计划，明确具体措施与目标，以系统性推进少子化对策。
2006	《关于新的少子化对策》	人口动态统计开始以来，首次出现了出生数、总和生育率最低的结果，作为应对少子化的新对策，日本提出了推进"家庭和地区纽带的再生"和"为谋求社会整体意识改革的国民运动"（制定"家庭日""家庭周"等）。不仅帮助父母平衡就业和家庭，还提出了支援所有育儿家庭的政策（提出了从妊娠·生产到孩子高中·大学生期的各年龄发展阶段的育儿支援政策）。
2007	"支持未成年人和家庭的日本"重点战略：少子化社会对策会议	为了解决就业和生育/育儿的二选一结构，政府同时致力于"实现工作生活平衡"（通过重新调整工作方式来协调工作和生活），"父母就业和未成年人培养双管齐下"，"建立全面支援家庭育儿的机制三大举措。

续表

年	国家政策法律措施	概述
2008	"新零待机儿童行动"	政府制定了一系列目标,包括在今后10年内将保育所等接收的儿童数增加100万名等。
	"育儿支援工作"被列入《儿童福利法》	"育儿支援工作"("社区育儿支援基地工作""课后儿童健全培养工作""婴儿家庭全户访问工作"等)等作为"儿童福利法"的工作被法定化。
2009	"基于少子化社会对策基本法的大纲:内阁会议决定"(《儿童和育儿愿景》)	在实施儿童和育儿支援政策时,以"重视生命和成长""回应困难的呼声""支持生活"为基本理念。以"儿童为主人公(儿童优先)"的思想为基础,将重点转向"支持儿童和育儿",如"少子化对策"等,在全体社会支援育儿的同时,以"生活、工作和育儿"的协调为目标。除了以前的措施外,"安心的怀孕和生育""充实社会性养护"等也被列为重要措施。
2010	解决待机儿童"抢占先机"工程	2010年,根据内阁总理大臣的指示,设立了"零待机儿童特命小组"(以下简称"特命小组"),提出了不拘泥于既有概念和既有规则,对有效措施采取"抢先"而不是"追赶"的方针。
2012	《儿童育儿支援法》等三法案公布	为了全面推进幼儿教育和保育,支持地区儿童和育儿,政府颁布了三项法令,为保育事业引入了新的机制。具体来说,包括在不同设施和不同工作的保育事业中,创设了共同支付的设施型支付,"幼保合作型认证儿童园"被定位为学校及儿童福利设施等。
2013	"加速消除待机儿童计划"	政府决定,在以后的5年里,以消除待入托儿童为课题,集中对自治体采取对策。
2013	"突破少子化危机的紧急对策:少子化社会对策会议"	政府表示,将进一步加强过去的"育儿支援""工作方式改革",同时,提出"结婚、怀孕、生育支援",作为新对策的支柱。以此为"三支箭",完善和强化婚、孕、产、育"无缝帮扶"的综合政策。
2013	"经济财政运营和改革的基本方针——通货紧缩·经济再生"	提出政府全面实施少子化对策。

年	国家政策法律措施	概述
2014	"儿童课后综合计划"	对于双职工家庭等,在儿童小学放学后,也需要确保安全、安心的托管处,但目前托管处仍然不足,因此决定实施旨在5年内增加30万名课后托管名额的计划。
2014	"城市、人、工作创生法"	作为应对人口急剧减少和超老龄化的对策,以①纠正"人口极端集中于东京",②实现年轻一代就业、结婚、育儿的愿望,③解决符合地区特点的地域课题这三个观点为基础,创设了旨在创造充满魅力地区的法律。
2015	制定新的"少子化社会对策大纲"	超越了以往少子化对策的框架,新增加了对结婚的支援。此外,还纳入了对多子女家庭的进一步照顾、男女工作方式改革等。
2015	创设"儿童与育儿本部:设立于内阁府,由内阁府特命担当大臣(少子化对策)担任本部长"	制定和综合协调少子化对策和儿童/育儿支援方案,推进少子化社会对策大纲,建立新组织以实施儿童/育儿支援新制度。
2016	修订《儿童与育儿支持法》	创建对企业内保育(在企业内设立的保育项目)的资助和援助项目等。
2016	"日本一亿总活跃计划:一亿总活跃国民会议"	日本正面临阻碍经济增长的少子高龄化问题。因此,为了实现"希望出生率1.8%",该计划提出了稳定年轻人就业、充实多样的保育服务、推进劳动方式改革、让市民接受希望接受的教育等对策。制定了从2016年到2025年的10年计划。
2017	"育儿安心计划"	该计划的目标是消除保育所待机儿童和使女性就业率达到80%。这是一项旨在减少正值壮年的25岁至44岁女性因育儿而脱离就业现象的对策,增加以城市为中心的保育资源利用范围。

续表

年	国家政策法律措施	概述
2017	"育儿世代综合支援中心"制度化	该中心是一个"从孕期到育儿期提供无缝支援、全方位咨询支援的基地",由助产士、保健师等专家常驻,应对于各种有关怀孕、分娩、育儿的咨询,并与相关机构进行联络协调等,从孕期到育儿期一体化提供无缝支援服务。以在2020年度末之前,在全国所有的市町村都创建该中心为目标。其法律上的正式名称是基于母子保健法的"母子健康综合支援中心"。
2019	启动"幼儿教育和保育无偿化"制度	随着《儿童育儿支援法》的修订,部分保育费免费制度将全面实施。幼儿园、保育园、残疾儿童设施等,使用幼儿期教育、保育设施的3—5岁儿童免收使用费。0—2岁儿童的低收入家庭(所得税非征税家庭)免费。
2020	"新育儿安心计划"	以保育所待机儿童对策为中心。
2023	4月成立"儿童家庭厅"通过《儿童家庭厅设置法》《儿童基本法》	设立的目的是通过对政府所管辖的儿童行政实行一元化,充实儿童政策。政府的目标是成为一个着眼于"儿童中心社会"的"指挥塔",始终站在儿童的角度,把儿童的最大利益放在第一位,将儿童相关的措施和政策放在社会的中心。 设立《儿童基本法》的目的是,根据《日本宪法》和有关儿童权利条约的精神,综合推进儿童政策,使所有肩负下一代社会的儿童都能奠定一生人格形成的基础,作为独立的个人与他人一样健康地成长。
2023	6月"异次元的少子化对策"	日本政府宣布,将从2024年开始,用3年时间集中实施"儿童和育儿支援加速化计划"。特别是扩充儿童津贴等,提出了数万亿日元规模的预算,政府正在对包括财源等课题在内的问题进行讨论。

资料来源:参考内阁府《少子社会对策白皮书》,笔者自制。

从其发展趋势来看,少子化社会对策的起始阶段,正如"天使计划"这一名称所象征的,主要聚焦于儿童婴幼儿时期的"育儿支援"和"完善保育制度"。随后,政策逐渐扩展,提出了"支持育儿与就业两不误"的目标。随着少子化趋势的不断加剧，政府明确提出了"少子化社会对策"的政策框架，并于 2003 年发布了《少子化社会对策基本法》，2004 年发布了"少子化社会对策大纲"。进入 2010 年代后，政策重心逐步转向结婚、怀孕、生育及生育前的对策（"少子化社会对策会议"，2013 年）。自 2020 年左右起，对父母们进行经济支援成为政策重点，实施了"免费幼儿教育与保育"（2019 年）及"高等教育修学支援新制度（为需要经济支持的学生提供免费高等教育）"（2020 年）。2023 年，讨论扩充儿童津贴制度（"不同纬度的少子化对策"），并成立了"儿童家庭厅"，旨在通过国家层面整合儿童政策，开展更有效的综合性儿童政策。"儿童家庭厅"被视为"不同维度的少子化对策"的指挥塔，承担着"少子化社会对策"的部分任务。

此外，最初就受到重视的"充实保育制度"作为"待机儿童对策"一直延续至今。在日本，母亲普遍存在"M 型就业"倾向，即在孩子幼年时期暂时辞职专心育儿，待孩子长大后再重新就业。然而，随着越来越多的女性在幼儿期依然选择继续工作，保育设施不足成为一个日益严重的社会问题，并逐渐扩大。因此，日本政府计划增加保育设施的数量，并放宽对使用设施的规定儿童人数。这些措施被统称为"零待机儿童作战"。此外，随着问题的扩大，待机儿童的范围也从仅限于幼儿，逐步扩展至所有放学后的学童，形成了所谓的"学童保育待机儿童对策"（如"儿童课后综合计划"等）。随着"单职工"家庭日益无法满足育儿所需的生活条件，孩子们的生活环境不断恶化，地区和亲属的非正式支援也越来越不可依赖，正是在这种背景下，"学童保育待机儿童对策"应运而生。

国家的"少子化社会对策"在推进过程中多次采取了相似的措施。对照图 1，很难说这些对策的成果有显著提升。

人们"结婚生子"的观念和行为已经经历了 50 年的变迁，几乎是半个世纪的时间。以 5 年或 10 年为周期的政策，是否能改变已发展了 50 年的"少子化"趋势呢？推动"结婚""生育"和"育儿"等方面的政策，往往会面临年轻一代的反对，并不一定能够立竿见影地取得效果。

关于儿童家庭办公室的创设

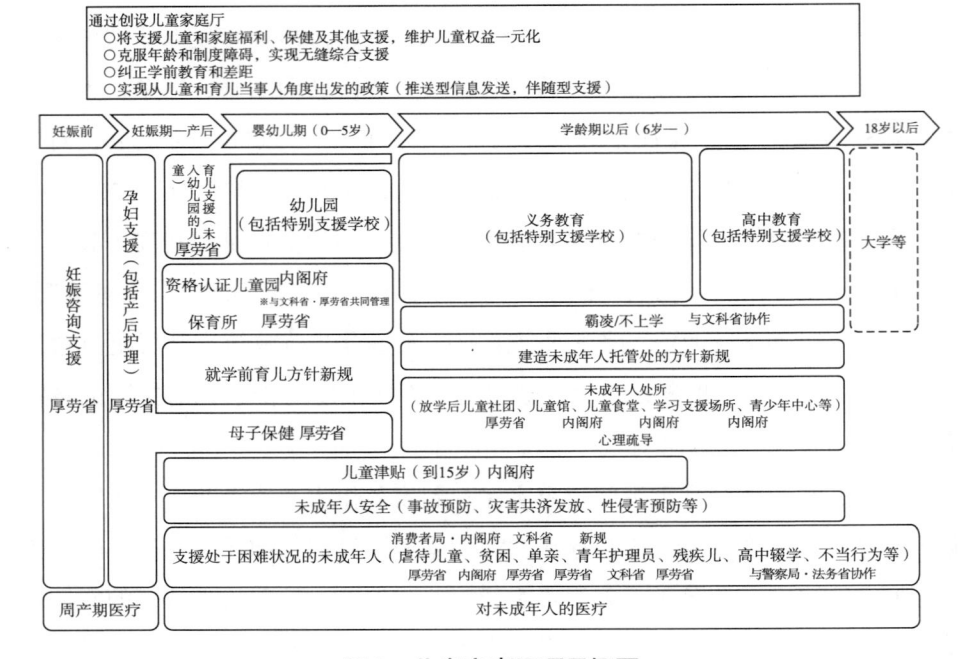

通过创设儿童家庭厅
○将支援儿童和家庭福利、保健及其他支援，维护儿童权益一元化
○克服年龄和制度障碍，实现无缝综合支援
○纠正学前教育和差距
○实现从儿童和育儿当事人角度出发的政策（推送型信息发送，伴随型支援）

妊娠前	妊娠期—产后	婴幼儿期（0—5岁）	学龄期以后（6岁—）	18岁以后
妊娠咨询支援 厚劳省	孕妇支援（包括产后护理）厚劳省	育儿支援（未入幼儿园的儿童）厚劳省		
		幼儿园（包括特别支援学校）	义务教育（包括特别支援学校） 高中教育（包括特别支援学校）	大学等
		资格认证儿童园 内阁府 ※与文科省·厚劳省共同管理		
		保育所 厚劳省	霸凌/不上学 与文科省协作	
		就学前育儿方针新规 厚劳省	建造未成年人托管处的方针新规 未成年人处所（放学后儿童社团、儿童馆、儿童食堂、学习支援场所、青少年中心等） 厚劳省 内阁府 内阁府 内阁府 心理疏导	
		母子保健 厚劳省		
			儿童津贴（到15岁）内阁府	
		未成年人安全（事故预防、灾害共济发放、性侵害预防等）		
		支援处于困难状况的未成年人	消费者局·内阁府 文科省 新规 虐待儿童、贫困、单亲、青年护理员、残疾儿、高中辍学、不当行为等 厚劳省 内阁府 厚劳省 厚劳省 文科省 厚劳省 与警察局·法务省协作	
周产期医疗		对未成年人的医疗		

图2　儿童家庭厅项目概要

资料来源：内阁府《关于儿童家庭厅的创设》。

笔者认为这确实是一个复杂的问题，但日本社会已经到了必须对政策进行根本性修改的阶段。在某些程度和特定条件下，接受"少子社会"可能是不可避免的。从长远来看，应尽可能制订能够让不同世代和不同环境的人们都能接受的解决方案。

三　"少子社会"中的"成长·育儿支援"的要求

笔者希望从本质研究的角度中提出"育儿当事人"的真实主张。这一观点侧重于从微观视角出发，区别于以往作为政策基础的宏观统计研究。在单纯追求数值目标的政策中，往往未能充分考虑"当事者的立场"所能观察到的现实景象。为了展示"当事者所见的风景"，该篇引用了笔者在《作为〈依赖劳动〉的育儿和社会关怀——婴幼儿/残疾儿的父母所寻求的东西》一书中制作的两个表格。表3"统合"了父母们对育儿支援专业人员的要求的自由记述回答。

表3　父母们寻求的育儿支援的 8 种类型

父母们在育儿初期遇到的困难、希望得到的帮助 （第一阶段的整合）			支援需求的 8 种类型 （第二阶段的整合）
初为人母（父）时，对许多事情都感到困惑，不停向各方咨询	不知道如何走入孩子内心时，咨询机构无法提供有效的帮助	⇐	①支援理解儿童
看到孩子展现出成长的目标，内心感到安心	对于孩子的体质和发育发展，感到迷茫，不知道未来该如何应对	⇐	②"定向"支援
感觉就像是保育机构的老师们一起照料孩子	当孩子遇到困难的时候，一起考虑如何应对	⇐	③育儿"陪跑"
无论遇到何种育儿烦恼，支援方都能耐心倾听，让父母感到被理解，同时提供的建议也十分有帮助	机械化的建议和冷漠的态度，让父母难以放心咨询	⇐	④"恳挚"的关怀
希望能够获得从怀孕、生育到"回归社会"的一站式支援	在缺乏相关机构合作的地区四处寻找咨询机构	⇐	⑤协作支援
关心并关注孩子的发育状况	对生病的母亲、刚生完孩子的母亲、工作的母亲，以及"全职主妇"等不同情况的母亲，缺乏足够的关怀和支持	⇐	⑥特殊关怀
难以接受可能影响孩子发育的言行	因"长期焦虑""压力过大而出现虐待行为"，但在与保健师咨询交流后，情绪得以释放，甚至泪流满面	⇐	⑦支援"脆弱（vulnerability）"

续表

父母们在育儿初期遇到的困难、希望得到的帮助（第一阶段的整合）		支援需求的 8 种类型（第二阶段的整合）
因疾病或家庭问题而深陷痛苦，几乎无力抚养孩子，也没有可以依靠的人	遭受丈夫的家庭暴力（DV）时，四处求助却找不到可靠的咨询机构 ⇐	⑧"依赖"的照顾

资料来源：笔者自制。

在此将统合后的 8 种支援需求归纳为以下 4 种。1. 帮助理解个性多样的孩子（①②）；2. 陪伴父母，支持其亲身参与育儿工作（③④）；3. 提供具有个别关怀的协作支援（⑥⑤）；4. 接受和支援父母的脆弱（⑦⑧）。

自"少子化"现象开始已近半个世纪，父母们也在少子社会中成长。尽管他们掌握了教科书般的知识，但真正理解孩子的多样性却依然困难。在少子化背景下，发育偏差的孩子逐渐增多。单亲家庭、发育障碍儿童家庭等需要特殊关注的家庭不断增加，这些家庭迫切需要专业机构的联合支持，提供高质量的专业援助。在少子社会中，孤立的育儿环境使得父母的焦虑感加剧，他们也迫切需要能够接纳他们脆弱一面的支援。换句话说，如果身边有一位具备专业知识和技能的支持者，父母们便能更加安心地抚养孩子。

在日本，儿童家庭福利领域中，人数最多的"保育员"是专业人员的核心。作为"社会性育儿的专业人员"，保育员应具备全面了解孩子和家庭的能力，并能在日常生活中识别和理解孩子的发育情况，理应成为"育儿支援"的中心。然而，目前在日本，从事保育工作的保育员数量不足，且工作条件艰苦。孩子的成长并非仅靠父母单独承担责任。正因为处于少子社会，我们更应为那些难以成长和抚养的孩子们充实社会环境，提供更多支持。提升提供支援的"人"的质量，已成为当今"少子社会"中亟待解决的紧迫课题。表 4 将父母们的"声音"总结为三类。

表4 父母们向"社会"寻求的"育儿支援"的3种类型

第二阶段的"整合"	第三阶段的"整合"	第四阶段的"整合"：3种类型
Ⓐ"工作和育儿两不误"；"母亲要会忍耐，能做到平衡工作和育儿是理所当然的"，在这些旧观念的夹击下，母亲被逼入绝境。	A.女性在被"工作和育儿"的"旧规范"和"新规范"逼入绝境的同时，未来经济上也将被迫陷入不宽裕的境地。 ⇐	Ⅰ.要求"平衡工作和育儿"生活的社会和经济状况把母亲逼到了绝境。母亲们希望得到支援，从而拥有与家人共处的"时间"。
Ⓑ不亲身尝试"平衡工作和育儿"，是无法知道其困难程度的，如果金钱上不宽裕，对教育费用和对将来的生活不放心，就没有能力再养孩子了。		
Ⓒ比起得到能够长时间工作的支援，更希望能够不被"时间"所迫，能与孩子们过上"宽裕"的生活。	⇐	
Ⓓ保育制度的结构和运用不符合那些既要工作又要照顾孩子的母亲的生活需求，并且缺乏对母亲和保育者的尊重。	B.希望社会的支援制度能够得到完善，发挥女性的力量，让养育孩子得到尊重，而不是为了让女性安心生儿育女而使女性身份变为弊端。	Ⅱ.希望尊重育儿，建立发挥女性力量的社会支援机制，推进顺应阻碍平衡工作和育儿的父母职场这一"现实"的改革。
Ⓔ希望母亲生病或疲于育儿时能够得到支援。		
Ⓕ希望得到从分娩到"复职"的持续支援，"双重关怀"以及在兼顾工作和养育残疾儿童等方面的帮助。	⇐	
Ⓖ即使有育儿保障制度，人手不足、职场风气、上司的不理解也阻碍了母亲在养育孩子的同时继续工作。	C.职场的严酷现实、企业风气、"上司的不理解"等，使母亲、父亲一边养育子女一边工作变得更加困难。	
Ⓘ"工作和育儿两不误"，父亲却根本不能休育儿假，还要受到把长时间工作当作理所当然的企业风气的影响。		

续表

第二阶段的"整合"	第三阶段的"整合"	第四阶段的"整合"：3 种类型
⑪在养育孩子的过程中，有些人会觉得麻烦，而年轻的父母也会自私任性，整个社会逐渐失去了彼此关爱的意识。	D. 在一个育儿一代、无子一代以及各种人、各种不同的育儿家庭能够相互理解、包容的社会中，孩子能够更好地成长。 ⇐	Ⅲ. 如果一个社会能够相互认可多种生活方式，能够共享孩子存在的意义和养育的价值，就能安心地养育孩子。
⑫希望大家相互理解与宽容单亲、三代同堂家庭、养育残疾儿童的家庭等不同形式的家庭。		
⑬希望创造一个让孩子成为有"价值"的存在，并能守护生命的环境。	E. 回想起"每个人都曾是很麻烦的孩子"，希望大家创造一个将孩子视为"社会宝贵财富"的社会环境，以守护孩子的生命。 ⇐	
⑭"孩子是'吵闹的生物'，虽然很麻烦，但大家都是这样成长起来的"，希望社会能宽容地守护他们。		
⑮养育年幼孩子的时间是不可替代的，希望社会能够更加认可这一点，并提供更多的支持。		

资料来源：笔者自制。

注：[1]两个表是从 2006—2017 年实施的调查中提取的父母们的"声音"。该调查以 1267 名残疾儿童父母、1298 名保育设施的父母，总计 2565 名幼儿期父母为对象。结合文本挖掘和 KJ 法来分析描述数据。

[2]保育士的支援是提高"保育：care&education"的质量。另外，关于"提高保育质量"，在此也要记录还需要可提高孩子"非认知能力"的保育。与以学习能力为中心的"认知能力"相对应的"非认知能力"是指热情、创造性等无法测量的能力。对于期待在"少子社会"中与世界并驾齐驱的孩子们来说，获得作为提高社会能力基础的"非认知能力"项目是必不可少的。不仅是"育儿支援"，我们更期待保育员在"成长支援"中的作用。

以上总结了三点主张，这里进一步整理如下：

○希望不要强迫母亲"工作和育儿两不误"；

○希望得到能重视家人在一起的"时间"的支援；
○希望改革能切合"职场阻碍工作与育儿两不误"的现实；
○希望建立能够发挥女性力量的社会支援机制；
○希望社会能互相认可多样的家庭和生活方式；
○希望社会能共享育儿的价值；
○做到以上这些，就可以安心抚养孩子了。

概观而言，人们所期望的社会是"每个人都能过上宽裕的生活"。这种"宽裕"可能不仅仅依赖于"金钱"。话题可能从育儿转向其他领域，比如共享经济（sharing economy），或从以学习能力为中心的教育转向更加重视"非认知能力"的教育。也许，只有在社会结构进行根本性改革的背景下，"结婚—成为夫妇，轻松地生养孩子"才能变得更加可行。随着信息技术（IT）的发展等产业结构的变化，"少子化问题"也发生了深刻的转变，这要求制定新的政策，为人们创造更加积极的生活环境。

总而言之，在五年、十年内改变"少子社会"是不可能的。因为人们的意识变化是一个逐步的过程，已经历时半个世纪。改变"少子社会"，不仅仅是一代人的任务，也许需要几代人共同努力。为了建设一个"更加重视孩子和人的社会，一个能让残疾儿童和单亲家庭安心生活的社会"，我们必须从根本上改变我们的意识和行动。

我们不能放弃理念。只有坚持理念，才能汇聚不同世代的智慧，找到切实可行的方案。当前的思维方式需要从微观视角扩展到宏观视角。接下来的篇目收录了四位实践者关于民间"成长·育儿支援"的论述，这些讨论与本篇提出的理念高度契合。

NPO* 法人致力于"儿童·家庭·整体"支援事业

山田耕司 **

一 流浪者志愿团体开始支援孩子的原因

2008 年下半年，日本在"雷曼冲击"后，年轻外派工人（不稳定居民/工人）的数量有所增加。许多生活在贫困中的年轻人，其最终学历大多为"中学毕业"或"高中辍学"，其中不乏存在残疾或生活困难的人。因此，我们首先着手提高青少年基本学习能力，开展学习支援。

然而，我们认为，问题的根源并不在高中辍学后，而是在青少年时期，如果能够在辍学之前，即在青少年阶段就为有需要的群体提供适当的残疾福利等支援，贫困和流浪问题或许可以得到有效预防。此外，考虑到一些有困难的人可能由于各种原因无法主动寻求帮助，我们除了设立"咨询处"外，还计划将"未成年人学习支援"作为支援的窗口，提供更为直接的帮助。

二 包容性家庭支援

从 2013 年开始，我们在公共设施内为"困难家庭和被保护家庭的孩子"提供每周一次的集体学习支援。这项活动是与北九州市保健福利局保护科

---

* 即 Non-Profit Organization，非营利组织。

** ［日］山田耕司（山田 耕司）：NPO 法人抱朴（前北九州无家可归者支援组织）常务董事。本文译者：陈蕾蕾，西南交通大学外国语学院日语系本科生。

（通过他们推荐的使用者）和北九州市立大学（学生志愿者）合作进行的。

然而，我们发现，一些有过拒学经历或在人际关系（尤其是集体环境中的互动）上存在困难的孩子，往往无法或不愿参与综合性的学习支援。因此，我们开始提供上门型学习支援和咨询服务。学生志愿者和支援人员通过上门访问，与孩子的家庭（尤其是白天在家的母亲）增加联系，了解孩子的生活情况（例如卫生保持、是否适当做家务等），同时也向孩子的母亲提供建议和支援。

这一举措与"以支援孩子为入口的家庭支援"密切相关。从2015年开始，这项事业的名称也变更为具有包容性的"孩子与家庭整体支援项目"（2013—2018年，厚生劳动省社会福利推进事业）。

最初，该项目主要针对生活困难家庭中的中学三年级学生。随着项目的推进，受援对象的范围逐渐扩大。在100多名对象中，大约一半的人接受了日常活动与支援；另一半则稳定地转变为持续跟进的对象。在35户家庭中，大约三分之一实施了家庭整体支援。

三　需要家庭整体支援的原因

许多导致孩子贫困的原因根源于家庭，因此，为了打破贫困的代际传递，对家庭提供支援显得尤为重要。厚生劳动省社会保障审议会在"贫困人口独立生活支援及民生保障小组委员会"的报告中明确指出要"为孩子提供家庭支援"。

然而，针对孩子和家庭的支援依然面临以下一些挑战：

1. 要解决孩子的问题（如上学、学习能力、生活状况、残疾等），必须与父母密切合作。然而，对于困难家庭来说，家庭本身常处于孤立状态，难以与外界建立联系。这导致我们很难将孩子的问题具体化，也难以全面了解他们的实际情况。

2. 许多父母自身也在贫困家庭中长大，因此，需要对父母进行重新教育和支持。

3. 需要建立一个能够让家庭整体参与社会活动的体系。

4.贫困的原因不仅仅局限于经济上的贫困，还包括社会孤立。

在支援内容方面，除了综合性地实施住房、就业、生活和健康等方面的支援外，更为重要的是注重社会参与和社区角色的建设。为了全面、整体地支持那些在社区和社会中处于孤立状态的孩子和家庭，需要从多个角度提供综合性支援。

四 NPO承担家庭支援的含义

公共行政机关针对各个家庭成员提供不同的支援。例如，对于未上学的儿童，育儿支援科负责提供相关帮助；对于小学和中学的学生，则由教育委员会进行支援；对于15岁至成年前的高中生及未成年人，儿童家庭青少年科负责支援；而对于遭受虐待的儿童和学生，则由儿童咨询室提供应对与支援。

保健福利局保健福利科负责支援有精神疾病的母亲，公共职业安定所则关注失业中的父亲等。在日本，各行政机关和支援制度针对不同群体和情况提供了相应的服务。虽然这些制度对个体有一定的效果，但从"家庭"这一整体单位来看，支援问题往往会相互影响。因为对个人的支援不可避免地会受到其他家庭成员的影响，有时这种支援甚至可能未能达到预期效果，反而加剧家庭的困境。

因此，我们亟须一个能在整合各行政机关和支援制度的基础上，从全局视角把握整个家庭情况的协调机制。这意味着需要打破行政机关的垂直划分，转向更加灵活和协作的横向结构。

此外，NPO组织能够针对被判定为需要支援的家庭提供集中支援。与政府部门强调公平原则不同，NPO往往能提供"特殊待遇"，以更灵活有效的方式进行支援。NPO可以从横向视角与各行政机关进行联动，结合行政和制度的专业性与NPO的灵活性，共同为有困难的家庭提供更有效的综合性支援。

五　支援事例

对象家庭：女儿（开始支援时中学 2 年级）、妈妈、祖母。

咨询原因：在女儿幼儿时期父亲离开了家庭。母亲因毒品犯罪多次被收监，且在咨询时依然处于监禁中。女儿的户口登记在祖母名下。

从小学高年级开始，女儿逐渐表现出不愿上学的倾向，进入初中后几乎完全不上学。

在中学 2 年级时，一名民生保障个案工作者为女儿请求支援。

支援开始时，女儿参与了综合型学习支援。然而，她对他人存在强烈的警戒心，无法适应超过四人的集体活动。一旦感到不适，她就会立刻离开。此外，女儿的学习能力较差，对升学没有兴趣。与此同时，祖母身体状况较差，经常因疼痛和压力情绪失控，曾殴打孩子，导致她多次离家出走。

支援内容：对女儿提供了综合型学习支援、上门支援以及参与企业残疾人研究所的志愿活动等日间活动。对祖母，我们联系了附近的市民团体运营的介护事务所，以便她能够顺利接受介护福利服务。

支援开始后，妈妈出狱。NPO 通过"福冈县安置支援中心（康复保护事务所）"的委托，在妈妈出狱前进行了面谈，并与她确认了支援计划。出狱后，妈妈接受了企业内就业准备支援项目的帮助，成功开始了就业。

支援结果：妈妈起初对家庭的影响感到非常担忧，常常焦虑不安，担心自己会再次犯错，怕自己的存在会给家里带来负面影响。她的精神状态不稳定时，曾有过冲动行为，打过女儿。然而，在开始就业后，妈妈的精神状况逐渐稳定。为了帮助妈妈戒除毒瘾，女儿开始在上下班时陪伴她。祖母由于能够接受适当的介护支援，身心状况得到了显著改善。女儿通过参与学生志愿活动，找到了自己对学习的热情，开始全身心投入。最终，她顺利考入高中，一边兼职一边坚持学业，并顺利毕业。在成年仪式上，返乡后的女儿对支援工作者表示："现在是我最幸福的时刻。"

六　今后的课题与前景

最大的问题在于该项目的持续性，尤其是资金方面的压力。本项目中，主要由 2 名全职支援人员和 1—2 名兼职支援人员负责日常支援工作。包括人力费用在内，全年活动预算约为 1200 万日元。尽管初期该项目获得了厚生劳动省社会福利推进事业的资助，每年 1000 万日元的补助金，但这笔资金仅能覆盖 7 月到次年 3 月的活动费用，而次年 4 月至 6 月的活动则需要依靠企业自身的经费支持，这给企业带来了较大负担。2019 年和 2020 年，项目未能获得补助金，企业不得不依靠红羽毛福利基金等外部支持来维持运营。尽管还开展了一些政府委托项目及制度性项目（如课后日间项目等），但这些项目存在儿童对象人数的限制。

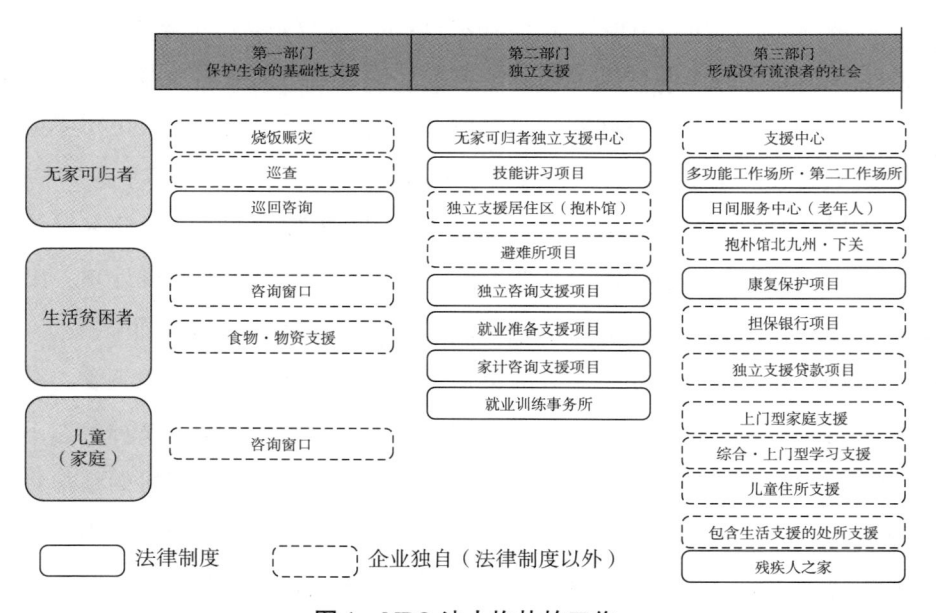

	第一部门 保护生命的基础性支援	第二部门 独立支援	第三部门 形成没有流浪者的社会
无家可归者	烧饭赈灾 巡查 巡回咨询	无家可归者独立支援中心 技能讲习项目 独立支援居住区（抱朴馆） 避难所项目	支援中心 多功能工作场所·第二工作场所 日间服务中心（老年人） 抱朴馆北九州·下关
生活贫困者	咨询窗口 食物·物资支援	独立咨询支援项目 就业准备支援项目 家计咨询支援项目 就业训练事务所	康复保护项目 担保银行项目 独立支援贷款项目
儿童 （家庭）	咨询窗口		上门型家庭支援 综合·上门型学习支援 儿童住所支援 包含生活支援的处所支援 残疾人之家

　　　　法律制度　　　　企业独自（法律制度以外）

图 1　NPO 法人抱扑的工作

资料来源：NPO 法人抱扑制作。

虽然儿童家庭整体支援项目尽可能在不限定对象和家庭条件的情况下接

NPO法人致力于"儿童·家庭·整体"支援事业

纳不同群体，但由于资金和资源的限制，无法完全实现其最大特色。

日后，在探索使用补贴的同时，我们还应尽早建立捐赠制度，以确保活动的持续性和自由度。首先，支援孩子及其家庭的责任应由政府和相关制度承担。然而，对于那些处于制度"夹缝"中的边缘群体，社会应承担起责任，建立起社区和市民支援体系。这正是我们希望NPO等非营利组织在日本社会中发挥的作用。既然是"陪伴型支援"，那么支援不应仅限于孩子升入高中或完成学业后。我们应确保孩子在升学后依然能够感受到支援的力量，让他们在学习和生活上都能保持积极的体验。同时，我们还应对高中退学风险和其他问题行为提供持续援助。

高中毕业后，随着年龄的增长，孩子们会面临各种各样的问题，项目将继续为他们提供支持，比如就业支援、离职后的转职支援，以及怀孕和生育后的应对等。

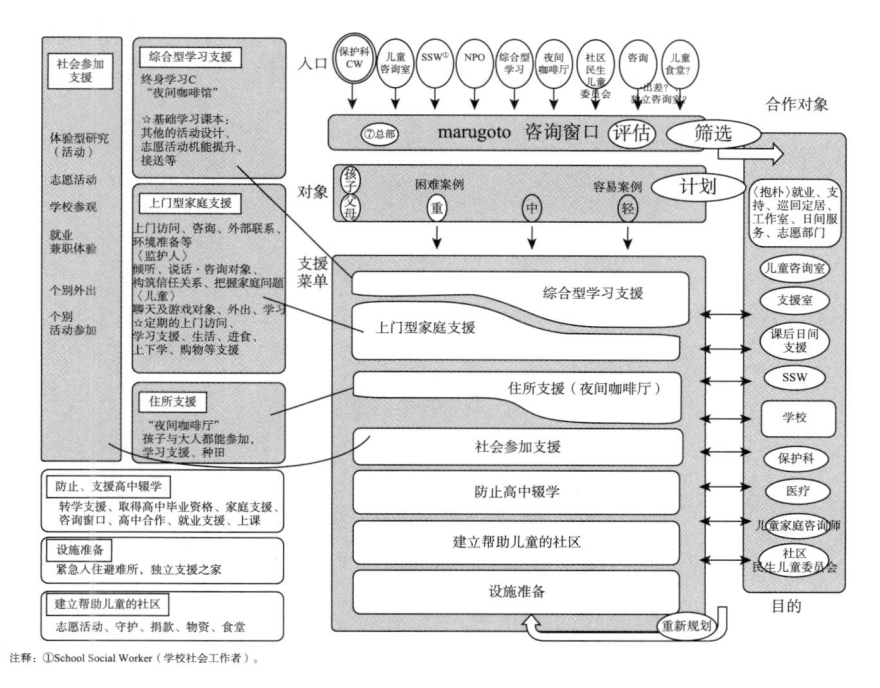

注释：①School Social Worker（学校社会工作者）。

图2　未成年人·家庭整体支援工作

资料来源：NPO法人抱扑制作。

"面向孩子的支援"是社会最为重视的议题,其原因在于"孩子没有选择的权利"和"孩子承载着未来"。然而,如果深入思考"未来在孩子身上"这一观点,也可能让人感到这其实是在要求孩子们成长为支撑成年人和社会的中坚力量,即"必须成为劳动者、纳税人,肩负社会责任"。顺利进入职场、建立家庭、成为独立的社会成员,对孩子们来说无疑是积极的。然而,即使他们未能实现这一目标,也并不意味着他们的存在没有意义。每个孩子的生命本身都具有独特的价值。这一点与流浪者支援有相似之处。根据流浪者支援的经验,社会常常持有"没有生产力的人,即使给予支援也没有价值"的观念,导致这些人长期被边缘化。

我们认为,经济独立和有能力解决问题并不等同于真正的"独立"。笔者希望人们能够意识到,当遇到无法解决的问题时,知道在一个"可以依赖他人""可以咨询""可以求助"的社会中,总会有专业人士或机构提供帮助,希望大家能够掌握"求助和咨询的能力"。

人与人的联系开出繁盛果实

——以镰仓寺子屋活动为例

小木曾骏*

一 活动介绍

"NPO 法人镰仓寺子屋"于 2003 年 4 月在神奈川县镰仓市成立,旨在预防未成年人或年轻人周围出现严重问题,积极培养能够承载日本未来的年轻一代。

该活动将三个教育场所——家庭、学校、社区,以及三个世代——未成年人、年轻人、成年人有机结合,同时充分利用当地寺庙等潜在的教育资源,以周边地区的小学生、初中生及其监护人为主要对象,围绕寺庙开展活动。活动的核心部分由大学生(约 400 名,来自早稻田大学、横滨国立大学等 10 所大学的志愿者)负责策划与运营。学生们与当地成年人共同组成了一种类似"树木年轮"的结构,形成了围绕未成年人的教育支持网络。镰仓的寺庙及当地企业等也通过提供活动场所和捐款的方式支持该项目,从而在整个地区持续推动教育活动。

二 考验大人的孩子们

孩子们比我们想象的更加细致地观察着成年人。许多初来乍到的孩子往

---

* [日]小木曾骏(小木 曾骏):NPO 法人镰仓寺子屋事务所所长。本文译者:罗鹏,西南交通大学外国语学院日语系讲师。

往会远远地注视着大学生支援者，像是在打量一件珍贵的物品。接着，他们开始调整自己的行为，或许会开几句玩笑，或是小心翼翼地做出一些试探性的举动。他们在观察和试探："这个人会有什么反应？""我们能合得来吗？""他会接受我吗？"孩子们总是通过这些细微的动作，试图寻找彼此之间的连接点。

对于孩子们的这些"投石问路"，并没有唯一的正确答案。即便是相同的行为，孩子们的反应也会因个性和周围环境的不同而有所差异。因此，在与孩子建立联系的过程中，必须始终保持敏感和细致。如果只是简单地传达"不能伤害别人"这种抽象的道理，孩子们可能会感到被拒绝，无法感知到支援者传递的"我们可以和谐相处"的信号。

三　在线互动

我们非常重视每个人与孩子之间的紧密联系，正因如此，曾经我们难以想象会开展如今的在线活动。通过网络与孩子们互动，虽然没有面对面的接触，但依然朝着共同的目标努力。有先例表明，那些在面对面活动中容易分心的孩子，反而能在在线活动中保持更高的集中力。比如，广岛县的宫岛和神奈川县镰仓的孩子们与大学生志愿者通过在线活动互动时，在线项目的最大魅力在于它能够跨越物理距离，让孩子们更轻松地参与其中。

在经历了疫情紧急事态下的居家管控后，我们更加意识到与他人共度时光、一起用餐、享受无拘无束的对话，正是我们生活中不可或缺的一部分。这种人与人之间的真实联系，是每个人的精神支柱。

即便孩子们在家庭或学校中面临困境，他们依然需要确信："总有一个人愿意接纳我。"我们相信，如果孩子们能够感受到"总有一个人真心关心我"，"我也希望有一天能成为像那位大学生哥哥或姐姐一样的大人"，那么他们就能带着这份自信，积极面对人生的挑战，充满希望地走向未来。

四　适合孩子们的社会

尽管日本是全球经济大国，但许多调查结果显示，孩子们的幸福感不高。根据文部科学省的调查，约有18万名小学生和中学生未能正常上学（《2019年儿童学生问题行为等学生辅导状况调查》）。此外，许多年轻人毕业后难以融入社会，常常选择留在父母家中，成为所谓的"家里蹲"。近年来，这一现象的高龄化问题也引起了广泛关注。另一方面，未成年人的贫困率已达到13.5%，即每七个孩子中就有一个生活在贫困中（厚生劳动省2019年《国民生活基础调查》）。此外，媒体经常报道未成年人因遭受欺凌而选择自杀的悲剧。

孩子是社会的镜子，成年人所创造的环境深刻影响着孩子们的成长。因此，亟须在社会中重建一种促进人与人充分交流的新机制。我们要构建一个以孩子为中心的社区，这个社区能够跨越家庭、学校和政府部门的界限，整体性地守护和培养孩子们。同时，我们还可以利用新技术，即便身处遥远的地方，也能通过在线活动增强人与人之间的联系，拉近彼此的距离。

面对孩子，意味着成年人也需要自我反思。我们希望在与孩子们相互学习的过程中，丰富自己的日常生活，携手共创一个充满生机与活力的社会，让孩子们能够在其中自由地展现自我，茁壮成长。

想与患有重度障碍的女儿一起度过丰富的社区生活

圆井美贵子[*]

"从未想过自己会成为残疾儿童的母亲"和"自出生就带有残疾的女儿",这对母女从女儿出生至今,在怎样的环境资源与人力资源中经历社区生活?以下是她们成长过程的总结,可以从残疾生活中的心理成长、适应社会的改变、生活价值的创造以及未来生活方式等方面加以体现。

虽然这位妈妈是"与残疾人共同生活",但是这种生活与"正常生活"并无区别。

我的女儿阳子因出生时旋转异常被诊断为缺氧缺血性脑病。虽然阳子是通过口服进食,但她吃的都是糊状或浓稠的食物。由于无法说话,她通过表情、声音,或使用交流支持设备来传达自己的意思。同时,她也患有癫痫和睡眠呼吸暂停症,需要定期进行吸痰处理。尽管她面临着严重的身体残疾,但阳子依然积极争取融入社区,努力适应并参与社会活动。

在婴幼儿期,特别是在住院阶段,阳子的人际关系相对较为薄弱。进入孩提时期后,为了入学就读当地小学,阳子的生活重心转移到了社区。此后,她的社会关系逐渐扩展,以学校为核心,开始与更多的人建立联系。同时,阳子也通过参与残障家庭相关的活动,进一步加深了与其他家庭和社会各方的联系。

此外,阳子并未就读特殊学校,而是在当地的小学和初中接受教育。这

---

[*] [日]圆井美贵子(圆井 美貴子):maruilab 公司代表,全国残疾儿童家长协会理事,德岛县残疾儿童家长协会主席。本文译者:吕兆新,西南交通大学外国语学院日语系讲师。

使她能够在社区中结交朋友，并加深对共生社会和人权的理解。

在成年之前，阳子始终得到医疗和福利方面的支持，其身心状况能够适应成长时期的日常活动。

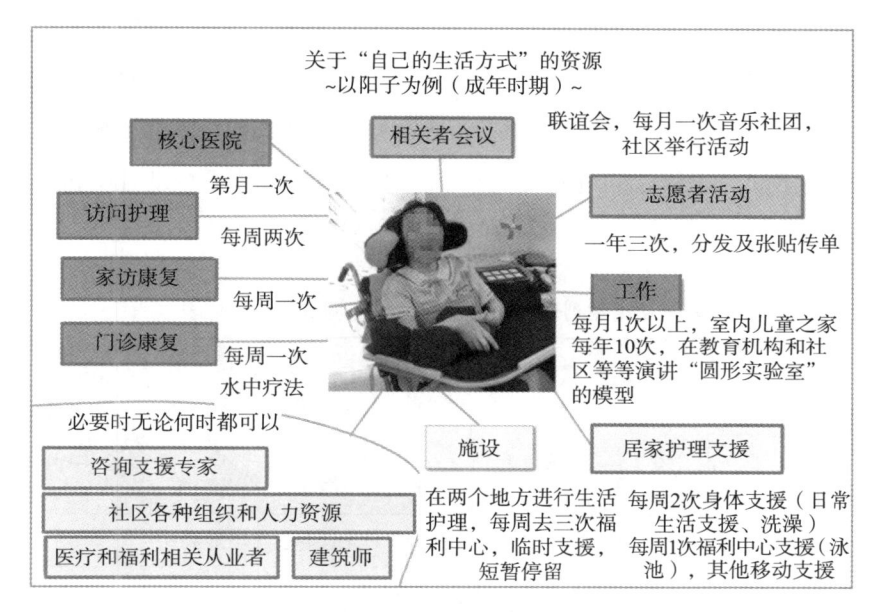

关于"自己的生活方式"的资源
~以阳子为例（成年时期）~

- 核心医院：每月一次
- 访问护理：每周两次
- 家访康复：每周一次
- 门诊康复：每周一次，水中疗法
- 咨询支援专家：必要时无论何时都可以
- 社区各种组织和人力资源
- 医疗和福利相关从业者
- 建筑师
- 相关者会议
- 联谊会，每月一次音乐社团，社区举行活动
- 志愿者活动：一年三次，分发及张贴传单
- 工作：每月1次以上，室内儿童之家每年10次，在教育机构和社区等等演讲"圆形实验室"的模型
- 施设：在两个地方进行生活护理，每周去三次福利中心，临时支援，短暂停留
- 居家护理支援：每周2次身体支援（日常生活支援、洗澡），每周1次福利中心支援（泳池），其他移动支援

阳子成年时期周围的环境资源图

笔者自制。

成年后，阳子继续与那些长期陪伴她成长的社区、相关家庭，以及医疗和福利领域的专业人员保持联系。随着需求的变化，这些联系逐渐转化为可供利用的环境资源。阳子一方面定期享受福利服务，另一方面也参与工作、志愿活动以及选举等，履行作为成年人的社会责任。同时，她与朋友们共同度过闲暇时光，生活变得愈发充实。

目前，日本的公共支援正在逐步转向家庭层面。随着医疗和福利协作的加强以及医疗技术的进步，越来越多的重度残疾儿童需要在家中接受医疗护理。然而不可否认的是，家庭的护理负担也在日益增加。

就阳子来说，她需要医疗护理，但家庭的护理能力有限。因此，除了公共支援外，还依赖于许多支持系统，如能够帮助解决日常小问题的社区朋友们。成年后，"工作""志愿活动"和"兴趣爱好"等活动对提高阳子的生活质量起到了积极作用，我们希望这些活动能让她的生活更加充实和丰富。

对残疾人的"支援"可以分为两种类型：一种是为了维持生活和生命的基本需求的"支援"，如医疗或护理服务，这被称为护理；另一种则是帮助残疾人找到"活着的意义"的"支援"。虽然关于后者的社会认知度较低，但与公共支援不同，个体之间的相互支持和思想上的纽带才是推动社会进步的真正力量。

阳子从出生到现在的活动和各种环境资源的变化表

领域	资源分类	婴儿期（0—1岁）	幼儿期（1—6岁）	学龄期（6—15岁）		青年期（15—20岁）	成年期（20岁— ）
				小学	中学	高中	
教育	教育机构		教育中心	当地小学	当地中心	当地高中	
			当地幼儿园交流	同上，家教协会活动	同上，家教协会活动	同上（学校开放）	
医疗	核心医院	市民医院					
		母婴医院中心					
			大学医院				
	访问护理			学校午餐时支援		在家晚餐时支援	
	门诊康复等		理学疗法/职业疗法/语言疗法				
			水中疗法（力学疗法）/交流支援技术指导				
				音乐疗法（儿童公共支援）			
	家访康复						力学疗法

续表

领域	资源分类	婴儿期（0—1岁）	幼儿期（1—6岁）	学龄期（6—15岁） 小学	学龄期（6—15岁） 中学	青年期（15—20岁）高中	成年期（20岁— ）
福利	独立支援福利					居家看护	生活护理/短期入户
				小学	中学		
				假肢体系			
	社区生活支援项目					移动支援/白天临时支援	
				日常生活用具交付			
	残疾儿童福利中心支援			放学后的日间服务			
交朋友（母亲的网络工作）	相关家庭的专业组织		疗养中心保护者协会				生活护理保护者协会
				德岛县残疾儿童家长协会、全国残疾儿童家长协会			
				通用设计研究会		通用设计市民会议	
						育儿防灾网络	
				日本康复工学协会			
	无障碍箱（福利设备·信息·游戏交流）						与医疗·福利·教育·企业·NPO等多种关系团体协作

续表

领域	资源分类	婴儿期（0—1岁）	幼儿期（1—6岁）	学龄期（6—15岁）			青年期（15—20岁）	成年期（20岁— ）
				小学	中学	高中		
志愿活动（亲子活动）	广泛领域社区活动			社区父母们的人偶剧团"儿童午餐"（母亲）				
	广泛领域社区活动			残疾儿童的音乐社团"混合果汁"的活动，"大家的WA音乐会"（音乐社团·音乐会）				
	广泛领域社区活动			制作"适合居住的街角地图"			"阳子的聊天广场"在学校分发·张贴传单，帮助大家理解阳子	
	当地活动			读绘本听（妈妈）	制作·展示"阳子的聊天广场"		儿童之家交流	
				好朋友乐园（暑假期间不管是否是残疾都能参加的游乐会）				
				小学	中学			
工作（亲子活动）	社区活动（工作·社会贡献）							儿童之家爱心项目（阳子在儿童之家的"工作"）

续表

领域	资源分类	婴儿期（0—1岁）	幼儿期（1—6岁）	学龄期（6—15岁）			青年期（15—20岁）	成年期（20岁—）
				小学	中学	高中		
工作（亲子活动）	省内外活动			各种演讲·讲座				
	个人事业（圆形实验室）		为了看护阳子而开发的纽带"一点轻松乐队"多亏阳子才发展起来的项目					模型
社区	各种咨询	医疗机关的个案工作者	社区疗养咨询顾问	地区疗养咨询顾问、教育研究所咨询顾问、支援学校教师·协调员			咨询支援专家	
	日常生活		社区的朋友和附近的人					
	建造房子			建筑师（无障碍研究会）				

笔者自制。

从幼儿时期开始的环境教育

——利用当地资源的体验活动的意义

增田直广 *

一　SDGs 和从幼儿期开始的环境教育

目前，全球各地由于环境问题和气候变化引发的灾害频繁发生，促使人们更加关注实现 SDGs（可持续发展目标），这是现代社会共同面临的重要课题。为了解决这些问题，必须普及并培养能够独立行动的人的教育环境，从而推动社会的可持续发展。环境教育应成为未成年人及成人生涯学习的一部分，理想情况下，应从幼儿时期开始。

井上（2012）曾提道："幼儿时期的环境教育应融入孩子们的整体生活中，重视以孩子为主体的游戏，并培养他们的环境观，以建立可持续的社会。"井上指出，环境观是指"将自然视为'人类生存的基础，具备多样性、循环性和有限性'"。井上及笔者在日本环境教育学会设立了"幼儿时期的环境教育"研究会，并与相关领域的研究者和从业者进行了多次讨论，制定了"以幼儿时期的环境教育为目标的清单"（2016），强调了基于环境观设定教育目标的重要性。

---

* ［日］增田直广（増田 直広）：鹤见大学短期大学部讲师。公益财团法人 KEEP 协会客座首席研究员。本文译者：雷凤琴，四川外国语大学日语学院硕士研究生。

二 "自然育儿""森林幼儿园"的实践工作

笔者从2012年开始的5年间，负责山梨县北杜市的幼儿环境教育工作。在与北杜市及市内保育所的协同合作下，针对未成年人开展了一系列活动，包括开发环境教育计划、实施外出学习项目、培训育儿工作者等。经过三年的努力，最终总结出成果并编制了环境教育计划集。该计划集涵盖了五个主题：①森林，②水边，③庭园，④能源，⑤散步，共计收录了33种环境教育计划。

另一方面，日本各地实施自然保育、森林幼儿园等活动的范围正在逐步扩大。一些有执照的幼儿园和非执照的保育设施都认为，孩子的健康发育和成长离不开与自然的接触。以这些幼儿园和保育设施为主，家长自发团体、环境教育设施、自然学校、青少年教育机构等多种活动主体正在各地开展实践。自然保育被定义为"利用自然环境和地区文化，重视孩子直接体验的保育和幼儿教育"（日本自然保育学会）。换句话说，自然保育不仅要善用幼儿园周边的自然环境，还应灵活运用当地的文化传统、人力、资源、产业等多方面的资源。

长野县饭田市积极倡导"饭田市自然保育"，并开展了一系列自然保育活动，笔者也参与了其中的支援项目。当地的各个幼儿园正在以周边的自然环境为主，开展充满魅力的保育实践活动，充分利用当地特有的节日、年度活动、农业和食品等多种资源。

虽然自1980年起，自然体验就已引入保育和幼儿教育领域，但直到2000年左右，自然体验才随着森林幼儿园实践的开展，逐步普及到全国各地。森林幼儿园是指"在森林等自然环境中培养幼儿（主要是3—6岁的幼儿）的一种自然保育方式"。这一模式自1950年在北欧首次推出以来，已推广到德国、日本、韩国等国家。2005年，日本举办了"森林幼儿园全国交流论坛"，并吸引了大量森林幼儿园的实践工作者和相关人员参与。2008年，成立了"森林幼儿园全国网"（并于2016年企业化）。

图 1　饭田型自然保育手册

资料来源：饭田市政府育儿支援课：『饭田型自然保育手册』，2021 年。

三　幼儿时期的自然保育与环境教育的意义

笔者认为，幼儿时期接触以当地自然为主的资源具有三重意义。第一，这关系到幼儿的发育与成长，这也是学前教育、保育机构及育儿家庭重视自然保育的主要原因。第二是培养可持续发展社会领导者的环境教育，这是幼儿环境教育的一个重要方面。虽然过去已有学者指出了前两点意义，但笔者特别想强调第三点，即对建立可持续发展社区的贡献。换言之，孩子对当地资源的体验可以激发当地活力。具体来说，自然保育在建立可持续发展社区方面的贡献体现在以下三个方面：①经济贡献（促进经济发展），②社会贡献（推动社会发展），③环境贡献（推动环境保护）。详细内容可参见下表。

儿童体验当地资源实现社区可持续发展的贡献表

1. 经济贡献（促进经济发展）
· 会有家庭搬迁至幼儿园附近
· 成为家乡税款捐赠对象
· 使用当地食材等，资金会投入到该地区等
2. 社会贡献（推动社会发展）
· 父母之间建立联系
· 参加园内活动成为当地居民的生活价值
· 有效利用节日等文化资源，实现当地文化继承等
3. 环境贡献（推动环境保护）
· 关系到地区的美化活动
· 正在进行自然保育领域的环境保护活动
· 家长支援当地农户，维持农业景观等

笔者自制。

图 2 展示了上述三点意义。通过自然保育和幼儿环境教育，不仅能够有效利用当地资源，还能激发地区的活力。我们认识到，地区资源与自然保育及幼儿环境教育之间存在着双向互动的关系。

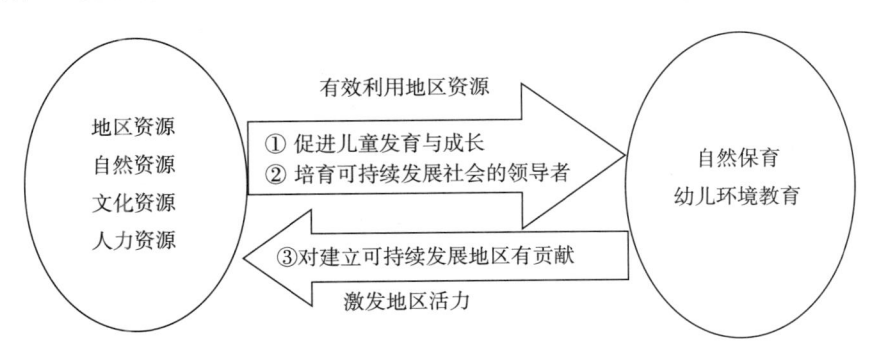

地区资源 / 自然资源 / 文化资源 / 人力资源 → 有效利用地区资源 ① 促进儿童发育与成长 ② 培育可持续发展社会的领导者 → 自然保育 幼儿环境教育

自然保育 幼儿环境教育 → ③ 对建立可持续发展地区有贡献 激发地区活力 → 地区资源

图 2 幼儿期体验地区资源的意义

笔者自制。

四 "为了孩子""为了未来""为了社区"的自然保育

近年来,自治团体开始积极支持自然保育。2015年,长野县设立了"信州式自然保育认证制度",而鸟取县则制定了"鸟取森林、里山等自然保育认证制度"。值得注意的是,这些制度对育儿家庭具有很强的吸引力,促使许多家庭搬迁到当地。换言之,自治团体之所以制定这些制度,是因为他们深信自然保育对区域振兴具有积极作用。这一观点与前述的第三点意义是相契合的。

在现代社会,环境教育日益重要,公众对从幼儿时期开始的环境教育的关注和期待也在不断提升。将从幼儿时期开始的环境教育,与有效利用地区资源的体验活动相结合,这不仅是"为了孩子",也是"为了未来"和"为了社区"。我们期望各地的相关实践活动能够越来越多。

福利专职与培养教育

小森敦*

一 社会福祉专业职位

日本的四个社会福祉专业职位已被制度化为国家资格，分别是：社会福祉士、精神保健福祉士、介护福祉士和保育士。

（一）社会福祉士

社会福祉士是《社会福祉士和介护福祉士法》规定的国家资格。

《社会福祉士和介护福祉士法》第2条第1项：

社会福祉士是指以社会福祉士的名义，运用专业知识和技术，为因身体或精神障碍，或因环境原因影响日常生活的人提供福祉咨询、建议、指导、福利服务等，并与其他相关人员进行联络与协调，实施其他援助的从业人员。

社会福祉士负责接待有"生活问题"的个体，提供咨询，并根据建议和需求与相关人员（如家人、福利机构、医疗机构、社区等）进行联络、协调和介入，以帮助解决问题。因此，社会福祉士需要掌握社会工作理论，学习福利服务制度、医学、心理学、社会学、组织管理、社会资源开发等多方面

---

* ［日］小森敦（小森 敦）：一般社团法人日本社会工作教育学校联盟秘书长代理。社会福祉士。本文译者：雷凤琴，四川外国语大学日语学院硕士研究生。

的知识和技能，并通过演习和实习进行实践。

（二）精神保健福祉士

精神保健福祉士是《精神保健福祉士法》规定的国家资格。

《精神保健福祉士法》第2条第1项：

精神保健福祉士是指，运用精神障碍者保健和福利方面的专业知识与技术，为在精神科医院及其他医疗机构中接受治疗的精神障碍患者，或在促进精神障碍患者回归社会的设施中接受服务的人员，提供社区资源利用方面的咨询支持，并开展其他与回归社会相关的咨询。同时，精神保健福祉士还为这些人提供建议、指导，以及日常生活适应训练等服务。

精神保健福祉士接受患有精神疾病、精神保健问题（如药物、酒精、赌博等依赖症、犯罪加害者或刑满释放人员等）的人的咨询，依据具体情况，协助与相关人员（如家人、福利机构、医疗机构、社区等）进行联络、协调和介入。与社会福祉士类似，精神保健福祉士不仅具备社会工作基础和提供福利服务的能力，还掌握精神保健、精神医学和精神科康复等领域的专业知识和技术。

（三）介护福祉士

介护福祉士是《社会福祉士和介护福祉士法》规定的专职人员，负责为需要介护的各类人群提供日常生活支援。现在日本面临着以介护福祉士为主的介护人才不足的问题，如何确保介护人才已成为一大课题。

根据国家调查，影响人才确保的因素主要有"工资水平低""工作辛苦""对将来感到不安"等。为应对今后的超老龄化社会，需采取各种各样的措施，从而在数量、质量上持续确保介护人才。

介护福祉士是基于《社会福祉士和介护福祉士法》规定的国家资格。

以介护福祉士的名义，运用专业知识、技术，对因身体或精神障碍而影响日常生活的人，根据其身心状况进行介护，并对该人员及其介护者进行相关介护指导，并以此为业的人员。

（四）保育士

保育士是具备"家庭""育儿支援""幼儿教育""残障儿童支援"等知识和技术的专业人员，他们在照顾儿童的同时，能够与多个职业、机构和社区进行合作。

保育士是《儿童福利法》规定的国家资格。

《儿童福利法》第18条第4项：

指以保育士的名义，运用专业知识和技术，提供儿童保育以及对儿童监护人进行相关保育指导的人员。

随着使用保育所的儿童数量增加，育儿负担加重、孤立感加剧以及儿童虐待咨询案件增多等问题也日益突出，因此我们亟须全面理解孩子和家庭的需求，并提供有效的支援。

针对这些问题，日本已重新评估保育士培训课程，并于2019年开始实施新课程。新课程不仅要求保育士提升照顾孩子的能力，还特别加强了对"家庭""育儿支援"以及"幼儿教育"领域的专业性要求。

二 社会福祉专业职位的培训

（一）社会福祉士、精神保健福祉士

在培养社会福祉士的 4 年制大学修完指定课程后毕业，或在一般 4 年制大学毕业后，在指定培养机构经过 1 年以上的学习并修完指定科目，通过国家考试的人员都可以注册为社会福祉士。国家考试每年举行一次，每次约有 40000 名考生，约 12000 人合格，合格率大约为 30%。

在培养精神保健福祉士的 4 年制大学修完指定科目后毕业，或者从一般的四年制大学毕业后，在指定培养机构经过 1 年以上学习并修完指定科目，通过国家考试的人员均可注册为精神保健福祉士。精神保健福祉士的国家考试每年举行一次，每次约有 7000 名考生，约 4000 人合格，合格率大约为 65%。

社会福祉士和精神保健福祉士的课程在社会工作专业共通的知识与技能方面具有共通性，全日本大约有 300 所培养学校（包括大学和专科学校）。

（二）介护福祉士

获得介护福祉士国家资格有以下四种途径，所有途径都要求参加国家考试并取得合格成绩：

【培训机构路线】在指定的培训机构（如大学、短期大学、专科学校）修完指定课程后，参加国家考试（此外，在未来 5 年内，即使未参加国家考试，只要修完指定课程，也将授予国家资格）。

【实务经验路线】从事介护工作 3 年以上，完成规定的研修课程后，参加国家考试。

【福利系高中路线】在福利系高中修完介护福祉士的规定课程，毕业后参加国家考试。

【EPA 路线】根据经济合作协定（EPA）赴日工作，累计从事介护业务三年以上后，参加并通过国家考试。

福利专职与培养教育

【社会福祉士】			【科目群】	【精神保健福祉士】		
科目名称	共通	课时		科目名称	共通	课时
1.医学概论	●	30	理解人、环境、社会等及其关系（通过实习、演习等）	1.医学概论	●	30
2.心理学和心理支援	●	30		2.心理学和心理支援	●	30
3.社会学和社会组织	●	30		3.社会学和社会组织	●	30
4.社会工作的基础和专业职务	●	30	理解社会福利基础、理论的方法	4.社会工作的基础和专业职务	●	30
5.社会工作的基础和专业职务（社区福祉士）	●	60		5.社会工作的基本和专业职务		60
6.社会工作的理论和方法	●	60		6.社会工作的理论和方法	●	60
7.社会工作的理论和方法（社区福祉士）		30		7.社会工作的理论和方法（社会福祉士）		30
8.社会福利调查的基础	●	30	实地作业	8.社会福利调查的基础	●	—
9.福利服务的组织和经营		30		9.—		—
10.社会福利的原理和政策	●	60	理解社会福利的原理、政策	10.社会福利的原理和政策	●	60
11.社会保障	●	60		11.社会保障	●	60
12.支持权利拥护的法律制度		30	将在课堂中学到的知识综合整合起来	12.支持权利拥护的法律制度		30
13.地区福利和全面的支援体制	●	60		13.地区福利和全面的支援体制	●	60
14.残疾人福利	●	30	理解复合化、复杂化课题及全面综合支援能力	14.残疾人福利	●	30
15.刑事司法和福利	●	30		15.刑事司法和福利	●	30
16.老年人福利		60		16.老年人福利		60
17.儿童、家庭福利		60		17.儿童、家庭福利		60
18.对贫困的支援		30		18.对贫困的支援		30
19.保健医疗和福利		30	理解社会工作的方法和实践	19.保健医疗和福利		30
20.社会工作练习	●	30		20.社会工作练习	●	30
21.社会工作练习（社区福祉士）		120		21.社会工作练习（社会福祉士）		190
22.社会工作实习指导		90		22.社会工作实习指导		90
23.社会工作实习		240		23.社会工作实习		210
合计		1200		合计		1390

图1 社会福祉士、精神保健福祉士的培育课程（共通科目●）（从2021年开始实施的最新内容）

资料来源：参考厚生劳动省"审查后的社工培训课程全貌"制成，部分改动，https://www.mhlw.go.jp/content/000604998.pdf.，2020年7月1日。

日本全国大约有 380 所培训学校，共开设 480 门相关课程，同时约有 200 所福利系高中。

表 1　介护福祉士培训课程的设置（2019 年修改的最新版）

【培训机构路线】		【福利系高中路线】	
教育内容	课时	教育内容	课时
人类与社会	150	人类与社会	280
人类的尊严和自立	30	社会福利基础	140
人际关系与交流	60		
社会理解	60		
人类与社会相关选修课	—	人类与社会相关选修课	140
介护	1260	介护	1295
介护基础	180	介护福利基础	175
交流技术	60	交流技术	70
生活支援技术	300	生活支援技术（包含医疗介护）	350
介护过程	150	介护过程	140
介护综合演习	120	介护综合演习	105
介护实习	450	介护实习	455
心理与身体的结构	300	心理与身体的结构	280
理解发育与老化	60	理解身与心	280
理解痴呆症	60		
理解残疾	60		
心理与身体的结构	120		
医疗护理	50	医疗护理	—
合计	1760	合计	1855

资料来源：厚生劳动省、社会保障协议会、福利部会福利人力资源确保专门委员会：关于"护理人员培训课程教育内容的审查"，第 5 页，https://www.mhlw.go.jp/content/000345245.pdf，2020 年 7 月 1 日。

（三）保育士

取得保育士国家资格，大致有两种途径：

1. 在保育士培养设施（大学、短期大学、专科学校等）修完规定科目后毕业。

2. 参加并通过保育士国家考试。

日本全国约有 680 处指定保育士培训设施。

表2　2019年修改的最新课程设置

〈必修科目〉							
【保育的本质、目的相关的科目】		学分	课时	【保育的表现技术】		学分	课时
1 保育原理	讲义	2	30	1 保育的表达技术	演习	4	60
2 教育原理	讲义	2	30	【保育实习】			
3 儿童家庭福利	讲义	2	30	1 保育实习Ⅰ	实习	4	60
4 社会福利	讲义	2	30	2 保育实习指导Ⅰ	演习	2	30
5 援助咨询	演习	1	15	【综合演习】			
6 社会养护	讲义	2	30	1 保育实践演习	演习	2	30
7 保育者论	讲义	2	30	〈选修科目〉			
【与理解保育对象相关的科目】				1 保育本质与目的的相关科目	—	—	—
1 保育心理学Ⅰ	讲义	2	30	2 理解保育对象的相关科目	—	—	—
2 保育心理学Ⅱ	演习	1	15	3 保育内容及方法的科目	—	—	—
3 儿童保健Ⅰ	讲义	4	60	4 保育的表现技术	—	—	—
4 儿童保健Ⅱ	演习	1	15	5 保育实习Ⅱ	实习	2	30
5 儿童饮食与营养	演习	2	30	6 保育实习指导Ⅱ	演习	1	15

续表

〈必修科目〉						
【保育的本质、目的相关的科目】		学分	课时	【保育的表现技术】	学分	课时
6	家庭支援论	讲义	2	30	7 保育实习Ⅲ	实习	2	30
【关于保育内容和方法的科目】				8 保育实习指导Ⅲ	演习	1	15
1	保育过程论	讲义	2	30			
2	保育内容总论	演习	1	15	合计	57	855
3	保育内容演习	演习	5	75			
4	婴儿保育	演习	2	30			
5	残疾儿童保育	演习	2	30			
6	社会养护内容	演习	1	15			
7	保育咨询支援（演习）	演习	1	15			

资料来源：厚生劳动省第 9 次保育员培养课程审查会："关于现行保育员培养课程的科目系列"，第 1 页，https://www.mhlw.go.jp/file/05-Shingikai-11901000-Koyoukintoujidoukateikyoku-Soumuka/0000187112.pdf.，2020 年 7 月 1 日。

三　对社会福祉专业人员需求的增加与课题

当今社会，生活中的各种问题日益增多，我们必须采取有效应对措施。比如，应对孩子成长过程中日益增加的育儿支援需求（儿童发展、保育知识与技术、对孩子周围环境的介入与协调）；应对抑郁症、酒精等依赖症问题（精神保健知识）；应对虐待问题（医疗、心理知识与紧急介入）；应对就业机会减少所带来的收入下降（贫困对策与服务衔接）；应对被社区孤立的现象（社区支持协调）等等。

此外，随着"8050 问题"（50 岁左右的"家里蹲"子女要靠 80 岁左右的双亲赡养）现象的增加（哪怕子女已经成年），社会问题呈现出了新的复杂形态。这些问题往往是复合且复杂的，需要社会福祉士、精神保健福祉士、介护福祉士、保育士等福利专业人员的帮助。在应对这些挑战时，专业人员不仅要发挥各自的专业优势，还需要与保健、医疗等专业人员，相关机构、社会组织以及社区居民等紧密合作，共同为需要帮助的人提供全面的支持。

因此，构建一个涵盖制度纵向划分的支援体系是当前的一个重大课题。为了实现专业人才的纵向分配与全面支援相结合的目标，我们需要培养具有"联合"与"协作"精神的高素质人才。

社会工作实践的课题

小林优志[*]

35年来，笔者一直作为行政部门的社会福祉专业人员，投身于实际工作中。在处理关于精神障碍、虐待儿童、老年人问题、生活贫困等各种困扰的咨询过程中，笔者接触过许多当事人、他们的家属、当地居民以及各种相关组织的成员。在与这些人交流和互动的过程中，笔者直接或间接地得到了很多宝贵的经验和知识。

每位当事人的表现方式因人而异，千差万别。他们会发出各种不同的信号——有时是陷入困难的信号，有时是寻求帮助的信号，有时是愤怒、悲伤、困惑或是喜悦的信号，有时甚至是无声的信号，这时需要更加细心地调动自己的五感，倾听他们心底的声音。

咨询者虽然有"需要解答困扰"这一共同点，但他们的咨询内容、成长背景和想法各不相同。须在有限的时间内尽可能地听取必要的关键信息，同时将这些信息串联起来，从点到线，从线到面，再从面构建成完整的影像，再从单一的灰色影像逐步转化为丰富的彩色影像，这就是处理咨询时的"编辑"工作。

在分析咨询内容和听到的信息时，笔者有时会遇到思考迟缓或应答偏差的情况。因此，笔者并不仅仅依赖头脑中的思维，还采取了"身体思考"的方式，将整个身体投入思考、感知、回应和分析的过程中。

接下来，笔者将通过具体的事例，回顾在社会工作实践中获得的一些重要学习成果，并将这些成果总结为"实践社会工作时的思想准备十原则"。

---

[*]［日］小林优志（小林 優志）：政府指定城市的行政社会福祉职位（专业职位）。本文译者：陈蕾蕾，西南交通大学外国语学院日语系本科生。

一　实践事例：持续帮助父母过世且患有精神障碍的兄妹二人实现居家生活

这是一个兄妹二人的家庭，哥哥 60 多岁，妹妹 50 多岁。哥哥被评定为精神障碍者保健福祉手册 1 级，妹妹则为 2 级。

哥哥高中毕业后曾赴美国留学，但中途退学。回国后，在父亲的介绍下找到了一份工作，但未长期稳定。之后，他开始出现妄想等症状，最终发展为精神分裂症。

妹妹高中毕业后找到了一份工作，但未能持续下去，之后一直待在家里帮忙做家务。后来，她也患上了精神分裂症。兄妹俩都未领取残疾人养老金。

父亲去世后，身心健康的母亲为他们提供生活指引，使得他们能够独立在家中生活。然而，三年前母亲去世后，家里缺乏了持续的具体引导，导致他们在家务等日常生活方面遇到了困难。

哥哥曾与精神科社工（PSW）进行过沟通，并从 PSW 那里咨询了精神保健福祉相关事务。随后，笔者与 PSW 一起对他们进行了首次家庭访问。

哥哥曾幻想已故母亲的存折和房产证被盗。我们向他解释，若不继承财产就无法更改名义，进而无法代替已故母亲进行财产变卖。虽然他没有再表现出类似的胡思乱想，但他说自己一个人不知如何办理继承手续。我们告诉他可以委托第三者代为办理，并向他提出了三点建议：①尝试自己寻找律师；②我们协助他寻找律师；③通过成年监护制度，寻求监护人等的帮助。

哥哥对成年监护制度有抵触情绪，最终同意委托我们帮助他寻找律师。于是，我们委托了一位曾有帮助残疾人经验的律师来处理继承事宜。经过半年多的时间，兄妹俩终于完成了财产的分割。在此期间，哥哥能够自我管理治疗和服药，尽管妹妹与哥哥一同接受治疗，却无法进行自我药物管理，且营养状况较差，这导致她的病情恶化，并在办理继承手续期间住院治疗。平时，妹妹主要负责做饭和家务，因此现在哥哥在家务方面遇到了困难。为了帮助他，笔者与咨询援助事务所的专员共同进行了家庭访问，决定通过住宅介护服务（家庭援助）来协助他。此外，在妹妹出院时，我们为她提供了上门看护服务，以便跟进她的病情和服药情况。

之后，我们帮助他们解决了一些日常生活中的问题，例如庭院植株修剪、杂草处理以及因邻近土地出售而需要确认边界等事项。我们联系了咨询支援专员、市社会福祉协会的社区工作者、土地房屋调查师等相关人员，逐一提供了必要的援助。

尽管兄妹俩有自己的顾虑，认为找不到可靠的人选来实施成年监护制度，但在居家介护、上门看护以及咨询援助专员等的帮助下，他们依然能够过上相对独立、愉快的生活。

二 实践事例中的所学

兄妹二人计划今后继续在这个家中共同生活。因此，援助者不仅要与单一的组织合作，还需要与多个相关组织协同合作，整合资源提供援助。在此过程中，需主动共享未来的支援计划，以增进相关人员对兄妹二人处境的理解和关怀，进一步推动支援工作的开展。

援助者应倾听兄妹二人的真实意愿与想法，并在尊重他们自主选择的基础上，与他们保持步调一致，耐心陪伴和支持。在支援过程中，应始终相信兄妹二人具备改变和成长的潜力，坚守支援立场，保持稳定而不动摇的态度。

实践社会工作时的思想准备十原则

1. 耐心倾听对方

倾听是社会工作的基础。要让对方尽可能多地表达，同时营造一个能够安心说话的环境和氛围。在自然的谈话过程中，倾听具体事实。

2. 确认提问和咨询的核心内容

在回答对方问题之前，务必明确提问或咨询的主要内容，并主动向对方确认其需求。

3. 不评价对方

对于对方的诉求，不作好坏或对错的评判，全面接纳对方的表达。

4. 关注问题的个性化

看似相似的咨询，其背景和个体差异可能完全不同。要尊重每个人的独特性，收集充分且准确的信息，了解问题的背景。

5. 判断问题的紧迫性

识别问题的紧迫程度，涉及生命安全等紧急情况时，及时向相关人员报告、联络，并商讨援助措施。

6. 不急于提出解决方案

在收集充分且可靠的信息之前，不急于决定应对方法或解决方案。要认识到立刻找到解决办法的情况极为罕见。

7. 提供简单易懂的信息

在理解对方当前需要的基础上，用对方容易理解的语言传达信息，并确认对方是否理解。

8. 严格保密

从对方处获取的所有信息均属重要的个人隐私。严格保密是咨询的基本原则，未经授权不得向他人透露，即使是家人也不例外。

9. 不作模棱两可的回答

面对难以明确回答的问题时，不随意敷衍或猜测，事后更正错误信息很麻烦。应与上司或同事讨论并确认后再答复。

10. 提出未来发展的方向性

社会工作的"起承转合"至关重要。这不仅适用于整个支援过程，也适用于每一次会谈。在完成寒暄、明确面谈目的、倾听对方等环节后，应在谈话结束时清晰总结，并与对方分享未来支援的方向和大致目标。

精神保健福祉士的实践中：与当事人同行的社会福祉专业人员

川池秀明[*]

一 精神保健福祉士的制度和角色

1997年，日本精神保健福祉士继介护福祉士和社会福祉士之后，获得了国家资格，被正式认定为社会福祉专职人员。2021年注册人数为9万人。

近年来抑郁症的发病率持续上升，同时还伴随着自杀问题的增多，中老年人"家里蹲"现象也在加剧。许多人认为，这些问题与精神疾病密切相关。"二战"后日本的经济高速增长在一定程度上削弱了家庭纽带和地区社会的联系，使人与人之间逐渐疏离并陷入孤立。与此同时，经济困难等多重社会问题交织，智障人士的生活困境也日益严峻。另外，社会上对精神障碍者的偏见和歧视依然根深蒂固，难以消除。

在这样的社会背景下，精神保健福祉士承担着重要的职责，他们夜以继日地为精神疾病患者及其家属提供支持和帮助。其主要职业领域不断扩展，包括精神病院、社会福利机构、政府部门的残疾人福利科、福利办公室，以及协助因精神疾病引发犯罪的精神障碍者回归社会等。

作为一名在精神科领域工作了40年的精神科社工（以下简称PSW），笔者始终认为，比起单纯提供支援，更重要的是秉持"共同前行"的立场。与许多PSW一样，笔者不仅在社区内为当事人及其家庭提供个别咨询，为他们提供有关医疗、福利服务和制度的相关信息，还积极参与跨职业领域的活动，

---

[*] ［日］川池秀明（川池 秀明）：圣德大学心理福祉学院教授。精神保健福祉士。本文译者：罗鹏，西南交通大学外国语学院日语系讲师。

如社区康复项目，以及加强与相关组织之间的网络协作等。20年前，笔者在一所致力于培养精神保健福祉士的大学担任教师，过着"身兼两职"的生活。作为教育者，笔者希望传授给学生的不仅仅是法律制度与实践方法等"how-to"的知识和经验，更重要的是在笔者与当事人共同前行的过程中，提炼出的专职人员的思维方式与专业方法的核心精髓。因此，笔者将以精神保健福祉士的视角，通过笔者与五位当事人建立的关系，探讨社会福利专业在与当事人同行中的独特价值。

二　五个人的故事

● "能够在想看电视的时候看喜欢的节目，能吃上喜欢的食物，真是太好了。"20多年前，在对长期住院患者的采访中，笔者意识到，如果能够合理使用社会福利服务，许多长期住院的患者其实都有可能回归社区。然而，当时社会康复设施尚处于准备阶段。为应对这一状况，我们开设了精神科日间护理（以下称"日间护理"）。

开头的那句话是一名在封闭病房住院长达20年的男性患者在即将出院时的一句喃喃自语。对于长期住院的患者来说，住院时间越长，出院后的生活准备就越显重要。除了要为患者确保住房和提供福利服务支持外，还需要减轻他们对出院后生活的焦虑，并帮助他们重新唤起因长期住院而逐渐丧失的社会生活动力与兴趣。在这些患者中，有些已经多年无法与朋友共进餐饮、谈论烦心事、谈恋爱，甚至无法在正常社区生活。

那名男性患者出院时已年过六旬。他坚持每天步行约20分钟，从家前往日间护理中心。在哥哥的悉心守护和大力支持下，他还开始了自己热衷的温泉之旅，过上了平静的生活。最终，他因身体疾病与世长辞。

● "我想学习。我想去学校。"大约在同一时间，笔者遇到了一位年轻人，他住在封闭病房，每周接受一次采访。起初，他从不主动开口，始终保持面无表情，偶尔点点头，眼睛总是低垂着。几个月后的一个采访中，他突然将一本中学生的汉字练习册放在桌子上，然后对笔者喃喃细语了开头那句话。

从小学高年级开始，他几乎没有去过学校，一直待在家里。在那次采访之后，病房逐渐变成了他和家庭教师一起学习的场所。

他出院后，这个学习活动也未停止，而是转移到了精神科日间护理中心。为了实现他"想去学校"的愿望，我们一同探寻并选择了夜校的方式，这在当地是一个全新的尝试。每天，他坚持白天上日间护理，晚上则去夜间中学上课。他以优异的成绩顺利毕业，并继续从非全日制技术高中到职业培训学校，最终进入职场。如今，他在为独居残疾人和老年人提供"盒饭分发服务"的"工作支持办公室"中发挥着核心作用。多年来，他始终保持着自己的生活节奏，坚定地朝着目标一步步前行。

有一次，他在凌晨打电话给笔者，说他母亲的病情急剧恶化。第二天早晨，我们与他母亲所在医院的医务社工进行了信息共享。不幸的是，他的母亲最终还是去世了。在此之后，他继续咨询我有关母亲葬礼和自己生活方面的问题。

● "我想创造一个像我这样的精神病患者可以工作的场所。"笔者和说这句话的男性已经保持了大约10年的交往。他在40多岁时罹患精神疾病，经过半年多的住院治疗后，笔者在日间护理中心第一次见到了他。因为我们是同龄人，我们几乎每天都会一起参与日间护理的运动项目，在网球场上挥汗如雨。

日间护理结束后，他在公共就业保障所"Hello Work"参加了20多次残疾人士公开招聘面试，最终被一家房屋清洁公司录用（许多人因为公开自己的残疾身份而难以找到工作）。他展现出了很强的工作能力，很快便被分配到工作岗位。一次，他对我说道："我觉得有些到日间护理中心或医院的患者，其实是有能力工作的。如果仅仅因为残疾而无法工作，那实在太可惜了。我想创造一个像我这样的精神病患者可以工作的地方。请一定帮帮我。"听到他的话后，笔者立刻联系了他所在的公司，希望他们能够接纳更多精神病患员工。一年后，笔者借助精神障碍者社会适应训练项目（该制度现已废止），开启了一项特许经营计划。

尽管笔者热心为许多人提供指导，但由于长期的经济衰退，工作量逐渐减少，这个项目最终被迫中断。他本人因为长期过度劳累，身体状况一直不好，但他仍坚持等身体恢复后会回来再和笔者一起工作。

● "我女儿工作了。"这是一位 60 多岁女性在电话中所说的话。她目前独自住在公寓里，尽管经常受到强烈幻听的困扰，但每个月仍会打来一两次电话。在幻听的影响下，整理和表达自己的思绪并非易事。

她每次打来的电话，内容往往与女儿有关，就像开头那句简单的话语，从头到尾充满了对女儿的思念。疾病的困扰使离婚后成为单亲妈妈的她在养育女儿时遭遇了许多挑战，最终将女儿托付给了儿童福利院。离开设施后，她时常和笔者倾诉，谈论女儿的工作、恋爱、婚姻等。一次，在她与女儿即将久别重逢的前一天，她激动而焦虑地告诉笔者即将见面的喜悦和不安。笔者一边点头倾听，一边时不时向她传递鼓励与喜悦的话语。

● "我要继续家庭协会。"这位父亲在儿子去世约半年后，常常向我们表达感激之情，并说出了开头那句话。

自那以后，我们积极组织家庭协会的各项活动，诸如举办讲座、策划由精神保健福祉志愿者小组主办的体育交流会和圣诞派对，促进当地居民与当事人之间的交流，还开展了电话咨询等服务。他说："我认为继续这些活动是我儿子的意思。也许，我能稍微回应他的一些想法。"这句话中流露出的是父母深深的遗憾和无法言表的热切情感。

每当我遇到曾经认识的当事人选择自杀时，我自己也常常感到一种深深的无力感。如今，我能做的，就是尽力不让当事人及其家人留下无谓的遗憾，将这项工作的意义和价值传递给年轻一代。但或许，这一生我都无法真正达到超脱与释然的境地。

三　向当事者学习到的"有价值的体验"和近期的矛盾

对于笔者而言，在与当事人每日的互动中所经历的悲欢离合、意外与惊喜，都为社会福利专职工作增添了独特的价值。笔者在与当事人建立的深厚关系中积累的"有价值的体验"，从而发现社会福利专职的真正意义所在。

我们致力于在人类存在本身中探寻可能性，而非被他们的残疾或负面特质所局限。我们始终关注护理对象展现出的希望之光，及时捕捉这些微小的迹象，并为他们提供适当的支援。

精神保健福祉士如今已取得国家资格，这一资格作为精神医疗法制度的一部分，已得到社会广泛认同。每年，超过4000名学生通过教育机构的严格培养，顺利获得资格认证。这是笔者年轻时做梦都未曾想到的局面。

然而，在当今高压的社会环境下，患病的人数仍未减少。虽然精神科的专业化水平不断提高，精神保健福祉士的工作已逐渐融入日常实践，但笔者认为，我们必须始终秉持与当事人"共同前行"的态度，持续重视每日进行灵活且有针对性的支援所蕴含的价值。

四 想传递给年轻社会工作者的"指挥棒"

笔者希望将自己40年来在精神科社会工作领域中积累的经验与体悟，传递给那些立志成为社会工作者的年轻人。因此，笔者在这里尝试记录一些分享。

与当事人一同，在充满歧视与偏见的土地上"播种希望的种子"。

作为精神保健福祉士，我们常与那些在日常生活中饱受精神疾病带来的各种社会困难，却依然努力追求更好生活方式的人们相遇。除了患有精神疾病外，他们不断试验与调整，试图克服生活中的种种问题与挑战的模样与我们并无二致。然而，决定性的区别在于，这一群体长期遭受社会对"精神病患者"根深蒂固的偏见与歧视，这些偏见严重限制了他们的社会生活与社会参与的机会。

精神保健福祉士为了直面社会偏见与歧视，必须与当事人共同努力，携手克服这些障碍。我们的任务不仅是与相关机构沟通，更要向社区居民、商圈居民等群体展示，精神疾病患者在接受治疗和支援的同时，也能够做到"自立＝充分发挥自身潜力并积极参与工作"。我们要与当事人一起，向社会展示当事人的潜力。

不仅仅是精神保健福祉士，社会福祉专职人员需要具备在各种咨询和支援场合中稳定的沟通技巧，并能够提供恰当的支持。为此，首先需要深入了解自己的性格、沟通特点以及在人际关系中的行为倾向。这种自我了解可以通过有意识地花时间反思自己一天中的行为来实现，并虚心聆听朋友或他人对自己言行的反馈。这并不是过度自我批评或过分纠结于自己的缺点，而是"爱"自己的弱点——也就是尊重自己的所有，包括那些可能看似无用或不足的之处。

当"自我了解"缺乏"照顾好自己"以及"确认自己是不可替代的"这种"对自身尊严的肯定"时，它反而可能成为导致倦怠（倦怠综合征）的因素。

然而，这与了解自己的弱点并不矛盾。能够倾听"细微的声音"，意味着能够关注并理解自己的"细微之处"，也能与当事人的"细微声音"产生共鸣。认识到自己的弱点但并不为此自卑，而是更加努力和坚韧，这才是真正的社会工作者。

充分利用＜现在·此时＞

如今，尤为重要的是充满热情地将这个时代面临的困难转化为优势，并加以利用。当前的困难之一是新冠疫情，许多人常常陷入低落，心中想着这场疫情何时才能结束。然而，不仅是那些当事人容易承受精神压力，与他们同行的精神保健福祉士也往往在同样的压力中挣扎。

在这种背景下，我希望能与包括医疗和介护人员在内的团队一起，探索新的方式。我们需要思考如何在不逃避压力的情况下，在有限的条件中振作起来，并继续为需要帮助的人提供良好的支援。

此时此刻，社会福利专业人员的责任是发现所有潜在的可能性，集中注意力，不被负面情况所困扰。

介护福祉士教育中接收留学生的实际情况和课题

豆田和也*

一 前　言

根据法务省公布的数据，截至 2018 年 9 月，取得"介护"在留资格的外国人数为 177 人，与 2017 年相比激增了 883.3%。

二　接收留学生情况和就业情况

以考取介护福祉士资格证为目标的外国留学生人数也呈现逐年上升的趋势。然而，在国家考试合格率方面，2019 年度 3 月毕业的全体学生的合格率为 87.1%，而外国留学生的合格率仅为 35.9%。理解日本国考的相关内容，除了需要专业知识外，还要求较高的日语能力，因此，留学生的培养学校就显得尤为重要。

笔者所在的学校是一所福祉类专科学校。介护福祉科为期两年，在籍留学生中，来自中国大陆的有 7 名、中国台湾 2 名、越南 1 名。毕业时，国家考试合格的留学生人数分别为 2018 年度 1 名，2019 年度 4 名，合格率为 100%（其中中国大陆 4 名、中国台湾 1 名）。此外，这两年该科的就业内定率也保持 100%，所有毕业生的就业单位均为高龄者福祉领域。

2019 年度，我们新设立了为期 1 年的国际介护福祉科课程，主要面向日

---

* ［日］豆田和也（豆田 和也）：麻生医疗福祉专门学校福冈分校介护福祉系社会工作者科教师。介护福祉士。本文译者：雷凤琴，四川外国语大学日语学院硕士研究生。

语能力达到JLPT N3水平的留学生，以帮助他们通过JLPT N2考试为目标，教授日本的生活方式、文化以及介护专业用语。完成1年课程后，留学生将有机会进入介护福祉科继续深造。第一年入学的学生分别是越南2名、缅甸2名、韩国1名、中国1名。

大多数留学生怀着养家糊口、学习日本技术等远大志向来到日本，因此他们的学习热情非常高，孜孜不倦的态度甚至超过了日本学生。此外，日本学生和留学生共同学习还能够产生协同效应。在课堂上和休息时间，留学生与日本学生交流，向日本学生请教课堂上不懂的内容，这种相互教学的方式取得了意想不到的良好效果。

三 介护教育的特点和教育课题

日语教育方面也是一个重要的挑战。一些学生在入学后的一年内未能取得N2资格证，其主要原因是入学时日语水平较低。此外，能够达到N2或N1水平的多为韩国、中国等汉字文化圈的学生，这也反映了非汉字文化圈的留学生在学习日语时面临的困难。

除了语言学习，生活方面的支持同样至关重要。一些中介公司可能会安排员工在没有签订正式劳动合同的情况下兼职，在学生入学之前，若发现有留学生的打工时间超过了"资格外活动"规定，我们会及时给予指导，并帮助他们找到不影响学业的兼职工作。

未来的课题之一是，是否会有更多外国留学生选择在日本就业或长期居留。为此，我们需要为留学生提供更多机会，帮助他们正确理解和掌握专业领域的知识。

另外，外国留学生在日本掌握专业技术时，必须具备一定的日语能力。如果学生未在日语学校充分学习便直接进入专门学校，往往会因无法跟上课程进度而产生挫败感。在专业课程中，学习日语的时间有限，因此，进入专门学校前的日语教育至关重要。

最后，从制度角度来看，由于"介护"在留资格开始实施的时间较短，留学生对相关政策和规定的理解还不够深入。因此，笔者认为，指导学生的教师在未来需要更加全面和深入地理解相关制度。

为了帮助留学生稳定地进行学习，我校采取了一系列积极措施。首先是加深留学生与日本学生之间的交流。通过组织体育祭、学园祭等课外活动，增加留学生和日本学生在合作中共同专注于某项任务的机会。在日常教学中，除了专业课程外，我们还安排了大量时间，帮助学生思考和理解不同文化的差异，强调接受和尊重多样性的重要性。我们还根据学生的需求增加了烹饪实习课程，让学生亲手制作各国料理。我们致力于建立日本人和留学生相互尊重、相互帮助的环境，营造舒适的班级氛围。

其次，在学习方面，我们始终坚持不因留学生的身份而刻意降低授课内容、课题或考试的难度。这是本校的教育方针，因为我们目标是培养出福祉行业的精英，并确保每位学生毕业时能够顺利通过介护福祉士国家考试（以下简称"国考"）。当然，我们也会关注每位学生的学习进度与熟练程度，在此过程中，我们会与日语专业的专任教师密切交流的同时为学生提供个性化指导。留学生通常会主动向同班的日本同学请教问题，这种互动也能促使日本学生加深对所学知识的掌握。

最终，2018年至2020年间的10名在籍留学生全部通过了国考。2021年度参加国考的留学生有9名，此后增加至16名，其中包括来自缅甸、越南、尼泊尔等非汉字文化圈的学生。虽然在指导方法上仍需进一步完善，但我们将在教育方针上继续保持现有方向。此外，通过学校的课堂学习和机构实习，以及在介护设施的兼职工作，我们向留学生传达了日本的福祉理念和介护的重要性。我们的目标并非单纯地将海外人才培养成劳动力，而是培养他们成为能够在介护行业一线与日本专职人员并肩作战的专业人才。

最后，在生活支援方面。许多留学生选择深夜在工厂打工，这是因为他们初到日本时日语能力较弱，为了支付学费和生活费，他们倾向于从事不需要语言交流但能提供较高时薪的工作。然而，这种生活方式导致作息时间紊乱，导致他们无法专注学业，同时，由于语言使用的机会减少，也限制了他们日语能力的提升，进一步恶化了他们的留学环境。

因此，本校在学生入学时，会安排他们到介护设施兼职工作。我们寻求与学校有合作关系的介护设施的支持，在不影响学生学业的前提下，帮助他们获取兼职机会。在介护设施工作，可以提高学生日语水平，加深学生对福祉的理解。在经济支持方面，我们指导学生灵活运用县内针对介护福祉士学习的资金贷款制度，同时提供保证人方面的协助，努力为留学生营造一个能够轻松专注学习的环境。

此外，班主任还承担了生活咨询和心理支持的职责。留学生离开家乡，独自在异国他乡求学，为减轻他们的心理负担，我们进一步完善支持机制，确保学生在课余时间也能随时获得必要的帮助。

四　关于今后介护教育与海外的合作

本校与中国四川省的多所学校建立了合作关系，每年都会在当地开展一次关于日本介护的授课活动，放映福祉题材的电影。通过任课教师的亲自授课，传达日本介护教育的魅力，吸引更多人赴日留学。

然而，受新冠疫情的影响，全球经济逐步下滑，外国人难以在其他行业就业，能够从事的职业种类也逐渐缩小。与之相对的是，介护行业依然对人才需求巨大。由于介护行业相对容易获得工作签证，留学生留在日本的可能性较高，因此，转行进入介护领域的外国留学生人数也在不断增加。在福祉培养学校中，受入学人数减少的影响，也出现了一些未经过日语能力评估的学生直接入学的情况。

然而，介护工作要求具备高水平的专业知识和技能，一些留学生可能会因为无法跟上学习进度而感到挫败，或者在没有掌握足够技术的情况下毕业，即便能够找到工作，也可能难以保持长期的稳定就业。

作为培养学校，我们不能只关注眼前的人才短缺问题，更应让专职人员充分发挥自己的优势，向留学生宣传介护的魅力和树立介护行业所需要的人才形象。

目前来看，日本在接收外国劳工方面的准备仍显不足。随着劳动力市场的变化，相关制度虽然在为了填补劳动缺口而进行快速调整，但接收方往往未能及时响应，这导致了不少新问题的出现。然而，新的在留资格政策对其他国家而言，提供了学习日本先进技术并将其带回本国的机会，有助于确保当地的就业机会；而从日本角度来看，这一政策则有助于弥补劳动力短缺，并推动日本技术的普及与传播。换句话说，这一制度对双方具有重要的互惠意义。为了确保双方能够持续合作并取得长远成效，我们今后将继续在实际教育过程中提供支持。

通过大学四年学习成为介护福祉士的意义

佐佐木 Sachiko*

　　介护福祉士是日本通过国家考试取得的国家资格。只要在实践现场积累一定时间的经验，无须在培训学校学习，也能获得介护福祉士资格。此外，还可以通过短期大学或专科学校的两年学习，获得参加介护福祉士考试的资格。那么，在大学学习四年，成为一名介护福祉士，有什么意义呢？

　　以笔者所在的身延山大学为例，这所大学位于日莲宗的总本山——身延山久远寺，拥有山梨县身延山幽静的山间环境。

　　大学的佛教学部下设福祉学专业，学生可以在该专业中获得社会福祉士、介护福祉士及保育士国家考试的资格。这一教育模式使福祉学专业的学生不仅能与学习佛教及佛教艺术的同学共同学习，还能由此深入理解福祉的哲学与精神内涵。

　　大学教育中的专业课程与教养课程均为必修课。除了课堂学习，学生还会通过小组讨论等互动方式学习伦理学、教育学、哲学、心理学、社会学、法学、死亡教育、外语等课程。这些学科内容为从事终身护理的介护福祉士奠定了坚实的学术与实践基础。

　　我们培养学生在面对现代社会的复杂问题时，也要时刻保持问题意识，站在解决问题的角度，从而提高正确应对问题和公平看待事物的能力以及判断力。

　　介护不仅仅是一门技术或实用技能，介护福祉士通过大学四年的专门教育，熟练掌握护理哲学。一些学生还以同时取得介护福祉士和社会福祉士两项国家资格为目标。这样的专业人才兼具护理与咨询支援能力，在老龄化社会中有望成长为介护行业的领导者。

---

①　［日］佐佐木 Sachiko（佐々木 さちこ）：身延山大学佛教科福祉学专业特聘副教授、护士。

短期大学专业的介护福利教育

绵贯惠子[*]

一 引 言

在日本,"介护"被定位为"维持生活的支援"。这一理念旨在通过为日常生活中需要帮助的老年人和残疾人提供必要支持,帮助他们恢复自身应有的活力。

自古以来,介护在家庭和社区中以合作与互助的形式展开,其中部分任务由专业看护人员承担。然而,随着社会以史无前例的速度迈入老龄化时代,单靠家庭和护理人员难以满足老年人的护理需求。因此,日本设立了介护福祉士这一国家资格,并于1988年启动相关培养教育,至今已有三十多年的历史。

介护福祉士的培养课程涵盖多个领域,这次特别介绍的是本校为期一年的培养课程,该课程面向已获得保育士资格的学员,并设有以培养综合能力为目标的科目。

---

[*] [日]绵贯惠子(綿貫 惠子):鹤见大学短期大学部讲师,护士。本文译者:雷凤琴,四川外国语大学日语学院硕士研究生。

二 现行的介护福祉士培训课程的科目和课时数

标准课程和保育士培训设施等 1 年毕业的课程课时比较表

教育内容		标准课程 课时	保育士 1 年毕业的课程 课时
人类与社会		240	15
	人类的尊严与自立	30 以上	
	人际关系与交流	60 以上	
	社会理解	60 以上	15
	人类与社会相关选修科目	—	
介护		1260	
	介护的基本	180	180
	交流技术	60	60
	生活支援技术	300	300
	介护过程	150	150
	介护综合演习	120	60
	介护实习	450	210
心理与身体的结构		300	
	理解发育与老化	60	30
	理解痴呆症	60	60
	理解残疾	60	30
	心理与身体的结构	120	60
医疗护理		50	50
总合计		1850	1205

资料来源：厚生劳动省『关于护理师培养课程教育内容等的审查』，课程对照表部分摘录。

三　介护综合训练的科目定位和目标

从表1可以看出，介护福祉士的培养课程分为三个主要领域："人类与社会""介护""心理与身体的结构"。其中，教育体系以"介护"领域为核心，同时将"人类与社会"与"心理与身体的结构"两个领域融入其中，形成了相辅相成的教育模式。

"介护综合训练"作为"介护"领域中的一门重要课程，被定位为介护实习的补充科目。"介护"领域的培养目标主要包括以下几点：

1. 理解介护福祉士的职责与功能，树立作为专业人员应具备的态度与责任感。

2. 掌握适用于不同介护对象和情境的基础知识与技术，以应对多样化的介护需求。

3. 学习交流的基础知识与技能，能够与介护对象及其家人建立信任关系，并实践团队关怀。

4. 调动学习者的能力，培养其支持被介护者在社区中持续以本人为主体生活的实践能力。

5. 学习介护实践中有关安全管理的基础知识和技术，确保介护活动的安全性和有效性。

6. 整合各领域学习到的知识与技能，培养在介护实践中所需的观察力、判断力和思考力。

"介护综合训练"的核心目的是整合介护实践所需的知识与技术，帮助学生建立对介护的深刻认知与价值观，同时培养作为专业人员应具备的态度。介护综合训练通过综合各领域的知识与技能，引导学生探究介护实践的科学性。在深化介护实习的同时，帮助学生形成专业人员的思维方式与态度，并培养自我教育能力。学生在参与课程的过程中，通过加深对实习前所访问的设施和事务所的理解，将所学知识与技能与实际介护实践相结合。在实习后的回顾环节中，学生进一步整合和深化所学知识与技术，同时明确个人在介护领域中的课题。教育的最终目标是培养具有专业态度的介护福祉士，使学生理解高质量介护实践的核心要素，并掌握与自我价值相结合的实践研究意义及方法。

四　介护实习的目标

介护实习Ⅰ的目标是帮助学生理解个体的生活节奏与个性，在多样化的生活场景中掌握个别护理的核心理念。学生通过与使用者及其家人进行交流实践，确认介护技术，通过与多工种团队及相关机构协作，深入理解介护福祉士作为团队一员的角色与作用。介护实习Ⅱ则进一步聚焦于个别护理的实践能力培养。学生需要理解每个人的生活节奏与个性，明确其生活中的问题，基于此制订个性化的介护计划，其后对实施效果进行评价，并根据评价结果修订计划，完成整个介护流程。通过这一系列过程，学生综合运用其他课程中所学的知识与技能，全面提升提供具体介护服务的实践能力。

介护实习Ⅰ：共计35小时，包括设施实习（35小时）和可选的居家实习（14小时）。

介护实习Ⅱ：共计175小时，包括设施实习Ⅱ（70小时）和设施实习Ⅲ（105小时）。设施实习Ⅰ主要在介护老人保健设施和日间护理机构中进行，设施实习Ⅱ则集中于介护老人福利设施和日间服务机构的实践。

五　介护综合训练的目标和内容

课程的目标主要有以下几点：

1. 理解介护实习的目的和方法，确保实习顺利开展，同时充实学习内容。
2. 掌握实习目标的制定方法和实习导向的核心内容，作为实习前的准备。
3. 实习后，通过学生间的分享与交流，深化各自的介护观。
4. 实习后，总结介护过程的开展情况，进行案例发表与总结，结合研究理论开展学习。

大致的授课内容如下：

第1次课：介绍科目的总体目标、学习内容、评价方法及授课日程。通过回顾保育士培养课程中学过的相关知识，帮助学生确认报告的书写要求和规范。

第2次课：学习研究理论，包括个人信息保护与知情同意的概念。

第3次课：介护实习第一期新人教育。讲解设施实习（Ⅰ）的目标、实习期与地点安排、实习方法、发表会主题及实习后的指导流程等。

第4次课：回顾作为实习设施的介护老人保健设施与日间护理的法律依据，了解其提供的服务内容、使用者特征、具体的护理方法、与其他职业的协作情况，以及在其他课程中学习到的相关知识。完成上述内容的调查并提交报告。对提交的资料进行确认和反馈，同时指导学生设定个人实习目标，并进一步调查和记录实习设施的概况。

第5次课：实习总结Ⅰ。回顾自身的实习体验与记录，梳理实习中的感悟与学习内容，为最终发表做好充分准备。

第6次课：实习总结Ⅱ。对在日间护理实习中的所学进行总结并准备发表。

第7次课：学生依次发表第5次课中准备的内容，通过分享与讨论深化对实习的理解，同时从他人的经验中获得启发。教师结合学生的实习目标引导学生思考实习的意义。

第8次课：为即将开展的介护实习Ⅱ，专题讲授介护记录的意义及书写方法。

第9次课：借助视听资料，深入了解访问介护机构、洗浴服务机构和日间服务机构的运作特点，确认学生是否有意愿在相关机构开展实习。

第10次课：为开展介护实习Ⅱ，进行介护记录的意义与书写方法的专题授课。

第11次至第28次课因篇幅限制省略详细内容。

第29次与第30次课：围绕"对使用者而言，理想的生活支援是什么"这一主题总结实习成果，撰写报告。其次，重新审视并整理个人的介护过程记录，再次整理修改。尽管学生在实习中积累了丰富的信息和实践经验，但往往未能系统整理这些信息，也可能未清晰设定护理目标，导致护理实施缺乏方向性。因此需要在实习后对学生进行指导，通过同学间的意见交换，帮助学生重新梳理护理过程。

六　结　语

本校依据介护福祉士培养课程与新课程教育方法的指导方针，开展介护综合训练授课，旨在实现"整合介护实践所需的知识与技术，形成全面的介护观，同时培养作为专业人员应具备的态度"这一目标。由于学生已完成为期两年的保育士培训课程，具备较强的发散思维能力，他们能够将介护的知识与技术融入实践，并在此基础上进行整合与深化。

然而，由于一年内需完成1205小时的学习任务，课程安排相当紧凑。一旦教学进度未能如期进行，该课程可能需要额外补充内容。为此，本校将努力在关注授课进度的同时，确保实习内容的合理性与实效性，并在不断审视与优化介护综合训练的过程中，确保课程顺利开展。

高中福祉教育的现状与课题

铃木恭太*

日本于 1999 年在高中开设了"福祉"科目。次年，政府实施了在职教师讲习会和资格认定考试，首批"福祉"学科教师随之诞生。同时，大学也开始着手培养高中福祉科教师。

2007 年，随着法律的修订，介护福祉士培养课程进行了重新评估。福祉专业科目的授课时数被调整至与专门学校相同，达到 1820 小时（52 个学分）。2015 年，为了提升专业性，新增了"医疗护理"（如咳痰吸引等）和"生活支援技术"两门课程，共计 2 个学分。然而，要在高中 3 年的课程中完成这些要求，普通科目的学分不得不被压缩到最低限度。这种安排虽然可能对学生的基础学习能力造成一定影响。

顺便一提，笔者所在职的高中福祉教育系（介护福祉士培养课程）的课程：学生在三年的学习中需要完成 60 天的设施实习及 7 节课程，消化这些课程对学生来说很辛苦，但他们也因此收获颇丰。以下是笔者在该校学习时的一些感受。

中学时，笔者便立志成为一名介护福祉士，因此选择报考了这所高中。高中期间，笔者学到了许多宝贵的知识和技能，包括介护的基础知识、与入住者沟通的方法、清洁与不清洁的区别、疾病的基本知识等。这些学习让笔者逐渐开始思考自己应该成为怎样的人。设施实习为我们提供了贴近实际的学习机会，为未来的职业发展奠定了坚实的基础。在实习中，笔者发现介护

---

* ［日］铃木恭太（鈴木 恭太）：千叶县立松户向阳高中福祉教育系教谕。介护福祉士。本文译者：田金吉，西南交通大学公共管理学院硕士研究生。

工作是一个日新月异的领域，每天都会遇到新的挑战和收获。这种不断学习的过程让笔者感到充实且富有意义。

	1	2	3	4	5	6	7	8	9	10	11	12	13	14	15	16	17	18	19	20	21	22	23	24	25	26	27	28	29	30
第一学年 2020年	国语综合		现代社会		数学I		科学与人类生活			体育		音乐I、美术II、书道III			交流英语I			社会福祉基础		介护福祉基础		生活支援技术			介护综合演习		介护实习		身心理解			福祉信息	
第二学年 2021年	国语综合		地理A		体育		交流英语II			家庭基础		社会福祉基础			介护福祉基础			交流技术		生活支援技术			介护过程		介护综合演习			介护实习			身心理解		
第三学年 2022年	现代文B		世界史A		生物基础		体育		交流英语II			社会福祉基础			介护福祉基础			生活支援技术			介护过程			介护综合演习			介护实习				身心理解		

作者所在职高中福祉教养科（介护福祉士培养课程）的课程图

高中的福祉教育不仅旨在培养介护福祉士，在许多设有福祉课程或福祉系列的学校中，学生能取得介护职员初任者研修资格。这些学校的许多学生需要学习"社会福祉基础"这一课程。

在笔者工作的学校中，普通学科一年级的6个班级全体学生每周都上两小时（2学分）的"社会福祉基础"课。虽然这门课无法直接授予职业资格，但可以作为一门通识课程。课程内容从"什么是福祉？"这一基本问题入手，延伸到儿童虐待等社会问题，以及身体、智力、发育、精神等多方面障碍的讨论。通过学习残疾人在面对歧视与偏见时的生活经历，深入学习思考生活的本质，加深对"正常化"的理解。

　　介护福祉士培养课程则以通过介护福祉士国家考试为目标，专注于学习介护相关的专业知识与技术。而普通科的学生通过"社会福祉基础"课程，将福祉作为一种通识教育进行学习，这种学习对于构建全球化社会具有重要意义。因此，福祉科的教师不仅需要研究介护领域的专业教材，还需具备更广阔的视野和深刻的洞察力。

　　2000年，笔者在参加现职教师等讲习会时，召集了一群志同道合的志愿者，成立了一个名为"社会福祉教育网络"的学习会，并一直持续至今。我们每年举行数次研讨会，邀请大学教授演讲，倾听家庭裁判所调查官、认证儿童园园长以及精神障碍者当事人团体（NPO法人）的经验分享，同时还在精神保健福利中心组织研修等，开展了形式多样的学习活动。在成立十周年之际，文部科学省一位课题调查员也参与了会议，会议持续了很久。最近，笔者还访问了埼玉县的"儿童食堂"和"LITALICO"。"LITALICO"是一家专门为发育障碍儿童和学生提供学习指导及就业支持的民间企业。这次访问让笔者进一步加深了对支援贫困母子、发育障碍儿童及发育障碍者的理解。

　　通过学习"福祉"，笔者深刻感受到，它拥有为社会变革作出贡献的巨大潜力。

人际支援职业

国弘望*

一 支援他人工作的妙趣和不安

一位正在照顾父母的福利专业前辈曾对笔者说:"一个不懂得珍惜自己的人,也不会珍惜自己的父母。我无法放心地将我的父母交给这样的人。""连自己都不了解的人,怎么可能了解我和我的家人呢?"

笔者在社会福利领域已经从事了约20年的咨询与支援工作,其中有10年担任护理经理。在笔者看来,与老年人相关工作的最大魅力在于能够与他人的人生产生深刻联系。多年来,笔者见证了许多人全身心投入生活的姿态,深刻感受到这份工作的意义——"通过参与与死亡相关的事务,让人更加强烈地意识到生命的珍贵"。这是其他职业所难以带来的独特体验,让笔者觉得这是一份值得付出的职业。

然而,像现在这样清晰表达自己的想法,却是笔者近三年来才逐渐学会的。在此之前,笔者对自己的支援工作缺乏信心,总是怀疑"这样做对吗?""是不是还有更好的方法?"这种思虑过度导致了许多失败,甚至对他人造成了伤害。笔者曾因为目标不明而彷徨,甚至萌生过辞职的念头。

---

* [日]国弘望(國弘 望):社会福祉士、介护福祉士、认证心理学家和首席介护支援专家。本文译者:吕兆新,西南交通大学外国语学院日语系讲师。

二　重新审视支援他人的工作方法：自我理解、自我接纳

如果我们能够进一步拓展支援方法的使用途径，笔者相信我们将能够更加贴近支援对象及其家人，建立起双方都满意的关系。为此，笔者努力提升自己的咨询技能。在开始学习后，笔者彻底改变了之前对沟通的看法，意识到必须从咨询支援的角度重新审视自己的咨询能力。

在咨询过程中，笔者常常说："请更加信任我们。""如果感到痛苦，请随时告诉我。无论什么事情，都请与我联系。"尽管如此，但笔者也不愿意让别人看到自己的弱点，也在意别人如何看待我。与他人比较时，笔者会感到失落、嫉妒和偏见，但又希望展现出自己最好的一面，想要得到他人重视。

"明明不信任自己，不珍惜自己，不能陪伴和理解自己"，却"仍然渴望理解对方，渴望相信对方，渴望珍惜对方。不，比起这些，我更希望对方能够理解我，信任我，重视我"。这是笔者内心最真实的想法。

"首先，理解自己、信任自己、接纳自己至关重要。只有做到这一点，才能自然地接纳他人、信任他人、珍惜他人。"在意识到这一点后，笔者开始改变自己对待自己的方式，同时也在无形中改变了自己对待他人的方式。

三　支援他人工作中重要的事情

如果我们能够真正触及自我理解、自我接纳、自我信赖的核心，笔者相信我们可以避免许多优秀的人际支援工作者在工作中出现职业倦怠，甚至中途放弃梦想而辞职。更进一步地说，如果更多人能够自豪地认为这份职业具有价值，那么未来想从事这项工作的孩子和年轻人就会越来越多。

许多人从小就在家庭、社区和学校中获得了很多学习的机会，接受过温

柔、亲切和相互理解的教育，却往往没有学习过最重要的自我理解、自我接纳和自我信赖的方式就进入社会，开始了成人的生活。

在医生、护士、康复训练师、护理师、社会福祉士等所有人际支援职业的教科书中，虽然都提到了自我探索、自我表露和了解自己的重要性，却缺少进行这些探索的具体方法。我们学到了沟通技巧，却没有学习如何接纳自己和他人的差异，也没有学会理解多样性的重要性。

笔者想传达的是一种真正的交流方式，这是一种可以立即应用于实际工作中的支援他人的技能。只有这样，未来有志于从事这份职业的孩子们才能带着梦想，走进支援的现场，创造出充满希望的未来。

笔者深信："支援他人的职业越是充满光彩，被支援者也会更有活力。"如今，笔者正全身心投入于"支援他人"的工作中。

幸福追求权、基于 ICF 护理观的重新认识和福祉器具创新

大桥谦策[*]

一 人的尊严：建立以幸福追求权为基础的"护理"观

日本于 2000 年确认了公司和 NPO 法人作为介护保险服务的提供者。随着越来越多的介护保险服务商进入市场，服务的经营方式、思维方式以及护理理念都发生了显著变化。

护理工作本质上是人类进化过程中形成的功能。这类活动通常发生在人际关系自发集中的家庭、亲戚或邻里等亲密领域中。当这些亲密领域的关怀和互助功能因某种原因减弱时，社会便需要介入以弥补其空缺。当个人面临生活贫困或无法独立处理日常生活时，家庭等亲密领域可能无法提供必要的支持，这时"社会性关怀"的社会福利活动应运而生。

历史上，这种社会福利活动曾由宗教团体或富裕阶层通过慈善行为提供。在一个承认国民参政权、建立国家保护国民生活体制的现代国家中，"社会性关怀"的理念和哲学再次受到质疑。

促进"社会性关怀"的因素有多方面：一是护理需求量大，在社会融合的背景下，护理工作成为必要的社会支援。二是确保劳动力是社会发展的基础，这也与"社会性关怀"密切相关，推动着其不断发展。三是居民从自身生命防御的角度，将"社会性关怀"作为一种生活协作的形式，不断推动其发展。四是基于新的社会思想和哲学的进步，推动"社会性关怀"的发展。

---

① ［日］大桥谦策（大橋 謙策）：公益财团法人技术援助协会会长，日本社会事业大学名誉教授，日本社区福祉研究所所长。本文译者：雷凤琴，四川外国语大学日语学院硕士研究生。

虽然这些因素之间相互关联，但实际上"社会性关怀"的实现往往受制于当时的政治动态。其中，促进"社会性关怀"最为关键的因素是如何确保劳动力和提高生产力。

英国的《新济贫法》作为社会福利制度的雏形，在"劣等待遇原则"的基础上，要求接受济贫制度的人必须获得不超过维持最低生计所需的劳动力待遇。这一制度的核心思想是抑制济贫依赖，并确保廉价劳动力的供应。

日本内务省的井上友一学习了发达国家的济贫制度，特别是在1909年（明治42年）出版的《济贫制度要点》中，他推广了英国《新济贫法》的相关思想。井上友一在"济贫不如防贫、防贫不如教化、教化不如风化"的思维框架下，在全国各地组织了中央报德会，传播了二宫尊德的教义，推动了风纪善导的实践。他提倡勤俭节约、邻里互助、至诚至善的理念。这种思想受到了"社会性关怀"的影响，可以说它是"非国民""人间失格"的文化原型。

此外，大河内一男于1938年完成了论文《关于日本社会事业的现状以及将来》，提出了将如何充分确保劳动力作为社会政策的课题，并指出社会事业应处于"补充"和"代替"的地位。

日本在第二次世界大战后制定的《日本宪法》第25条，将国民的"最低限度的健康文明的生活保障"确立为国民的基本权利。

然而，未来的社会福利观和"护理"观，不仅仅是保障历史上获得的社会权利生存权——"最低限度的生活保障"，它们还具有更积极的意义。具体而言，社会福利和护理应转变为以《日本宪法》第13条所保障的幸福追求权为基础，进而追求自我实现的目标。

二 "单元式护理"的构思：哲学和评估的重要性

在构想基于《日本宪法》第13条的以自我实现为目的的个别护理时，可参考单元式特色老人疗养院的模式。

2003年以后，单元式特色老人疗养院转变为多床型特色老人疗养院。然而，以自我实现为目标的个别护理并没有得到彻底落实。尽管如此，日本单元式护理中心提倡的"单元式护理"理念仍然致力于追求彻底的个别护理，具体做法如下：

1."单元式护理"并不仅仅是提供单间的护理服务。

2."单元式护理"以确认和尊重服务对象的意愿为前提，力求彻底实现"个别护理"。

3.为了让从家里搬来的入住者在入住设施后能够继续保持自己的生活节奏和行为方式，个人的日常生活节奏和行为方式需要在24小时的时间表中得到展现，并由相关人员进行共享评估。因此，饮食时间、排泄护理、入浴时间等都应根据受护理者的个人习惯来进行个别护理，而不是根据护理人员的安排来进行基于"时间表"的护理。

4."单元式护理"确保每个单元提供私人房间，因此生活空间，包括家具布置要尽可能尊重并体现使用者的品位、喜好以及过往的生活方式。这是"单元式护理"的基本原则。

5."单元式护理"认为护理的本质在于"构筑良好的人际关系"，因此，拒绝"流水作业式护理"。为了维持用户与工作人员之间的良好关系，每个单元都会配置固定的工作人员，从而保持轻松、舒适和和谐的互动。

6.在"单元式护理"中，每个单元的费用由用户和工作人员共同决定，可以通过工作人员的规划能力和积极性实现更具特色的室内装饰和服务。

7."单元式护理"重视公共生活空间，原则是鼓励用户与多个家庭和志愿者之间的交流。

8."单元式护理"非常重视用户个人的饮食口味和偏好，尽可能提供符合用户需求的饮食服务。小吃也尽量手工制作，以体现季节感。

9."单元式护理"提供的生活形式与个人家中私人房间的生活相似。如果本人和家人希望进行"临终关怀"，可以在自己的房间里进行，同时也可以提供死后的护理服务。

10.除了与家人保持联系外，"单元式护理"还非常重视与当地居民和支援者的互动与交流，使居住者能够像当地人一样生活。

针对这种类型的个别护理，新的评估视角和框架变得尤为重要。重点不再是基于"医学模型"的"最低限度生活保障"，而是转向一种"社会生活模型"，即激发并帮助需要福利服务的人体验生活的快乐，拥有意志和希望。即便在入住型机构服务中，也应在细化服务内容和结构化服务的框架下，更加自觉地关注精神和文化服务，或是在空间环境中的支援理念和定位。

此外，很多人认为独立生活支援与机构福利服务是对立的。在考虑独立生活支援时，评估的视角和项目与户内机构生活及机构中的评估要求是完全不同的。每个人的情况、每位服务使用者的生活文化、行为方式和愿望各异，因此基于这些差异进行评估非常重要。个人评估比户内设施评估更为重要，并且必须得到更多重视。除了日常生活能力评估外，购物能力、烹饪能力、生活管理能力、垃圾处理能力等工具性日常生活活动能力也同样重要。同时，与附近邻居或朋友的交流频率，或是社会活动的参与状况等也应纳入评估项目。

考虑到这一点，"单元式护理"的方式必须注重"将使用者入住前的居家生活与入住后的生活紧密衔接和统一"。在地区独立生活支援方面，日本的社会福利长期以来主要聚焦于经济独立支援，或为残疾人提供身体独立支援，支持个人参与社会经济活动以实现经济独立，但这些远不足以应对独立生活的需求。目前，所需的独立生活支援应基于人类尊严的六个独立条件：①劳动／经济独立，②精神／文化独立，③人际关系／社会关系独立，④身体和健康独立，⑤生活技能／家政管理独立，⑥政治／合同独立。以这六个条件为基础的支援尤为关键，同时也需要评估这6个独立条件会因什么有所欠缺、有所不足或者停滞不前。

在未来的评估中，基于ICF（国际功能、残疾和健康分类）的视角，利用福利设备改善生活是一个关键点。充分利用护理机器人和福利设备将有效预防护理人员的腰痛，并节省护理人员的劳动力。我们期待服务使用者的生活动力和使用设备的主体性可以加快服务使用者的康复，提升其生活质量（QOL）。

在这一过程中，关键点是如何理解并把握使用者本人的意愿。

三 ICF（WHO〈国际功能、残疾和健康分类〉2001 年）的思维方式

世界卫生组织（WHO）于 1980 年制定的《国际残疾分类》（ICIDH），对传统社会福利中"独立"生活支援的思维方式产生了深远影响。其核心思想是关注身体机能障碍，认为如果身体机能存在缺陷，就会导致个人功能障碍，进而对社会生活产生不利影响。人们普遍认为这三种机能之间存在密切关联。身体机能障碍的医学诊断有一定前提，过去康复咨询处通过医学角度判断身体机能障碍和残疾等级，但这些医学角度的诊断往往偏重身体机能欠缺的消极面。

2001 年，ICIDH 被修订为 ICF（国际功能、残疾和健康分类）。ICF 指出，生活环境也是导致个人功能障碍和社会生活受限的重要因素。ICF 强调环境因素的作用，认为通过改善生活环境，可以有效改善这些功能障碍和社会生活中的不足。

从 ICF 的视角回顾独立生活的所有政策、护理和支援方式，可以看到，随着信息技术（IT）和福利设备的显著发展，护理的思维方式也发生了彻底变化。可以说我们正处在一个"介护革命"的时代。然而，即使生活环境得到了改善，关键还是在于居民自身。如果居民缺乏改善生活的意愿和决心，生活也难以真正得到改善。ICF 没有将个人的意愿、决心和希望——个人因素纳入考虑，也没有反映个人生活史和生活经历对这些因素的影响。

此外，ICF 未能充分考虑居民立场。居民的立场可能会影响他们在生活中遇到的机能障碍或生活课题。也就是说，关于居民在生活中"能够做的事情"与他们在立场上"不得不做的事情"以及"有意愿做的事情"之间的差异尚未得到充分厘清。在支持社区独立生活方面，问题通常出现在居民在立场上或生活环境中"不得不做"却无法完成的事情。因此，在支持社区独立

生活时，我们必须考虑到在身体行动能力层面无法处理的课题，并根据这些需求提供相应的服务或福利设备，以改善生活环境。

四 独立生活支援的思维方式和运用基于 ICF 的福利设备

在社会福利领域，人们普遍认为人力服务是一种人性化服务。然而，这也导致了服务人员面临腰痛等健康问题。许多人将介护场所称为"3K 职场"（辛苦、肮脏、危险）以表达看护现场的艰难状况，形容这一劳动场所的紧张环境。

另一方面，在社会福利领域改善人们的生活环境、提高生活质量（QOL）和促进自我实现的理念源自社会生活模式。然而，在身体机能的诊断及其应对策略方面，社会生活模式的视角和观念仍较为薄弱。

1990 年，日本修订了社会福利相关法律，特别是战后社会福利行政理念的体现——《社会福利事业法》在 2000 年被更名并修订为《社会福利法》。此举标志着社会福利的基本理念开始向维护个人尊严转变，并以促进社区独立生活支援的"哥白尼式转变"为目标，"独立"的概念发生了极大的改变。这种独立支援和福利设备之间的关系可以从以下几个方面来思考。

第一，劳动独立与经济独立。获得人类生存所需的劳动机会并不等同于经济独立。通过劳动与社会的联系、通过劳动获得创造的乐趣，这是人类成长的重要条件。如果劳动的成果能为家庭生活提供经济保障，那无疑是最理想的，但关键在于，劳动机会和经济独立之间不能简单画等号。利用福利设备能够显著增加劳动机会。未来，重要的不仅是在现有产业结构中工作，而是通过福利设备开辟出新的劳动机会。

第二，精神和文化独立。作为一个人，基于自身的舒适感与不适感表达感受，这种文化独立非常重要。生活在美丽的空间、舒适的环境中，通过多种方式表达自己的感受，这是人的基本权利，也是人类独有的活动。精神和文化的独立不仅是自我表达的体现,还涉及生活环境的改善,例如享受让自己感到"舒适"的气味。从这个角度看,对于有沟通困难的人来说,帮助传达个人意图的通信设备在福利设备中扮演着重要角色,能够为他们提供更好的生活质量。

第三,身体和健康独立。这涉及保持生活节奏、增加生活活力、提高生活欲望、确保身体能够正常感知和表达情感和健康独立的问题。维持24小时的生活节奏、构筑社会关系和人际互动。社交性生活也是身体和健康独立的最基本条件。未来,像提醒用户服药时间的设备等,将变得非常重要。而脊椎损伤患者使用的膳食介护机器人就是一款能够尊重使用者的饮食节奏,提高就餐舒适感的福利设备。

第四,生活技能和家政管理独立。在制定老年痴呆症患者、认知障碍者和精神障碍者的社区独立支援方案时,我们需要在垃圾分类、均衡饮食、家庭账簿记账等方面加强支持。未来,财产管理和继承问题也将成为重要议题,成人监护制度和日常独立生活支援服务也将日益成为关注重点。此外,单身老年人和单身残疾人的看护、入院和出院的支援等终身服务也亟须完善。

第五,社会关系和人际关系独立。日本的水稻种植曾是产业结构的基础,并自然形成了依赖于水稻种植的"本土性和共同性",带来了地区互助功能。因此,过去的社会关系和人际关系是非常丰富的。然而,随着城市化、工业化和核家族化的发展,社会关系和人际关系逐渐变得脆弱。在这种背景下,除了积极利用新技术如电脑和IT设备来促进交流,我们还需要开发面向那些社会关系较为单调的人群的福利设备,以帮助他们保持心理平衡,获得情感支持。

第六个独立条件与四五两项条件密切相关,强调一个人应具备自主表达意见、签订合同的能力。在日本,"无须言明"的文化根深蒂固,但在当今国际化的背景下,这种文化逐渐转变为主动表达个人意见、相互理解和形成契约关系的文化。在这种文化背景下,通信设备、社交工具等技术工具显得尤为重要。

综上所述，社会福利中的"独立"生活及其支援方式（护理理念）相比传统的劳动经济学理念发生了显著变化，支援身体独立的方式和思维方式也有了转变。

过去，社会福利侧重于向残疾人提供辅助工具和假肢等器具，而如今，这一理念已转向积极支持独立生活的角度，开发福利设备和护理器械。因此，有必要重新评估服务提供的方式。

五　独立生活支持理念与社会工作实践

在提供独立生活支援时，确立并实施基于"请求、需求和协议"的支援政策至关重要。专家往往认为自己是"专家"，掌握一切知识，因此所有的决定都可以交由他们来做。

然而，在独立生活支援中，虽然在环境因素改善和身体残疾诊断方面非常需要专家的专业视角和能力，但最为关键的仍然是服务对象的期待、动力和生活意义，这些因素需要得到足够的重视。

在自然科学领域，尤其是在医疗领域，已广泛强调基于证据（事实）的理念和行动。在社会福利领域，专业评估（诊断）中的证据在环境因素和身体机能方面同样重要。但从某种意义上说，更为重要的是帮助需要福利服务的人重新规划人生，编织新的生活故事，创造新的意义和目标。

然而，需要福利服务的人往往因为身体机能问题无法有效表达自己的意见，可能心理上犹豫不决，或是认知能力受限，难以全面感知自己的生活状态。因此，需要在充分了解这些环境因素后，将服务对象的"需求"与专家判断的"必要性"相结合，基于知情同意的原则来制定独立支援方案。在实施独立生活支援时，最重要的还是确定服务对象的主体地位。相关活动中，必须最大限度地尊重他们的自主决定和参与意愿。

因此，在制定独立生活支援方针时，关键是从需要福利服务对象在社会生活中的困难、生活的挑战以及如何通过服务改善他们的生活这几个角度来对他们的社会生活进行诊断（评估）。尤其是在提供社区独立生活支援时，必须以前述的六个独立条件为基础，评估居住环境、生活环境、家庭状况以及邻里关系等关键环境因素。

在为需要福利服务的人提供独立支援时，适当利用多种福利设备和福祉辅具可以显著提高他们的独立性。从2013年起，通过介护保险制度使用福祉辅具时，必须制订"福祉辅具服务利用计划"，这一举措具有重要意义。为什么福祉辅具如此必要呢？因为通过制订"福祉辅具服务利用计划"，我们能够预测使用福祉辅具后，独立生活将如何得到改善。

此外，无论是在家庭护理还是在提供设施福利服务的场合，使用福祉辅具不仅可以减轻身体负担，还能在精神上缓解介护人员的压力。一项内阁府的调查显示，公众对于使用介护机器人的抵触情绪已显著减弱，越来越多人认为应当大力推广和使用介护机器人。

六　独立生活支援中福祉辅具的定位和日后的课题

在独立生活支援中，改变生活环境的福祉辅具和福利设备的使用将变得越来越重要。然而，在介护保险制度的框架内，使用福祉辅具在残疾人福利措施方面依然面临诸多挑战。

独立生活支援源于介护保险制度，而独立生活支援的专家在制度上通常具备"管理人员"的资格，但实际上，他们对福祉辅具的了解有限，相关知识也不足。因此，在进行独立生活支援的评估和制订支援计划时，专家们对福祉辅具的观念和使用意识往往不够充分。

为了提高福祉辅具专业顾问的社会认知度和个人资质，日本成立了福祉辅具专业顾问协会，致力于提升其成员的资质，并建立了职业研究体系，开展相关活动。此外，公益财团法人技术支援协会设立了"福祉辅具规划师"资格，并开展相关培训。

另一方面，虽然养老院作为介护保险设施提供护理服务，但往往未能充分利用福祉辅具。通过介护保险制度利用居家服务时，可以根据个人的需求，凭借护理支援专家等专业人员的建议使用福祉辅具。然而，在养老院中，服务通常是打包提供的，使用者为此支付综合使用费，因此缺乏根据个人具体情况定制的福祉辅具使用机制。在这种模式下，福祉辅具通常作为设施提供的标准服务的一部分，养老院将高度通用的福祉辅具作为备用设施进行配置。由于经营和个别服务需求的复杂性，设施往往倾向于避免提供超出打包服务和备用设备范围的个性化服务。例如，作为一种移动工具，轮椅的通用性很高，许多人通常使用标准型号的轮椅，因此很少有设施会根据使用者的个体需求适当调整轮椅的座位。

在社会福利设施中，福祉辅具不仅仅用于提高使用者的独立生活能力，还在一定程度上用于帮助服务工作人员预防腰痛等健康问题。首先，在福祉辅具的开发阶段，就必须充分考虑使用者的具体情况和使用过程中可能遇到的问题。此外，在实际的生活和护理现场，福祉辅具和设备的实际应用问题也应进行临床评估。公益财团法人技术支援协会正在进行关于福利设备使用安全性和事故应对的临床评估项目，这一项目仍需要不断扩大和完善。

在日本，关于福祉辅具的咨询、安装、简单安装和展示等综合服务功能尚未得到充分发展。1992年，各都道府县设立了"介护实践普及中心"作为国库补助项目，目标包括启蒙与普及福祉辅具的使用，但实际工作一直停留在福祉辅具和福利设备的展示阶段。随着"介护实践普及中心"逐步转为普通财源支持，设立这些中心的都道府县逐渐减少。因此，有必要将"介护实践普及中心"转型为"福祉辅具咨询使用中心"（暂定名）或"介护技术与福祉辅具咨询使用中心"（暂定名），以提高介护设备、介护机器人等新型介护技术的普及率，或是改建成一个集福祉辅具和设备咨询、使用功能为一体的中心。笔者认为，应该为每个固定规模的人群设置一个具备适配功能的"使用中心"。

七 使用福利设备的私人看护和《护理的科学化》

通过使用福利设备,特别是介护机器人等先进设备,使用者可能能够实现过去因为无法独立完成而放弃的任务,甚至可能激发出用全新方式生活的想法。

使用福利设备不仅能够①提高生活质量(QOL);②帮助完成过去无法完成的任务;③扩大生活领域,拓宽社会交流;还可以④预防介护从业者的腰痛,增加与使用者的交流时间,提高交流质量,进而在劳动安全与劳动卫生方面取得显著成效;⑤通过灵活运用福利设备,特别是 IT 设备,认真记录护理情况,推动护理从"经验法则"转向"科学化"。

例如,使用升降机可以辅助洗澡、上厕所,帮助将使用者转移到轮椅上,也可以灵活调整轮椅座位,转换为组合式轮椅。某些设备还能改善使用者的吞咽能力。在提高护理人员劳动安全和劳动卫生的同时,也能显著提升使用者的 QOL。通过护理机器人,能够更有效地处理排泄问题,也能为使用者呼叫护士提供帮助。如果这些设备被用于护理记录管理,它们将促进工作人员之间的信息共享,使护理方法更加明确,以适应服务使用者不断变化的需求。

综上所述,IT 技术、物联网、福利设备和护理机器人正在迅速发展,并将彻底改变需要福利服务的人的生活。在今天的时代,个人护理已经离不开各种护理工具的协助。

关于福祉辅具、介护机器人的开发和普及

五岛清国 *

一 前 言

福祉辅具和介护机器人能够帮助老年人和残疾人保持独立生活，并减轻介护人员的工作负担，对于维持和改善老年人的身心功能、促进活动以及增强社会参与具有非常重要的作用。

另一方面，为了安全且方便地使用福祉辅具，需要选择和使用与老年人本人状况相匹配的用具。必须根据老年人自身的身体、心理及精神状况，结合使用环境和是否有介护人员的陪伴来选择合适的设备。

由于少子化带来的影响，劳动力日益短缺。根据政府的预测，到2040年，日本的总就业人数将减少至5060万人，为了维持现有的医疗和介护服务质量，预计需要约1060万名医护人才，占总就业人数的约19%（图1）。

在此背景下，政府在发展战略中提出了推动机器人技术、信息通信技术（ICT）和人工智能（AI）等技术的开发与有效应用的倡议，并希望新兴技术能够在福祉辅具等领域得到广泛应用（图2、图3）。

2019年6月，内阁会议通过"成长推进战略"，明确了以下事项。

"未来投资战略2018"（正文节选）（2019年6月15日内阁会议决定）。

---

* ［日］五岛清国（五岛 清国）：公益协会 Technical 企划部主任。介护保险福祉辅具、房屋翻新评估委员会成员、新能源和工业技术综合开发组织技术委员会成员等。本文译者：雷凤琴，四川外国语大学日语学院硕士研究生。

促进ICT、机器人、AI等在医疗和介护现场的技术应用。

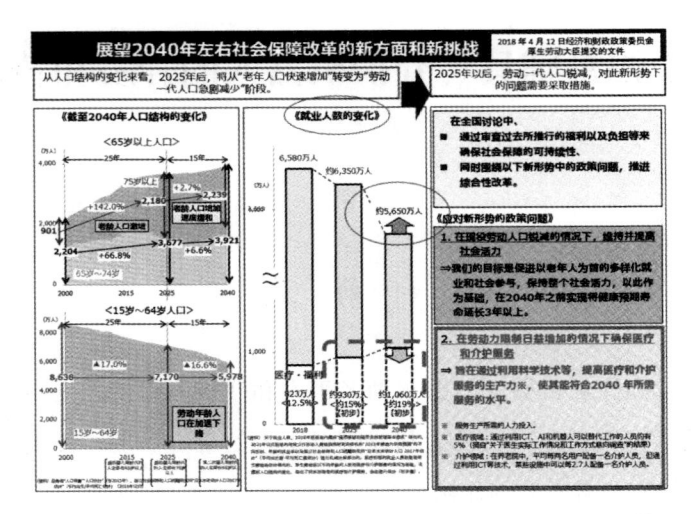

图1　展望2040年左右社会保障改革的新方面和新挑战

资料来源：公益财团法人TechnoAid协会主页，https://www.techno-aids.or.jp，2021年12月。

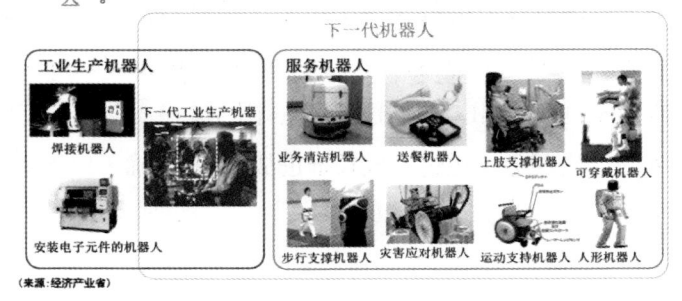

图2　什么是机器人

资料来源：公益财团法人TechnoAid协会主页，https://www.techno-aids.or.jp，2021年12月。

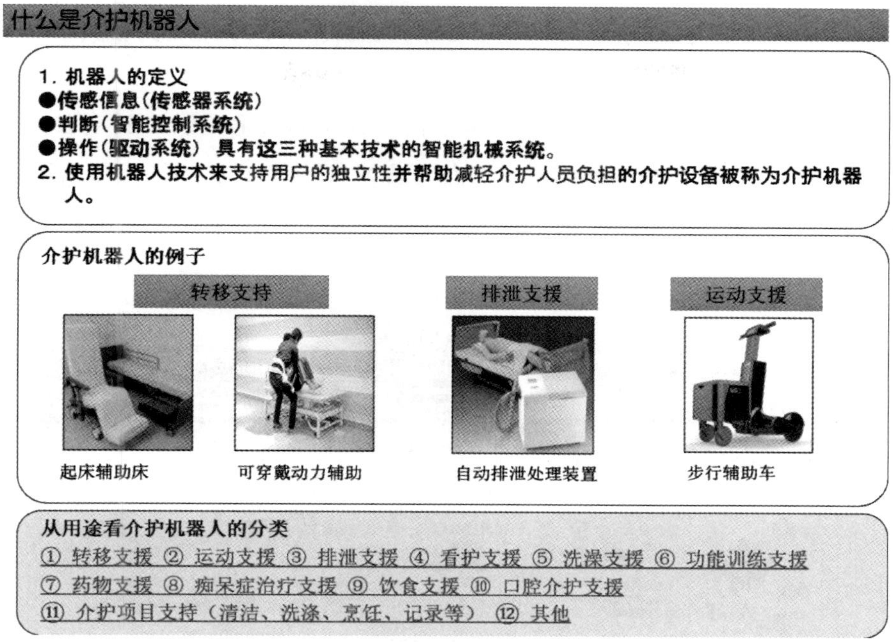

什么是介护机器人

1. 机器人的定义
- 传感信息（传感器系统）
- 判断（智能控制系统）
- 操作（驱动系统） 具有这三种基本技术的智能机械系统。

2. 使用机器人技术来支持用户的独立性并帮助减轻介护人员负担的介护设备被称为介护机器人。

介护机器人的例子

转移支持	排泄支援	运动支援
起床辅助床	可穿戴动力辅助	自动排泄处理装置
		步行辅助车

从用途看介护机器人的分类
① 转移支援 ② 运动支援 ③ 排泄支援 ④ 看护支援 ⑤ 洗澡支援 ⑥ 功能训练支援 ⑦ 药物支援 ⑧ 痴呆症治疗支援 ⑨ 饮食支援 ⑩ 口腔介护支援 ⑪ 介护项目支持（清洁、洗涤、烹饪、记录等） ⑫ 其他

图 3　什么是介护机器人

资料来源：公益财团法人 TechnoAid 协会主页，https://www.techno-aids.or.jp，2021 年 12 月。

1. 通过整理效果验证的相关规则，评估机器人、传感器、AI 等技术创新所需的数据类型和获取方法，建立一个促进经营者持续验证与循环创新的环境，并根据所获得的验证结果调整下一周期的介护报酬等评估机制。

2. 在推进 AI 等技术革新的同时，基于去年修订的重点领域，推动机器人和传感器的相关工作。通过对接介护现场的使用者与开发者联系起来，支持根据现场需求进行技术开发，并将这些技术引入并应用到介护现场。同时，类似的措施也将在残疾福利领域得到推进。

笔者将介绍日本目前在福祉辅具和介护机器人的开发与普及方面的部分举措，同时阐述利用机器人技术进行介护的必要性和使用过程中需要注意的关键要点。

二 基于重点领域"机器人介护设备"的开发

厚生劳动省和经济产业省根据未来投资会议的讨论,于 2017 年 10 月修订了《机器人技术在介护利用中的重点领域》。具体而言,为了提高老年人的生活质量并减轻介护负担,在自立支援的基础上,新增了一个领域和五个项目(图 4)。

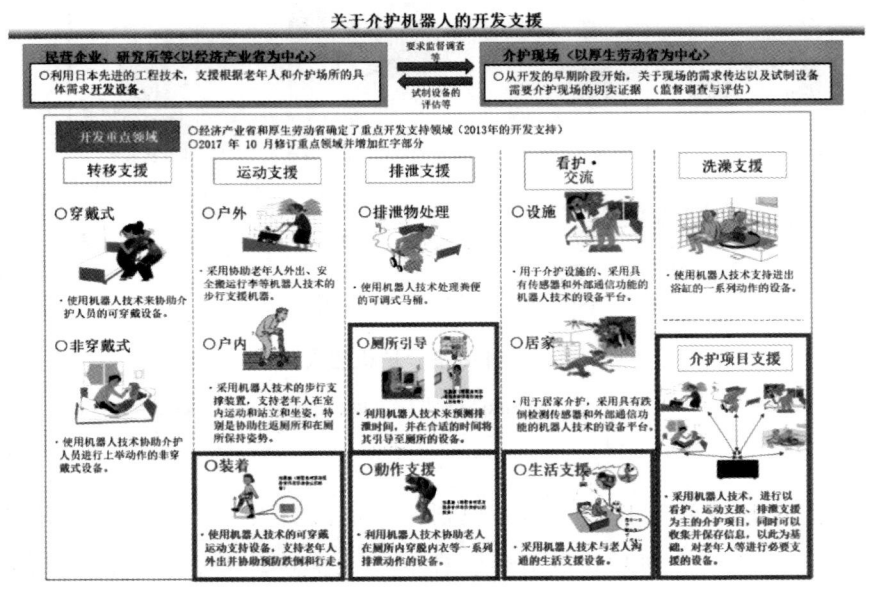

图 4 介护机器人的开发支援

资料来源:公益财团法人 TechnoAid 协会主页,https://www.techno-aids.or.jp,2021 年 12 月。

2017 年是机器人战略开发五年计划的最后一年,但从 2018 年起将延长 3 年。经济产业省对"机器人介护设备开发和标准化项目(开发辅助项目)"进行了新的预算。目前,"日本医学与研究开发机构(AMED)"正在为企业提供开发援助〔AMED 的网站主页可参考如下链接:https://www.amed.go.jp/koubo/02/01/0201C_00058.html〕。

（一）帮助"移乘"的机器人技术

1. 首要探讨与身体素质相适应的移乘方法

由于疾病或受伤等原因，老年人的生活往往以室内为主，且在床上度过的时间逐渐增多。随着介护需求的增加，床成为不可或缺的设备，它不仅帮助老年人完成起居活动，也有效减轻了介护人员的负担。然而，如果生活以床为中心，空间则会过于狭小，老年人的身体机能可能会进一步退化，活动意愿也可能下降。此外，在以卧室为中心的生活中，老年人与家人的互动也会减少。

远离床上生活是拓展生活空间和活动范围的关键。然而，即便我们理解这一点，对于身体机能已下降的老年人来说，从床到椅子、轮椅，或是前往卫生间的移动都并非易事。因此，根据老年人的期望生活方式和身体状况，找到合适且安全的移乘方式至关重要。

近年来，使用机器人技术的"帮助移乘机器人"已开始投入实际应用，根据老年人不同的身体条件，提供多种移乘方式，如站立移乘、坐姿移乘、介护移乘、使用升降机移乘等。不过，这里需要探讨的是，哪种方法才是最能发挥使用者残存能力的最佳选择。机器人技术不应剥夺老年人自身的能力（图5）。

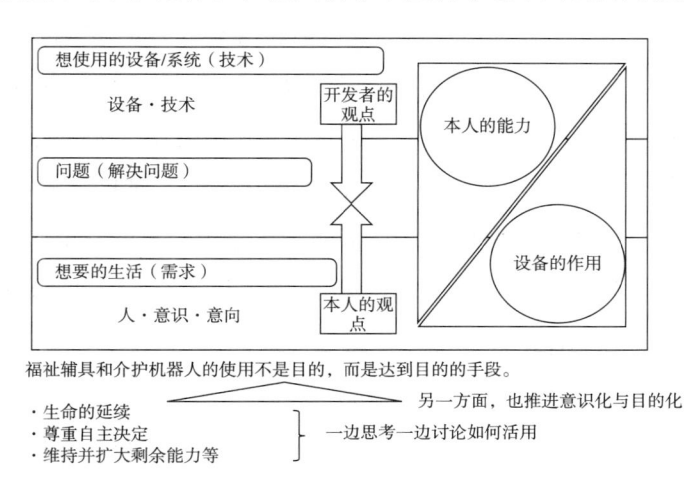

图5 使用福祉辅具时的基本思路

资料来源：公益财团法人 TechnoAid 协会主页，https://www.techno-aids.or.jp，2021年12月。

在选择移乘方法和福祉用具时，要注意以下几点：是否能够保持坐姿；是否能够坐着移动；是否能够站起来；是否能够保持站姿；是否能以站立姿势转换方向；是否能坐下。

在帮助移乘的用具中，老年人本人使用的工具包括帮助站立或移动的扶手和辅助杆；介护人员使用的工具包括移乘板、移动座椅以及利用机器人技术的升降机等设备。

2. 保护家人和介护人员的身体

在无法独立进行移乘时，介护人员需要提供移乘介护。但是必须考虑多方面的因素，如体格差异、身体接触的方式以及腰部负担等。特别是介护人员的腰痛问题，在介护机构等需保障介护人才的环境中是一个亟待解决的重大课题。

2013年6月，厚生劳动省在19年后首次修订了"预防职场腰痛方针"。方针明确指出："经营者有责任和义务保护劳动者的健康。在将预防腰痛作为首要对策的同时，必须明确安全卫生负责人在此方面的角色、责任和权限，并根据本方针，采取符合实际工作情况的措施。在介护和看护工作中，应实行省力化措施，例如引入福祉辅具等，以减轻劳动者的腰部负担。"此外，在福利和医疗领域的介护和看护工作中，"预防职场腰痛方针"还提出了以下几点措施：积极使用福祉辅具（设备/工具）；对于需要全方位介护帮助的对象，应积极使用升降机等工具，原则上避免依靠人力抱起介护对象。此外，还应探讨提供合适的移乘介护方式。例如，在介护对象能够保持坐姿的情况下，使用坐位移乘板；在介护对象能够站立的情况下，使用站立辅助设备等。

3. 帮助移乘的机器人

（1）为介护人员提供力量协助的工具

这是一种安装在介护人员身体上的工具，旨在减轻移乘介护时腰部的负担。介护人员可以单独拆装该工具，用于帮助介护对象从床上移乘到椅子、轮椅，或是从床上移动到卫生间等地方。在特定场景和目的下，用于离床介护和在厕所内帮助坐立的排便介护工具,已开始在介护机构等场景中投入使用。

近年来,也出现了用于洗澡介护的工具,这些工具可以在需要水源的地方进行介护。

(2)协助介护人员进行抱起动作的力量工具

使用该工具时,介护人员可以独立完成从移乘开始到结束的整个过程。这种设备用于将老年人从床上转移到轮椅或担架等地方,可以有效减轻介护人员的部分或全部负担。

虽然这些设备对于重度老年人的移乘介护非常有效,但在介护设施等场所使用时,需要充分考虑和讨论其适用的场合和目的,并在工作人员之间共享相关信息。同时,必须与老年人本人进行充分沟通,确保他们能够安心、安全地使用这些设备。

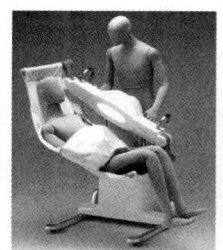

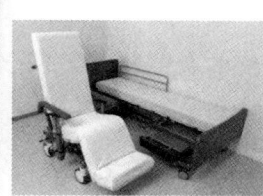

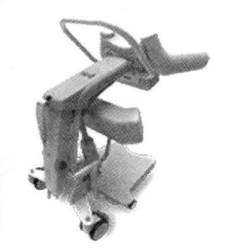

图6 帮助移乘的设备

资料来源:公益财团法人 TechnoAid 协会主页,https://www.techno-aids.or.jp,2021 年 12 月。

(二)帮助"移动"的机器人技术

1. 理解独立行走的重要性

由于年龄增长、疾病或轻微伤害等原因,老年人可能无法独立行走。然而,如果日常生活中不为他们创造走路的机会,身体和精神功能可能会进一步恶化。走路,尤其是独立行走,具有诸多好处。不仅有助于维持和提高身体机能,还能为老年人提供更多活动和社会参与的机会,防止骨骼和肌肉的衰退。

轮椅是介护人员确保老年人安全移动的重要工具，也是减轻介护负担和缩短移动时间的有效手段。然而，是选择由老年人自己操作的"自行操作轮椅"，还是选择由介护人员操作的"介护用轮椅"，应根据对老年人身体机能的正确评估来决定。

福祉辅具常是由老年人本人使用的工具，因此在选择时需要根据其身体机能量体裁衣。如果老年人能够站立，并且在抓握支撑物时能够独立行走，即使是短时间的独立行走，也对维持身体机能具有重要作用。对于有认知障碍的老年人来说，除了考虑他们的认知水平差异外，还应关注他们想要走路的意愿。尽可能尊重老年人的个人意愿，在充分时间内，帮助他们逐步实现独立行走。

2. 使用时的注意

尽管老年人在独立行走过程中可能面临跌倒或骨折的风险，但不应急于选择轮椅，首先应该考虑使用拐杖、助行器、步行车等这些能够充分利用身体机能的福祉辅具。

对于患有痴呆症的老年人，需要充分理解他们是否真的希望使用轮椅并接受相关介护。在此过程中，应考虑老年人的真实愿望，并评估使用不同福祉辅具后能够实现的目标，进而为老年人设定一天的活动目标。创造和安排活动时间非常重要，即便只是短时间的散步或外出购物，也有助于提高生活质量。同时，应特别注意室外环境中的台阶、斜坡等障碍物。

3. 帮助行走的机器人

（1）室外移动

在重点领域中提到的"行走辅助设备"利用机器人技术，帮助老年人等群体在外出时更安全、便捷地移动和搬运行李。该设备主要在外出时协助移动，具备辅助上坡和防止下坡突然起步的功能，能够在单向道路上帮助使用者保持稳定直行。设备还配备了购物筐和休息椅。

此设备分为轮椅型和步行车型两种。轮椅型设备虽然帮助使用者前行，但并非通过承载使用者的体重来辅助行走。另外，助行车类型可提供更好的躯干稳定性，身体完全置入连接左右把手与轮子的基础框架。设备的稳定性和可操作性会根据轴距（即前后轮之间的距离）有所不同。在选择时，应该充分考虑使用空间的大小以及可操作性。

（2）穿戴设备

这是一种利用机器人技术的可穿戴设备，可以预防跌倒并帮助步行。可在老年人外出时提供必要的支持。尽管市面上已经出现了一些帮助老年人步行的设备，但人们仍对未来具备跌倒预防功能的穿戴设备充满期待。

在使用这类穿戴设备时，需要特别注意周围环境。例如，确保使用者在佩戴设备时能够坐立自如。此外，鉴于这些设备主要在室外使用，还需特别留意台阶、斜坡及雨后易滑的路面等安全隐患。同时，在使用过程中，要密切关注使用者的身体状况。

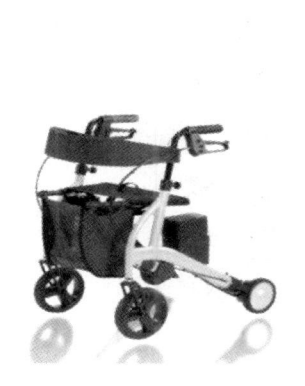

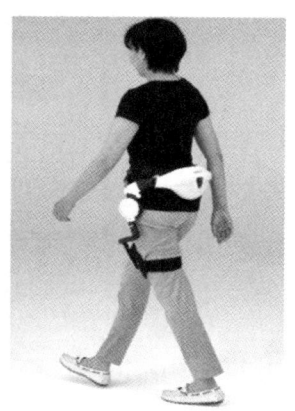

图 7　帮助行走的机器人

资料来源：公益财团法人 TechnoAid 协会主页，https://www.techno-aids.or.jp，2021 年 12 月。

（三）帮助"排泄"的机器人技术

1. 排泄介护的基本思路

排泄介护给使用者的身体和精神都带来很大负担，因此在住宅和设施设计中，应尽力减轻这一负担。与此同时，排泄问题直接关系到老年人的尊严。从独立排便到使用介护机器人等辅助设备进行排泄，隐私问题不容忽视，且必须充分关注老年人心理和精神层面的需求。需避免因为老年人身体机能下降而草率使用尿布，应根据老年人的身体机能、是否有介护人员的协助、日常生活和生活环境等多方面因素，探讨最适合的排泄方法，利用帮助老年人排泄的辅助福祉辅具。

排泄行为与饮食、水分、服药及健康状态密切相关，因此，有时也需要与医务人员紧密合作。根据失禁的类型，有时可能需要通过治疗来解决。在考虑使用尿布或其他福祉用具之前，必须与老年人及其家属进行充分沟通，认真倾听他们的意见，了解排泄过程中遇到的障碍，探讨如何有效利用老年人自身的身体机能来进行排泄。

排泄行为包括站立、移动、穿脱衣物及坐立在马桶等一系列复杂的动作，因此，也需要注意结合使用其他福祉辅具。

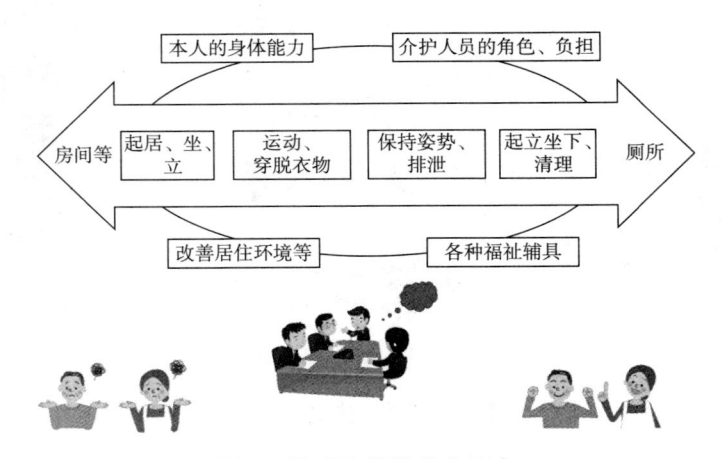

图 8　排泄介护的基本概念

资料来源：公益财团法人 TechnoAid 协会主页，https://www.techno-aids.or.jp，2021 年 12 月。

2.认知功能低下和排泄护理

面对认知功能低下的老年人，必须尽可能贴近他们的想法，耐心细致地探讨解决方法。切勿仅凭介护人员的个人意愿行事。在某些情况下，老年人可能有排尿或排便的需求，但他们无法清晰地表达自己的意愿。这时，他们可能会表情严肃，用手摸衣物、内衣，又或者反复说同样的话，这些可能是他们尿意和便意的独特信号。在排泄后，回顾他们的状态，观察与排泄前是否有所不同。如果发现了这些特征，下次可以在类似的时刻尝试引导他们去洗手间。

此外，介护设施内的厕所往往与使用者家中的厕所存在诸多差异，例如马桶的位置、朝向、高度以及冲洗方式等。这些细节需要与老年人一起耐心确认，直到他们完全理解和适应为止。切勿操之过急，应注重激发老年人潜在的能力，尽量挖掘出痴呆症患者即将失去的能力，让他们尽可能自主完成力所能及的事情，这是介护的基本原则。

如果老年人能够自己上厕所，不仅有助于恢复接近正常的生活，还能让他们在精神上更加稳定。对于腰腿无力的老年人，可以考虑使用扶手、帮助站立的辅助栏杆，或帮助坐立的设备。近年来还出现了一些能够稳定坐姿并促进排便的设备。

3. 帮助"排泄"的机器人

（1）排泄物处理技术

这是一种采用机器人技术处理粪便的可移动马桶，即便携式自动冲水马桶设备。该设备可以在室内任意位置摆放，将排泄物直接排放到室外，或者密封在容器或袋子中，从而有效防止异味在室内扩散。对于担心异味及善后处理问题、夜间频繁如厕，或对白天步行至厕所的距离感到不安的使用者，可以优先考虑夜间临时使用该设备。

另一方面，要注意在清洁和排水过程中产生的噪音。根据使用者的身体状况，例如是否能够从床上移动至厕所、是否能自行穿脱衣物，以及是否能在马桶上保持稳定的坐姿，考虑结合使用其他辅助用具。此外，为了保障使用者的尊严与隐私，还可利用隔板。

（2）促进就厕引导的技术

这是一种运用机器人技术预测排泄并在适当时机引导如厕的设备。该设备通过在膀胱周围配置传感器，利用超声波测量膀胱膨胀程度，根据预测的尿量提示使用者上厕所。传感器可以佩戴在身上，无论躺卧或站立状态均可使用。对于认知功能下降、因尿意延迟导致失禁的情况，设备能够帮助使用者及时识别排尿规律，辅助独立如厕。

此外，对于重度需要介护的卧床老人，该设备还能帮助本人及介护人员更好地掌握膀胱状况。为了确保数据的准确性，配置传感器时可能需要使用凝胶或胶带将其固定在身体上。

与此同时，市面上还出现了能够自动检测尿液和粪便排泄信息的设备。此类设备可以分析排泄模式，有效降低护理人员记录排泄情况的工作负担。借助科学数据实施精准介护，开创技术与人工介护相结合的新体系。

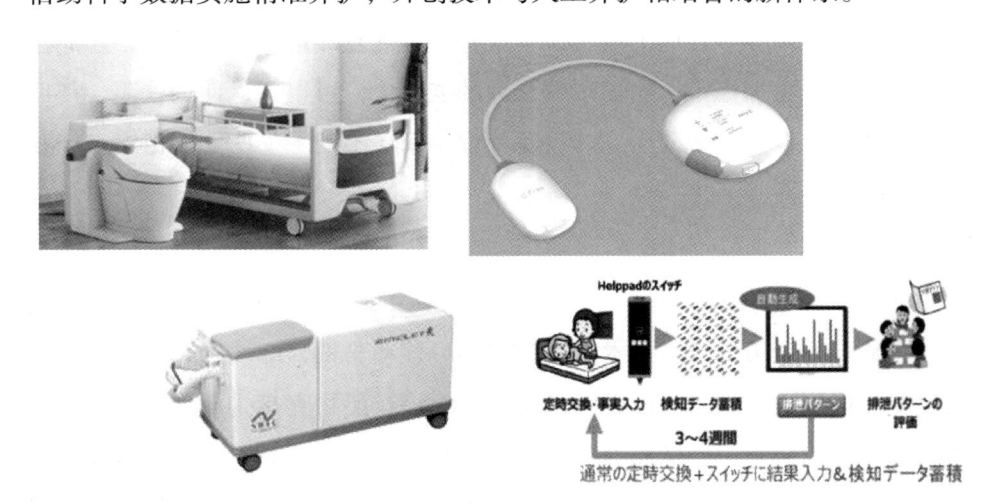

图9 排泄介护用具

资料来源：公益财团法人 TechnoAid 协会主页，https://www.techno-aids.or.jp，2021 年 12 月。

（四）帮助"守护和交流"的机器人技术

1. 守护装置等的必要性

日本总人口自峰值（约 1.27 亿）以来持续下降。未来，75 岁以上老年人在总人口中的占比将进一步提升，同时独居老年人的数量也会显著增加。此外，认知功能受损的老年人数量日益增多，这一问题已在全球范围内引起高度关注。例如，多国已召开以痴呆症为主题的国际峰会等。

在这一背景下，维护老年人日常生活的活动能力与生活质量，增加他们的活动机会和社会参与显得尤为重要。面对不可避免的身体衰老问题，家庭成员和社区工作者如何支持老年人的生活成为关键。而在这一过程中，集体住宅的作用尤为突出。为了实现老年人期待的社区化生活，需要尽可能挖掘他们的潜在能力，并在力所能及的范围内引导老年人自主完成日常事务。

另一方面，无论是在设施内还是在家庭环境中，人手短缺的情况都十分严重，因此需要制定应对老年人跌倒或滑落的安全对策。基于老年人当前的身体状况以及介护人员的工作现状，未来灵活运用正在开发的介护辅助设备和交流型机器人将变得不可或缺。这些技术是保护老年人尊严和隐私、支持他们实现独立生活的重要手段。将这些设备投入实际应用，也是应对社会老龄化的重要举措。

2. 选择时的注意点

守护装置和交流机器人需要根据具体状况、使用场景及环境的不同加以区分，其功能与构造也各不相同。在引入设备时，需明确其使用目的，并评估其是否符合机构所倡导的护理理念。此外，不仅介护人员，管理层与管理人员也应共同参与讨论和决策。近年来，部分云端产品相继问世，可能涉及一定的运行成本，因此在选择时必须综合考虑成本效益。

引入相关装置后，预计可以带来以下效果。同时，也需细致区分项目服务的类型或具体单位：确保自主活动能力；扩大生活范围（增加可自主完成的事项）；提高生活便利性（降低日常活动的难度）减轻介护负担；维护和保护生活；预防生活机能下降。需要将"引进辅具的目的"明确定位于老年人的介护援助计划中，并对辅具对使用者产生的影响进行适当评估和共享，将评估结果与下一阶段的介护援助计划相衔接。

3. 守护、交流机器人

（1）帮助守护的机器人

政府在重点领域对其的定义是"一个具有传感器和外部通讯功能的机器人技术平台"。介护设施使用较多的设备中，具有以下功能特征的设备已经商品化：能够识别轮廓图像；检测起身、离床等动态变化；能够记录检测前后的动画影像；在黑暗中可视；无接触；传感器可灵活移动；其中一些设备可以监测深度睡眠及关键生理信息。

守护装置可以随时掌握老年人状态，但这绝对不是监视设备，而是为了保证老人的安全、提高生活质量和介护质量。

（2）帮助交流的机器人

在重点领域中，这类设备被定义为"利用机器人技术支持老年人交流并提供生活援助的设备"。大致分为以下三类：①从改善治愈（治疗）效果到预防不稳定行为，以及介护环节之间的衔接；②激发老年人主动性，用于日间护理服务及娱乐活动；③确保老年人能够清晰地听到外界的声音。

随着技术的不断发展，这一领域的机器人将迎来更多突破。未来，我们期待它们能够进一步促进顺畅的交流，为老年人提供更加人性化的生活支持。

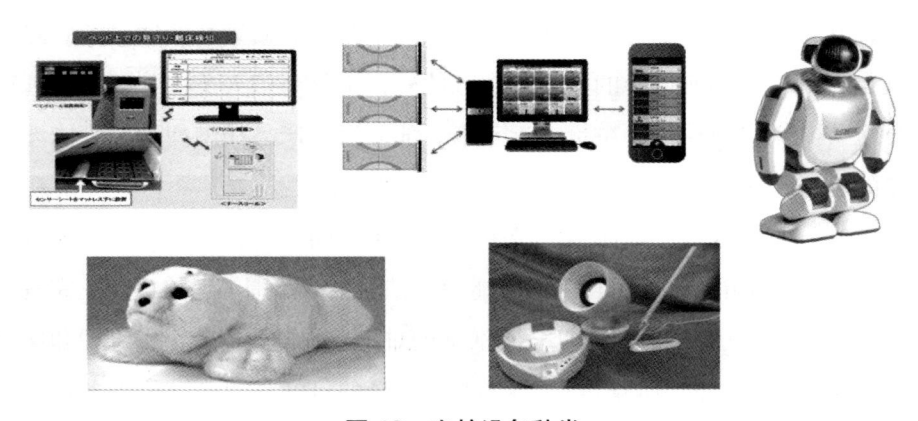

图 10 守护设备种类

资料来源：公益财团法人 TechnoAid 协会主页，https://www.techno-aids.or.jp，2021 年 12 月。

(五)帮助"洗澡"的机器人技术

1.洗澡的好处和注意事项

随着年龄的增长,老年人的身体机能每天都在变化,如从能够步行的程度到只能站起来的程度,再到只能保持坐姿和站立等。需要我们研究适合老年人本人状态和适应环境的洗澡方法。

居家或日间护理服务中心的洗澡都非常有效。洗澡对精神和身体都有积极影响,不仅能保持身体清洁,还能增进食欲和改善安眠。另外,洗澡没有排泄那样的紧急性,可以根据老年人的节奏调整环境,因此对洗澡方法也可以进行仔细的研究。

另一方面,洗澡伴随着复杂的动作。从前往浴室开始,衣物的穿脱、清洗身体、出入浴缸等,洗澡关乎老年人的尊严和隐私,因此也不能欠缺心理上的关怀。

入浴时,要注意洗澡是一系列的行为,要寻求对本人来说最合适的方法。①本人的身体机能,②住宅、浴室、浴缸的环境,③各种福祉辅具的利用,④介护能力等各要素相互关联。洗澡要考虑到移乘、移动、更衣、身体清洗方法、进出浴缸等因素,以老年人本人能够做的动作为基础。

2.各种福祉辅具的有效利用

如果老年人能够自行行走,则应消除台阶以降低跌倒的风险。可以引导老年人使用扶手、手杖或助行器前往更衣室,坐在椅子上穿脱衣物,并在浴室中使用沐浴架或淋浴椅进行清洗。此外,也可以利用扶手和浴缸把手帮助老年人进入浴缸。

如果使用者以当前的身体机能状态能够站起来,就能够在床上进行穿脱衣物,或者用轮椅或入浴椅移动到更衣室后进行衣服的穿脱,这要求消除更衣室和浴室之间的台阶,使用淋浴椅时则可以坐着清洗身体。此外,进出浴缸时可以使用浴缸内的升降装置,或借助洗澡用升降机泡澡。同时,需要注意泡澡时浮力可能带来的影响。如果老年人无法站立,需要使用安装型或天花板移动型升降机。

帮助洗澡的福祉辅具，还包括辅助进出浴缸的扶手，以及浴缸内用于保持稳定坐姿的椅子，这些椅子通常配有吸盘并有一定的重量确保使用者在使用过程中不会浮起。此外，浴缸内也配有防滑垫。

3. 辅助洗澡的机器人

重点领域中被定义为"使用机器人技术帮助进出浴缸的一系列动作的设备"。帮助洗澡的设备是日本特有的，它通过专用的入浴椅将使用者移至浴室，淋浴支架通过滑轨连接到浴缸，能够向侧面滑动并上下移动，从而帮助使用者安全进出浴缸。这种设备非常适用于湿滑浴室中，既能有效保障使用者的安全，又能减轻介护人员的腰部负担。安装此设备无须进行大型家庭改修，通常该设备的座椅都是电动升降类型。

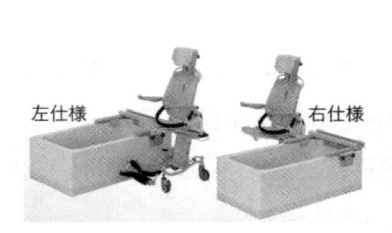

图 11　辅助洗澡设备

资料来源：公益财团法人 TechnoAid 协会主页，https://www.techno-aids.or.jp，2021 年 12 月。

近年来，为了减少工作量，出现了一种自动清洁浴缸的设备，它能够与介护人员共同分担沉重的洗澡介护负担。这种设备采用超细气泡技术进局部清洗，使用时无须使用沐浴露或手动擦洗。此外，由于它是小型便携式的设计，无须施工安装。这种设备特别适用于难以清洗的身体部位。

三 加快介护机器人开发的措施

在介护机器人开发与普及方面,厚生劳动省与开发企业及介护现场进行合作,确保现场需求能够从构思阶段开始就反映到产品开发中。对于正在开发的试制设备,厚生劳动省提出建议,鼓励利用开发中的机器人技术来构建有效的介护方案。按照各阶段流程开展项目,具体来说,包括开发援助,实用化设备的普及启发和引进援助(图12)。

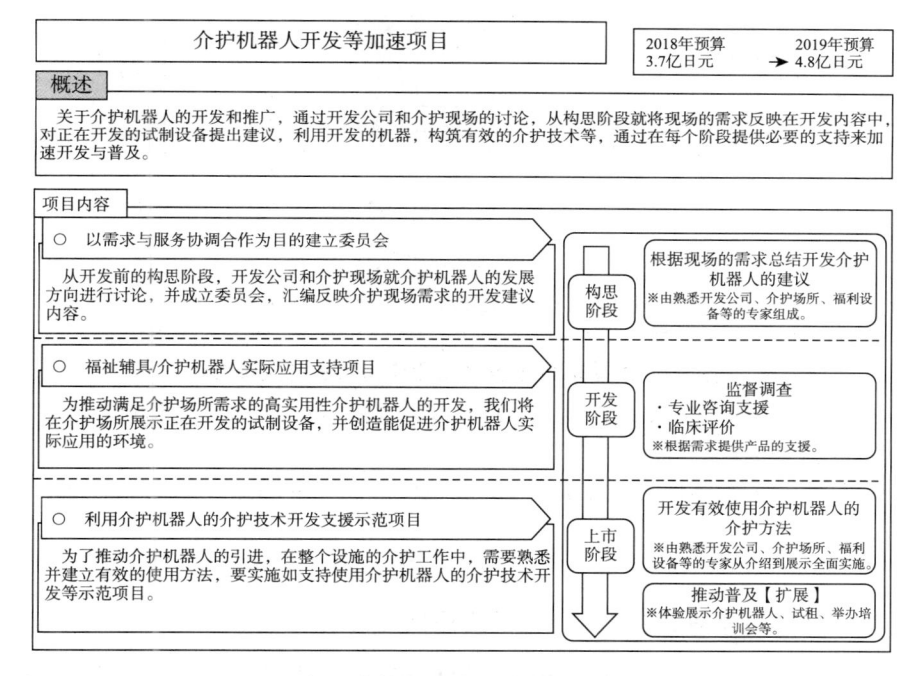

介护机器人开发等加速项目	2018年预算 3.7亿日元 → 2019年预算 4.8亿日元
概述 关于介护机器人的开发和推广,通过开发公司和介护现场的讨论,从构思阶段就将现场的需求反映在开发内容中,对正在开发的试制设备提出建议,利用开发的机器,构筑有效的介护技术等,通过在每个阶段提供必要的支持来加速开发与普及。	

项目内容		
○ 以需求与服务协调合作为目的建立委员会 从开发前的构思阶段,开发公司和介护现场就介护机器人的发展方向进行讨论,并成立委员会,汇编反映介护现场需求的开发建议内容。	构思阶段	根据现场的需求总结开发介护机器人的建议 ※由熟悉开发公司、介护场所、福利设备等的专家组成。
○ 福祉辅具/介护机器人实际应用支持项目 为推动满足介护场所需求的高实用性介护机器人的开发,我们将在介护场所展示正在开发的试制设备,并创造能促进介护机器人实际应用的环境。	开发阶段	监督调查 ·专业咨询支援 ·临床评价 ※根据需求提供产品的支援。
○ 利用介护机器人的介护技术开发支援示范项目 为了推动介护机器人的引进,在整个设施的介护工作中,需要熟悉并建立有效的使用方法,要实施如支持使用介护机器人的介护技术开发等示范项目。	上市阶段	开发有效使用介护机器人的介护方法 ※由熟悉开发公司、介护场所、福利设备等的专家从介绍到展示全面实施。 推动普及【扩展】 ※体验展示介护机器人、试租、举办培训会等。

图 12 介护机器人开发等加速项目

资料来源:公益财团法人 TechnoAid 协会主页,https://www.techno-aids.or.jp,2021年12月。

(一)建立便于供需联合协调的委员会

从开发前的构思阶段开始,对介护机器人的开发方向、开发企业和介护现场的需求进行深入协商,在全国 47 个地区设立了协议会,汇总并整理介护现场的实际需求和开发提案。自 2018 年起，全国范围内设立了这些协议会，去年取得的成果可在厚生劳动省的官方网站上进行查阅（图 13）。

```
┌─────────────────────────────────────┐   ┌─────────────────────────────┐
│ 以需求与服务协调合作为目的建立委员会 │──▶│ ○ 2019年预算                │
│                                     │   │ 介护机器人开发加速项目      │
│                                     │   │ （4.8亿日元）               │
└─────────────────────────────────────┘   └─────────────────────────────┘

○ 从开始前的构思阶段，开发公司和介护现场就介护机器人的发展方向进行讨论，并成立委
  员会，汇编反映介护现场需求的开发建议内容。
※ 在委员会上，除了分享现场的需求外，还将分析现有介护系统存在的问题，研究解决方案，
  并考虑开发可在介护现场有效使用的设备。
```

以需求与服务协调合作为目的的委员会

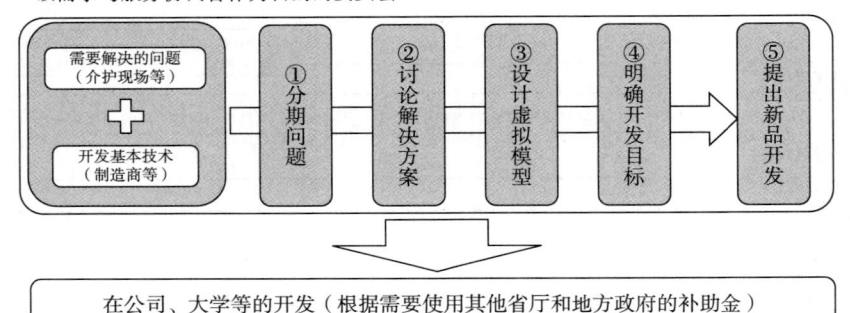

```
需要解决的问题    ①      ②        ③      ④      ⑤
（介护现场等）    分期    讨论      设计    明确    提出
     +           问题    解决      虚拟    开发    新品
开发基本技术             方案      模型    目标    开发
（制造商等）
                              ↓
         在公司、大学等的开发（根据需要使用其他省厅和地方政府的补助金）
```

图 13　以需求与服务协调合作为目的的委员会

注：厚生劳动省的网站主页可参考链接：https://www.mhlw.go.jp/stf/seisakunitsuite/bunya/0000212398_00005.html。

资料来源：公益财团法人 TechnoAid 协会主页，https://www.techno-aids.or.jp，2021 年 12 月。

（二）福祉辅具、介护机器人的实用化援助

为了促进开发适应介护现场需求的具有高实用性介护机器人，该项目通过对开发中的实验设备进行现场实证，推动成果的普及和应用，进而完善介护机器人的实用化环境。

该项目由本协会主导，开发支援相关项目则通过将实际使用的介护设施与开发商等进行对接，由专业人员提供建议，协助在实际利用环境中开展监控调查等工作。该项目根据介护现场的需求推动产品开发，是推动介护产品进入介护领域的新业务（图 14）。

关于福祉辅具、介护机器人的开发和普及

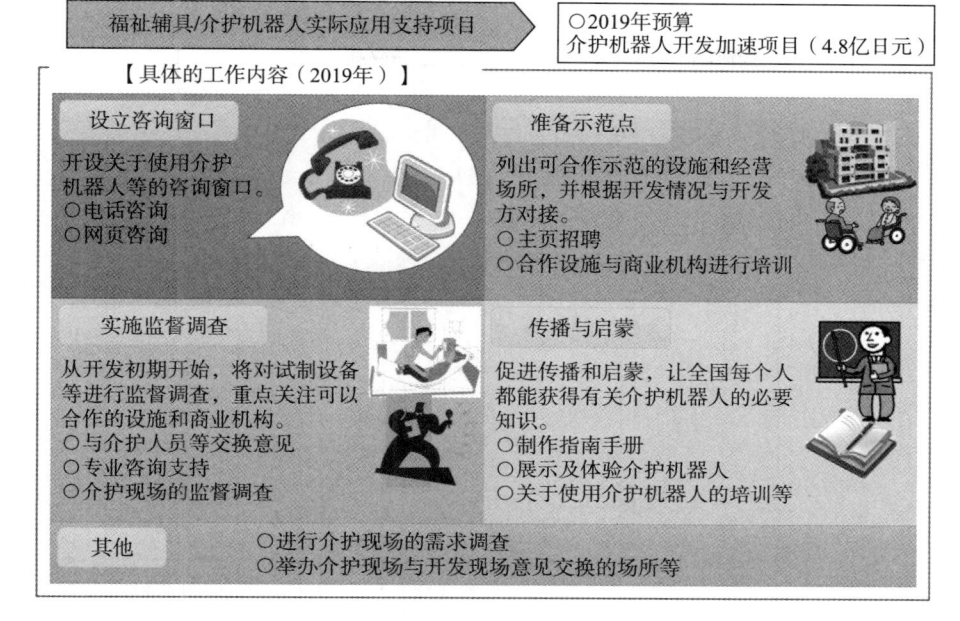

图14　福利设备/介护机器人实际应用支持项目

注：技术援助协会网站主页可参考链接：http://www.techno-aids.or.jp/jiritsu/example.shtml。

资料来源：公益财团法人 TechnoAid 协会主页，https://www.techno-aids.or.jp，2021 年 12 月。

（三）利用介护机器人的介护技术的开发

为了推动引进介护机器人，我们正在开展利用介护机器人开发介护技术的示范性项目。熟悉使用方法，在整个设施的介护业务中构建有效措施等观点都极为重要（图15）。

2019 年度按以下服务类型进行：老人福利介护设施；老人保健介护设施；痴呆症应对型社区生活介护；特定设施入住者生活介护；家庭介护服务。

（四）关于引进介护机器人实际状况的调查

关于后述的介护机器人引进援助项目的实施情况，本协会每年都会在各都道府县进行调查。调查结果可通过本协会或厚生劳动省的官方网站查阅。

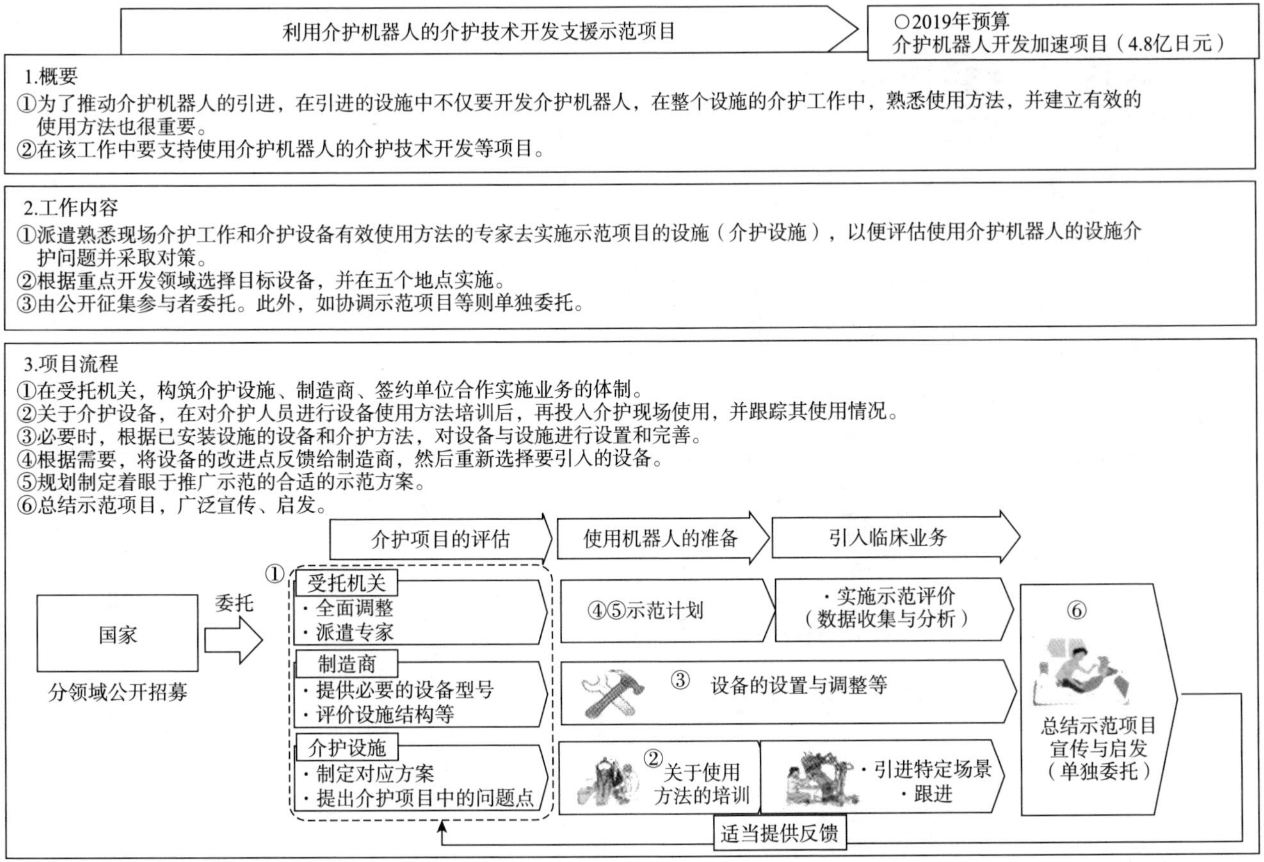

福利制度视野下的少子高龄化应对

利用介护机器人的介护技术开发支援示范项目

○2019年预算
介护机器人开发加速项目（4.8亿日元）

为了推动介护机器人的引进，在引进的设施中不只要开发介护机器人，在整个设施的介护工作中，熟悉使用方法，并建立有效的使用方法也很重要。
在该工作中要支持使用介护机器人的介护技术开发等项目。

1.概要
①为了推动介护机器人的引进，在引进的设施中不只要开发介护机器人，在整个设施的介护工作中，熟悉使用方法，并建立有效的使用方法也很重要。
②在该工作中要支持使用介护机器人的介护技术开发支援示范项目（介护设施），以便评估使用介护机器人的设施介护问题并采取重点对策。

2.工作内容
①派遣熟悉现场介护工作和介护设备有效使用方法的专家支持实施示范项目的设施（介护设施），并在五个地点实施。
②根据重点开发领域选择对象，并协调示范项目目标设施。此外，如需调整示范项目等则单独委托。
③由公开征集参与者委托，广泛宣传，启发。

3.项目流程
①接受委托，构筑介护设施、制造商、签约单位合作实施业务的体制。
②关于介护设备，对介护人员进行使用方法培训后，再投入介护现场使用，并跟踪其使用情况。
③必要时，根据已安装设备的介护方法，对设备与设施进行设置和完善。
④根据需要，将设备的改进点反馈给制造商。
⑤规划制定着眼于推广示范项目的合适的示范方案。
⑥总结示范项目，广泛宣传，启发。

国家
↓
分领域公开招募
↓
①受托机关
· 全面调整
· 派遣专家

制造商
· 提供必要的设备型号
· 评价设备结构等

介护设施
· 制定对应方案
· 提出介护项目中的问题点

介护项目的评估

使用机器人的准备
④⑤示范计划
②关于使用方法的培训
③设备的设置与调整等

引入临床业务
· 实施示范评价（数据收集与分析）
· 引进特定场景、跟进

适当提供反馈

⑥总结示范项目宣传与启发（单独委托）

图15 利用介护机器人的介护技术开发支援项目

资料来源：公益财团法人TechnoAid协会主页，https://www.techno-aids.or.jp，2021年12月。

四　介护机器人的普及据点的设置

为促进介护机器人普及，需要通过确保在本地实际体验介护机器人的机会，让介护人员收集必要信息，并具体探讨如何在整个机构的介护工作中有效地应用这些信息。厚生劳动省通过举办介护机器人相关论坛，实施试用租赁等措施，加速了介护机器人的推广。

该项目由《日刊工业新闻》社主办，并与各县和相关团体合作，在全国47个都道府县举行"介护机器人地方论坛"，同时与介护机器人制造商、经销商和相关团体等合作，向介护设施提供"介护机器人的试用租赁"等服务（图16）。

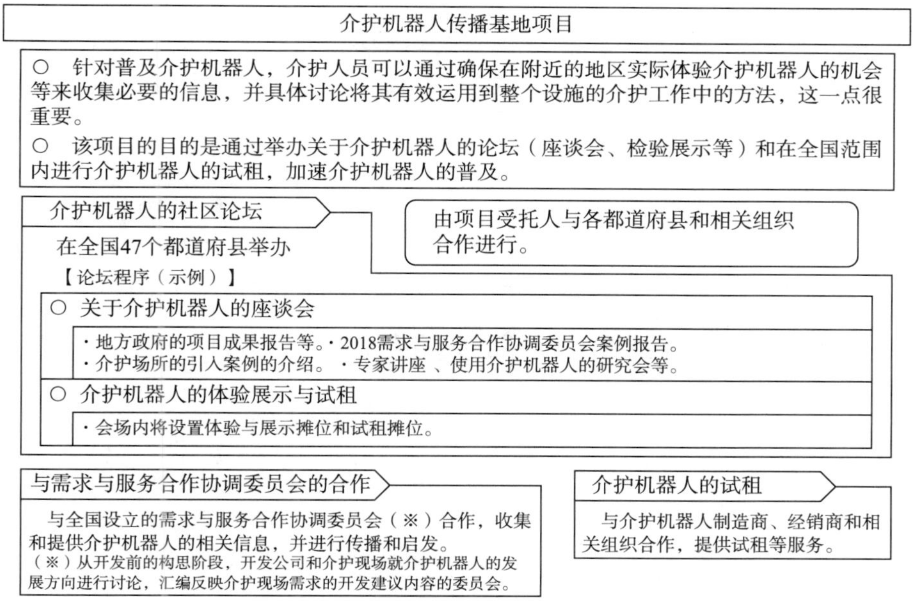

```
介护机器人传播基地项目
○ 针对普及介护机器人，介护人员可以通过确保在附近的地区实际体验介护机器人的机会等来收集必要的信息，并具体讨论将其有效运用到整个设施的介护工作中的方法，这一点很重要。
○ 该项目的目的是通过举办关于介护机器人的论坛（座谈会、检验展示等）和在全国范围内进行介护机器人的试租，加速介护机器人的普及。

介护机器人的社区论坛
在全国47个都道府县举办
【论坛程序（示例）】
○ 关于介护机器人的座谈会
　·地方政府的项目成果报告等。·2018需求与服务合作协调委员会案例报告。
　·介护场所的引入案例的介绍。·专家讲座、使用介护机器人的研究会等。
○ 介护机器人的体验展示与试租
　·会场内将设置体验与展示摊位和试租摊位。

　　　　　　　　　　　　　　　　　　由项目受托人与各都道府县和相关组织合作进行。

与需求与服务合作协调委员会的合作
　与全国设立的需求与服务合作协调委员会（※）合作，收集和提供介护机器人的相关信息，并进行传播和启发。
　（※）从开发前的构思阶段，开发公司和介护现场就介护机器人的发展方向进行讨论，汇编反映介护现场需求的开发建议内容的委员会。

介护机器人的试租
　与介护机器人制造商、经销商和相关组织合作，提供试租等服务。
```

图16　介护机器人传播基地项目

资料来源：公益财团法人 TechnoAid 协会主页，https://www.techno-aids.or.jp，2021年12月。

五 对介护设施等引进介护机器人的援助

厚生劳动省通过使用地区医疗介护综合确保基金，支持引进商业化的介护机器人。与 2018 年度相比，每台设备的补贴额从 10 万日元增加至 30 万日元（对于不足 60 万日元的设备，补助金额上限为价格的一半）。此次补贴范围还增加了"交流（与老年人交流时使用机器人技术的生活援助设备）"和"介护业务援助"领域。该项目由都道府县实施，但由于是自愿项目，实际执行情况有所不同。截至 2018 年度调查，47 个都道府县中已有 36 个都道府县实施了此项计划，介护设施等的引进计划数量也从 2015 年的 57 项大幅增加至 1037 项（图 17）。

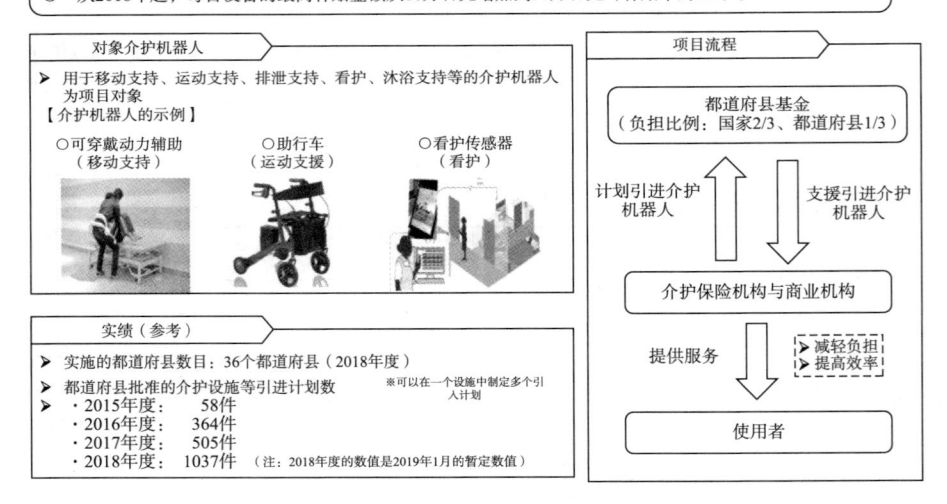

帮助引入利用社区医疗介护综合保障基金的介护机器人

- ○ 为推动介护机器人普及，利用在各都道府县设立的区域医疗介护综合保障基金，并支持将介护机器人引入介护设施等。
- ○ 从 2018 年起，每台设备的最高补贴金额从 10 万日元增加到 30 万日元（补贴率的 1/2）。

对象介护机器人
➢ 用于移动支持、运动支持、排泄支持、看护、沐浴支持等的介护机器人为项目对象
【介护机器人的示例】
- ○可穿戴动力辅助（移动支持）
- ○助行车（运动支援）
- ○看护传感器（看护）

项目流程
都道府县基金
（负担比例：国家 2/3、都道府县 1/3）
↑ 计划引进介护机器人 　↓ 支援引进介护机器人
介护保险机构与商业机构
↓ 提供服务　➤ 减轻负担 ➤ 提高效率
使用者

实绩（参考）
➢ 实施的都道府县数目：36 个都道府县（2018 年度）
➢ 都道府县批准的介护设施等引进计划数　※可以在一个设施中制定多个引入计划
- ・2015 年度：　58 件
- ・2016 年度：　364 件
- ・2017 年度：　505 件
- ・2018 年度：　1037 件　（注：2018 年度的数值为 2019 年 1 月的暂定数值）

图 17　帮助引入利用社区医疗介护综合保障基金的介护机器人

资料来源：公益财团法人 TechnoAid 协会主页，https://www.techno-aids.or.jp，2021 年 12 月。

六　残疾人自立支援设备的开发和供需匹配的强化

为使残疾人的需求与开发者的供给相匹配，厚生劳动省对市场规模小、难以实现商业化和实用化的援助设备采取了推动措施，推动企业与残疾人合作开发。此外，为开发真正符合残疾人需求的支援设备，厚生劳动省从构思阶段开始，着力强化使用者需求与开发供给之间的匹配工作。

具体来说，厚生劳动省将举办辅助器具交流会，匹配用户需求与开发商供给。为了开发实用的辅助器具，交流平台为使用试用器具的用户与开发者提供了面对面的意见交换机会。2019年度，该活动分别在东京、大阪和福冈三个城市举行（图18）。

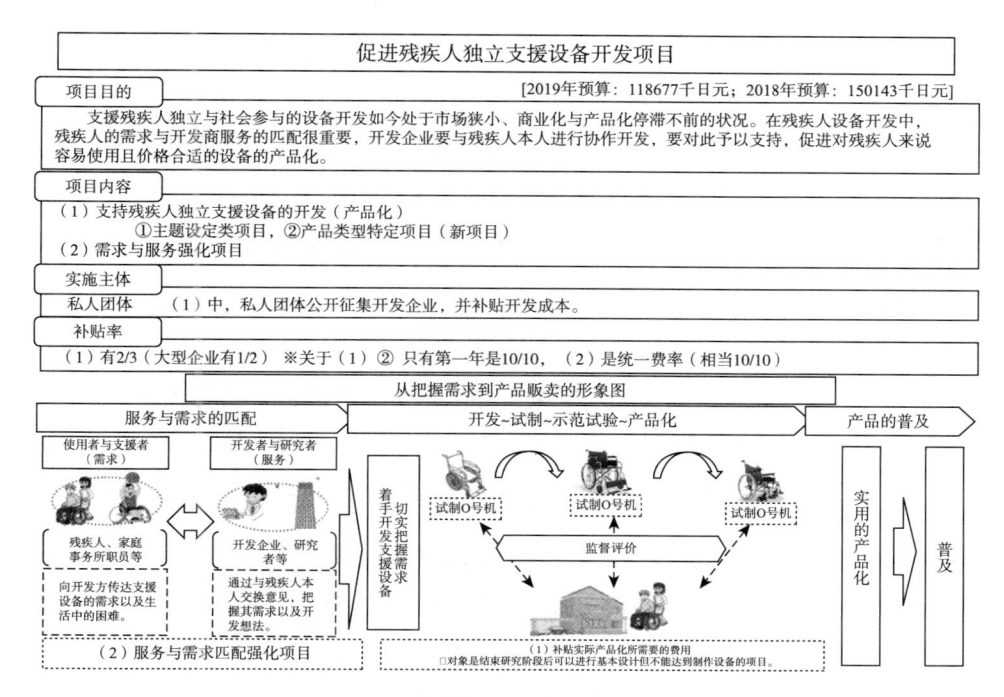

促进残疾人独立支援设备开发项目	
项目目的	[2019年预算：118677千日元；2018年预算：150143千日元] 支援残疾人独立与社会参与的设备开发如今处于市场狭小、商业化与产品化停滞不前的状况。在残疾人设备开发中，残疾人的需求与开发商服务的匹配很重要，开发企业要与残疾人本人进行协作开发，要对此予以支持，促进对残疾人来说容易使用且价格合适的设备的产品化。
项目内容	（1）支持残疾人独立支援设备的开发（产品化） 　①主题设定类项目，②产品类型特定项目（新项目） （2）需求与服务强化项目
实施主体 私人团体	（1）中，私人团体公开征集开发企业，并补贴开发成本。
补贴率	（1）有2/3（大型企业有1/2）※关于（1）②只有第一年是10/10，（2）是统一费率（相当10/10）

从把握需求到产品贩卖的形象图

服务与需求的匹配 ｜ 开发~试制~示范试验~产品化 ｜ 产品的普及

使用者与支援者（需求）⇔开发者与研究者（服务）

残疾人、家庭事务所职员等 ｜ 开发企业、研究者等

向开发方传达支援设备的需求以及生活中的困难。｜ 通过与残疾人本人交换意见，把握其需求以及开发想法。

（2）服务与需求匹配强化项目

着手开发切实把握需求的支援设备 → 试制0号机 → 试制0号机 → 试制0号机 → 实用的产品化 → 普及

监督评价

□对象是结束研究阶段后可以进行基本设计并不能达到制作设备的项目。
□（1）补贴实际产品化所需要的费用

图18　促进残疾人独立支援设备开发项目

※ 需求方：残疾人、家属、住宅或者设施等的介护人员、从事医疗和福利工作并且从事残疾人福利和训练的相关人员等。供给方：开发厂家、地区产业振兴团体、新加入审核的企业和研究人员、大学和研究机构等。技术援助协会网站主

页可参考链接：http://www.techno-aids.or.jp/jiritsu/example.shtml。

资料来源：公益财团法人 TechnoAid 协会主页，https://www.techno-aids.or.jp，2021 年 12 月。

七　总　结

以上介绍了目前为止的一部分老年人和残疾人福祉辅具、介护机器人的相关措施。在日本，随着少子老龄化问题的加剧，针对老年人问题的探讨已逐渐转向如何有效利用技术来构建未来的介护系统。

在要求提高介护质量的同时，还需要保持现有水平的介护质量，以确保安全高效的个别化护理，推动提升使用者的生活质量，并改善介护现场的环境。技术是实现这一目标的关键手段，它不仅推动了应用科学技术的开发，还在实际的介护现场中得到了有效利用。

另一方面，技术应用对残疾人在社区中的主体生活（活跃）至关重要，其目的与需要介护的老年人有所不同，涉及多个方面，如学习、就业、自我价值实现、育儿、家务、训练等。此外，残疾的类型也非常广泛，从身体残疾到视觉、听觉障碍、高级脑功能障碍、发育障碍以及智力障碍等。

在残疾人福利的现场，为了加速开发和普及真正有效的福祉辅具，开发初期就需要使用者与开发者之间紧密合作。此外，在不同的开发阶段，医生、治疗师和研究人员等的参与也必不可少。

相关人员、开发者以及医疗福利领域的专家的参与，可以明确福祉辅具适用范围，同时将辅具的使用、功能和设计有效结合，推动产品开发。无论是低科技还是高科技，创造残疾人使用各类辅助设备的机会，并提升其活动与社会参与机会，都是社会责任的体现。

从行政主导型福利体系到地方分权·地域主义

平野方绍[*]

进入 21 世纪,日本的社会保障和社会福利体系经历了重大变革。

20 世纪 60 年代,日本通过建立"全民保险和全民养老金制度"和"福利六法",奠定了体系社会保障和社会福利的基础。然而,随着社会保障与福利体系的逐步实施,相关状况也在不断变化。进入 20 世纪 90 年代,日本对社会保障与社会福利体系进行了多次改革,包括修改相关法律和创设新制度。这是一场必然的彻底性改革。

20 世纪末的体制改革的根本问题在于如何推进社会保障与福利,以应对 21 世纪日本面临的"少子高龄化"挑战。

日本社会福利的历史在其他文章中已有详细总结。本文将重点分析 1945 年至今的社会福利发展历程,特别是当今日本社会福利体系中占据重要地位的地方分权和地区主义。

一 行政主导型社会福利体系的构建与局限

日本在第二次世界大战中战败,导致了以战时福利事业为核心的体制瓦解。与此同时,战后的国民生活极为贫困,亟须尽快建立社会福利体系。1947 年颁布并于 1948 年施行的《日本宪法》确立了由公共责任向国民提供福利支援的行政主导型福利体系,成为社会福利的基础结构。日本通过这一基

---

[*] 〔日〕平野方绍(平野 方绍):立教大学社区福祉学院教授,退休后担任职业支援讲师。本文译者:雷凤琴,四川外国语大学日语学院硕士研究生。

础结构，力图实现福利国家的目标。

这种行政主导型福利体系组织严密。在"二战"前，日本几乎没有社会福利的积累和经验，因此这一体系作为现实制度被接受，并最终发展为以福利事务所、儿童咨询所等行政机关为核心的"福利六法体系"，该体系在1980年代基本完成并得以巩固。然而，由于其行政主导的特性，体系存在较强的选择主义倾向，且服务提供的范围和内容也较为有限。在许多民众看来，社会福利更多被视为对处于生活困境中的"特殊人群"所采取的"特殊行政应对措施"。

这种行政主导型福利体系为日本社会福利奠定了基础，但到了1980年代，系统亟须进行重大调整。背景在于，作为推动福利国家政策的财政支撑来源的"高速经济增长"政策已经达到了极限，社会经济的需求迫使政策转向"稳定增长"（低增长）。此外，行政主导型福利体系的局限性也进一步暴露，要求进行必要的改革。

二 社会福利改革与福利体系重组

从1980年代开始，关于改革以往行政主导型福利体系的讨论变得愈加激烈。在这一时期，①随着人口老龄化带来的介护需求增加，以及女性进入劳动力市场带来的保育需求上升，福利问题成为普通国民切身面临的现实问题；②革新的地方自治团体先行福利政策引领了福利政策的变革，从中央集权、统一的社会福利向地方分权、多元化的社会福利转型；③在提供福利服务方面，不仅要满足公共部门（行政）和准公共部门（社会福利法人）的需求，还需要根据福利服务使用者的需求，推动包括民间营利部门在内的多元主体参与。

针对1980年代的社会福利改革议题，曾任日本社会福利学会会长的古川孝顺提出"普遍化与一般化""自助化""多元化""分权化""自由化（去规制）""区域化""计划化""综合化"和"专职化"等关键理念。① 其中，最紧迫的任务是"分权化"和"区域化"。

1990年，作为"福利相关八法修改"的一部分，社会福利整体制度进行了重组，标志性变化是将社会福利的重点从"设施福利"转向"居家福利"（区域化），同时地方政府开始引入福利行政计划（分权化、计划化）。此外，同一时期还推动了社会福祉士和介护福祉士法的制定（专业化），以及支持民间福利服务的发展与参与（自由化）。

在需求普遍化（普遍化）的背景下，高龄者介护和保育领域逐渐转向基于利用者与服务提供方之间契约关系的"利用契约制度"。

三 21世纪型社会福利的正式启动

2000年，介护保险制度正式启动，并通过将所有需求人群纳入其中，实现了社会福利的普遍化与一般化。

（一）社会福利行政的计划化与公共责任的变迁

市町村作为日本基础的地方行政组织（地方公共团体），有责任制定和实施社会福利领域的行政计划。这些计划主要包括：老年人福利领域的介护保险事业计划和老人福利计划，残疾福利领域的残疾人福利计划和残疾儿童福利计划，以及儿童福利领域的儿童育儿支援计划等，旨在为市民创造享受福利服务的条件。

（二）社会福利的区域化和综合化——社区综合护理体系和社区共生社会

进入2010年代后，社会福利的需求转向支持每个人都能在当地社区按照自己的方式生活。为此，政府提出在社区无缝衔接地提供综合性福利服务的目标，在日常生活圈实现这一目标的社区综合护理体系成为了政策重点。公共部门、民间（营利和非营利）事业部门以及居民等非正式部门之间进行协

---

① ［日］古川孝顺：『社会福利基础构造改革：课题与展望』，诚信书房1998年版，第7页。

作，以支援有福利需求的使用者。这一变化要求当地社会本身发生转变。

四 走向地方分权和地区主义

（一）"本地"和"全球"

2021年，由于新冠疫情的影响，essential work（不可或缺的工作）再次受到社会的关注。作为人们和社会生命线的支柱，这些工作无论在多么困难的情况下都无法停止。相反，正是在这种困境中，essential work作为人们所期待的劳动，愈加受到重视。在新冠疫情的影响下，在线等非接触、非面对面的工作方式迅速增加，几乎所有的essential work都需要面对面进行，很难由非面对面的方式替代，尤其受到关注的是医疗、介护、保育等福利劳动。

那么，医疗、介护、保育等福利领域的essential work本质是什么呢？在这个问题上，"护理（care）"这一概念尤为突出。"体贴、挂虑、联系、慰劳、体谅、治疗、关心、交谈、帮助、照顾。如果将我们这些活动统称为'护理'"[①]的话，那么医疗和福利工作的本质就是护理，必须面对面进行，且是必不可少的、持续不断的工作。

医疗和福利领域的essential work的重要性，正是"护理的重要性"。这种"护理"是区域社会中日常生活的重要组成部分。对于那些身心有障碍、老年人、儿童、单亲家庭等处于不利条件的人群来说，"护理"的提供是不可或缺的。

当今的社会福利理念是，不论面临何种困难的人，都应当继续在区域社会中积极且持续地生活，并通过充分利用地区的公私社会资源来实现这一目标。因此，必须在本地通过适当的手段，提供与需求相匹配的"护理"。

"护理"具有高度个性化特征，如果不能根据具体情况灵活匹配，其效果就会大打折扣。由于"护理"本质上是个性化、即时性的，它最根本的前提

---

① 《世界》，岩波书店2022年1月第952期，第91页。

是人与人之间的关系,因此具有较强的地域性,受到地域文化和风土的影响。正因如此,"护理"不适合以全国统一的标准和形式进行提供。

如今,作为社会福利应有的状态,我们强调以在社区内提供福利服务为宗旨的"区域化",以及地方自治体根据本地状况推进灵活的福利政策的"分权化"。讨论的基础应当是"护理思想",也就是需要从"本地"的角度出发。另一方面,基于"护理思想"对区域化和分权化进行考察时,应该凸显以社会福利为核心的理念。"护理思想"的核心是具有"全球性"的视角。换句话说,我们要求"本地"和"全球"两方面的视角相辅相成,而不是对立。

(二)地方分权与地区主义

在推进社会福利行政的区域化过程中,讨论的核心概念包括"地方分权"和"地区主义"。所谓"地方分权",是指社会福利行政的主体最初由国家承担,国家拥有权力。将这些权力下放给地方政府,地方政府能够主动参与社会福利工作。另一方面,"地区主义"有两个系统。在与地方分权进行对比时,通常被称为"地区主权"。在地区主权体制下,社会福利行政的主体是地方政府,地方政府应当拥有一定的自治权力。而狭义上的地区主义往往指的是以共同体主义(communitarianism)为基础的连带性福利状态。值得注意的是,地方分权和地区主权并不是对立的二律背反概念。

回顾日本第二次世界大战后的社会福利历史,可以看到,在当时社会福利几乎不存在,国家创设法律和制度,并让地方自治体负责实施,从而稳定了社会福利体系。此后,特别是在1980年代以后,地方自治体在社会福利方面扮演了越来越重要的角色。进入1990年代后,社会福利的各项制度进行重组,基础自治体(市町村)成为实施主体。

地方分权和地区主权这两个因素是并存且相辅相成的。地方分权和地区主权都以地方自治体为公共组织的主体,而共同体主义的地区主义则以地方社区和地区居民为主体。此外,在推动社区福利时,当地居民的合作至关重要。社区居民的参与和共识在发掘地区福利需求、开发社会资源方面具有重要意义。从这个角度来看,"地区主义"也可被看作"地方分权"和"地区主权"的根源。

然而,将所有生活和福利问题的解决完全依赖于社区是不切实际的。生活和福利问题与每个人和每个家庭息息相关,许多人可能不愿意让周围的人知道自己面临的困难。此外,解决这些问题需要专业知识和技术,专业人员的介入往往能取得更好的效果。从这个意义上说,"地区主义"也可称为"地方分权""地区主权"的根源。

考虑到福利对象的需求、解决问题的效果性以及现实性,仍然需要公共组织提供专门支援。这一过程并不是要在"地区主义""地方分权"和"地区主权"之间做出选择,而是根据各自的任务和实际情况进行合理分工。

市民和年轻人共建的地域社会

岩渊泰*

本文将探讨在人口持续减少的日本，大学作为区域城镇建设重要据点所发挥的关键作用。目前（2021 年），各领域纷纷呼吁年轻人积极共建可持续发展的社区。年轻人以其独特的视角和蓬勃的活力，为社区变革注入了新动力。年轻人的作用不止于此，当年轻人与当地居民展开对话，通过实地调研挖掘社区的独特价值与潜在魅力，并共同描绘社区的未来发展蓝图时，他们逐渐成长为支撑社区发展的中坚力量。大学通过研究与教育引导社区走向包容性发展，为社会注入新的活力与希望。这是大学新的社会贡献。

面对日本人口减少的挑战，近年来儿童保育、教育支持和福利政策不断得到强化。

另一方面，人口减少促使大学间的合并进程加快，并引发了激烈的竞争。在提升管理效率的同时，各大学也在努力提高自身吸引力，以确保招生规模。为增强国际竞争力，政府将大学分为"全球型"和"区域型"两类，其中 37 所大学被选为"超级全球大学"（SGU）。与此同时，各类区域发展项目相继推出，包括 2013 年的"地方（知识）基地建设项目"（COC 项目）、2015 年的"地方（知识）基地大学区域推广项目"（COC+）以及 2020 年的"大学的地方创新人才教育构建项目"（COC+R）。这些项目逐渐着眼于促进学生的社区融入、就业支持和人才培养。

然而，谁来为年轻人建设一个宜居的城市？年轻人在这一过程中是否有

---

* ［日］岩渊泰（岩淵 泰）：公共政策博士。冈山大学社区综合研究中心副主任、副教授。本文译者：罗鹏，西南交通大学外国语学院日语系讲师。

足够的参与度？这依然是一个悬而未决的问题。地方衰退的根源在于，社区的未来被过多地交付给政府和议会，而忽略了育儿一代、工作一代以及年轻一代的广泛参与。城市的发展离不开年轻人的声音。因此，我们将进一步探讨，在人口减少的背景下，大学如何才能成为吸引年轻人参与的关键平台。

一 大学城镇建设论

在社区协作强化的过程中，大学的角色正在发生深刻变化，以下将从三个方面进行阐述。

（一）作为城镇建设资产的大学

大学被视为城镇建设的重要资产，以往，大学与社区的合作主要体现在教师参与行政审议会或委员会会议等形式上。然而，随着地方振兴和可持续发展目标（SDGs）的推进，大学与地方政府之间广泛签署了主题型和综合型的合作协议，使得双方交流更加活跃。社区希望借助大学强大的研究能力实现城市振兴，而大学则寻求通过社区合作推动产业创新、开设实习机会以及支持社区实践课程等。

城市经济学家理查德·佛罗里达指出，大学已成为推动城市发展的关键要素。通过"3T"模型——Technology（技术）、Talent（人才）和 Tolerance（宽容性），大学为来自世界各地的研究人员和年轻人提供了一个聚集与互动的平台。这三要素对城市发展具有积极的推动作用，尤其是大学倡导的宽容性，能够为社区注入多元的价值观。大学吸引了来自国内外的研究人员和年轻人，积累和传播信息，发挥区域联络点的作用。

（二）从竞争到共生思维的转变

大学日益关注社区发展，培养的人才形象随之发生了转变。随着大学更加注重实际研究与主动学习，其教育目标逐渐聚焦于建立可持续的社区，包括森林与海洋保护以及可再生能源。

在经济高速增长的时代，大学的人才培养目标相对单一。它们通过吸引本地青年，为城市地区输送劳动力。人们普遍认为一所优秀的大学往往是那些能够帮助学生在大公司中谋得职位的大学，其核心任务是培养在市场竞争中脱颖而出的精英。然而，随着大学深度参与可持续社区的建设，它们的目标逐步转向如何营造一个能吸引年轻人留下并长期生活的社区环境。为实现环境、自然、福利与生计的和谐共存，当地社区正在探索一种以"共生"为核心的模式，既重视个体的发展，也关注群体的整体福利。大学通过深化研究技术，有效利用区域的有限资源，推动与居民的交流与讨论。社区培养的人力资源贴近人民和社区，然而，过度强调尊重他人意见而忽略表达自身立场，可能会削弱社区内的自由氛围，甚至导致社区内产生封闭感。要突破这种封闭性，大学需要加强民主意识的教育，鼓励学生学会倾听与理解他人，同时大胆表达自己的观点。

（三）实现可持续社会的实践与学习

青年的参与不仅能解决问题、创造活力，更能激活社区，实现社会的可持续发展。由市民与青年共同创造的社区模式多种多样，包括举办活动、创业项目、活跃商业街、保护文化与传统活动、开发特色产品、制定城市规划、开展医疗与福利实践，以及参与环境保护等。这些努力的关键在于，青年的自由表达能够打破社区中僵化的人际关系，使其更加开放和流畅。

造成年轻人外流的原因，除了升学和就业外，还包括对人际交往的厌倦，以及对城市轻松与自由的生活的向往。随着年轻人外流，当地价值观和思维方式也会逐渐产生偏见。因此，社区愈发重视吸纳年轻人的参与。他们从大学吸收的多样性与创新思维，有助于打破社区的封闭性。例如，在许多社区的决策与政治文化中，讨论空间往往由固定的老年男性成员主导，青年与女性的参与则较为有限，导致社区缺乏多样性，也削弱了活力。大学对社区的重要贡献之一在于，从外部视角对社区进行评估，发掘居民未曾意识到的问题与潜在魅力，恢复讨论的活力。当原本缺乏参与感的年轻人加入社区活动时，他们往往扮演连接社区的催化剂角色，激发成年人的反思与行动。年轻人的声音可能影响政策发展方向。

（四）活跃在大学和社区社会的年轻人

大学的研究与教育揭示了区域内的问题，并与居民共同寻找解决方案。人口减少促使研究和教育机构与当地社区合作，为年轻人创造参与社区事务的机会。值得注意的是，年轻人参与社区活动并非仅仅为了迎接挑战，而是源于他们对自我定位的探索，他们通过改变城市的经验，逐渐融入社区。

截至目前（2021年），大学与当地社区的合作仍处于探索阶段。必须牢记，只有当年轻人与社区共同学习和成长，并且有一个充满活力的场所供他们积极参与时，改革才能真正实现，而这也正是一所致力于推动社区共生的大学所追求的目标。

在本文的最后，我们将介绍一个学生参与当地城市发展的案例。大学的力量不仅体现在日本学生身上，还延伸至世界各地的青年，留学生往往能发现那些被当地居民忽视或未曾意识到的社区魅力。

二 案例：地方小村落的国际交流与城镇建设

自2012年起，冈山县矢挂町江良村落与冈山大学的留学生建立了持续的交流关系，每年吸引超过50名留学生前来参与互动。村落全年组织了丰富多彩的交流活动，如插秧、夏日祭、抬神轿、收割稻谷以及寄宿家庭体验等。

在少子高龄化加剧的日本，山水自然管理愈发困难，独居老年人也在不断增加。然而，江良村落以"打造世界第一乡村"为目标，积极开展社区建设工作。为什么与留学生的交流会让村落如此充满活力呢？

矢挂町是一个仅有约1.4万人口的小镇，曾经游客稀少，如今作为重要的传统建筑保护区，正利用其历史景观推动城镇建设。每年11月，留学生们都会参与大名游行这一传统活动。在一次田园风光参观中，留学生们偶然造访了江良村，热情的村民用柿子作为礼物欢迎他们。由于这次朴素而真挚的接待，此后，每年都有留学生来到江良村。

村民们热情欢迎与招待来自世界各地的留学生。为了让全体村民都能享受与留学生的交流，村里将儿童会、老人会等团体组织起来，成立了"发光吧！江良元气会"，为留学生准备年糕、饭团、时令蔬菜等特色食品，为留学生们带来最难忘的回忆。这种互动给村落带来了显著的变化。

第一个变化是中断了60年的神轿活动再度复兴。村民与留学生一起投入到这一传统活动中，这激发了村民们学习英语的热情，孩子们也积极参与。村民们为孩子们在全球化中的成长感到由衷喜悦。

第二个变化是村落的宝藏被重新发掘。留学生在活动后，会提交一份关于矢挂町发展的建议报告。村民看来稀松平常的事物，留学生却往往觉得独特有趣。例如，有一天，一位中国留学生在公民馆里看到挂轴"浩然养气"后感到非常惊讶，并向村民解释这出自孟子的名言，意为培养宁静与豁达的心境。自从和留学生交流开始，村民们了解了许多他们原本不知道的事。随着国际交流的日益深入，这个地区也重新找回了自信。

留学生积极参与当地活动图

笔者拍摄。

第三个变化是村民们开始考虑如何美化这座城镇的伽蓝山。无论是孩子还是老人都可以上山，这种共同的活动创造了新的交流机会。学生们来到村里，村民们便会常常聚在一起聊天。人们常说，随着社会资本的增加，城镇会变得更加宜居。然而，更为重要的是发现、交流和享受，以及学会如何在诸多消极问题中转变心态。

　　留学生参与城镇建设的过程，也是他们深入了解日本的课题和挑战的过程。这不仅能让留学生学到宝贵的经验，还能在他们返回祖国后，推动本国的社会发展与创新。而更重要的是，这一交流使得留学生能够在日本建立起另一个"故乡"的概念。即使在自己的家乡，也应当致力于构建一个更加全球化的家庭。

多样性与社会福利

田中丰治[*]

一 多样性的必要性和概念规定

为什么现在提到社会福利就要把"多样性"作为关键词呢？因为在构建未来成熟的福利社会时，多样性是不可或缺的核心要素。

在未来的成熟社会中，最大限度地尊重少数群体的意见和声音，"不抛弃任何一个人"的基本态度和价值理念尤为重要。尽管这些群体可能属于少数，但这并不意味着他们是"社会中的弱者"，他们以社区和组织的"平等合作伙伴"身份，寻求公正的地位和角色关系。在多元化的社会中，这些少数群体作为独立的伙伴，与我们共同生活、共同创造，并与各种利益相关方合作，共同建设所谓的"包容性社会"。

多样性理念可以追溯到19世纪60年代的美国。当时，公民权利运动和女性解放运动蓬勃兴起，《雇佣机会均等法》（EEO）成立，明确禁止基于人种、肤色、宗教、性别、国籍、残障、年龄或遗传信息的歧视。多样性指的是不同性质的事物能够广泛共存。这一概念最初源自"生物多样性"（Biodiversity），即地球上多种多样的生物在相互依存中共生的现象。时至今日，多样性的内涵从"种子＝个体"，即"个人、每个人"的层面，在人文社会科学领域得到广泛应用，包括性别、年龄、人种、民族、宗教、国籍、学历、经验、能力及性别认同等方面，涵盖个人—集体—组织—社区—社会的

---

① ［日］田中丰治（田中 豊治）：社会学博士，西九州大学研究生院教授。佐贺大学名誉教授，厦门理工大学日本文化语言中心客座教授。本文译者：雷凤琴，四川外国语大学日语学院硕士研究生。

多层次维度。

以"人才的多样化"为例,当被问到"为什么多样性理念现在变得如此重要"时,我们可以从以下几个方面进行回答:①为了迎接全球化的浪潮,需要从海外引进优秀且高素质的人才,有效利用这些人才并通过竞争激发日本本地员工的工作热情。②通过从以往被认为是"少数派"的群体中发掘、聘用和引入新的人力资源,能够打破当前多数派的单一模式,使组织焕发新的活力。③将具备异质性和独特才华的人才融入团队,为简单、单一、单调的行为模式注入活力,推动变革,这种积极效应令人期待。

那么,"多样性"被频繁地使用、日渐受到重视的现象背后究竟是什么原因呢?与多样性相反的概念包括"一致性、一元性、一极性、单一性"等,这些理念与"集中化、权威性、集权性"等一元化价值观密切相关。在这种"一元化"的社会中,个体往往难以享受充分的自由,个性也无法得到发挥,社会也缺乏推动变化和革新的动力。少数群体,特别是女性、老年人、残障人士、疑难病患者以及少数民族(如黑人)常常因差异或偏见感到不满与愤怒。

多样性这一概念本身具有双面性(两面性、两意性),这里我们分别说明一下"多样性"这个概念的优点与缺点。其主要优点包括:①相比同质性,多样性能够从全新的、不同的视角(相异点)出发,重新思考问题。②相比统一性,多样性提供了自由、新颖且具有竞争力的观点与体验。③通过相互启发与协同效应,可以从变化中找到创新性的课题解决方案。④尊重个人、强调自尊和个性,能够提升成员的工作动力。⑤能够灵活创新与应对全球化需求、提供客户服务。

然而,多样性也存在一些不可忽视的缺点:①由于存在"差异性",可能引发误解、摩擦、对立、冲突以至过度内耗。②如果多样性得不到有效管理与统合,团队可能因意见分歧而分裂,导致关系恶化。这些缺点会阻碍团队合作,对组织造成不良影响。因此,必须及早采取措施,进行持续改善。

总之,推动多样性的核心意义在于,通过构建一个尊重个体差异、发掘差异价值的多样化组织，尽管存在差异，但可最大限度地发挥每个人的能力，从而提升组织的绩效并促进其成长。

本文以"多样性"为主线，阐述了尽管人类历史的发展有时会经历倒退，但在曲折的过程中，"多样性"的理念逐渐获得了更多的尊重，进而演变为以共存共荣为目标的"成熟化（容许）社会"，例如，"社区综合护理体系"或"多职种联合团队医疗"等。

二 多样性社会的社会学考察

"多样性"这一概念以多种角色（具有独立决策权的主体，如国家、民众、民族、组织团体、集团以及个人等利益相关方）的存在为前提。这种社会倡导以自由、平等和对等的态度对待各种意见和新想法，以一种"民主开放的体系"为该目标收集意见，并确保意见得到有效反馈。纵观历史，"独立决策权"这一主权概念经历了从"国王主权"到"国家主权""国民主权"再到"市民主权"的逐步演变与发展。其历史本身处于不断发生、变化、成长与成熟的动态进程中，越来越多国家、民族及地区开始推崇"市民主义""民主主义""自由主义"以及"个人主义"等价值理念。

如果将人类历史比作人的一生，从宏观视角来看，可以描绘出这样的发展阶段：原始社会（形成、未开化）→成长社会（开发、发展中）→成熟社会（先进、繁荣）→衰退社会（减少、夕阳）→死亡社会（消亡、合并与废止）。

从最初的原始狩猎与游牧时代，人类逐渐定居一方并迎来了以耕种为主的"农业革命"（农耕社会）。18世纪后，科学技术和工矿业迅速发展，工业化与机械化飞速变化，人类进入了被称为"市民社会"的新阶段。这一时期发生了"工业革命"，社会组织蓬勃发展，人类从传统束缚中解放，崇尚理性精神，并开启了宗教改革的进程。而如今，我们已步入以计算机技术和信息技术为核心的"信息革命"时代。

如果将社会结构的变化划分为三种类型,可以如下概括"多样性社会"的发展趋势:①绝对的君主主义 → ②多数表决的民主主义 → ③尊重少数派的民主主义。这一发展趋势基于马克斯·韦伯提出的"支配的三种类型"(传统的支配→领袖的支配→合法的支配),尤其是从"多数人到少数人"这一角度进行了重新思考。以下是对此的补充说明:

① 在历史长河中,人类社会为了争夺统治权,经历了无数次的权力斗争。古代的统治者一旦成为部落首领或大王,往往会将自己"神圣化",将自身塑造成"唯一、绝对、至上、神圣"的存在,以赢得被统治者的崇拜和信仰,宛如神明一般俯视众生。

绝对君主制下,以国王、教皇、君王为代表的领袖人物掌握着绝对的统治权,建立起一套以绝对服从为核心的权力体系。这种权力关系加剧了君主与民众之间的分裂,个人往往被压制甚至抹杀。

② 18世纪,近代市民社会的建立不仅孕育了理性、独立的市民阶层,也促成了"多数派民主主义社会"的出现。这里的"市民"包含了"拥有自由、平等、博爱以及独立人格的个人"的价值理念。这些"个人"能够自主、独立且理性地进行选择、判断和决策。通过选举制度,当选的议员作为"市民代理人"在国会中立法,确立"合法支配"的社会制度。在这种情况下,占据多数派的主流群体(多数意见与团体)掌握了权力,负责管理与支配。现代社会普遍采纳了这种民主主义规则。

然而,这种制度也带来了明显的局限性,多数派与少数派的两极分化导致了少数派的边缘化。少数派的意见往往被忽视甚至排除。其次,代议制民主主义无法得到良好发挥。尽管市民社会和市民意识在不断觉醒,从"间接民主主义"(代理人、代表制)向"直接民主主义"(市民主权、自主决策、市民参与)转变,但这一过程并未推动社会进入新时代的变化与成长。

③ 尊重少数派的民主主义。进入21世纪的现代社会,在全球化资本主义的严峻背景下,诸如国际竞争、优胜劣汰、弱肉强食、适者生存等理

论占据主导。但与此同时，人们并未忽视那些被这种体系排除在外的"关系社会中的弱者"。女性、老年人、残障人士、疑难病患者、单亲家庭、贫困人口以及外国人等群体的社会福利政策正逐步发展。尽管现阶段这些政策仍显不足和不完善，但在民主主义社会中长期以来难以获胜的、以"市民主权"和"个人权利"为核心的理念，正缓慢而坚定地获得更多的社会认可。

历史随着时代的演进而不断发展，它在变化中逐渐自我学习，走向成长与成熟。作为人类智慧的结晶，以"个人基本人权"为核心的民主主义理念正在社会各个层面逐步渗透并日益成熟。诸如"个体中蕴含着全体""个体与全体的平衡""尊重少数者的意见""尊重个性"等价值观正成为新的社会共识，少数群体日益成为关注的焦点。人们开始思考如何将不同立场与观点——例如年龄、性别、价值观、个性以及生活方式等——有效地融合在一起。这种融合并非以排斥少数群体为代价，而是以尽可能理解差异为前提，以追求共存共荣为目标，共同探索一种共创、协作、协同的社会形态，形成"多样性社会"的理想模式。

三　多样性和少数性的事例考察

（一）残障人士和健康人士

"残疾人"是指"因身体、智力或精神上的残疾，在日常生活或社会活动中持续受到一定程度限制的人"（摘自《残疾人基本法》第二条，1970年）。根据统计数据，2005年，日本的残疾人总数（包括居家和机构中的人员）达723.8万人，占总人口的约5.6%。其中，居家的残疾人有667.0万人（占比92.2%），在长期介护机构中的残疾人有56.8万人（占比7.8%）。此外，身体残疾的儿童数量为366.3万人，智力残疾的儿童为54.7万人，精神残疾的儿童为302.8万人。

上述法律明确了对残疾人和罕见病患者提供福利服务和支持的必要性，并修订《残疾人基本法》作为"综合支援残疾人日常生活及社会生活的法律"，自2013年起正式实施。这部法律的基本理念规定："无论是否存在残疾，所有国民都应被视为拥有基本人权的个体，尊重其人格尊严，实现共生社会。为此，应确保残疾人士能够在社区中获得日常生活和社会生活的援助，并致力于消除一切阻碍实现这一目标的事物、制度及偏见。"

然而，尽管"法律"与"理念"已经逐步完善，现实中对残疾人的歧视与偏见仍难以彻底根除。因此，我们必须继续努力，构建一个以尊重"人权""个性"和"共生"为核心价值的"多样性社会"。

（二）性别平等

联合国可持续发展目标（SDGs）中明确提出了"性别平等"的目标。据报道，日本政府要达成"到2020年实现女性领导人占比30%"的目标相当困难。日本领导层女性比例偏低的问题备受批评，特别是在"政治领域（如国会议员、地方议员、知事、市长等自治体负责人）"以及"企业高管"这两个领域，情况尤为严重。2018年，日本女性众议院议员比例仅为10.1%（47人），在全球193个国家中排名第165位，在G20国家中排名垫底，属于全球最低水平。在国会这一制定法律、制度和规则的最高决策机构中，女性议员极为稀少，这正是日本男女平等推进缓慢的根本原因。这一现象也折射出日本社会整体国民素养的不足。

自1999年《男女共同参与社会基本法》颁布以来，已经过去了20多年。然而，"男性占优势、女性居劣势"的社会结构与观念似乎并未发生显著变化。为有效推动"男女多样性"，需要采取更加明确和切实的措施。例如，应当明确标记"配额制"的数值目标和实现年份，并引入包括罚金在内的严格执行手段。社会应逐渐从过去以"男性与女性"定义的"性别差异"或"性格差异"的观念，转向以"个体与个体"（个人对个人）的视角，强调"个人差异、能力差异、实际成果"的价值。

(三)性的多样化

作为"性的多样性"的一部分,LGBT(女同性恋、男同性恋、双性恋、变性者)等性少数群体和情侣的"同伴关系宣誓制度"终于被引入。2015年,东京都涉谷区和世田谷区率先制定条例,向同性情侣颁发"同伴关系证书",确保同性情侣在住房借贷合约、医院病情说明等方面享有与异性伴侣相同的权利。此举为"多样的结婚、婚姻形式"与"家族的多样性、个性化、复杂化"奠定了基础。截至2020年,已有59个自治体实施了这一制度,约900对同性情侣获得了认可。据朝日新闻2017年的舆论调查,49%的受访者支持同性婚姻的法律认可,超过了39%持否定意见的人数,年轻一代对此更为宽容。我们应当倾听新时代的呼声,推动社会向更加尊重多样生活方式的方向发展。

1989年,丹麦首先通过了"登记伴侣法",成为全球首个承认同性婚姻的国家。到2020年,欧洲、南北美洲、大洋洲等29个国家和地区已认可同性婚姻。在亚洲,2019年中国台湾地区成为首个合法化同性婚姻的地区。在主要的七大国家中,只有日本尚未出台相关法律。

(四)外籍劳工和本国工作者

截至2019年,日本的外国人口达283万,同比增长了3.6%,占日本总人口的约2%。这些外国人因人数、居住地、国籍、出生地和在留资格等多种因素,呈现逐年增加的趋势。这一变化的背后,正是日本因人口减少、少子高龄化带来的"劳动生产人口减少"和"人才(劳动力)不足"的社会问题。

随着外籍劳工的增加(165万人),雇佣关系不可避免地带来了一些社会问题。例如,在留资格的恶意利用、职场霸凌、权力骚扰、工资争议、沟通障碍、文化差异以及外国人犯罪等。然而即便如此,随着经济与金融的全球化,为了吸引和保留优秀的人才、推动企业海外发展以及实现日本的发展战略,日本依然需要雇佣外籍劳工。尤其值得注意的是,外国劳工与日本年轻一代的劳动观(不需要太多钱,轻松赚钱,不想做重体力劳动,打工或啃老就行等）存在明显差异。

从"外国人也是劳动者，和我们是一样的人"这一角度出发，我们正处于一个不问国籍，而是以"个体差异""能力差异"和"实际成绩差异"来评判劳动者的时代。如果忽视基本人权，只将外国劳动者视为"廉价劳动力"或"劳动力调整工具"，就会很容易被这些劳动者放弃，他们将转向其他公司或国家。未来，我们必须从少数群体的角度出发，深入考虑并认真推进与外国劳动者和移民的相互理解与沟通，推进改善劳动条件、完善法律与制度、实施教育与培训等方面的工作。

为了逐步消除外国人与日本人在价值观和生活方式上的差异，使他们能够获得理解与支持，自治体或市民组织应积极参与其中。每个人都应保持接纳外国人作为"社区成员、地区居民、市民生活者之一"的态度。通过日常的自治会活动、社区清扫等举措，努力建立起地区居民与外国人之间的相互信任关系，确保他们的交流机会。

（五）老年人与年轻人

截至 2020 年，日本 65 岁及以上的老龄人口已达到 3588 万人，占总人口的 28.4%，居全球之首。男性中老年人占 25.4%，女性比例则为 31.3%。也就是说，每 4 名男性中就有 1 名是老年人，而每 7 人中就有 1 名是 75 岁以上的老人。同时，老年人的就业率也在不断上升，男性为 33.2%，女性为 17.4%。随着老年人口与老龄化程度达史上巅峰，老年工作者的数量不断上升，呈现出"长寿且健康的高龄工作者不断增加"的现状。65 岁以上的"独居老年人"中，男性占比 32.6%，女性占比 67.4%。这也带来了老年人社会孤立、孤独死等问题。

从"人口减少下的就业环境"来看，15 岁至 29 岁群体的就业人数为 2061 万人，其中劳动力人口占 1220 万人，占比 18.4%。无论是人口数量还是比例都呈现下降趋势。截至 2019 年，除学生外，正规公司职员和业务员以外的雇佣人员比例如下：15 岁至 19 岁群体占比 40.2%，紧随其后的是 20 岁至 24 岁群体，占比 33%。这些"非正式雇佣"的年轻人群体工作和收入都不稳定，缺乏储蓄意识和稳定性，难以承担照顾父母的责任。此外，按年龄层划分的"未婚率"显示，30 岁至 34 岁的男性中约有一半（47.1%）未婚，而女性中约有三分之一（34.6%）未婚。更进一步，男性的"终生未婚率"为 23.4%，女性为 14.1%。这些现象与"未婚化"和"少子化"问题密切相关。

在这样的"家族减少社会"（family-less society）中，"谁来照顾年迈的老人"以及"没有家人能够支撑老年人"已成为严重的社会问题。迄今为止（2020 年），人们普遍认为老年人"应该由家里的长子妻子或亲生子女来照顾"。然而，随着孩子数量的减少、夫妻双方都参与工作的家庭模式、男女平等以及家庭和亲子关系的多样化等趋势，传统的"家族责任"或"女性职责"理念已显得捉襟见肘。除了家庭成员外，作为"社会责任"，亟须建立"妥善照顾老年人的社会系统"。"衰老"是每个人都会经历的逐步丧失正常机能的过程；健康的人也会逐渐"老去"，也可能因事故或疾病出现功能障碍。因此，我们应当致力于创建一个能让老年人和健康人都能安心生活的多样性社会。

四　为了推进多样性社会

综上所述，过度的多样性和异质性可能导致社会不统一和不一致，进而引发分裂和扩散。单纯让不同类型的人或对立的组织并存并无太大意义。关键在于积极地将持不同意见的人进行分组或组织化，并推动"包容和规范"的创新过程。因此，作为发展方向，应该有一个从"分歧到包容（Inclusion）"的统一过程。包容意味着"社会性包容"，即积极接纳立场和思想不同的人才，通过相互融合，朝着共同目标作为一个团队进行合作。此外，"成熟"指的是"关心他人"，特别是认可"社会中的弱者和少数群体"的存在与意见。在一个"成熟的包容社会"中，"个人的幸福——集体的凝聚力——组织的繁荣——社会的进步"基本上都处于同一个发展方向。

对福利和介护的关注程度是"社会成熟度的晴雨表"。以包容为例,厚生劳动省提出以下目标:"到 2025 年,在尽可能维持老年人尊严并支援其独立生活的前提下,让他们能够在熟悉的地区度过余生,推动建立地区全面支援与服务提供体制(社区综合护理体系)。"为了推进这一"社区综合护理体系",需要以"社区的自主性和主体性"为基础,因地制宜地进行努力。

此外,推进主体包括"多工种协作团队医疗"等。这种医疗模式通过不同医疗从业人员(对等、平等且高度专业化的团队)相互合作,共同为客户提供治疗与护理。未来,类似的多元协作形式(包括不同专业的合作与组合)将成为解决问题的关键课题。

为了进一步推动社会的成熟发展,需要确立以下规则:①明确传达高层领导的愿景和信息(理念、目的、目标)。②将"多样、个性、异质的人才"聚集起来,通过集体协作和相互合作实现新的共同价值观。③奖励"个人能力赋权"(个人的实力、业绩和能力)和坚持努力。④制定"力量平衡"制度,推动多样性共生、共存、共立。⑤创造能够包容反对、对立和敌对力量的"宽容社会"。

结 语

为了迎接充实的百年人生时代

川池智子[*]

前文篇目总结了日本在少子高龄化社会中社会福利和社会保障的法律制度以及实践，我们在思考如何创建一个"长寿互惠社会"，让每个人都可以健康长寿。

一 如何开拓少子高龄化社会

日本现在面临着少子高龄化，人口减少这种应该被视为"文明转型"的局面。社会性问题层出不穷，但我们别无选择，只能像开辟新大陆一样大胆应对这一巨大的社会变革。

IT 和 AI 等技术取代了大航海时代，探索新大陆的指南针和望远镜等工具，这些技术具有无限可能。以日本为例，虽然伴随少子高龄化而来的人口下降将导致劳动人口急剧减少，但是大部分劳动人口可以被人工智能和机器人等所替代。

另一方面，从 2011 年的东日本大地震中也能感受到，可能会发生任何科学力量都无法控制的事态，即使是水、风、火都可能失控。笔者不知道明天会发生什么，一直铭刻心中的东西在各种天灾人祸中又被重新唤醒。笔者强烈地感觉到，我们有战胜困难的力量。因为我们拥有"看清事物本质和看

---

① 本文译者：雷凤琴，四川外国语大学日语学院硕士研究生。

清应该改变事物的能力""抛弃旧社会规范的勇气""吸收新知识和技术的意愿""与附近的朋友和不同领域的人建立联系、共同创造的创造力"等,在许多文明的变迁时期中存留下来的、人类能够充分利用的无形的力量。

为了思考这个问题,我们想继续研究一个宏大的主题。我们从一位在日本的小街道实现了享尽天年的女性的故事这一微观视角思考日本的介护保险制度问题,并从宏观的视角来分析克服少子高龄化社会的重点问题。

二 微观视角:一位痴呆症女性在介护保险制度下实现尽享天年的案例

艳女士出生于1930年代,在抚养两个孩子、为丈夫父母养老送终后,她开始进行裁缝、书法和阅读这些她最喜欢的活动,并在空闲时间做些田间工作,就这样度过了些平静的日子,然而不久后,她就被诊断出患有痴呆症。在被判定为需要介护程度2级后,家人试图寻找护理机构,但艳女士言语激烈地拒绝进入护理机构,说:"我还没有糊涂!!我可以住在家里!"但是住在1000公里外的女儿没有办法每周都来看望她。因此,在"护理经理(介护支援专家)"的建议下,她的女儿开始利用以独居老人为对象的便当配送服务解决艳女士饮食问题,请求"家庭护工"(上门介护员)帮助确认艳女士的安全以及帮助艳女士帮助购买晚餐和早餐等。

不知不觉一年多过去了,家庭护工每天都要四处寻找不知道骑自行车去了哪里的艳女士,艳女士的每一天似乎都危险重重。为了满足家人"尽可能减少艳女士独处的时间"的愿望,护理经理对艳女士说:"请来教书法吧",邀请艳女士接受"日间服务(门诊)"。

为了确保安全,艳女士住在被拆除了煤气和微波炉的家里,平常吃的都是凉了的午餐,对艳女士来说"热乎乎的午餐和零食"很有吸引力。像当地聚会场所这样的独户住宅与机构不同,艳女士将生龙活虎的年轻介护员当作了书法班学生,就此开始了每周三天的日间服务。

结　语　为了迎接充实的百年人生时代

然而，晚上艳女士依然是一个人。她或是不停地点燃佛龛上的蜡烛，又或是在炎热的夏天和寒冷的夜晚忘记打开空调。她一直处于被一些微不足道的小事威胁生命的状况中。终于在两年后，日间服务机构重新装修，打造了生活空间，护理经理建议："我们有更多房间了，您不如偶尔留下来吃晚饭吧？""住在机构里，妈妈不太愿意吧"，艳女士的家人对此没抱什么期待，但是虽然艳女士不记得护理经理名字，但她很喜欢这位护理经理。由于是经理邀请的，而且晚上还可以吃到热乎乎的晚饭，也可以从"可能会有带刀的小偷"的不安中解脱，艳女士同意了。

自此她便开始白天在一楼进行日间服务，晚上在二楼的"面向高龄者的附带服务的住宅"（服高住）的单间里，由"居家介护服务"提供支援。"服高住"是面向老年人的无障碍出租房，需要国家管辖范围内获得认证和注册，近年来由于介护福利设施不足，"服高住"越来越多。

住在单间里有夜间检查、早上的穿衣支援，还有介护人员准备早餐，可以赏樱、摘橘子、购物、晴天散步、参加当地节日、田野工作、当地志愿者开插花班、雏祭、撒豆驱邪等童年活动，在这种日间服务中，艳女士也好，其家人也好，都安心生活了许多年。但即使在这种情况下，艳女士的痴呆症仍在逐步发展，尽管发展速度缓慢。虽然艳女士可以自己排泄和吃东西，但是说话次数减少了，偶尔把纸巾塞进嘴里的异食癖行为增加了，所以需要介护程度变成了3级。

某次艳女士晚上在房间里摔倒骨折后，开始无法说话与走路，需要接受排泄帮助，她的需要介护程度变成4级。需要介护程度越高，可以使用的服务就越多。之后，艳女士转而开始使用"上门康复""上门护理"和"福祉辅具租赁"制度，通过这些制度租用轮椅和介护床等。

不久后，护理经理召集相关专业人士，召开了"护理会议"，探讨眼前的"看管护理"方针。在医生和工作人员的建议下，艳女士的女儿尽管有些不知所措，还是同意支持"自然衰老"的护理。图1为被护理会议的成员包围的艳女士，旁边是非常有才能的护理经理。

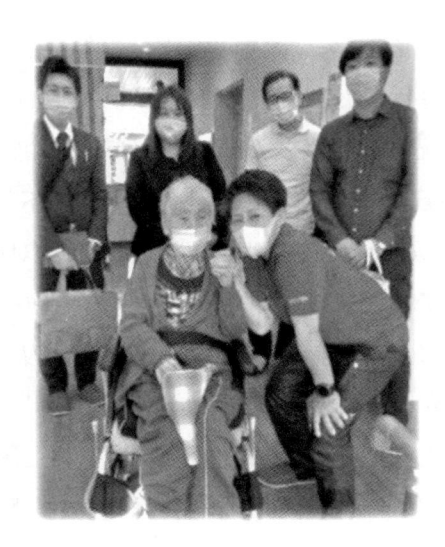

图 1

后来,艳女士逐渐变得无法咀嚼和吞咽,只能接受糊状食物和补充稠糊水,在一个初冬的早晨,她结束了90岁的人生。和电影《入殓师》一样,"入殓师"为艳女士化妆,陪伴与照看她的介护人员们对着她的遗体,像她的家人一样哭了起来。孙辈们的"送殡"是将生命托付于年轻一代的一道风景。

三 中立视角:驱动系统的引擎是"人"

日本的介护保险制度像日本旅馆一样,制度设计细致周密,"仔细考虑每一个角落"。可以肯定的是,介护人员的使用费负担、服务限定、介护工作的劳动条件等问题堆积如山,但就像这个事例一样,即使无法进行家庭介护,介护保险也会提供支持。然而,仅仅有一个系统是不够的。

支持艳女士的是"人"——上门访问的护工、确认安全的午餐外送员、日间服务的介护人员、上门护士、上门理疗师、上门牙医、上门诊疗的医生、医院工作人员等,是"专业人员"为艳女士提供了支持。

其次,连接专业支援圈的是护理经理。护理经理既负责介护保险服务所有的调整、支援介护的认证和再认证程序，也支撑着用户及其家人。护理经理也是各专业、社区专业机构的"网络工作者"。虽然每个护理经理负责的案件数有40—100件，但只要用户家人联系经理，经理都会立即致电回复。许多护理经理获得了介护福祉士和护士的认证，是在设施中具有实践经验后通过公开考试认证的高度专业化的专业人员。

艳女士的护理经理走进了"我是一个书法老师，即使我已经80多岁了，也有几十个学生"这个"艳女士的故事"。通过观察艳女士的面部表情，在适当的时间给予回应，因此艳女士对设施的生活很满意。

介护机构工作人员也总是以温暖的微笑对待艳女士，同时尊重她的尊严。这就是为什么艳女士能够在这里平静地被照顾到最后，而没有发生痴呆症患者容易出现的任何粗暴行为。

然而，选择担任护理经理或介护机构工作人员的年轻人数量正在减少。原因之一是工作条件。包括护理经理在内的日本介护专业人员的年收入比所有劳动者的年收入低约100万日元。照顾人的知识和技能，包括医学的基本知识都是先进的技术知识。此外，这些专业人员具有根据护理对象的个人能力、家庭和生活史，不按手册规定灵活应用的护理能力，其收入理应高于所有劳动者的平均年收入。

为了改善介护工作者的待遇，整个社会必须认识到介护工作和社会福利工作的价值。同时，护理人员自己也需要一个可以为这项工作感到自豪的环境。这个环境需要介护人员有时间反思这项工作从而充分加强循环教育以提高护理质量。此外还需要加强实践和教育之间的进一步合作。专业培训教育强调"现场培训"，但在现实中，繁忙的护理现场和学校很难共同承担教育任务，培养专业人才仍面临着诸多挑战。

顺便一提，案例中的艳女士就是笔者的母亲。笔者没有办法经常去疗养院，母亲并不因此责备笔者，也许是因为她的女儿一直在做自己想做的事，她对此感到高兴。在最后共同度过的时光中，对笔者母女来说每天的日常膳食支援是重要的时刻。

四　宏观视角：学会激活突破社会变迁的"人的力量"

本文借鉴了世界上最畅销的 *Life Shift* 一书，使用长寿社会这个词来代替少子高龄化社会。这本书充满了开创性的关键词，例如"长寿红利""多阶段人生"和"投资自己的未来"。这本书指出在人口迅速老龄化的背景下，我们不仅要像日本一样，不对经济停滞、医疗费用飙升和养老金制度的崩溃感到恐惧，还要通过积极改变我们的思想和行为来开辟一个新时代。

现在日本的老年人中，有很多人认为退休后的时间出乎意料地长。在日本这种"枪打出头鸟"的高压社会中，需要有些人鼓起勇气向前迈出一步。晚上在托儿所里，一些老人被孩子们围着，讲童话故事、教孩子们翻花绳、缝布袋、弹弹珠等。借助网络技术，一些老年人立志成为长期住院病人的"倾听志愿者"或是小学社会科目的兼职教师，向小学生讲述历史等。有些人使用无人机来管理人口过疏化导致的空置房屋，在赚取工资的同时也为当地社区作出贡献。

在多代人共享的时间和地点，老人从孩子身上获得能量，孩子通过与各种人的交流，学习各种生活方式和价值观，这些都很宝贵。在有些社区，老人可以代替忙碌的父母，为孩子们提供温暖的怀抱。即使没有血缘关系，也可以建立社会性家庭。在这样一个小范围内，在小活动从点到线，再从线到面的变化中，人们的行为和意识可能也会随之改变。

创新不能仅靠技术、制度等"硬件"来实现。为了激活可以促进技术和制度发展的智慧、意识和行动等的"人的力量"，需要"人与人之间的纽带"和"学习的更新"。交朋友、获取新信息、互相学习、设法创新，这些将成为少子高龄化社会的能量。

我们必须摆脱从前的"社会规范"和"年龄歧视"等偏见，向年轻人传达即将到来的多种人生舞台的价值。作老年人"前辈"和"向导"，肩负着向社会展示"榜样"的使命。我们需要的是"学习"和"共同创造"，这些也是日本人擅长的。

只要"夕阳族"的人能认识到这一点，就一定能找到解决方法。

五　如何度过少子化社会：什么是重视孩子的社会？

最后，我们来看看少子化社会中的"少子化"部分。

从"天使计划"开始，日本30多年来一直致力于应对少子化。然而成果并不明显。另一方面，虐待儿童和儿童自杀等未成年问题越来越严重。

但是，正如我目前所强调的，无论花多少钱创建一个系统，驱动系统的"人"得不到重视的话，系统将无法运行。古语"百呼不应"就是这个意思。一个少子化的社会该怎么做，这个问题的答案不止一个。在桌子上创造出来的归根结底只是"纸上谈兵"。不认真倾听青少年、家长、社区儿童活动从业者的"声音"，共同思考，就得不出答案。

从事"育儿教育"的笔者有一件深信不疑的事，就是必须要重视"保育工作"。幼儿时期的幼儿"保育"是人类力量的基础，而"保育工作"这个职业关系到儿童和年轻父母，必须得到重视。新生的孩子在接触、吸收着周围的一切同时成长着。孩子们在奔跑和大笑、跌倒和哭泣、打架和生气的这种重复日常中长大。就像如果您附近有电脑或智能手机，就会立刻明白如何操作它。

图2

注：拙著（2020）《作为〈依赖劳动〉的育儿与社会关怀：婴幼儿/残疾儿童父母需要的东西》封面的孩子们。

正因如此，我们无法形容消除孩子身边的危险、营造良好环境的同时，支持"重视孩子积极性的育儿"、走近年轻父母、与孩子们共同奔跑、守护他们的生命、促进孩子成长的育儿职业对社会做出了多么重大的贡献。

但是，与介护职业相同（护理工作＝护理劳动），育儿职业比一般人的平均年收入低 100 万日元。此外，对于 5 岁儿童，每 30 人中配置一名护理人员的配备标准不会改变，就像在办公桌前上班一样每天工作 8 小时，有时需要加班，连周六也要出勤，育儿工作者要全身心投入，为了孩子们和年轻的父母日夜工作。

儿童的环境在信息技术化中急剧变化。现在也很流行讨论"Z 世代"和"数字原住民"等世代的特征。然而，不变的是，无论在何种环境下，总是存在以"探索""发现""学习"作为"生活的乐趣"而成长的、振兴社会的孩子们。全身心地玩耍、学习、唱歌和跳舞的、展现人类最原始的姿态的孩子们，不应该被推入成人社会的模式里。

孩子们将我们的生命与永恒联系在一起。对于孩子的孩子，孩子的孩子的孩子，我们未来的两代人、三代人来说，社会将会发生什么？人类可以得益于机器人，舒适地只用工作半周吗？机器或机器人会负责老人介护吗？未来数十代后，人可能与人工智能融合，得到无穷无尽的生命。

现在，活在这个时代的我们希望超越国界、集中智慧，用有限的生命为眼前的孩子、为年轻一代、为未来的孩子，建立一个更加重视"人类力量"的社会。

最后，非常感谢能通过本书与中国年轻一代相会。期待再见！

下　篇
中国社会福利的结构、实践与课题

展望

中国社会福利的结构、实践、课题

杨一帆[*] 罗 鹏[**]

随着中国经济、社会、人口等环境变化,少子高龄化和银发经济、数字经济和新业态与社会保障等理论成为热点研究,养老保险体系优化、医疗保障制度完善、贫困治理与社会救助改革、社会福利体系升级等也成为中国社会保障政策改革的研究重点。对此,下篇主要描述了在中国社会保障与社会福祉的现实和革新中,中国的结构变化、具体实践和展开的相关课题探讨。

下篇展示了记述了中国社会福祉服务的法律与制度发展、中国应对少子高龄的实践、中国社会福祉的人才教育培养体系、灵活就业人员的社会保障:现实困境与可能的出路、飞速发展的中国老龄科技与创新设计等部分。

首先,清晰阐述了中国社会福祉服务的法律与制度发展。描述了中国一般社会福祉的法律与制度发展以及中国老年福利制度体系的变革,结合福利制度与政策的落地实践案例,提出新时代中国社会保障与社会福祉中存在的问题以及制度展望。

其次,分享了中国社会应对少子高龄化的实践。描述了中国在面对少子高龄化这一现实社会问题时的探索与实践。通过对北京、上海、浙江、江苏南京、四川攀枝花、广东深圳等地的地方政策解读以及各地友好城市和社区建设案例,进一步体现中国方案的成果以及未来走向。

---

[*] 杨一帆:博士,西南交通大学公共管理学院教授。
[**] 罗鹏:西南交通大学外国语学院日语系,讲师,中国日语教学研究会西南分会会员,四川省老年学学会会员。

再次，介绍了中国社会福祉的人才教育培养体系。目前中国社会福祉人才存在数量匮乏、整体素质偏低，无法满足老年人群的护理需求的问题，对此，加快培养专业福祉人才迫在眉睫。各专家学者描述了我国福祉人才政策与培养体系的变化、人才规模现状以及面临的困境，并结合中国政府、高校、企业等的现实实践提出针对性建议。

接着，探讨了灵活就业人员的社会保障，现实困境与可能的出路。新科技革命催生的灵活就业新浪潮正席卷中国，在有望为残障群体创造更加公平的就业创新机会的同时，灵活就业人员的社会保障困境已然成为中国社会的痛点和难点问题。相关研究者描述了灵活就业人员及其社会保障的现实困境，并给予可能的出路。

最后，讨论了中国老龄科技与创新设计的飞速发展。总结了在面对老龄化社会资源约束的被动困局时，中国在科技创新上的关键突破。主要包括脑科学类的老龄科技与创新设计、助行助听类重点领域的科技创新、家具类老龄科技与创新设计、其他领域老龄科技与创新设计等四方面的突破案例，提出敏捷、包容、协同和开放的治理建议。

面对人口减少·老龄化局面的中国与日本

长宗武司 *

从中国和日本的基本人口数据来看，由表 1 可知，中国的人口规模约为日本的 11 倍。而日本人口密度较高，国土面积狭小，90% 以上的人口居住于城市地区。

表 1　中日两国人口关联指标对比

（百万人；%）

指标	中国	日本	年
人口	14338	1261	2019
人口密度	145	339	2018
城市人口率	555	914	2015

资料来源：参考 UN,"World Population Prospects: The 2019 Revision"和"World Urbanization Prospects:The 2018 Revision"制作。

从图 1 推算的人口增长率的变化来看，截至 2020 年，与已进入人口下降阶段的日本相比，中国的人口呈现持续增加态势。但是，长远来看，预计中国将和日本一样，随着人口增长率值的不断下降，迎来人口减少的时代。

从图 2 不同年龄段的人口比例来看，截至 2020 年，两国 65 岁及以上老年人口的比例都在变高。由图 3 可知，截至 1950 年，日本老龄化率与中国相同，均约为 5%，但自此之后，日本老龄化率一直在急速升高。预计中国也将在 2050 年进入老龄化社会，对社会福利需求将进一步增加。

---

* ［日］长宗武司（長宗　武司）：新见公立大学经济学博士。本文译者：雷凤琴，四川外国语大学日语学院硕士研究生。

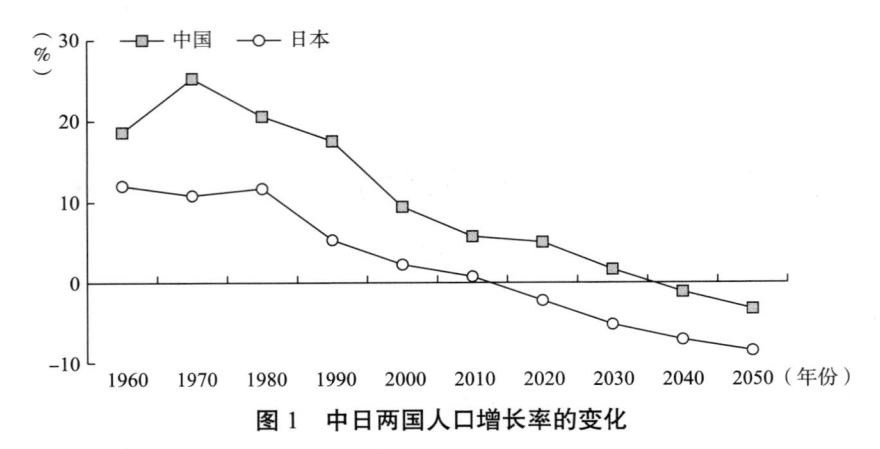

图 1　中日两国人口增长率的变化

资料来源：根据 UN，"World Population Prospects:The 2019 Revision"的人口预测计算的人口增减率编制。

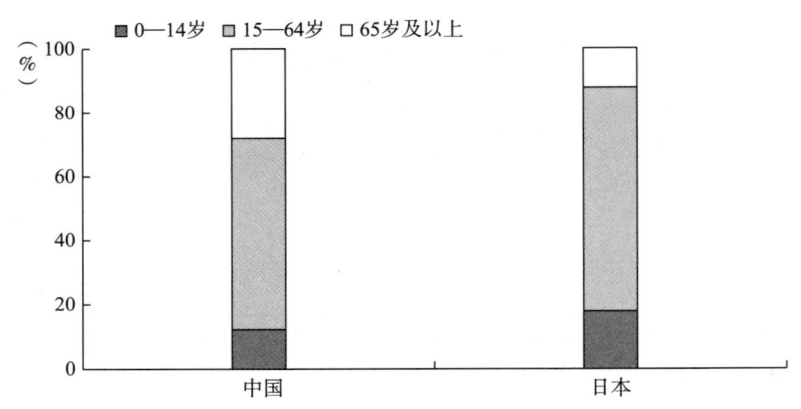

图 2　中日两国不同年龄段人口比例（2020 年）

资料来源：根据 UN，"World Population Prospects:The 2019 Revision"的人口预测计算的人口增减率编制。

关于中国和日本的经济状况，可以用国内生产总值（GDP，代表"国内一年内生产的商品和服务的附加值"），国民总收入（GNI 代表"居民一年内于国内外的总收入"）这两者来说明，根据表 2，中国均远超日本。与此相对，人均 GDP 和 GNI 则是日本较高。

从图 4 的 2007—2017 年中国和日本的国内生产总值实际增长率来看，日本持续低速增长，而中国近年来则持续保持 5% 以上的增速。

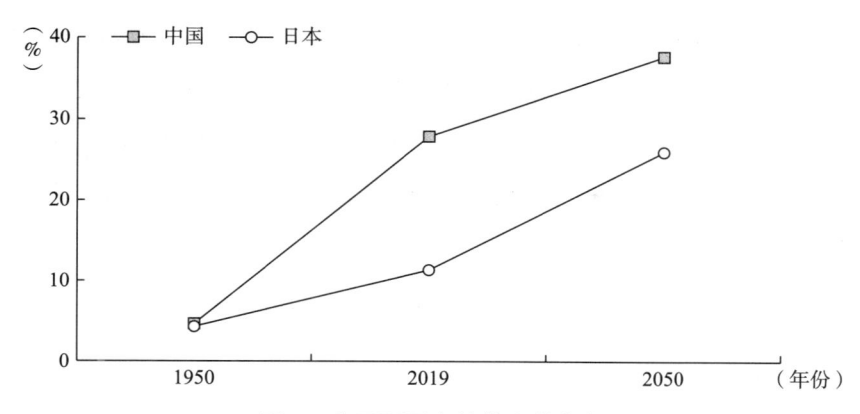

图 3 　中日两国老龄化率的变化

资料来源：参考 UN，"World Population Prospects:The 2019 Revision" 制作。

表 2 　经济相关指标的对比

（百万美元；美元）

指标	中国	日本	年份
国内生产总值（名义 GDP）	12237782	4867348	2017
人均国内生产总值（名义 GDP）	8682	38402	2017
国民总收入（名义 GNI）	12203851	5040848	2017
人均国民总收入（名义 GNI）	8658	39771	2017

资料来源：参考 UN，"National Accounts－Analysis of Main Aggregates"（AMA）制作。

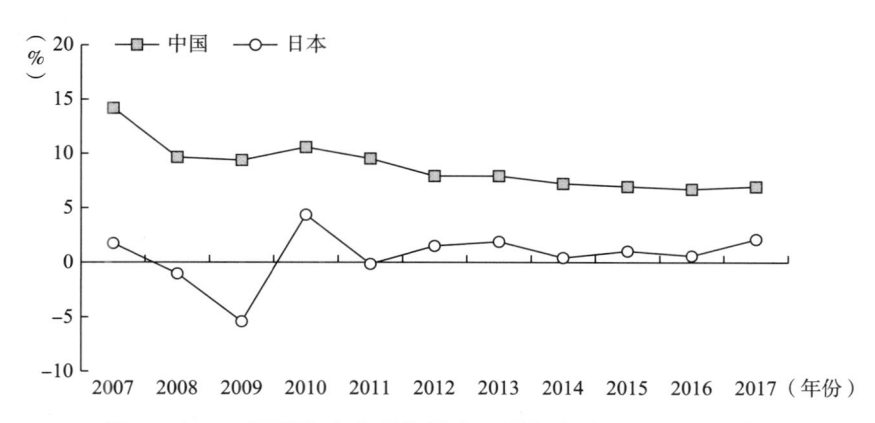

图 4 　中日两国国内生产总值的实际增长率（2007—2017 年）

资料来源：参考 UN，"National Accounts－Analysis of Main Aggregates"（AMA）制作。

从图 5 的各产业就业比例来看，2016 年，中国第一产业的就业率明显高于日本。而两国的第三产业的就业率均居第一。与日本一样，2016 年中国第三产业的就业率也在逐年上升，其中医疗和福利行业的从业人数也处于增长趋势。可见，在面临老龄化社会的中国和日本，福利发挥的作用将越来越重要。

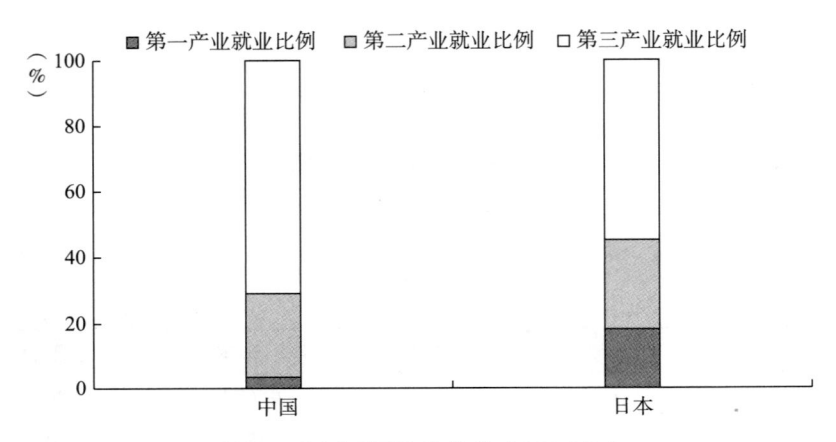

图 5　中日两国产业结构（2016 年）

资料来源：根据英国《经济学人》杂志编辑部《世界统计年鉴 2019》制作。

中国人口老龄化和社会福祉的演变

王双双* 何昕颖**

一 中国人口老龄化的社会背景

（一）老龄化发展进程

20世纪90年代末，我国逐渐开始进入老龄化社会。我国超大的人口基数，再加上20世纪七八十年代实行的"独生子女"政策，导致进入21世纪我国老龄化呈现加速发展趋势。如图1所示，我国65岁以上老年人口从2013年的1.32亿增长到2022年的2.09亿，占总人口的比例从2013年的9.70%增长到2022年的14.90%。

从时间序列来看，我国的人口老龄化发展呈现出不匀速增长的趋势，这主要是和过去几十年中国的几次生育高峰期相关。1949年之后出现第一波婴儿潮，随后的饥荒导致生育率降低。到20世纪60年代，生育意愿开始回升，又出现第二波婴儿潮，一直持续到实行计划生育政策时期。中国近十几年的老龄化主要是由第一波婴儿潮所导致的。第一波婴儿潮出生的人口在近些年逐渐迈入老龄化，导致社会整体的老龄化水平提升。第二波婴儿潮时期出生的人口还未完全步入老龄化，因此在未来的一段时间内，老龄化仍然会呈现出持续保持高位的态势。

---

* 王双双：西南交通大学公共管理学院助理教授，西南交通大学国际老龄科学研究院研究员，美国麻省大学波士顿分校老年学博士、兼职研究员。

** 何昕颖：西南交通大学公共管理学院硕士研究生，国际老龄科学研究院科研助理。

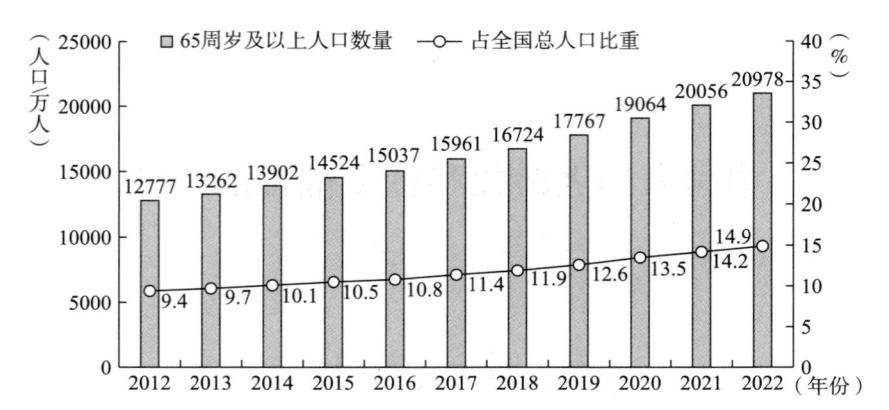

图1　2012—2023年全国65周岁及以上老年人口数量及占全国总人口比重

资料来源：民政部、全国老龄办：《2022年度国家老龄事业发展公报》，2023年12月14日，https://www.gov.cn/lianbo/bumen/202312/content_6920261.htm，2024年1月20日。

（二）城镇化发展进程

20世纪70年代末，改革开放的浪潮推动了大量人口流动。资源和产业向沿海城市的聚集，导致大量的人口向城市流动，寻找更多的就业机会，从1953年第一次人口普查的数据来看，当时我国的城镇化水平仅为13.26%，到2020年第七次人口普查时，我国的城镇化水平达到63.89%，提高了50.63个百分点（见图2）。

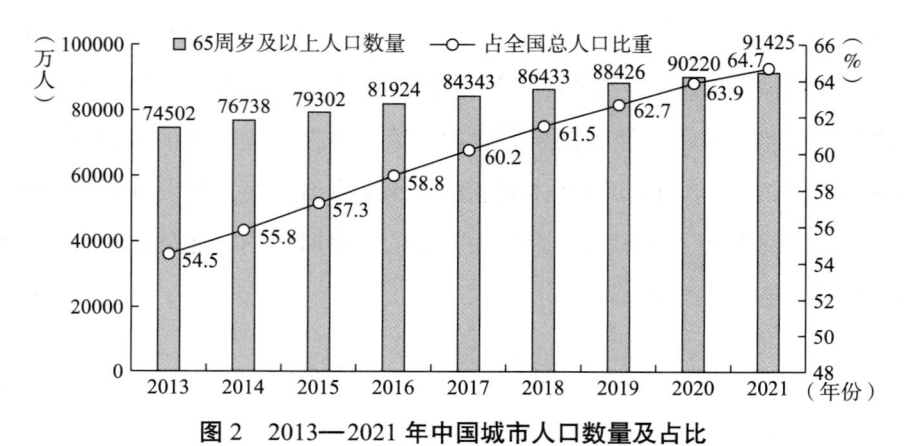

图2　2013—2021年中国城市人口数量及占比

资料来源：国家统计局：《2020年第七次全国人口普查》，2021年11月，https://www.stats.gov.cn/sj/pcsj/rkpc/d7c/，2024年1月20日。

城镇化是我国社会经济发展的结果，城镇化水平的提升也从另一方面证明了我国改革开放以来经济的飞速发展。从城市的产生和发展的过程来看，城市的发展吸引大量人口的涌入，他们为城市发展提供了劳动力支持。但随着城市规模的逐渐扩大，超大的人口负荷也给城市发展带来众多的问题，城市资源的短缺、环境的破坏、人们需求的提高等现实因素也给城市发展规划带来了巨大的挑战。

在人口老龄化的社会背景下，伴随城市中老年人群体数量和规模的增加，如何在发展城市经济的同时，建成适宜老年人居住的城市成为新时期城市发展建设面临的难题。

（三）少子化发展进程

19 世纪 40 年代，人类掀起了产业革命，产业革命通过技术进步和发展推动了人口转变，即人口由人类社会发展初期的高出生、高死亡、低增长逐步向较高发展阶段低出生、低死亡、低增长转变。产业革命显著地推动了生产力的发展，通过产业分化和职业分工、生产的企业化和机械化、价值观及个人选择的多样化等多方面因素的综合作用，深刻地促进了"人"的生产方式的革命，造成了人口的晚婚化、晚育化甚至不婚、不育化，出生人口越来越减少的少子化。中国人口转变在 20 世纪 70 年代中期已基本完成，之后，出生率、自然增长率持续下降，到 2018 年已分别降低到 11‰和 4‰以下，2020 年又进一步下跌到 8.52‰和 1.45‰（见表 1），是中华人民共和国成立以来出生率首次跌破 10‰，自然增长率首次跌破 2‰。与此同时，20 世纪七八十年代中国开始实行的计划生育政策，提倡"晚婚、晚育、少生、优生"，到 21 世纪我国进入老龄化社会，人口结构性矛盾开始显现。

由于出生率的降低，国家优化生育政策，鼓励人们生育。2016 年，我国开始实施"全面两孩"政策，生育率出现短暂的回升，然而生育率没有像人们预想的那样持续提升，反而逐年降低。2021 年 5 月，我国开始实施"三孩政策"，试图通过提高出生人口来缓解老龄社会的压力。

一边是"不愿生",一边是"逐渐老去"。纵观现实,由于人口规模基数大,少子化、长寿化、老龄化的基本国情仍然会持续很长一段时间。

表1 2016—2020年出生人数、出生率、自然增长率

年份	出生人口总数(万人)	出生率	自然增长率
2016	1889	13.57‰	5.86‰
2017	1769	12.64‰	5.32‰
2018	1526	10.86‰	3.81‰
2019	1467	10.41‰	3.34‰
2020	1203	8.52‰	1.45‰

资料来源:国家统计局:《中国统计年鉴》2022年9月,https://www.stats.gov.cn/sj/ndsj/2022/indexch.htm,2024年1月20日。

二 人口老龄化的趋势特征

(一)人口老龄化始发相对较晚,但速度快且呈加速发展态势

中国作为人口大国,受生产力及经济社会发展水平的制约,人口老龄化始发相对较晚,老龄化率的上升大致始于1964年。但由于生产力及经济社会发展与人口生育控制政策的双重作用,人口转变提前完成,人口老龄化快速发展。1982年,中国65岁及以上老年人口尚不足5千万人,老龄化率只有4.91%。2000年,65岁及以上老年人口已增长到8827万人,老龄化率提高到7%,数据显示,中国从2000年开始进入老龄化社会。① 2010年,中国65岁及以上老年人口已超过1亿,老龄化率提高到8.9%,2020年65岁及以上老年人口进一步增长1.91亿人,老龄化率也同步提高到13.52%,距离进入老

---

① 根据联合国的定义,如果一个国家或地区65岁及以上老龄化率达到7%称为老龄化社会,达到14%称为老龄社会,达到21%称为超老龄社会。

龄社会仅差不到 0.5 个百分点。

（二）老年人口规模庞大，加速进入老龄化社会

中国历史上就是一个人口大国，尽管在较长时间发展比较落后，老龄化水平不高，但老年人口仍具有较大的规模。根据第七次全国人口普查数据初步估测，中国总人口可能在 2025 年之前达到峰值并开始转向减少，开始进入老龄社会。根据 2022 年国务院发展研究中心课题组预测，到 2035 年和 2050 年，中国 65 岁及以上老年人口规模将分别达到 3.46 亿和 4.49 亿，老龄化率达到 20.5% 和 37.3%。根据 2017 年日本国立社会保障与人口问题研究所预测，到 2035 年和 2050 年，日本老年人口规模分别为 3782 万和 3841 万人，老龄化率达到 32.8% 和 37.7%。可以得知，到 2050 年中日两国老龄化率虽然都达到 37% 左右，但中国老年人口规模却几乎是日本老年人口规模的 12 倍。

（三）人口老龄化超前快速发展，"未富先老"态势明显

英国、美国、日本、韩国等发达国家人口老龄化都是经济社会发展到一定阶段的产物，一般是发展到较高水平之后才进入老龄化社会，如大部分发达国家基本上在人均 GDP 达到 2000 美元左右时才进入老龄化社会。发达国家这种经济发展先达到较高水平后，再进入老龄化社会的老龄化现象，被称为"先富后老"。

与发达国家不同，中国计划生育政策的强力实施，加快了人口转变进程与老龄化速度，导致还未富裕便进入老龄化社会。如表 2 所示，美国、日本、韩国、中国 65 岁及以上人口占比达到 12.6% 分别是在 1990 年、1992 年、2015 年和 2019 年，当时上述国家人均 GDP 分别为 2.4 万、3 万、2.7 万和 1 万美元。[①] 可见中国人口老龄化滞后于经济发展，且"未富先老"的状况还在持续，缺乏足够经济条件，应对老龄化问题就更加困难。

---

① 田悦：《浅析我国未富先老问题及其影响》，《社会科学前沿》2022 年第 2 期，第 580—585 页。

表 2

(年；万美元)

	美国	日本	韩国	中国
老年人口占比达 12.6% 时间	1990	1992	2015	2019
同年人均 GDP	2.4	3.0	2.7	1.0

三 中国社会福祉的发展历程

中国于世纪之交步入老龄化社会，21 世纪前半叶，中国的老龄化进程处于快速推进之中，老年人口规模一直稳居世界第一，伴随规模不断膨胀、程度持续加深以及年龄结构日益老化的大趋势，全社会的老年抚养负担越来越重。到 21 世纪中叶，攀升至近 5 亿的庞大老年人口规模，将使中国社会在养老资金支出和养老服务体系构建等方面面临巨大的压力和挑战。[①] 在老龄化程度不断加深的背景下，习近平总书记指出，要坚持"在发展中保障和改善民生"，始终将"增进民生福祉"作为发展的根本目的，必须多谋民生之利、多解民生之忧，在发展中补齐民生短板、促进社会公平正义，在幼有所育、学有所教、劳有所得、病有所医、老有所养、住有所居、弱有所扶上不断取得新进展。

福祉从一个侧面反映了人们对幸福生活的祈盼或追求幸福感的某种心境，社会福祉行动就是要尽可能帮助社会的特殊群体成员减轻困难、减少痛苦、减缓压力，让弱势群体通过社会的关怀与援助最大限度地获得生活的幸福与快乐。目前，民生福祉特别关注的对象：按年龄包括儿童福祉和老年福祉。基于中国语境以及高龄少子的社会背景，福祉与福利一词密不可分，可以说社会福利是增进人民福祉的重要制度性安排，因此建设中国的"福祉社会"

---

① 翟振武、陈佳鞠、李龙：《中国人口老龄化的大趋势、新特点及相应养老政策》，《山东大学学报》（哲学社会科学版）2016 年第 3 期。

不仅需要明确方向，还需要把握社会福利的演变规律。

（一）初步形成时期

我国的社会福利制度建立于20世纪50年代，从中华人民共和国成立到改革开放之前，政府是我国的公共服务的供给主体，这一时期的社会福利事业主要是政府通过一系列的制度设置管理整个社会的资源并进行配置，建构了一个全能的总体性社会，并对特定的社会福利对象提供满足他们基本生活需求的供养性社会福利项目，即其实施范围主要局限于孤寡老人、孤儿等特殊群体。

这一阶段的标志性事件是具有救济性、过渡性的社会福利政策快速出台以及与计划经济体制相适应的社会（集体）福利制度建立。其间，就老年福利政策而言，一方面，政府作为公共服务单一的供给主体，直接承担了部分公共养老服务的责任，通过政府财政的直接支付，建立敬老院或养老院，为"五保户"老人提供社会援助救济和养老服务，确实解决了一部分鳏寡孤独老年人的生活照护问题；另一方面，政府的公共部门、政府创办的事业单位以及社会成员所在各类企业单位组织，成为社会福利或公共服务的递送者。此外，政府采取"单位（集体）制"的方式，将养老服务、医疗保障、退休金保障、住房保障等事务交由企事业单位负责，通过制度安排对其进行控制。就儿童福利政策而言，受传统观念影响，这一时期的福利对象局限于孤残儿童，仅满足儿童生存需要。重要政策如下：1951年全国救济福利工作会议通过的《关于旧有社会救济福利团体的团结改造问题》，提出改造原有的儿童福利机构，收养因战争而导致家庭照顾缺位的孤残儿童，由国家财政负担进行院内集中供养。[①] 1953年通过的《第二次全国民政会议决议》阐明了开展城市救济工作，重点关注残老孤幼，进行必要性的教养、救济和劳动改造，利用社会力量给予一定的帮扶。1957年4月教育部发布的《办好盲童学校、聋哑学校的几点指示》，

---

① 尚晓媛等：《中国儿童福利前沿（2011）》，社会科学文献出版社2011年版。

是国家部委出台的针对残疾儿童的文化教育文件，提出要充分保障特殊儿童的受教育权利以及所受教育的水平。

（二）调整时期

1978年实施改革开放政策后，中国进入了由计划经济向市场经济的转型期。在这一市场经济转变的转型期，为了改变落后的国民经济状况，经济生产和社会转型成为国家的施政重点，社会福利政策则转向于服务经济生产。为了促进生产和减轻政府负担，单位集体制逐步瓦解，政府有意识地弱化自身的公共福利供给角色，旧的社会福利体系日益分化，变得支离破碎[①]。这一时期的主要标志是明确社会福利社区化与社会化成为城乡社会福利改革的主要方向。

1. 社会福利社区化改革

在计划经济体制向社会主义市场经济体制转变的背景下，许多国有企业的"关、停、并、转"使部分单位成员开始自谋职业，需要依托社区进行社会生活和管理。面对"单位人"向"社会人"转变后所产生的社会化的福利需求，1986年，民政部在沙洲（现为张家港）会议上提出了社区服务的构想。1987年9月，民政部全国城市社区服务工作座谈会进一步提出了社区服务的内容、性质和目标。社区服务开始在一些城市进行试点和探索，并逐步在全国推开。1993年11月，民政部等14部委联合下发了《关于加快社区服务业的意见》，将社区服务作为建立健全社会保障体系和社会化服务体系中的一个重要行业。之后，全国各地出台了一批地方性扶持保护政策，社区服务由此得到了制度上的保障，进入了快速发展时期。

2. 社会福利社会化改革

1978年9月，第七次全国民政会议提出，在有条件的地方可以吸收一些城市双职工家庭中生活不能自理的残疾人员，费用自理。1979年11月，

[①] 岳经纶、程璆：《新中国成立以来社会福利制度的演变与发展——基于社会权利视角的分析》，《北京行政学院学报》2020年第1期。

全国城市社会救济福利工作会议进一步明确，要突破以"三无"对象为收养范围的规定，积极创造条件，有计划地开展双职工家庭残疾人员和退休孤老职工的自费收养业务。之后在全国范围内，许多社会福利事业单位开始突破原有的收养范围，有条件向社会敞开。还有不少社会福利事业单位积极拓展院外服务功能，举办养老、育幼、助残、康复等多种活动。此外，社会福利改革的另一个方向是供给主体的社会化。1984年3月，民政部在福建漳州举办的经验交流会上明确提出了"社会福利社会办"，鼓励社会各界力量创办社会福利事业，社会福利的供给模式开始从国家包办向国家、集体、个人合办转变。由此，我国的社会福利开始不断引入社会资源，朝向多元化供给的方向发展。

（三）成熟时期

随着经济和社会的发展，社会福利内容不断增加，原来已有的社会福利业务被纳入法治化轨道，老年人、残疾人、困难群体、弱势群体的利益得到关注，并通过法律形式得以保障。初步形成了以《中华人民共和国宪法》为基础，由《中华人民共和国残疾人保障法》《中华人民共和国老年人权益保障法》等60多部相关法律法规组成的保护老年人、残疾人、孤儿、特殊困难群体合法权益的法制体系。这一时期的主要标志是老年人、残疾人、儿童福利制度日渐完善并快速发展，管理体制也不断优化。

1. 老年人社会福利的发展

为应对人口老龄化所带来的高龄化、失能化、空巢化等问题，2000年以来，我国加快了老年人社会福利的建设工作。

该阶段强调以居家养老为基础，家庭责任迅速提升。[①] 2000年8月，中共中央、国务院发布了《关于加强老龄工作的决定》，提出"建立以家庭养老为基础、社区服务为依托、社会养老为补充的养老机制"；民政部又于2001年在全国启动了"社区养老服务星光计划"，着力实施城乡社区老年人福利设

---

① 戴卫东：《福利：V型责任论——中国老年社会福利政策的一个理论建构》，《社会政策研究》2018年第1期。

施建设，社区居家养老模式逐渐兴起并在城市地区得到快速推广。此后，居家养老的基础性地位在一些重要政策文件中都得到确认，如《关于加快发展养老服务业意见的通知》（国办发〔2006〕6号）、《关于全面推进居家养老服务工作的意见》（全国老龄办发〔2008〕4号）等。经过多年的建设与发展，目前我国已经构建起了以居家为基础、社区为依托、机构为补充、医养相结合的社会养老服务体系。

在福利津贴方面，宁夏回族自治区于2009年5月率先颁布了《关于建立80岁以上低收入老年人基本生活津贴制度的通知》，成为第一个由省级政府出台的高龄老人津贴制度的省份。同年6月，民政部在借鉴宁夏经验的基础上要求有条件的地区实施困难老人和高龄老人津贴。2013年，民政部进一步明确表示，将着力统一高龄老人津贴制度，全国80岁及以上的老年人皆可享受高龄老人津贴，明确提出建立以省为单位面向80岁及以上老年人的高龄老人津贴制度。2018年修订后的《中华人民共和国老年人权益保障法》中，明确国家鼓励地方建立80周岁以上低收入老年人高龄津贴制度，从此越来越多的高龄老年人享受到了老年津贴福利制度。

2. 残疾人社会福利的发展

为促进残疾人事业的发展，2000年以来，中央陆续出台了《中共中央、国务院关于促进残疾人事业发展的意见》《关于加快推进残疾人社会保障体系和服务体系建设指导意见》等指导性文件，加强了残疾人福利的制度建设，残疾人福利水平逐步提高。

在残疾人就业方面，我国不仅在《中华人民共和国残疾人保障法》和《中华人民共和国劳动法》中规定对残疾人的劳动就业实行特殊保护，而且在《社会福利企业招用残疾人职工暂行规定》《残疾人就业条例》中都对残疾人的劳动就业进行了特殊规定，要求各级政府对残疾人劳动就业进行统筹规划，为残疾人的劳动就业创造条件。在残疾人教育方面，特殊教育体系逐步形成。全国各省（市）举办了残疾儿童学前教育，开展了聋儿听力语言训练，设立了特殊教育职业培训或中等职业技术学校。在残疾人康复医疗方面，政府每年都拨付专项经费，用于残疾人的康复工作。康复医院、矫形医院、残疾人康复中心等医疗康复机构在全国范围内纷纷建立，为残疾人的康复提供了保障。

另外，为解决残疾人特殊生活困难和长期照护困难，2015年9月，国务院决定全面建立困难残疾人生活补贴和重度残疾人护理补贴制度。通过专项福利补贴的方式缓解残疾人因残疾产生的额外生活支出和长期照护支出的困难。

3. 儿童社会福利的发展

2006年3月，民政部等14个部门联合印发了《关于加强孤儿救助工作的意见》，将儿童福利的保障对象扩展为所有失去父母的未成年人和事实上无人抚养的未成年人。2010年11月，国务院下发《关于加强孤儿保障工作的意见》，开始在全国范围内建立孤儿基本生活保障制度。国家第一次直接通过现金补贴的形式为福利机构内外的孤儿提供制度性保障，这标志着中国在儿童福利政策方面的重新突破，推动我国儿童福利制度从补缺型向适度普惠型转变。随后民政部、财政部发布《关于发放孤儿基本生活费的通知》，为所有孤儿发放基本生活津贴。2013年民政部选择深圳市、昆山市、海宁市、洛宁县四地进行普惠型儿童社会福利制度建设试点，为困境儿童建立了基本生活保障制度。2016年6月，国务院出台《关于加强困境儿童保障工作的意见》，该文件明确适度普惠型儿童福利制度的基本内涵是，本着"适度普惠、分层次、分类型、分标准、分区域"的理念，立足当地经济社会发展状况、儿童生存与发展需要和社会福利制度的发展，全面安排和设计儿童福利制度。

此外，孤残儿童的人权保障逐渐得到社会关注、认可。2001年，民政部颁布实施了强制性行业标准《儿童社会福利机构基本规范》，旨在提高社会福利机构为孤残儿童提供的服务水平。2003年民政部出台的《家庭寄养管理暂行办法》,对寄养家庭应具备的条件、寄养家庭的义务等做出了具体规定,使寄养儿童的各项权益得到保障。

四 结 语

社会福祉的增进是各国民众追求的共同事业,它反映了人类社会发展和全球进步的成果。这一事业的发展有赖于各国政府社会政策的制定,也依赖各种社会组织和机构的积极行动。[①] 我们要在建设福祉社会的过程中,为人民群众尤其是为老年人和儿童等弱势群体创造较高水平的福祉,做到老有所养、幼有善育的同时实现"社会整体福祉最大化",让社会成员普遍获得幸福感。

---

① 林卡:《社会福利、全球发展与全球社会政策》,《社会保障评论》2017年第1卷第2期。

大众视野下的少子高龄社会福祉观
——对日本、中国近年的畅销文学作品和通俗读物的观察

罗 鹏 吕兆新*

随着全球性老龄化问题的爆发,如何面对老年危机?如何积极应对老年生活?这些都是叩问当代人的现实问题。文学如何关注"老龄化"问题,如何发挥人文关怀和呵护传统是备受学界关注的课题。在西方学界,以20世纪90年代安妮·M.怀亚特·布朗对"文学老年学"的宣言为标志,"文学老年学"逐渐取代"老年文学"并日臻成熟,之后随着跨学科交叉融合又出现了"叙事老年学""衰老诗学"等学科名称,相关研究数量也在不断增加。

老龄化社会是指老年人口占比达到或超过一定比例的人口结构模型。根据联合国的最新标准,65岁以上老人占总人口的7%,那该地区即视为进入老龄化社会。日本是全球人口老龄化最严重的国家,同时也是应对人口老龄化最成熟的国家之一。有着"私小说"传统的日本从近代以来,就持续关注"家庭""衰老""介护"等命题。随着1970年进入老龄化社会,1994年进入老龄社会,2015年进入超老龄化社会,日本文学对"老龄化"的书写是社会经济发展、全球人口老龄化的产物,凸显了日本步入老龄化社会后面临的整体困境,折射出复杂多样的老龄化现象和社会问题。日本学界从自身文化出发,依循自身的学术规范和传统,以"多要素、多尺度"的视角解读各类老年主题的文学作品,其方法值得世界学界借鉴。

---

* 吕兆新:博士。西南交通大学外国语学院日语系讲师,中国日语教学研究会西南分会会员。

相较于日本，2000 年，中国 65 岁及以上人口占比为 7%，而到了 2013 年，根据我国第一部老龄事业发展蓝皮书——《中国老龄事业发展报告（2013）》[①] 公布的数据显示，2013 年我国 60 岁以上年人口数量达到 2.02 亿，占总人口比重达到 14.8%。短短十二年间，中国的老龄人口数量增加了一倍多，可见中国老龄化发展趋势异常迅猛。

中国文学对于老龄化社会的关照始于 20 世纪 80 年代兴起的"老年文学"。不过，中国的"老年文学"主要指老年人写的文学作品，大多为退休老人的赋闲之作，文学体裁局限于诗歌、散文，小说创作较少。相关文学研究主要是以"叙事""形象"为角度，无论是创作还是研究均略显单薄。而且，中国人自古就有对于衰老与死亡避而不谈的传统，当代文学中的老人形象经常作为反面典型而被标签化，老年群像以及他们所象征的文化传统一并被时代浪潮所淹没。在青年/老年二元传统写作模式中，老年群体处于被边缘化的境地。尽管如此，21 世纪以来，涌现了乔叶《最慢的是活着》（2009 年）、阎连科《我与父辈》（2016 年）、周大新《天黑得很慢》（2018 年）等一批优秀的文学创作，展现了国内作家对老龄化这一时代议题的积极思考。此外，养老题材的影视剧和纪录片大多围绕"孝道文化""关爱老人"等展开，受到观众们的关注和热议，也引发了年轻一代深深的思考。

21 世纪以来，日本的一些畅销小说和大众读物开始译介到国内，学界开始关注日本老龄化发展的经验和教训。但由于种种原因（文本语言和文化因素等），国内学界对日本相关研究除了畅销作品的译介和概要性的介绍外，尚未有系统的研究。解读和考察大多偏重于单个作家、作品、影视剧，缺乏对日本老龄化发展整体的文化关照，较少考察时代背景和多学科特征在文本中的呈现。

[①] 吴玉韶主编:《中国老龄事业发展报告（2013）》，社会科学文献出版社 2013 年版。

一　日本文学中的老龄化社会及其特点

（一）从"姨舍"文学到《恍惚的人》

"姨舍"文学是日本老年文学的滥觞。"姨舍"一词言简意赅，是指将体弱多病或是年迈的老母亲遗弃到山里的意思。日本自古以来，有许多关于"姨舍"的传说故事。但位于长野县千曲川市的"姨舍山"似乎在向世人诉说，"姨舍"并非传说，而是镌刻在石碑上的历史。"姨舍"文学取材日本各地的"姨舍"传说，从平安时代（794—1192年）起至日本近现代，一直是日本文学中经久不衰的文学课题，同时又占据了日本老年文学的部分江山。

日本"姨舍"文学的特点可以用"醉翁之意不在酒"来形容。表面上是在写弃老的事情，但实际上，作者是想以"弃老"为反面典型，劝诫人们善待老人。因此，"姨舍"文学实则为充盈着老年关怀的"反姨舍"文学。

1970年，日本开始步入老龄化社会。国内老年人口迅速增长，伴随着经济的高速腾飞，医疗技术水平的显著提升，国民平均寿命得以大大延长。如何实现"老有所养"逐渐成为日本社会面临的突出问题。

正是在这一背景下，日本著名作家有吉佐和子于1972年推出长篇小说《恍惚的人》，以极其敏锐的视角，直面日本社会的新问题——老年护理问题。这是日本第一部以老年阿尔茨海默症为题材的文学作品，一直被视作日本护理文学的开始，在日本当代文坛占据不可撼动的地位。

小说主要讲述了一位名叫昭子的儿媳照料患有阿尔茨海默症的公公的故事。公公茂造是位八十四岁高龄的老人，不幸患上了阿尔茨海默症。起初，他只是食量增加了不少，可是自老伴猝然去世后，精神渐渐变得恍惚起来，越来越呈现痴呆的症状，有时甚至糊涂到大小便失禁。面对父亲茂造的痴呆症状，儿子信利表现出十分冷漠的态度。当妻子让信利帮父亲上厕所时，信利竟厌恶地说道："把他弄死算了。"茂造离世时，信利也只"打了个哈欠"，没流一滴眼泪。小说中，茂造的孙子敏跟父亲一样，一心关注升学的事，对于祖父的离世毫无悲伤,甚至还对父母说,不希望他们活得像爷爷那么长命,不然他会离家出走。

因此,照顾公公茂造的重担就落到了儿媳昭子一人肩上。茂造并不喜欢自己的儿媳,以前经常对昭子冷嘲热讽。因此,昭子和信利之前选择了搬出去另立门户。起初,昭子对于照顾公公一事十分抵触,但丈夫工作繁忙,儿子又要准备高考,护理重任只能交给自己。夫妻两人也考虑过将公公送进养老院,但由于养老院容量有限,遭到了院方的婉拒。一边工作,一边在家照顾公公的昭子身心俱疲,时常感慨"男人真是一点忙也帮不上"。一天,昭子在接电话,在浴室泡澡的公公险些溺死。这一事件使得昭子感到自责,深刻认识到了自己的责任,从此也更加用心地照料茂造的公公起居。正当昭子习惯这种忙碌的生活和现状时,茂造却溘然离世了。

从女性主义视角来看,《恍惚的人》可以说是一部既反映家庭内部护理困境,又批判日本男权社会的社会小说。西蒙娜·德·波伏娃在《第二性》中指出,在父权制文化中,"定义和区分女人的参照物是男人,而定义和区分男人的参照物却不是女人。她是附属的人,是同主要者(the essential)相对立的次要者(the inessential)。他是主体(the subject),是绝对(the absolute),而她则是他者(the other)"①。波伏娃将女性视作男性的他者,且受到男性的制约。从波伏娃的女性主义学说出发,可以看到,在父权制根深蒂固的日本社会,护理问题一直被当作日本女性的分内之事。正如小说中描写的那样,昭子独自一人扛起了照顾公公的责任,而自己的丈夫只会说"对不起,总是麻烦你"之类的话,却什么忙也不帮。女性在家庭护理中扮演的角色从来都不是护理本身所要求的,而是由男权社会界定的。然而,女性的力量毕竟有限。小说中,昭子时常因为护理公公而感到心力交瘁,甚至差点让公公溺死在浴缸中。这反映出,仅靠女性一己之力是无法解决护理困境的,家庭护理应是全家共同承担的责任。

---

① [法]西蒙娜·德·波伏娃:《第二性》,陶铁柱译,中国书籍出版社1998年版,第11页。

由于日本刚进入老龄化社会，护理经验和护理设施极其匮乏。正如小说中描写的公公茂造在泡澡时险些溺死一样，当时还未出现完备的家庭内护理设施，比如高龄者浴室、无障碍卫生间等。虽然当时已经有了养老院，但正如小说中东京某区福利指导主任所说的那样，"想进养老院的人，必须得等上半年甚至一年才有空位子"。养老设施的不足，使得当时的老年人不得不在家中接受护理。

《恍惚的人》发售不到半年，销量就突破了150万册。

1973年，日本政府开始对全国70岁以上老人免收医疗费，在总理府设置老龄对策办公室，并将1973年度的预算指定为"国民福祉优先预算"。因此，这一年也被媒体称作"福祉元年"。同年敬老日，"银色座席"（Silver Seat）①亮相日本国铁中央快铁线。社会福利咨询师考试、护理师考试也相继诞生，老年人护理的重担逐渐由家庭转移到社会。尽管日本政府采取了许多举措，但力度不大，并不能从根本上缓解老龄化危机。

距离该部小说发表已经过去了五十多年，但《恍惚的人》却并没有过时，直到现在仍是不断被重读的经典。从"姨舍"文学到《恍惚的人》，不变的是日本文学中一脉相承的老年关怀，同时又可窥见日本文学对于时代流变的深刻把握。

（二）《冰针》与积极高龄者形象

继有吉佐和子《恍惚的人》之后，以"家庭护理"为主题的护理小说大量登场，老年题材和研究视角更加丰富。涌现出南木佳士的《冰针》（1988年）、上野千鹤子的《一个人的老后》（2007年）等代表性作品。南木佳士的长篇小说《冰针》荣获1989年第100届芥川龙之介文学奖。这部作品成功塑造了松吉和传教士迈克这两个高龄者形象。松吉头部受伤导致半身不遂，又突发脑溢血不得不住院治疗。在住院期间，松吉认识了同住一个病房的传教士迈克。迈克曾是越南战场中驾驶战斗机的飞行员，因肺癌晚期住院治疗。

---

① 即老年人专座。

在生命的最后时光里，迈克却开始在病房里制作战斗机的模型。受到迈克的鼓舞，松吉出院后，宣布自己要制作一辆水车。原来，曾是火车司机的松吉很早以前就计划在车站附近建设水车，但由于铁路线路停运，松吉的这一计划落空了。松吉受到迈克制作的战斗机模型的影响，又燃起了重新制作水车的热情。当水车建好后的一个清晨，松吉倒在水车旁，永远地离开了。无论是迈克的战斗机模型，还是松吉的水车，都代表两人心中未竟的心愿。两人在最后一刻依然不放弃生命追求的生活态度值得每一位读者深思。

在这一阶段，护理文学一改以往"如何生存"的主题，向读者抛出"如何衰老"的时代课题，塑造了大量积极应对衰老与死亡的高龄者形象，在文学实践中倡导衰老美学。

小说发表的20世纪90年代，日本老年人口占比超过14%，日本开始步入老龄社会。从老龄化社会到老龄社会，日本只用了24年。这一阶段，日本高龄人口急剧增加，少子化问题日益严重。"核家族"逐渐取代"大家族"，家庭护理的负担加重。1989年，日本政府发布"新高龄者保健福祉推进10年战略"①（又称"黄金计划"）。在推进该战略的十年间，日本政府投入了逾6万亿日元用于养老院的维修及扩建，为居家老人提供短期上门护理服务等。此后，日本又在1995年、2000年相继推出"新黄金计划""黄金计划21"。1997年制定《介护保险法》，2000年开始施行。介护保险旨在减轻家庭的护理负担，保障国民的护理需求。2006年实施《高龄者虐待防止法》。日本政府通过发布一系列政策和法律，建立了一套较为完备的社会护理体系，在一定程度上缓和了老龄社会危机。

（三）《我将独自前行》与高龄化书写中的女性主义视野

芥川龙之介奖是日本最具分量的纯文学奖。在21世纪以来的获奖作品中，《护理入门》（2004年）、《废旧建新》（2015年）、《我将独自前行》（2017年）均以护理为题材，凸显出护理小说的强劲势头。

---

① 旨在1990年到1999年的10年间，建立完善的社会养老体系。

时年 63 岁的文学新人若竹千佐子凭借《我将独自前行》荣膺第 158 届芥川奖。该小说将视角转向独居女性老人的生活现状与内心世界，讲述了 74 岁的主人公桃子在丈夫离世后进行自我价值探索的故事。芥川奖评委会在对这部小说的评语中写道："以思辨和内省为主题的小说很难赢得读者的青睐，不过这部小说成功了。"①

主人公桃子已经 74 岁了，出生于日本东北地区的岩手县。24 岁时，在临近结婚前三天，桃子为了看东京奥运会，毫不犹豫地悔婚去了东京。之后便留在了东京工作，与公司同僚结婚，生育孩子成为家庭妇女。孩子长大后渐渐疏远，心爱的丈夫周造也于 15 年前逝世，留下桃子独自一人生活在东京。丈夫的突然离世，使得桃子的生活变得静寂不堪，窸窸窣窣的老鼠声竟成为桃子孤独生活中的一抹慰藉。独自生活的桃子开始重新思考自己人生的价值。桃子开始感觉到"自己心里到处回荡着不同的声音。性别不详，年龄不详，甚至连使用的语言也有各不相同的声音"②。桃子自 24 岁离开家乡后，日常交流抑或是思考都是使用的日语普通话，可是内心深处的声音却全都操着一口浓重的日本东北方言。桃子将这些不可名状的声音比作是小肠的"柔毛突起"，并说"自己内心深处被无数密密麻麻的柔毛突起所覆盖"。③ 关于这个比喻，作家本人这样说道："人都是怀揣着各种矛盾的心情活在这个世上的。正如我'柔毛突起'表达的那样，每个人心中都存在有不同的人格。他们各自为政，有时还短兵相接。不过，无论是哪一种人格，都是自己的真实写照。"④

著名女性主义作家埃莱娜·西苏说过："妇女必须通过她们的身体来写作，她们必须创造无法攻破的语言，这语言将摧毁隔阂、等级、花言巧语和清规戒律。""事实上，她通过身体将自己的想法物质化了，她用自己的肉体

---

① 『文藝春秋』2018 年 3 月号，第 342 页。
② 『文藝春秋』2018 年 3 月号，第 412 页。
③ 『文藝春秋』2018 年 3 月号，第 413 页。
④ 『文藝春秋』2018 年 3 月号，第 342 页。

表达自己的思想。"① 在父权制文化占统治地位的社会，女性只有依靠自己的身体表达自己，女性的写作必然是身体写作，女性主义与身体写作是密不可分的。

《我将独自前行》的最大特点之一就是身体写作，其女性主义风格表现十分突出。作家用桃子身体里的各种不同的声音，表现了桃子内心无法自洽的自我矛盾。桃子在直面自我身体内部的矛盾的同时，又不断积极思考自我的价值。在小说中，身体不是单纯地以肉体的形式呈现的，而是桃子思考的出发点。正如吴子林在总结了西方女性主义文学理论后所说："女性作家应以'身体'为起点来审视生命，将性别创伤转化为创作能量，将历史的空白和生活的不完整转化为写作的动力，以女性的情感和智慧之光照亮世界和人生。"② 可以说，作家在这部作品中完美地运用了身体来思考生命，凸显了女性在老龄化社会下的独立思索。她所刻画的老年女性积极生活的姿态，也让人们领悟到即便步入人生的玄冬也能开创一片新天地，开启了日本的"玄冬文学"的新篇章。

纵观日本文学的老龄化书写历史，女性作家作出的巨大贡献是不容忽视的。诸如袖井孝子的《老年文学与老人的生活》（1990年）、上野千鹤子的《一个人的老后》（2009年）、佐藤爱子的《90岁，有什么好祝福的》（2017年）等，构筑起了一个迥异于日本男性作家的老龄化书写模式。身体写作是这些日本女性作家的突出特点。她们从女性独有的视点出发，重新审视被男权社会所定义的老龄化社会，凸显出日本女性强烈的现实关怀和价值探索。她们的写作表达出了广大女性群体的心声，丰富了日本高龄化书写的文学谱系。然而，在中国，女性作家却很少关注老年女性群体的生活现状与精神危机。正如李有亮所指出的那样，在中国女性写作中，存在"老年缺席"的现象，老年女性的现实处境及精神世界在女性作家笔下

---

① ［法］埃莱娜·西苏：《美杜莎的笑声》，载张京媛《当代女性主义文学批评》，北京大学出版社1992年版。
② 吴子林：《女性主义视野中的身体写作》，《西南师范大学学报》（人文社会科学版）2004年9月。

没有得到明显的体现。①

2015 年，根据日本政府《高龄社会白皮书》显示，65 岁以上的老人已经占全人口的 26% 以上，日本已进入"超老龄化社会"。随着老龄化问题的深入发展，日本将退休年龄延长至 70 岁，老年就业大潮大量涌现。与此同时，独居老人数量不断增加，"一个人经济"消费时代到来，"孤独死"逐渐成为社会关心的热点话题。2017 年，日本政府提出"人生百年时代构想"，旨在建设一个"所有孩子能够不为经济所困，朝着梦想努力奋斗；所有老年人都能重新学习，挑战新鲜事物的社会"。通过这一构想，日本政府希望老年人能够继续发挥余力，参与社会，共建和谐的超高龄化社会。

随着这一构想的逐步实施，日本老龄化社会也必将呈现出迥然不同的"风景"。如何去发现"风景"，思考"风景"，也必将成为日本文学的使命与担当。我们可以大胆地预测，日本的"玄冬文学"将得到更进一步的发展，以"老老护理""养老设施护理""认知症护理"为题材的作品将继续升温，女性作家对老年人生百态的书写会更为丰富多彩，学科交叉特征也将更加明显。

（四）《老年恐怖分子》与日本的老年犯罪

严重的老龄化问题加上泡沫经济后的长期经济停滞，日本的养老金面临即将亏空的局面。据 NHK 报道，日本国民养老储蓄金将于 2050 年枯竭，对此厚生劳动省拟将领取养老金的年龄提高至 75 岁。养老金数量不足加之老年破产问题凸显，导致日本"下流老人"数量激增。"下流老人"指的是那些经济拮据、生活在社会底层的老人。这个造词源自日本社会学家藤田孝典的同名畅销书。在书中，藤田指出："即使现在年收入 400 万左右的人，将来恐怕还是需要接受生活补助。"②

日本著名小说家、电影导演村上龙的长篇小说《老人恐怖分子》（2014 年）将故事背景设定在东日本大地震发生 7 年后的 2018 年。在高楼林立的涉

---

① 李有亮：《老龄化趋势下文学关怀的缺失——以女性写作中"老年缺席"现象为例》，《当代文坛》2015 年第 1 期。

② ［日］藤田孝典：『下流老人』，吴怡文译，台湾：如果出版 2016 年版。

谷街头，在东京池上商业街的中心地带，在新宿的大型电影院等地，接连发生数起无差别恐怖袭击事件。执行这些恐怖袭击的都是一群没有工作且不擅长与人交流的年轻人。他们表面的温和驯顺与其行为的凶残之间形成了巨大的反差，就连警察都有些难以置信。然而更令人震惊的是，在背后操纵他们的竟是一群70岁到90岁左右的老年人。二者的设定让人觉得不可思议，但在不为社会所需要这一点上他们却是相通的。年轻人心中满是对未来的绝望，老年人心中则充满了对社会的愤懑。绝望与愤懑使二者走到了一起，他们的目标不在于杀人，而是打算用导弹袭击日本的核电站，将整个日本夷为平地，在废墟之上"重置"一个全新的日本。小说中，虽然老年恐怖分子的行动过于激进幼稚，但"重置"日本的想法亦可说是道出了当下广大老年群体的心声。小说中虚构的老年恐怖分子故事，刻画出日本社会的病理所在，表现出老年人对于现代日本社会的极度不满。

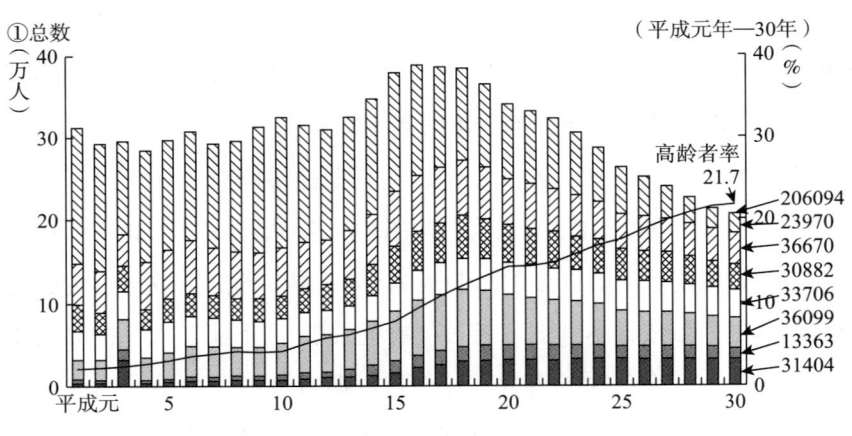

日本平成年间犯刑事案件的老年人数量演变图

资料来源：令和元年版『犯罪白書』第4编／第8章／第1节，http://hakusyo1.moj.go.jp/jp/66/nfm/n66_2_4_8_1_0.html#h4-8-1-01，2022年10月20日。

在小说之外，日本现实社会的老年犯罪案件近年来频出不穷。根据令和元年（2019年）《犯罪白皮书》显示，犯刑事案件的老年人的数量从平成3年（1991年）起逐年增长，到平成30年（2018年）时达到了44767人（见

图1），较平成元年（1989年）增长了6.8倍。其中，平成23年（2011年）后，70岁以上的老人的比例更是占到了65%。资料统计表明，这些老年人基本都犯了盗窃罪，尤其是老年女性，盗窃罪比例高达90%。

那么是什么原因使得这群老年人走上了犯罪道路呢？在平成20年（2008年）的《犯罪白皮书》中，有这样的两个典型事例值得关注。一名76岁的老年人在被释放后花光了身上所有的钱，只能在大街上生活，后来因为偷了一罐咖啡又被送进了监狱。他说，"进了监狱，有吃的有睡的，比外面好多了"。还有一名76岁的单身女性之前都没有任何犯罪履历，但在父母去世后感到十分孤独，觉得"没有人关心自己"，所以就不停地通过用偷东西的方式来引起别人的注意。这两个例子可以说是极具代表性的。根据《犯罪白皮书》显示，经济窘迫是日本老年人犯罪的最主要原因，这也是为什么老年人基本上都犯的是盗窃罪。不过在经济原因之外，心理原因也是需要引起关注的。在一个关于偷窃的问卷调查中，约半数有过偷窃经历的老年人回答道，自己的经济状况属于中上水平。然而他们要么是一个人独居，要么长久地未和亲戚朋友有过联系，抑或是被社会所孤立。除了经济原因，孤独感、孤立感等心理原因也是影响日本老年人犯罪的关键因素之一。

二 中国文学中的老龄化社会及其特点

（一）中国"老年文学"发展历史和现状

中国的"老年文学"一词最早见于张赛周1985年发表的《散论老年文学》中，这里所论述的"老年文学"指的是"老年人创作的文学"，着重强调创作者的老年人身份，但忽视了其创作的文学性，在当时并未引起太大的关注。两年后，作家陈道谟发表《重视"老年文学"研究》，刊载于四川的老年期刊《晚霞报》。文章指出，随着老龄人口的增加，书写老年生活的文学作品也逐渐涌现，出现了诸如巴金的《随想录》之类的佳作。因此，有必要重视老年文学，加大对老年文学的研究力度。文章虽然指出了研究老年文学的紧迫性，但并未为老年文学下一个严格的定义。

2000年，朱亚夫在《老年文学断想》一文中指出："判定作品是老年文学还是青年文学，抑或是儿童文学，我看还是以该作品的题材而定。"① 至今为止，学界对于老年文学的定义仍是莫衷一是，但争论主要围绕老年人写的作品与写老年人的作品展开。笔者认为，这两种论点代表了中国老年文学发展的两种方向，都需要予以关注。

陈道谟在提出"老年文学"研究的必要性后，又积极创办老年文学杂志。他先是在自己主编的杂志《玉垒诗刊》开辟老年文学专栏，后又不满足于篇幅有限的专栏，创办了国内首部刊登老年文学作品的文学杂志《老年文学》。《老年文学》的出现带动了《中国老年》《老年教育》等一系列面向老年群体的杂志的诞生，为老年人的文学创作提供了丰富的土壤。这些老年文学刊物上刊登的多是非职业老年作家的作品，文学体裁主要以散文、诗歌为主，文章主要抒发个人的人生体验和心路历程，但大多数文章缺少对于老年群体的整体视野，文学价值不大。

相比非职业老年作家的趣味性文学创作，职业作家们更关注老年群体的生活状态与内心世界。毛天培将职业作家的创作分为三大类：表现老年人面对衰老与疾病的窘境；表现处于社会边缘化的老人的孤寂与苦闷；表现生命的质感与对生命境界的超脱。② 不过，以老人为主人公的文学作品数量较少，且老人形象往往被打上传统的烙印，带有消极的色彩。相关老年文学研究主要从"叙事""形象"角度出发，无论是创作还是研究都较为薄弱。

根据2020年第七次人口普查结果显示，我国65岁及以上的人口为19064万人，占总人口的13.5%，同2010年第六次全国人口普查相比，比重上升了0.9个百分点③。截至2022年，中国65岁及以上老年人口比例达到14.9%④，

---

① 朱亚夫：《〈老年文学〉断想》，《新闻界》2000年10月。
② 毛天培：《浅析中国老年文学的现状及其发展》，《文教资料》2019年3月第8期。
③ 国家统计局：《2020中国人口普查年鉴》，https://www.stats.gov.cn/sj/pcsj/rkpc/7rp/indexch.htm，2022年10月20日。
④ 国家统计局：《中国统计年鉴2023》，https://www.stats.gov.cn/sj/ndsj/2023/indexch.htm，2024年12月18日。

中国已经由老龄化社会迈入了老龄社会。面对这一转变，老年文学如何实现从更深的层面探讨老龄社会问题将是未来的一大重要课题。中国的老年文学也亟须从根本上转型，更加关注养老、医疗、护理等社会突出问题，不断推出以老年人为本位的高质量文学作品。

（二）《天黑得很慢》与中国老龄化社会

《天黑得很慢》是著名作家周大新2018年发表的新作，被誉为中国首部全面关注老龄社会的长篇小说。作者通过家庭陪护员钟笑漾的视角，展现了男主人公萧成衫从不服老到恐老，乃至重新认识生命，懂得好好活着的生命变奏曲，并从养老、护理、再婚、人生价值实现等方面对中国老龄化社会进行了前所未有的多维度扫描。

小说中的主人公萧成衫时年73岁，是一名退休法官。虽然早已赋闲在家多年，但萧老内心并不服老。只因一个年轻人称他"老人"，他便勃然大怒与对方打斗了起来，气愤地说道："我最恨别人说我老，那小子犯了我的忌，你说我哪里老了？"[①] 不光不服老，萧老还竭力消除自己身体衰老的痕迹，时不时将自己的白发染黑。妻子去世三年后，难以排遣寂寞的萧老通过相亲认识了姬姨，但无奈性功能衰退，这段婚事最终以失败告终。令人感到滑稽的是，萧老为了挽回面子证明自己宝刀未老，竟买通洗脚房美女，自导自演了一出"嫖娼案"。事后，萧老决定潜下心来写作自己计划的三本法学著作。但在一次写作中，萧老突发心肌梗死，幸好抢救及时，活了过来，但写作由此中断了。这一连串的事件使得萧老不得不正视自己衰老的事实，他本人也开始改变心态，逐渐接受衰老这一事实。然而，在意识到科学的途径无法实现他青春永驻的愿望后，萧老开始求助于各种伪科学。很难想象这是一位在法院工作了多年的法官会做的事情。作者借此揭示出人们心底对于死亡的恐惧，哪怕是再有理性的人，在衰老和死亡面前也会变得脆弱不堪。

---

① 周大新：《天黑得很慢》，人民文学出版社2018年版，第42页。

听说伏牛山里有个元阳村，是个远近闻名的长寿村，萧老便让陪护员钟笑漾带着他去元阳村取经。元阳村远离人类文明，村民们过着自给自足的生活。在看过元阳村的生活环境后，萧老不禁感慨道："你们这儿的土地、空气和水都未污染……一切都从大自然中来，当然会长寿了！"① 元阳村一行，使得萧老的心态变得更加积极，逐渐开始接受衰老的事实。"我真得向元阳村的老人们学学，心里只想好事、快活的事，不想烦事和难受的事。"②

在《天黑得很慢》问世前，当代文坛不乏有乔叶《最慢的是活着》（2009年）、阎连科《我与父辈》（2016年）、梁鸿《梁光正的光》（2017年）等聚焦父辈的佳作。《最慢的是活着》曾荣获第五届鲁迅文学奖。评委会对这部作品的评语是"透过奶奶漫长坚韧的一生，深情而饱满地展现了中华文化的家族伦理形态和潜在的人性之美"③。《我与父辈》是阎连科的散文集，讲述了生活在偏远农村的父亲、大伯和四叔三人平淡坎坷的人生故事，字里行间流露出对于父辈的思念与感恩之情。《梁光正的光》主要讲述了一个普通农民梁光正晚年寻亲的故事。纵观这三部作品，都主要聚焦家庭亲情伦理，反映代际之间的冲突与弥合。或许可以说，孝才是中国传统老龄化书写的主流。然而，《天黑得很慢》却一改以往传统的孝道书写，开始关注老年群体的家庭护理、晚年婚姻、价值实现等问题，实现了中国老龄化书写的新突破。

随着中国老龄化的深入发展，家庭护理的需求也日益增长。张佩文在总结我国家庭护理现状时指出：当前中国家庭护理的主要形式有两种，"一是开展家庭病床，护士到患者家里去做护理工作；二是护士指导患者及家属自己完成护理工作，这种方式是中国目前家庭护理工作中最主要的形式"④。小说中，萧成衫失去老伴后一直独居，而且他患有高血压，需要定期测量血压，因此他的女儿便安排了护工钟笑漾照顾他的日常起居。这种家庭陪护的护理

---

① 周大新:《天黑得很慢》，人民文学出版社2018年版，第153页。
② 周大新:《天黑得很慢》，人民文学出版社2018年版，第157页。
③ 中国作家网，2010年11月9日，http://www.chinawriter.com.cn/news/2010/2010-11-10/91256.html，2022年9月5日。
④ 张佩文:《中国家庭护理现状及展望》，《中国当代医药》2010年4月第17卷第10期。

模式目前已经相当普遍了。虽然国内养老院体系已经有了很大的发展，但大多数老年人更倾向于居家养老。于是，居家护理也就成为当下护理体系的重要环节。

随着我国老龄化社会进程的发展，鳏寡老人的再婚问题也逐渐引起了社会各界的关注。在现实生活中，子女是老年人晚年再婚的最大阻力，这种情况在农村更为普遍。金晓洁指出："独身老人晚年缺乏伴侣陪伴独自生活，于是许多老人选择再婚以共度晚年，由于这一选择，'走婚'这种非婚同居模式产生。"[1] 在现实生活中，'走婚'现象十分普遍，很多老年人都不大愿意重新进行结婚登记，他们有的是迫于子女的压力，有的是担心被对方"骗婚"，抑或是惧怕周围人的舆论，其原因是复杂多样的。然而，这种"走婚"模式比较脆弱，一旦出现婚姻破裂，老年人的权益很难得到婚姻法的保障。

在小说中，独居三年的萧成衫为排遣晚年的孤独寂寞，决定为自己找一个合适的伴侣，而且他的女儿也全力支持他。这种理想的设定也是作者对于老人再婚问题的关注和真心期许吧。

然而，在小说中，作者将主人公萧成衫设定为一名退休法官。他虽然早已隐退，但老骥伏枥，心中还有一个编写法学著作的宏愿。从这个角度看，作者塑造了一名跟日本小说《冰针》中的松吉相似的积极高龄者形象，即使日薄西山，也不放弃自己的价值追求。不过，作者塑造的人物毕竟是一名生活在北京、经济条件优渥的高级知识分子，现实情况也许有很大不同。相较于城市，农村老人的基数更为庞大，如何表现这样一群在山村生活了一辈子的老人们的生活以及精神世界，也是当代中国文学需要关注的课题。

三　结　语

中日两国文学都积极关注伴随着老龄化社会发展而产生的各种社会问题，

---

[1]　金晓洁：《独身老人晚年再婚问题探究》，《法制与社会》2019 年第 18 期。

并在文学中予以反映,体现了中日两国文学共有的人文关怀和价值诉求。由于社会制度、生活习惯、教育水平等诸多因素影响,两国在老龄化书写方面又呈现各自的特点。

中国老年文学定义模糊,起步较晚。非职业作家创作数量多,但文学价值不大。职业作家的创作主要以中华民族的传统孝道为作品主流,集中反映在城市化发展进程中代际之间的冲突与弥合,对于老龄化社会的各种突出问题关注不多。相比之下,日本老年文学以有吉佐和子的《恍惚的人》为开端,从20世纪70年代起就开始了对于老年问题的关照。日本文学的老龄化书写关注面广,深度大,涉及老老护理、孤独死、老年人价值追求、老年犯罪等社会各个方面。

中国老年文学主要以男性作家的书写为主,"女性缺席"特点突出。相比之下,在日本老年文学中,日本女性作家则充分发挥身体写作优势,书写了大量优秀老年文学作品,表现出日本女性强烈的现实关怀和价值探索。

中国的老年文学带有明显的中国特色,诸如保健品泛滥、伪科学盛行、老年再婚等问题,集中反映了当下中国老龄化社会的现状。相比之下,日本老年文学中很难见到类似的现象,或者可以说,当下的日本老年文学已经从关注老龄化社会光怪陆离的乱象,逐渐开始关注老年群体切身的心理需求。

文学与社会一直都是密不可分的。随着全球老龄化的深入发展,文学也在不断适应老龄化社会的变化,反映当下老龄化社会的人生百态。《天黑得很慢》作为中国首部全面关注老龄化社会的长篇小说,从家庭护理、晚年再婚、价值实现等角度对中国老龄化社会进行了深度扫描,一定程度上填补了国内老龄化书写的空白。但仅有这一部作品是不够的,2022年我国65岁及以上老年人口占比已达到14.9%[①],面对中国老龄化社会的深入发展,中国文学应该积极行动,不断推出反映老龄化社会问题的优秀作品。

---

① 国家统计局:《中国统计年鉴2023》,https://www.stats.gov.cn/sj/ndsj/2023/indexch.htm,2022年6月13日。

一般社会福祉的法律与制度发展

范文婷[*] 彭春花[**] 向书颖[***]

一 社会保障制度创新发展的逻辑起点

社会保障制度源于工业革命时代。1601年颁布的《伊丽莎白济贫法》被公认为世界上最早的社会保障法。随着工业时代的到来，资本主义进入迅速发展时期，面对资本家的剥削，工人的境遇悲惨，为了维护社会稳定，政府需要设立相关的制度，保障相对弱势群体的福利，从而维系社会的稳定。西方国家社会保障制度的发展主要是由"工业化的逻辑"推动。[①] 作为工业化和社会经济发展的产物，社会保障制度在曲折和坎坷中逐渐发展完善。实践证明，社会保障制度在改善弱势群体生存境况、调节国民再收入、保障经济社会持续稳定发展方面作用特殊、不可替代。[②] 社会保障制度从产生到不断完善的今天，维护弱势群体的权利作为保障制度的核心价值追求从未改变。

截至2022年，我国已经初步建立了以政府为主导，以社会救助、社会保险、社会福利为主体，以优抚安置、社会互助以及个人储蓄积累为补充的社会保障制度体系。受制于城乡二元经济社会结构的影响，我国

---

[*] 范文婷：人口学博士，西南交通大学公共管理学院讲师，中国人口学会婚姻家庭专委会委员。
[**] 彭春花：西南交通大学公共管理学院硕士研究生，国际老龄科学研究院科研助理。
[***] 向书颖：西南交通大学公共管理学院本科生。
[①] 林卡：《回顾与展望：中国社会保障体系演化的阶段性特征与社会政策发展》，《人民论坛·学术前沿》2021年第20期。
[②] 黄健、邓燕华：《制度的力量——中国社会保障制度建设与收入分配公平感的演化》，《中国社会科学》2021年第11期。

基本经济体制在城市和农村之间的划分、农村居民和城市居民在主体地位上的差异，导致在社会保障权利享有上的不平等和社会保障资源配置上的不均等。而作为民生兜底的重要政策工具和社会资源，社会保障权利赋予与资源配置的二元化会增加不和谐、不稳定的社会风险，这也为我国社会保障制度创新提供了难得的历史机遇，而引领社会保障制度创新的逻辑起点应是主体的权利、尊严与幸福，这不仅是维护社会稳定、保障民生福祉的现实之需，也是长期以来我国政府执政为民、守护民生的政策导向与实际行动。

二 中国社会保障制度的历史变迁

中国社会保障制度和法律的体系建设始于中华人民共和国成立。在此之前，受到共产国际的影响，颁布的一些法律条例中出现过社会保障的理念。1931年，在瑞金召开的中华苏维埃第一次全国代表大会颁布了《中华苏维埃共和国劳动法》，制定了《关于失业工人运动的决议》[①] 以及1944年颁布的《劳动保护暂行条例》等，这些社会保障思想的萌芽为后续中国社会保障体系的建设提供了早期思想和政策来源。

1949年以来，我国社会保障制度经历了70多年的发展历程，制度安排从最初适应计划经济模式的国家—单位保障制，保障人民的生存需求，发展到适应市场经济时代的满足人民的物质文化需求阶段。党的十九大召开后，中国社会的主要矛盾发生转变，中国社会发展进入新的发展阶段，新形势下中国社会面临的各种新难题也对社会保障制度的改革发展提出了巨大的挑战。本文根据经济形势发展的变化，将中国社会保障制度的发展划分为三个阶段：满足人民的生存需要阶段、满足人民的物质文化需要阶段以及满足人民的美好生活需要阶段。

---

① 中华全国总工会：《苏区第一部以国家基本法形式颁布的劳动法》，2021年5月19日，https://www.acftu.org/wjzl/gysl/gysyj/202105/t20210519_780570.html，2022年6月13日。

一般社会福祉的法律与制度发展

```
┌─────────┐      ┌─────────┐      ┌─────────┐
│计划经济时期│      │市场经济时期│      │新型发展时期│
└────┬────┘      └────┬────┘      └────┬────┘
     ▽                ▽                ▽
```

| 新中国成立 → | 计划经济时期，实行国家-单位制社会保障模式。
文化大革命使社会保障制度受到重创。 | 1993年《关于建立社会主义市场经济体制若干问题的决定》首次提出建立多层次社会保障体系。
1997年城镇企业职工基本养老保险制度建立。 | 2017年党的十九大召开，社会主要矛盾发展转变，社会保障制度进入新的发展阶段。 |

满足生存需要阶段　　　　满足物质文化需要阶段　　　满足美好生活需要阶段
　　　　　　　　　　1992年　　　　　　　　　　2016年

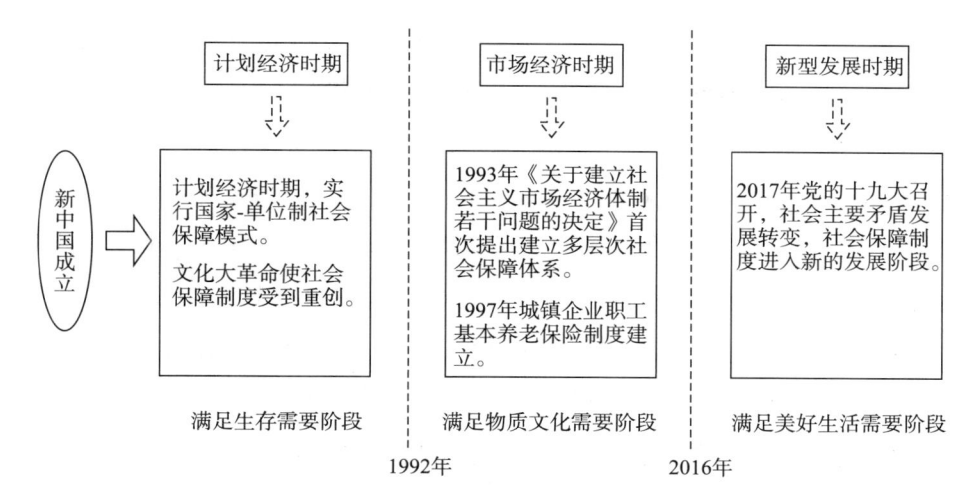

图 1　中国社会保障发展阶段

笔者自制。

（一）满足人民的生存需要阶段（1949—1992 年）

中华人民共和国成立之初，中国处于百废待兴的局面，促使国家主导着社会救助和劳动保险等社会保障制度的建设。1951 年，《中华人民共和国劳动保险条例》为建立当代中国社会保障体系奠定了基石[①]。计划经济时代，由于城乡二元结构体制，城镇职工享有养老、医疗、住房等社会保障福利，而农村只有孤老残幼等弱势群体享有政府提供的社会救助等福利保障。政府在城市遵循"依靠集体，群众互助，生产自救，辅之以政府的必要救济"的工作方针，在农村推行以"五保"为主要内容的农村救助制度，以保障和满足弱势群体基本生存需要。[②] 这一时期的社会保障主要是计划经济时代的模式，主要以保障人民的生存需求为主。

（二）满足人民的物质文化需要阶段（1993—2016 年）

1993 年，十四届三中全会通过《关于建立社会主义市场经济体制若干问

[①] 王东进：《中国社会保障制度的改革与发展》，法律出版社 2001 年版，第 200 页。
[②] 朱楠、代瑞金：《中国社会保障制度的历史演变和规律考察》，《西北大学学报》（哲学社会科学版）2020 年第 50 卷第 4 期。

题的决定》,这标志着我国进入市场经济时代,该会议也首次提出我国要建立多层次社会保障体系。[1] 这一时期社会保障制度的建立和改革主要是围绕"人民日益增长的物质文化需要同落后的社会生产之间的矛盾"展开。城市中伴随着国有企业的改革,逐步建立起失业保险制度。[2] 1997年,国务院颁布《关于建立统一的企业职工基本养老保险制度的决定》,城镇职工养老保险制度建立,实现了单位保障向社会保障的转变。[3] 农村基本医疗保险、大病保险、大病救助三道保障线的建立,基本满足了人民的物质文化需求。这一时期,社会保障制度的目的是改善民生,维护社会的公平正义。

(三)满足人民美好生活的需要阶段(2017年至今)

2017年,党的十九大召开,指出"我国的社会主要矛盾已经转化为人民日益增长的美好生活需要和不平衡不充分的发展之间的矛盾"。随着我国社会主要矛盾的转变,社会保障制度的改革也进入全新的阶段。改革开放以来,我国的经济社会得到飞速的发展,人民生活水平也不断提高。物质生活相对充裕的时代,人民对于更可靠的社会保障有了更高的期望。为了满足人民日益增长的美好生活需要,高质量公共服务体系成为民生领域改革新时代起点。社会保障作为公共服务的内容之一,如何实现从保基本向保美好的转变成为新时代社会保障制度改革完善的关键。

沿着这一历史路径发展,中国社会保障体系目前已基本覆盖全民,为公民提供了基本生活安全网。[4] 新时代中国社会保障事业在不断解决旧有难题的同时,面临着更为复杂的风险与挑战。[5]

---

[1] 林卡:《回顾与展望:中国社会保障体系演化的阶段性特征与社会政策发展》,《人民论坛·学术前沿》2021年第20期。

[2] 李珍、王怡欢、张楚:《中国失业保险制度改革方向:纳入社会救助——基于历史背景与功能定位的分析》,《社会保障研究》2020年第2期。

[3] 王国洪、杨翠迎:《城镇职工养老保险70年:发展历程与改革取向》,《企业经济》2019年第38卷第11期。

[4] 郑功成:《面向2035年的中国特色社会保障体系建设——基于目标导向的理论思考与政策建议》,《社会保障评论》2021年第5卷第1期。

[5] 邓大松、李芸慧:《新中国70年社会保障事业发展基本历程与取向》,《改革》2019年第9期。

```
┌─────────────────────────┬─────────────────────────┐
│ 工作/生活条件（获得感）  │ 生活质量（幸福性）       │
│                         │                         │
│   收入水平              │   托育服务              │
│   就业（创新创业）      │   终身学习（知道和技能）│
│   住房（保障性住房）    │   健康水平              │
│   社会保障              │   养老服务              │
│                         │   公共文化              │
└────────────┬────────────┴────────────┬────────────┘
             ↕                         ↕
         ┌───────────────────────────────────┐
         │ 可持续发展的生活环境（案例感）    │
         │ 公共案例、社区服务、公共卫生、环境质量 │
         └───────────────────────────────────┘
```

图 2　高质量公共服务体系框架

资料来源：李德国、陈振明：《高质量公共服务体系：基本内涵、实践瓶颈与构建策略》，《中国高校社会科学》2020 年第 3 期。

三　新时期中国社会保障发展面临的挑战

少子高龄化日益凸显与家庭保障持续弱化，对社会保障制度提出了巨大挑战。"十四五"时期是全面应对老龄化的关键时期，我国 60 岁老年人将突破 3 亿人，占总人口数的 20%，从轻度迈入中度老龄化社会。同时，根据国家卫计委发布的《中国家庭发展报告（2015）》，中国家庭已经从大家庭转向小家庭。对于许多国家来讲，预期寿命的延长和不断下降的生育率威胁到传统社会保障体系的财政可持续性，因为随着退休老年人口比例的不断上升，劳动适龄缴费人口的比例正在下降。[①] 我国作为超大型国家也不例外，这样的老龄人口的规模面临的社会保障风险是前所未有的。首先，社会财富储备不足的风险。老龄化程度加深的另一面是就业人口的持续减少，这可能导致税收增长乏力。但同时，老龄产业的兴起又可能会带来税收的增加。这两者的一消一涨也体现了老龄化对经济影响的复杂性。但就各个老龄化程度较深的国家经验来看，老龄化带来的经济发展增速缓慢是不争的事实。老龄化还

---

① 尼尔·吉尔伯特、张浩淼：《社会保障面临的现代挑战：第二次人口结构转型》，《社会保障评论》2022 年第 6 卷第 2 期。

会带来财政状况的恶化。根据《中国养老金精算报告（2019—2050）》预测，在包括财政补贴的"大口径"下，2019年当期结余总额为10629亿元，到2028年当期结余首次出现负数，2050年当期结余负数将超过10万亿元，从相关数据可以看出，我国的养老资产规模较小且结构不合理。其次，收入再分配失序的风险。虽然养老金收入分配不公平的问题在一次次改革中有所缓解，但仍存在机关事业单位养老金替代率保持高位，城镇职工养老保险与城乡居民养老保险待遇差距仍然显著，参加年金的企业所有制结构分布不均衡，经济弱势群体养老得不到保障等问题。①

　　网络社会追求效率的理念与现有社会保障制度公平与均衡的核心价值亟待相容。国家信息中心发布的《中国共享经济发展报告（2022）》显示，2021年中国共享经济市场交易规模约36881亿元，同比增长约9.2%，增速较上年明显提升，继续呈现出巨大的发展韧性和潜力。据专家预测，到2025年全球范围内网络共享经济市场规模将达到3300亿美元，与传统租赁经济规模持平，网络经济的发展带出了一个全新的社会形态——网络社会。② 网络社会中的共享劳动者脱离原本固定性的职业框架，具有高强度的流动性、偶发性与即时性。这样的特性背后包含的主流价值观是"效率优先，即时交易"，他们与传统的稳定的劳工关系区别甚大。③ 在网络平台中，具有归属感与忠诚度的劳动契约精神是相对缺乏的，不稳定的三方关系让他们难以形成一个共同体，他们更加把工作视为一种临时性的个体化行为，更愿意建立一种以经济效率为导向的劳动关系。这给现有的实现公平与均衡为价值理念的社会保障制度带来了新冲击。原本的劳动关系在网络化情景下正在悄然改变，松散模糊又多元复杂的网络劳动关系和刚性制度约束的缺乏让原本拥有相对稳定的主体关系结构的社会保障资金统筹和社会保障管理成为难题。传统的社会

---

① 唐贺强：《人口老龄化风险及社会保障制度建构——基于法治财税的视野》，《地方财政究》2021年第9期。
② 竣御财经：《共享经济的发展前景与现状》，2018年1月12日，http://www.sohu.com/a/20834 2848_235732，2022年2月16日。
③ 朱海龙、邓海卓：《社会保障制度：网络时代的挑战与创新发展》，《湖南农业大学学报》（社会科学版）2018年第19卷第2期。

保障管理模式难以延伸到网络中来。所以如果不妥善从制度的根源上校正网络社会各方价值观念，建立主体精准化的管理模式，就难以从根本上实现社会公平。

数字经济的蓬勃发展带来了新业态的人员就业的变化对社会保障发展提出新的挑战。根据《中国数字经济规模测算与"十四五"展望研究报告》[①]，2019年全国数字经济增加值规模17.03万亿元，在同期GDP中占比已达17.2%。与此同时，劳动力市场正发生着深刻的变革。许多以互联网为基础的新型自由工作岗位在数字经济的土壤中快速生长，流动就业人数也进一步增加。根据中国社会科学院社会学研究所的"中国社会状况综合调查"（CSS），自由职业者在职业阶层结构中占有5.6%的比率，意味着这个群体目前已经达到3900万人。[②] 我国《工伤保险条例》（2010年修订版）要求需要有明确的劳动关系和缴费主体作为参与工伤保险的前提条件，新业态从业人员不符合参保条件。现有社会保障制度的制度缺陷让这类就业人员难以得到有效的制度保障。随着非正规就业群体的兴起，参保身份成为一大难题——他们无法以工薪劳动者的身份参加现行的社会保险，只能以灵活就业的身份参加基本职工养老保险和职工基本医疗保险，无法参加工伤保险、生育保险和失业保险。[③] 但是一个职业群体必然有自身的职业风险的存在。同时，数字化进程中还有着另一个重要群体——流动就业人口。现行与户籍制度挂钩的社会保障制度给他们的参保与生活保障带来了阻碍和困难。这些现实境况都表明，如果缺乏与时俱进的制度改革来化解风险，就会造成现实社会需求与社会保障制度的脱节，不利于数字经济与社会民生的发展。

四 新时代下中国社会保障的制度展望

经济环境与社会环境的变迁制约着社会保障制度的发展。《中华人民共和国

---

① 中国社会科学院数量经济与技术经济研究所数字经济研究室2020年发布。
② 李培林、崔岩：《我国2008—2019年间社会阶层结构的变化及其经济社会影响》，《江苏社会科学》2020年第4期。
③ 何文炯：《数字化、非正规就业与社会保障制度改革》，《社会保障评论》2020年第4卷第3期。

国民经济和社会发展第十四个五年规划和 2035 年远景目标纲要》中，将积极应对人口老龄化上升为国家战略。老龄化社会的加速到来对社会保障制度的可持续发展提出了巨大的挑战。老龄社会治理的法律制度体系的完善、养老保险基金的稳健可持续发展、养老保障"三支柱"体系的完善、养老基本服务的有效供给都是社会保障制度在应对老龄化社会带来的风险时不可或缺的部分。基于人口老龄化的快速发展，加快养老服务发展并使之步入法治化轨道已成为社会共识。针对老龄化社会出现的共性问题用法律规定加以规范和保障，把养老服务纳入法治化轨道，体现养老服务待遇的公平性，实现养老服务事业的高质量发展。后工业化——网络时代的到来允许个人作为网络社会保障管理的主体单元，基于网络社会的特点推进社会保障服务的多元化、灵活化和制度化，创新网络社会保障资金统筹管理机制，构建社会保障智慧管理和服务系统必然成为社会保障制度创新发展的方向。[①] 在数字化时代下的社会保障制度应该更加注重参保对象、参保条件等制度细节的建设和完善，更加注重强调公平和更具韧性的保障制度。清晰地划分主体责任，同时也要推进社会保障技术的进步，用技术革新促进制度革新，建立适应数字化时代的社会保障体系。总的来说，社会保障制度要以革新的姿态与时偕行，回应时代问题，深度契合新时代发展。

---

① 朱海龙、邓海卓：《社会保障制度：网络时代的挑战与创新发展》，《湖南农业大学学报》（社会科学版）2018 年第 19 卷第 2 期。

中国老年福利的制度体系

王双双　彭春花　赵石铄[*]

一　前　言

人口老龄化已经成为全球各个国家共同面临的发展问题，成为人类社会发展的必然趋势。中国作为最大的发展中国家，拥有数量庞大的老年群体，老龄化加速发展（如图1），老龄化问题带来的不仅仅是老年人口数量的增加和比重的提高，也意味着一系列的老年人问题的出现，更关乎着经济社会的可持续发展。欧美、日韩国家人口转变及老龄化都是自然状况下，经济社会发展到一定阶段的产物。发达国家是经济发展达到较高的水平之后，再进入老龄化社会，被称为"先富后老"。

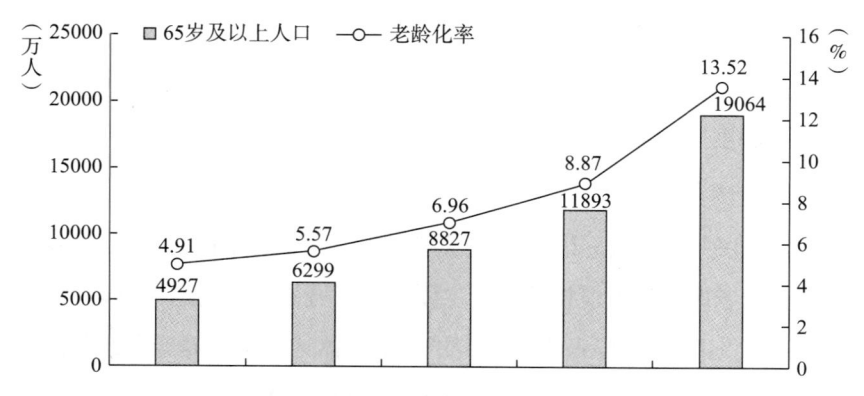

图1　中国1982—2020年65岁及以上人口及老龄化率

资料来源：国家统计局：《中国统计年鉴》2020年，https://www.stats.gov.cn/sj/ndsj/，2022年7月12日。

---

[*] 赵石铄：西南交通大学公共管理学院本科生。

与发达国家不同，20世纪七八十年代中国实施生育控制的计划生育政策，人为地加快了老龄化社会的进程，愈发进入"未富先老"的发展阶段。为了解决老年人问题，缓和老龄化带来的矛盾，保证社会的稳定与和谐，老年人社会福利制度的出台是极为必要的。老年社会福利制度是基本社会福利制度之一，它同时是社会保障制度中重要的一部分。在老龄化日益严峻的背景下，老年人作为弱势群体，在为社会作出贡献后是否能够安享晚年，成为许多国家的政府面临的一个重大考验。因此，老年社会福利制度成为人口老龄化危机的"缓冲器"，它在我们的社会扮演着不可或缺的角色。老年社会福利制度不仅指给伤残的、患有疾病的、无法自理的、无人照顾老年人的一种福利制度，还指所有的老年人享受的福利待遇：不仅指满足老年人的物质需求，还指满足老年人的服务需求和精神需求。

二　中国老年社会福利制度

中国老年福利范畴就包括所有为保障和改善老年人物质生活、精神生活所采取的一切政策措施，大致上可以分为收入保障和服务保障两类。

（一）收入保障类

除了一般的社会保障制度之外，我国关于老年人特有的福利制度主要包括养老保险制度以及高龄补贴制度。

1. 养老保险制度

自中华人民共和国成立以来，我国养老保险不断发展完善。由于城乡二元结构的划分，养老保险制度最初的设计主要是针对城镇职工的退休养老。1951年，《中华人民共和国劳动保险条例》规定了职工退休达到领取养老金的条件，符合条件的退休职工可以按月领取养老补助费。直到1992年，农民开始进入国家统筹的养老保险体系，农村的老年人也能享有国家提供的社会福利。进入21世纪，随着老龄化速度的加快，加之制度设计本身存在的问题，由政府提供的基本养老保险制度的可持续发展面临挑战。2017年，国务院办公厅颁布《关于加快发展商业养老保险的若干意见》，推动商业养老保险的发展；随后发布了《关于开展个人税收递延型商业养老保险试点的通知》《关于推动个人养老金发展的意见》等政策鼓励个人进行养老储备，以减轻国家的养老福利提供的压力。

表1 中国养老保险政策梳理

时间	名称	内容
1951年	《中华人民共和国劳动保险条例》	职员达到退休年龄之后，由劳动保险基金按月付给退职养老补助费。
1958年	《关于工人、职员退休处理的暂行规定》	放宽了退休条件，适度提高了待遇标准，统一了工人与职员的养老保险待遇。
1992年	《县级农村社会养老保险基本方案（试行）》	农民开始进入到由国家统筹的养老保险体系。
1995年	《关于深化企业职工养老保险制度改革的通知》	实行社会统筹与个人账户相结合的养老保险制度改革，建立了职工基本养老保险个人账户，促进了养老保险新机制的形成。
2017年	《关于加快发展商业养老保险的若干意见》	从四个方面部署了推动我国商业养老保险的有关举措。
2018年	《关于开展个人税收递延型商业养老保险试点的通知》	积极鼓励发展第三支柱个人养老金制度。
2022年	《关于推动个人养老金发展的意见》	推行个人养老金实行个人账户制度。

注：笔者自制。

2. 高龄补贴制度

高龄补贴是老年人福利制度中的重要内容之一，庞大的老年队伍和不断攀升的老年人口给整个社会带来了沉重的养老负担。为改善老年人福利待遇，我国开始实施高龄补贴政策。从最开始的试点推行，到现在全国有31个省份已经按照要求落实高龄补贴政策。由于各地区经济发展水平的差异，不同省市之间的高龄补贴发放标准也不一致。从海南省来看，海口和三亚作为海南省最大的两个城市，两者的划分档次数量一致，但每个档次发放的金额有所差异，三亚的发放标准高于海口。除此之外，同一个城市的不同区域发放标准也会存在差异，广州市黄埔区的高龄补贴的金额高于整个市的发放标准。高龄补贴政策的实施创新了高龄老年人福利制度的模式，对于保障老年人的福利待遇、推进补缺型老年福利向适度普惠型社会福利发展具有重要的意义。

表2 部分城市高龄补贴政策标准

城市	标准
海口	将高龄补贴划分为3个档次，分别为年满80—89周岁老人，年满90—99周岁的老人，年满100周岁及以上的老人，发放标准分别为：每人每月不低于109元、209元、809元，每人每年不低于1308元、2508元、9708元。
三亚	高龄补贴对应划分为3个档次：每人每月175元、300元、1200元，对应的每年为2100元、3600元、14400元。
广州	① 70—79周岁，每人每月30元；② 80—89周岁，每人每月100元；③ 90—99周岁，每人每月200元；④ 100周岁及以上，每人每月300元。 以上标准不含黄埔区，黄埔区的津贴标准较高： 70—79周岁，每人每月80元；② 80—89周岁，每人每月150元；③ 90—99周岁，每人每月250元；④ 100周岁及以上，每人每月600元。
中山	由市民政局制定公布，根据市经济社会发展水平及物价等因素适时调整。
兰州	80—89周岁每人每月50元；90—94岁每人每月提高到80元；95—99岁每人每月提高到100元；100岁及以上每人每月提高到160元。
沈阳	80—89周岁每人每月100元；90—99周岁每人每月200元；年满100周岁及以上每人每月800元。

注：笔者自制。

（二）服务保障福利

1. 养老机构

为了对鳏寡孤独者的救济，党和政府采取了一系列措施推动养老机构的发展。随着我国福利制度的建立，开始明确将社会福利工作与社会救济工作相分离，实现救济性向福利性转变，设置一批残老福利院（又叫养老院或福利院），集中收养无子女困难老年人。1979年，全国福利工作会议强调，养老院以养老服务为主要内容,保障老年人的身心健康,安享晚年生活。

改革开放后,国家经济水平得到快速发展,积极推动养老机构的发展,鼓励多形式、多渠道开办养老机构。此前福利机构主要收住"三无老人"和农村五保户,但随着经济发展,家庭结构的变化,人们养老观念的转变,普通有需要的社会老人也可以自费入住养老机构,养老机构的服务对象逐渐多元化。

随着老龄化程度不断加深,家庭养老功能的逐渐弱化,机构养老逐渐承担了一部分社会养老的压力。近几年,养老机构的数量也在不断地增加,2021年我国的养老机构数量突破了4万家(如图2)。为了规范养老机构的发展,国家出台了一系列的政策文件,从基础设施、人才队伍、标准规范建设、监管体系等方面规范了养老机构的管理,很好地保障了养老机构的健康发展。

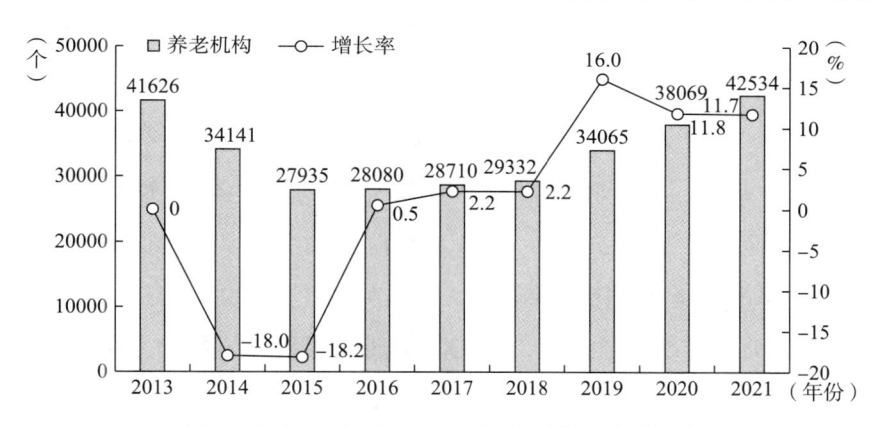

图2 2013-2021年我国养老机构数量及增长率

资料来源:参考华经情报网《2021年中国养老机构发展现状,老龄化趋势加剧提升对养老机构需求》,2021年6月4日,https://www.huaon.com/channel/trend/721391.html, 2022年7月13日。

2. 医养结合

长期以来,我国的养老机构只能提供养老照护服务,而医院只能医疗而不能提供养老服务,这种"医养分离"的结果,导致老年人经常奔波于养老机构和医院之间，一方面增加了老年人的身体负担；另一方面增加了转运的成本。医养结合就是近几年兴起的一种新型的养老模式，将养老服务和医疗服务有效结合。[①]

标杆项目一：YYGX 长者公寓

项目介绍：该长者公寓是由两家集团战略合作的医养结合项目，地处东北三环，共可辐射周边 9 个社区，可为辖区内约 1.6 万 60 岁以上长者提供居家养老服务。除了项目自身配备的二级康复医院之外，5 公里半径内共有九家三甲医院能让长者接受便利的综合医疗服务，是典型的医养结合模式的养老机构。

标杆项目二：YHWJ 养老照料中心

项目介绍：YHWJ 养老照料中心是医养结合型社区嵌入式养老的重点项目。中心医养功能齐备，设施完善，拥有一支多学科人员组成的专业服务团队，为入住老人提供生活照料、文化娱乐、营养膳食、心理慰藉等综合照护服务。同时，中心以机构为支点，将照护、医疗、护理、康复等专业服务延伸至居家上门服务，更为有特殊需求的老人提供上门医护，家庭病床、上门助浴等专业服务。

（三）新福利：长期护理保险

随着老龄化程度日益严峻，失能半失能老年人口的数量也在逐渐增加。稳步建立长期护理保险制度，完善医养、康养相结合的养老服务体系，已成为中国积极应对人口老龄化的重要组成部分。[②] 2016 年，人力资源和社会保障部印发《关于开展长期护理保险制度试点的指导意见》，明确承德市、长春市等城市作为试点城市。2020 年 5 月，国家医疗保障局发布《关于扩大长期护理保险制度试点的指导意见》，提出扩大试点的范围，长护险试点城市扩展到 49 个。

---

① 冯玉莹：《"医养结合嵌入式"养老模式的必要性、困境与对策研究》，《云南民族大学学报》（哲学社会科学版）2022 年第 39 卷第 2 期。

② 廖少宏、王广州：《中国老年人口失能状况与变动趋势》，《中国人口科学》2021 年第 1 期。

表3 我国长期护理保险试点城市名单

时间	城市
2016年（第一批）	承德市、长春市、吉林市、通化市、松原市、梅河口市、珲春市、齐齐哈尔市、上海市、苏州市、南通市、宁波市、安庆市、上饶市、济南市、青岛市、淄博市、枣庄市、东营市、烟台市、潍坊市、济宁市、泰安市、威海市、日照市、临沂市、德州市、聊城市、滨州市、菏泽市、荆门市、广州市、重庆市、成都市、石河子市
2020年（第二批）	北京市石景山区、天津市、晋城市、呼和浩特市、盘锦市、福州市、开封市、湘潭市、南宁市、黔西南布依族苗族自治州、昆明市、汉中市、甘南藏族自治州、乌鲁木齐市

资料来源：参考中国政府网《长期护理保险制度试点城市名单》，https://www.gov.cn/zhengce/zhengceku/2020-11/05/5557630/files/ea1e0e04a6e349a9ae488622f69b3bc7.pdf.，2022年7月15日。

试点案例一：广州篇

2017年，广州市正式启动长期护理保险试点，成为全国首批、省内唯一的长期护理保险试点城市。与此同时，广州市积极探索通过试行商业保险补充长期护理保险，在现有长期护理保险制度和照护服务体系基础上，进一步完善重度失能老年人照顾保障制度，构建全覆盖、多层次、多支撑、多主体的80周岁以上重度失能老年人长期护理保障体系。

截至2021年12月底，广州市长期护理保险制度覆盖全市职工医保参保人约895万人，18周岁及以上城乡居民医保参保人约278万人。从试点开始至2021年12月底，累计享受待遇人数为7.9万人，基金累计支出17.8亿元，人均每月支付约2800元，符合规定的长期护理费用基金支付率为84%。

从试点效果看，目前广州市已初步建立起长期失能人员的基本生活照料和相关的医疗护理服务的制度体系，取得了良好的社会反响，失能人员以往依靠退休工资和子女赡养作为护理费用来源的状况得到改观，同时进一步推动广州市医养结合工作和养老产业的发展，老年失能人员照护权益得到保障，失能老人的获得感和幸福感不断增强。

试点案例二：南通篇

南通作为全国闻名的长寿之乡，老年护理服务也得到了政府的高度重视。2015年，南通市在全国率先"破题"，探索建立以居家为基础、社区为依托、机构为支撑的"医养结合"的长期照护保险制度。经过几年的探索实践，南通市已逐步形成了"机构照护、居家服务、津贴补助、辅具支持、预防管控""五位一体"的长护险制度体系。

南通市长护险制度覆盖职工医保、居民医保参保人群，并从市区试点逐步到城乡全覆盖，已实现全市域范围政策、经办、信息、标准、待遇、服务"六统一"。截至2022年10月，全市7.5万参保人员享受到照护保险待遇，居家上门服务300万人次，辅具服务27.74万人次，累计基金支付14亿元，群众满意度达98.8%以上。

南通市实施长护险试点以来，有效改善了失能人员的生活质量，延长了生命周期，减轻了失能家庭经济负担。照护机构中有19%的失能人员从医疗机构监护床位转出，节约了医保基金支出。同时，有效拉动养老服务产业发展，全市照护机构扩大到9类，新增350家，投资总额超过30亿元，从业人员达到1.2万人，稳经济、促发展的制度功能日益凸显，社会综合效应充分显现。

三 中国老年社会福利制度存在的问题

人口老龄化给我国经济的可持续发展和社会稳定带来深刻而广泛的影响。老人问题将不再是个人问题、家庭问题，而是社会问题。在家庭提供老年福利功能弱化的同时，建立完善的老人社会福利制度也就成了必然选择。经历多年发展，我国老年社会福利制度不断完善，但仍然存在一些问题。

（一）城乡二元体制下福利制度的差异化

城乡二元体制影响着我国老年人社会福利的发展。我国老年人社会福利保障和服务水平总体来说还是比较低的。特别是在现代化过程中，农村青壮劳动力陆续流入城镇，造成农村人口老龄化程度高于城镇。农村人口老龄化的提高，使农民的养老问题越来越突出。在农村，除了极少部分经济发达地区，绝大多数地区尚未建立起社会保障制度。由于缺乏养老保险和医疗保险，农村老年人的物质生活与城市形成巨大反差。农村老年人生活困难，其整体消费水平低、生活贫困者多，缺医少药等现象普遍存在。

（二）老年福利的覆盖面小、形式单一

我国的老年人福利存在保障面相对较小、服务项目偏少等问题，日益增长的养老服务需求与养老服务设施总量严重不足形成了巨大反差。保障制度惠及的主体是城镇各类就业人员。而占中国绝大多数人口的农村人口，基本上只能依靠土地和家庭养老，基本养老保险的金额难以维持日常生活。城市老年人中，从未工作和其他人都不能享受退休金，他们基本上依靠家庭养老。其中，女性老年人和高龄老人问题尤为突出。此外，还存在活动场所有限、设施短缺，文体活动参与率低等问题。

（三）老年福利的专业服务人员缺乏

老年人社会福利服务作为一项重要的社会工作，要求从业人员具备基本的专业理论知识，接受过正规的岗前训练，也就是说福利机构的从业人员应该是专业人员。但现实情况是，我国目前缺乏这方面的认识，将服务工作看作单纯的体力工作，有的单位甚至向社会招募临时工，不经培训直接上岗。目前我国养老服务队伍的整体素质较低，专业水平、业务能力、服务质量还不能有效满足服务对象的要求。我国尚未发展出一支成熟的老年人服务人员团队，行业内也缺乏统一的职业培训制度和相应的资格证书制度。

四 完善老年社会福利制度的政策建议

（一）稳步推进城乡老年福利制度的统筹

逐渐打破城乡二元结构造成的城乡对立，逐步建立起城乡协调、均衡、

统一的养老保险、医疗保险、护理保险、低保制度、医疗救护和贫困救助制度等。我们不但要重视农村养老问题，也要进一步完善城市养老保障制度。在农村养老方面，建立农村养老、医疗保险和最低生活保障制度，并在税费改革中减免农村老年人的纳税负担。对于特困老人，还要建立专项的救助补贴。在城市养老方面，完善城市职工基本养老保险制度和医疗制度，向城市居民提倡个人养老储蓄，让他们学会自我保障，从年轻时就树立起自我养老意识，为自己今后的养老做好经济和物质上的储备。

（二）扩大覆盖面，丰富老年福利的形式

老年人社会福利保障制度不但要惠及城镇各类就业人员，还要尽可能地覆盖城镇大多数的老年人和农村人口，尤其是需要重视老年女性和高龄老人。受到传统思想的影响，居家养老仍然是大多数中国老年人的首选，是我国养老服务的最普遍和最主要的形式，其主要的优点是成本相对较低。通过建立养老服务补贴制度，对于低收入的高龄、独居、失能等养老困难的老年人，经过评估，采取政府补贴的形式，为居家养老提供支持，为选择居家养老的老年人提供更多的福利和服务。此外，增加养老机构和护理人员的规模，增设老人活动场所和设施，努力做到老有所养、老有所乐。

（三）推进老年服务社会工作者制度的建设

为了加快养老机构和养老护理员队伍建设的步伐，提升养老服务的水平，一方面，必须加强对养老服务行业从业人员的培训和培养，建设一支专职的养老服务行业人才队伍；另一方面，倡导和组织爱心志愿者为民办养老服务机构提供各种志愿服务，补充机构从业人员的不足。必须从制度设计上改变服务队伍专业素质较低、服务过程中老年人意外伤害事故不断的现状，在借鉴国际社会先进经验的基础上，立足中国实际构建专业化、职业化的社会工作者资格认证体系。

地方福祉政策的实施和全国应用

杨一帆　田金吉*　兰婧怡**

在当代社会政策中，政策研究者、制定者、实施者强调"地域正义"。所谓"地域正义"可以理解为居住在同一个国家的人民应该享有平等的社会福利，即一个国家公民所享受的社会福利应由公民身份所决定，而不应该由其所在的地区财政情况而决定，公民之间所能享受到的社会福利待遇应大体相同。[①] 若因地方财政状况不同，公民所能享受到的福利待遇存在较大差距的话便会产生社会福利的"地域不正义"。由于长期以来各项社会政策和公共服务都是地方政府的责任，由地方财政支持，中国社会政策的集中度不足，存在着社会政策地方化的倾向[②]，并且由于各地方政府经济发展水平的不同，财政状况也存在较大的差异，其社会福利政策的制定和供给能力也不同，存在一定程度上的"地域不正义"。

但与此同时也需要关注到超越地方差距的地方福利政策的存在。作为中国社会政策制定过程的一个独特现象——试点先行，政策试点以"先行先试、主动创新、复制推广"的方式实现制度的创新和变迁。[③] 伴随府际间的政策学习机制和政策扩散效应，形成可复制可推广的地方经验，以点带面，带动全国福利政策制度的完善。老年、儿童、残疾人是社会福利的重点保障对象，在此将举例说明中国地方城市对这三类群体所展开的地方福利政策及其实施

---

*　田金吉：西南交通大学公共管理学院硕士研究生，国际老龄科学研究院科研助理。
**　兰婧怡：西南交通大学公共管理专业本科生。
① 岳经纶：《社会政策与"社会中国"》，社会科学文献出版社2014年版。
② 岳经纶，方珂：《福利距离、地域正义与中国社会福利的平衡发展》，《探索与争鸣》2020年第6期。
③ 戴卫东：《中国社会保障试点政策的落地逻辑》，《社会保障评论》2022年第6卷第1期。

的过程和结果对其他地方城市的借鉴意义。

一 家庭医生签约服务

面对人口老龄化、慢性病高发等诸多挑战,以医院和疾病为中心的医疗卫生服务模式逐渐变得较难满足群众对连续长期的健康照护需求。同时,小病、慢性病等疾病的治疗集中到三甲医院等大医院,在一定程度上不仅增加家庭的医疗费用,也是对医疗资源的占用,不利于就医环境的改善、医疗资源的均衡供给。国际经验和国内实践证明,在基层推进家庭医生签约服务是新形势下保障和维护群众健康的重要途径。[①] 家庭医生以人为中心,面向家庭和社区,以维护和促进整体健康为方向,为群众提供长期签约式服务,推动分级诊疗、缓解"看病难"问题,有利于转变医疗卫生服务模式,推动医疗卫生工作重心下移、资源下沉,让群众拥有健康守门人,增强群众对改革的获得感,为实现基层首诊、分级诊疗奠定基础。

自2011年中国国务院印发《关于建立全科医生制度的指导意见》以来,国家从顶层整体设计,颁布了一系列适应中国实际情况的政策制度支持家庭医生签约服务的发展(见表1)。国家和地方层面也开展了多种形式的签约服务试点,在团队组建、筹资、激励、考核等新机制方面进行了积极探索,并得到群众的认可和欢迎,为改革和推广积累了宝贵的实践经验和广泛的群众基础。

表1 中国家庭医生签约服务发展进程中的相关政策

时间	政策名称	家庭医生相关主要内容
2011年7月	《关于建立全科医生制度的指导意见》	对全科医生的培养模式方法、准入条件、执业改革方式、激励机制等作出详细的指导意见,并明确了全科医生的定义。

[①] 《关于印发推进家庭医生签约服务的指导意见的通知》,2016年6月6日,http://www.gov.cn/xinwen/2016-06/06/content_5079983.htm,2022年5月9日。

续表

时间	政策名称	家庭医生相关主要内容
2012年3月	《"十二五"期间深化医药卫生体制改革规划暨实施方案》	提出基本建成覆盖城乡的基层医疗卫生服务体系；全面启动家庭医生制度建设。
2012年4月	《深化医药卫生体制改革2012年主要工作安排》	进一步加强以全科医生为重点的基层人才队伍建设；鼓励有条件的地方开展全科医生执业方式和服务模式改革试点；建立健全分级诊疗、双向转诊制度，积极推进基层首诊负责制试点。
2012年7月	《国家基本公共服务体系"十二五"规划》	提出加快建立分级诊疗、双向转诊和全科医生首诊制度作为重点工作。
2012年12月	《关于印发〈全科医学师资培训实施意见（试行）〉的通知》	加强全科医学师资队伍建设，保证全科医生培养质量。
2013年7月	《关于印发深化医药卫生体制改革2013年主要工作安排的通知》	加快制定全科医生规范化培养期间人员管理、培养标准等政策；继续开展全科医生转岗培训工作，实施全科医生特岗项目。
2014年5月	《深化医药卫生体制改革2014年重点工作任务》	健全分级诊疗体系，国家选择部分城市开展基层首诊试点，鼓励有条件的地区开展试点工作。
2015年3月	《全国医疗卫生服务体系规划纲要（2015—2020年）的通知》	提出支持和引导患者到基层就诊，逐步推动全科医生、家庭医生负责制，逐步实现家庭医生签约服务。
2015年9月	《关于推进分级诊疗制度建设的指导意见》	到2020年，分级诊疗服务能力全面提升，保障机制逐步健全，基层首诊、双向转诊、急慢分治、上下联动的分级诊疗模式逐步形成，基本建立符合我国国情的分级诊疗制度。
2016年5月	《关于推进家庭医生签约服务的指导意见》	加快推进家庭医生签约服务，不断完善签约服务内涵，建立健全签约服务的内在激励与外部支撑机制，调动家庭医生开展签约服务的积极性。为家庭医生签约服务发展明确了目标。

续表

时间	政策名称	家庭医生相关主要内容
2017年4月	《关于推进医疗联合体建设和发展的指导意见》；《深化医药卫生体制改革2017年重点工作任务的通知》	推动构建分级诊疗制度，实现发展方式由以治病为中心向以健康为中心转变；将分级诊疗试点和家庭医生签约服务扩大到85%以上地市，进一步落实家庭医生签约服务工作。
2017年9月	《关于做好贫困人口慢病家庭医生签约服务工作的通知》；《关于做好残疾人家庭医生签约服务工作的通知》	重视好贫困人口慢性病的家庭医生签约服务工作；重视残疾人的家庭医生签约服务工作。
2018年9月	《关于规范家庭医生签约服务管理的指导意见》	规范签约服务提供主体，明确签约服务对象及协议；丰富签约服务内容，落实签约服务费；提升家庭医生签约服务规范化管理水平，促进家庭医生签约服务提质增效。
2020年3月	《关于基层医疗卫生机构在新冠肺炎疫情防控中分类精准做好工作的通知》	疫情防控期间，鼓励基层医疗卫生机构在实施家庭医生签约服务和基本公共卫生服务项目中创新服务模式，优化服务流程，积极利用互联网手段，提高服务效率。
2022年3月	《关于推进家庭医生签约服务高质量发展的指导意见》	积极增加家庭医生签约服务供给，扩大签约服务覆盖面；强化签约服务内涵，突出全方位全周期健康管理服务，推进有效签约、规范履行。
2023年3月	《关于进一步完善医疗卫生服务体系的意见》	健全家庭医生制度。以基层医疗卫生机构为主要平台，建立以全科医生为主体、全科专科有效联动、医防有机融合的家庭医生签约服务模式，提供综合连续的公共卫生、基本医疗和健康管理服务。

注：笔者自制。

开展家庭医生签约服务作为中国医改中的一项重要举措，在国家政策制度的指导下，为基本实现家庭医生签约服务全覆盖的目标，中国各地方城市积极探索，从实际情况出发，建立符合人民群众需求、社会经济发展水平和基本医疗卫生服务水平的家庭医生签约服务。

（一）上海长宁区试点情况及经验

上海市长宁区在社区卫生服务、家庭医生签约服务建设方面，一直走在改革的前列，作为我国社区卫生服务改革的先行试点区、卫生部社区卫生服务体系建设重点联系城市（区）、上海市首批社区卫生综合改革试点区，长宁区于2005年率先创新推广全科团队服务模式，2007年在深化社区卫生服务改革的基础上，率先提出了实施家庭医生制度、提供家庭医生服务的理念[1]，2008年长宁区周家桥街道社区卫生服务中心率先在辖区内探索由固定医师提供健康管理服务的模式[2]，并于2012年被国务院医改办确定为10家"全科医生执业方式与服务模式改革试点区"之一。

截至2018年9月，长宁区全区161名家庭医生已签约居民34.44万名，签约率达51.89%，以一名家庭医生签约2500人计算，饱和服务签约率达85.59%，家庭医生有效签约比达71.46%。在保证签约率的基础上，长宁区尝试对家庭医生服务进行绩效考核，将家庭医生的"钱包"和服务质量、患者的满意度挂钩，其中服务数量占比50%，服务质量和患者满意度各占25%。在考核"指挥棒"的进一步推动作用下，长宁区家庭医生签约服务得到居民的好评。复旦大学、上海市长宁区卫生管理中心等高校、组织通过抽样调查的方式开展"家庭医生服务利用及效果评价"调查，调查结果显示，签约居民在社区看病、转诊、开药、咨询四方面服务满意度都在95%以上，表明家庭医生签约服务已初步建立起与居民的信任关系，这为进一步引导社区卫生服务利用奠定了良好的基础[3]，有利于提高社区卫生服务资源的利用度，培养

---

[1] 葛敏、江萍、芦炜等：《家庭医生制度的推进路径、服务模式和制度架构的探讨：以长宁为例》，《中国卫生资源》2012年第15卷第5期。

[2] 张平、赵德余：《中国特色健康保障之路的探索——长宁社区卫生服务发展模式的演进历程与经验》，上海人民出版社2011年版。

[3] 肖筱、袁立、周昌明等：《推行家庭医生签约对社区卫生服务利用的影响》，《中国卫生资源》2015年第18卷第1期。

起"社区首诊、双向转诊、逐级就诊的良好就医习惯"①。

上海市长宁区家庭医生签约服务模式也为其他各地区缓解"看病难、看病贵"问题以及优化地方医疗资源、建立分级诊疗制度提供了可借鉴的模式。长宁区依托社区卫生改革，以居民需求意愿为核心，设计和实施家庭医生签约服务制度。一是延伸服务满足多样性需求。经过十余年的实践积累，长宁区家庭医生服务内容逐渐丰富，包括建立健康档案、开展健康评估和早期干预、发展家庭医生工作室等，为居民提供高效主动的慢性病健康管理和营养咨询、心理疏导等个性化服务。二是创新健康管理服务模式。创造支持开放的环境激励家庭医生的主动性，激发家庭医生服务模式的发展、完善、共享，形成家庭医生工作室"13533"工作法②、家庭医生健康门诊等管理模式。三是与签约居民构建伙伴关系。家庭医生签约服务的起点和终点都在于居民，长宁区通过签约服务包换取居民手中的自由就诊权，进而实现伙伴关系的构建，吸引居民主动选择家庭医生、社区基层卫生服务中心。

（二）家庭医生签约服务全国落地成果及展望

基于家庭医生签约服务试点城市在应对人口老龄化、缓解看病难问题、优化医疗资源配置等方面发挥的促进作用，从2016年开始，中国全面推行家庭医生签约服务，截至2019年年底，中国已基本实现所有地市和县（市、区）开展家庭医生签约服务（如图1所示）。

中国各地基层医疗卫生机构通过提供上门服务、长期处方、双向转诊等举措，让居民获得实惠。经过"十三五"时期的建设和发展，基层首诊有效推进，截至2020年年底，重点人群的家庭医生签约率从2015年的28.33%增加到2020年的75.46%（如图2所示），全国县域内就诊率已达到94%，比

---

① 江萍、陈支援、缪栋蕾等：《上海市长宁区构建区域医疗联合体的政策效果、经验与建议》，《中国卫生政策研究》2013年第6卷第12期。
② 家庭医生工作室"13533"工作法："1个中心"指以居民健康为中心，"3个协同"指与中心资源、区域卫生资源、社区资源的协同，"5类服务"指预约式、互动式、跟踪式、关怀式、监测式，"3种关系"指长期稳定服务关系、伙伴关系、重点人群服务关系与"3个效果"。

2015 年同期增长 10 个百分点。①

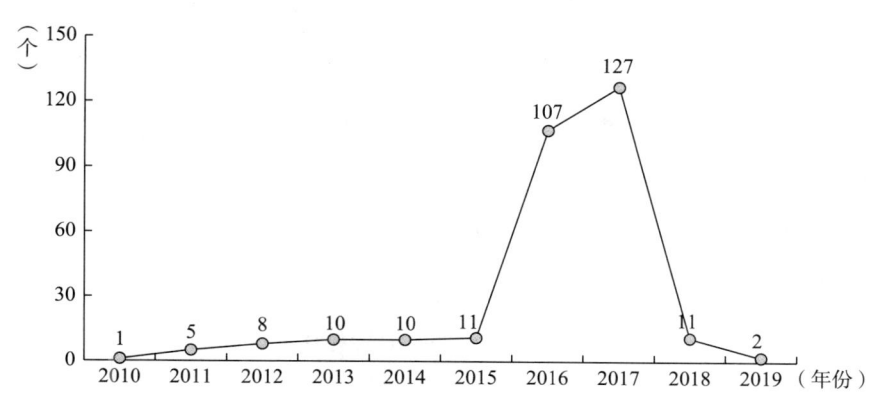

图 1　新增开展家庭医生签约服务城市数量

资料来源：根据各城市官方政府网站政策颁布时间整理。

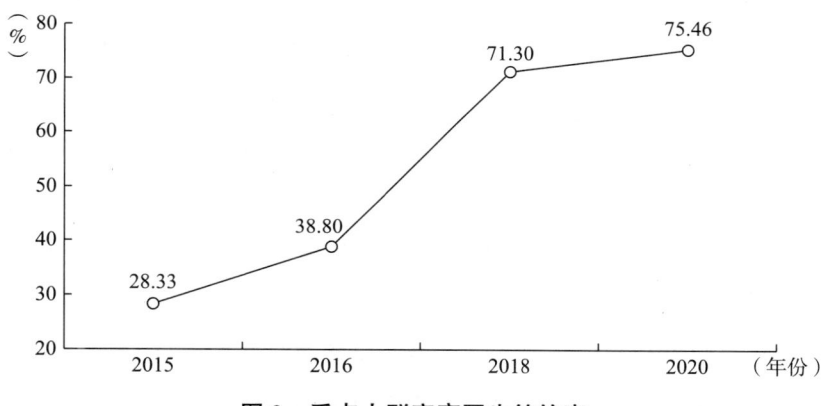

图 2　重点人群家庭医生签约率

资料来源：根据中国政府网官方公布数据整理。2017 年、2019 年数据未公布，故未放置其中。

2022 年 3 月 15 日中国国家六部委发文《关于推进家庭医生签约服务高质量发展的指导意见》，提出从 2022 年开始，各地在现有服务水平基础上，全

---

① 《卫生健康委就分级诊疗制度与体系建设等答问》，2021 年 7 月 23 日，http://www.gov.cn/xinwen/2021-07/23/content_5626971.htm，2022 年 5 月 14 日。

人群和重点人群签约服务覆盖率每年提升1—3个百分点，到2035年，签约服务覆盖率达到75%以上，基本实现家庭全覆盖，重点人群签约服务覆盖率达到85%以上，满意度达到85%左右的主要目标。未来，在服务方式上，中国将通过推广弹性化服务协议、加强全专结合医防融合、鼓励组合式签约、推进"互联网+签约服务"、提供健康咨询服务、突出重点人群等优化路径进一步推动中国家庭医生签约服务高质量发展。

二 家庭照护床位

家庭照护床位是指依托有资质的养老服务机构，将专业照护服务延伸至老年人家中，使老年人家中的床位成为具备"类机构"照护功能的床位。随着中国老龄化程度不断加深，高龄化、失能化和慢病化发展态势日益凸显，传统的机构养老、社区居家养老服务模式难以有效满足庞大的老年综合性、专业化的照护需求。家庭照护床位作为嵌入式养老的创新模式，是解决当前养老服务困境、补充照护服务缺口、缓解养老机构高昂成本、协调居家养老服务资源分散的重要举措。

"十三五"期间，中国大力发展社区居家养老服务，2016年至2020年连续五年开展了五批居家养老服务改革试点。2016年11月，中国南京市入选第一批"中央财政支持开展居家和社区养老服务改革试点"，在试点工作中，南京市摸索推进家庭养老床位建设，于2017年9月正式全面启动建设工作。南京市还将这一模式写入《南京市养老服务条例》，以地方立法形式规范了"家庭照护床位"的发展。截至2020年年底，南京市共已建成家庭照护床位5701张，远超中国其他地方城市。①

与南京市同为新一线城市的成都和杭州分别于2020年、2021年印发《成都市实施家庭照护床位试点工作方案》《杭州市家庭养老照护床位试点工作方

---

① 章晓懿、马德秀、陈谦谦：《整合照料视角下的老年家庭照护床位政策研究》，《今日科苑》2021年第7期。

案》。通过对比三者的工作方案，可以发现三者家庭养老照护床位试点工作内容存在一定的相似性，但也有因各地实际情况的不同而存在的差异性。

在服务对象方面，相似处在于主要都是面向（半）失能失智或者生活较为困难的老年群体，差异性在于各地在不同程度上进行了对象的调整，南京市鼓楼区除（半）失能失智老人外，还包括居家养老政府购买照护服务的老人和其他有养老机构床位需求的居家老年人；成都市基本与南京市鼓楼区相同；杭州市对服务对象增补了要求，参加试点的老年人家庭应当具备家庭养老照护服务，老年人及其家属自愿参加试点服务，并与相关机构签订服务协议。

在服务内容方面，南京、成都和杭州都围绕生活照料服务、电子信息化服务、康复护理服务、医疗护理服务、精神慰藉和文化娱乐等服务展开，但三者家庭照护床位政策对服务内容规定的详细程度存在差异，南京和杭州两地对服务内容展开了较为详细的供给清单，成都暂时只是做了一般性的规范和引导。

在补贴方式方面，三者对于服务供给者和床位运营补贴是其激励养老机构开展家庭照护床位服务的主要手段。与此同时也存在各自的侧重点、补充点。南京根据服务对象的不同特征条件以及养老机构的等级进行差异化的补贴；杭州除对供给和运营方提供补助外，还对建床老年人提供补贴。

各地方城市在家庭照护床位试点过程中共性与差异共存，这无疑体现府际间的政策学习机制和扩散效应，通过先行示范区的经验给予其他城市政策实施方向，而后各地因地制宜，根据实际情况，例如人口现状、需求等进行调整和补充。当然我们也要关注到家庭照护床位政策试点工作仍然存在老年人有效需求水平低下、市场供给主体积极性不高、服务资源整合优化尚未实现等问题，需要持续推进完善，尽快探索出满足供需双方需求的居家医养康护一体化发展路径。

三 社区康复医疗服务

康复医学是一门运用多学科手段促进残疾人及患者康复的医学学科，与预防医学、临床医学、保健医学并称为"现代四大医学"。康复医疗补全了医疗的后端环节，主要作用是消除和减轻人体功能障碍，恢复人体功能、提高生活质量。康复医疗服务涵盖骨科、神经、心脏、儿科、老年病、肿瘤、精神科等多个领域，是一项重要的民生工程。随着人口老龄化加速以及慢性病人群增加，国家对康复医疗事业发展越加重视。

社区康复作为构建基层综合医疗服务网络的重要环节之一，具有投入低、服务覆盖广、可操作性强、持续康复效果好等特点，是普及康复服务的重要形式。在人口老龄化形势日益严峻的今天，基层有大量的老年人需要康复、调理，其中一些患者或老年人更是需要长期的康复训练。而目前实际拥有康复科的综合医院占比较低，光靠综合医院提供康复服务，会产生挤占医疗资源、多数患者难以获得全过程、针对性的康复治疗服务等问题。社区康复中心一方面为这类群体的康复服务提供了空间，成为康复患者回归家庭的"最后一公里"；另一方面对于缓解供需不平衡问题以及社区和家庭的后续康复服务的开展具有重要意义。

中国社区康复医疗还处于试点阶段，但是在国家的大力推动下，社区康复已经培养了大批专业人才，形成了社区康复服务的基本框架，康复意识也在社会范围内逐渐增强，为社区康复工作的进一步开展奠定了基础。全国多个省市，如上海、北京、江苏等都开展了社区康复医疗的试点工，并在社区康复医疗中心的科室设置、场地面积、设备配置、规章制度、人员管理等方面出台了一系列社区卫生服务中心基本标准和具体规定。

上海市示范性社区康复中心 91 家"家门口"可享康复服务

2021年，在上海市卫生健康委、市中医药管理局牵头，市财政局、上海市各区政府的配合下，"建设30家示范性社区康复中心"被列入《上海2021年为民办实事项目》清单。上海市松江区通过统一规划、科学布局，建设示范性社区康复中心，打造了3家各具特色的社区康复"示范点"——中山街道社区卫生服务中心、车墩镇社区卫生服务中心、洞泾镇社区卫生服务中心。

其中洞泾镇社区卫生服务中心在本次创建示范性社区康复中心中，将70余项现代康复服务列入清单对外公示，服务范围拓展至神经系统、骨关节系统、慢性疼痛、老年疾病等常见病、多发病引起的明显功能障碍稳定期或后遗症期的康复。上海松江区通过完善上下级转诊衔接机制，承接区域医疗中心内各种康复病人需求，形成了良性运行机制，提高了公共服务的可及性。其他各个示范性社区康复中心也根据辖区特点和自身专长逐步拓展打造社区康复服务特色品牌，让居民在"家门口"享受到优质康复服务。

家住杨浦区延吉新村街道的孙阿姨，一年前脑出血病情稳定后，一直在延吉社区卫生服务中心做康复治疗。经过一年康复治疗后，孙阿姨的康复效果进入平台期，恰逢今年9月示范康复中心建成，中心引进智能康复设备，康复医生金建平副主任治疗师针对孙阿姨的情况，为其加上下肢智能康复机器人训练、智能平衡训练。两台训练设备配以不同情景互动，让原本枯燥的训练变得有趣，仅一个月，孙阿姨的康复效果愈加显著。

截至2022年，上海市全市示范性社区康复中心总数达91家，上海将继续推进社区康复中心建设，在"十四五"期间实现社区康复中心基本全覆盖，让更多有需求的患者享受到"家门口"便捷智能化康复服务。

中国儿童友好城市和老年友好城市概述

杨一帆　张雪永*　李唯为**

提升城市发展质量以及推进城市现代化是当前高质量发展阶段的重要议题。《中华人民共和国国民经济和社会发展第十四个五年规划和2035年远景目标纲要》提出："深入推进以人为核心的新型城镇化战略……使更多人民群众享有更高品质的城市生活。"城市是经济社会发展的重要枢纽，其功能、作用越来越重要。推进以人为核心的新型城镇化作为国家重大发展战略，必然要求提升城镇化质量，推进更高水平的城市治理。

随着经济社会的发展，中国的城镇化水平不断提升，城市人口规模不断扩大。据统计，截至2021年年末，中国城市人口占比达64.72%。大量的城市人口、复杂的人员构成、多元交织的需求以及越来越多的内部矛盾都迫使城市治理能力不断提升，以有效应对现有的挑战与难题。其中，保障好、服务好"一老一小"也是现代城市建设发展的难题与治理重点。因"一老一小"群体的生理特征与个体需求的特殊性，常规的基本服务很难充分满足其需求、保障其基本生活条件。养老难、养老贵；育儿难、育儿贵的问题层出不穷，而推动实现老有所养、幼有所育是建设高品质生活城市的重要任务。关注"一老一小"群体需求，推动生活性服务业补短板、上水平，满足老人、儿童的美好生活需要。

值得注意的是，在联合国关于老年友好城市建设、儿童友好城市建设的系列规划与手册中，都将"一老一小"权利的实现与城市可持续发展战

---

* 张雪永：西南交通大学文科建设处处长，国际老龄科学研究院院长。
** 李唯为：西南交通大学公共管理学院本科生，国际老龄科学研究院科研助理。

略充分融合，共同推进，这对于新型城镇化发展阶段中的城乡建设显得尤为重要。探索友好型城市，既是对"一老一小"群体美好生活需要的回应，也是城市获得可持续发展能力的重要前提，这就要求将保障好、服务好"一老一小"群体、建设包容性城市环境全面融入现代城市建设与治理的全过程。

一 现实挑战与战略应对

根据2021年公布的第七次人口普查结果，在全国总人口中，60岁及以上人口为2.64亿人，占18.7%，其中65岁及以上人口为1.91亿人，占13.5%；0—14岁人口为2.5亿人，占17.95%，虽然2012—2021年，0—14岁人口数量增速趋缓，但总体占比还相对较高，保持在16%以上（见图1）。

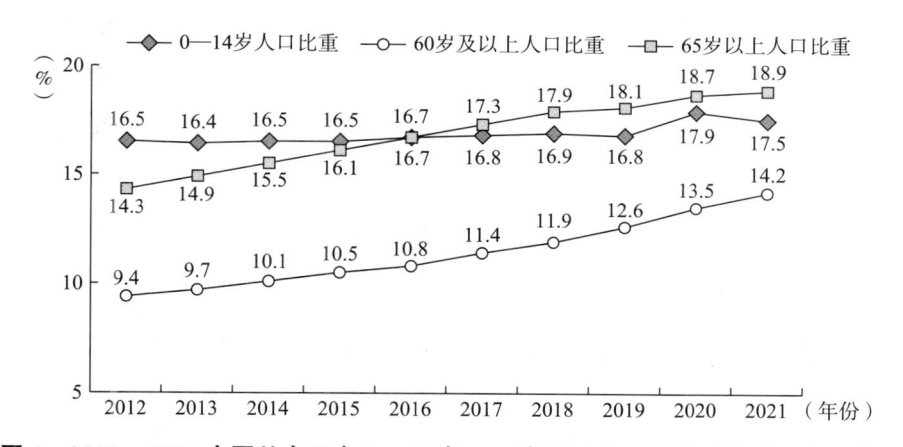

图1　2012—2021全国总人口中0—14岁、60岁及以上、65岁以上人口占比变化

资料来源：《中国统计年鉴》，载国家统计局官网，2022年1月12日，https://www.stats.gov.cn/sj/ndsj/，2023年10月10日，笔者自制。

另外，失能、半失能老年人约有4000万人，对养老护理员的需求多达600多万，但是目前仅有50多万名从事养老护理的服务人员，远不能满足需求。此外，根据《2020年度国家老龄事业发展公报》数据：2020年总养老床位数量821万,机构床位数量仅488万,两证齐全的医养社区仅有159万。① 在儿童抚养方面,有调查显示,当前婴幼儿无人照料是阻碍生育的首要因素,城市中超过1/3的家庭有托育需求,但供给明显不足,特别是普惠性服务更是供不应求。结合近十年逐年递增的社会抚养比也可以直观看出,当前社会承担老人、儿童抚养的压力上升趋势明显,而上述问题也会随着抚养比的逐年上升更加凸显。

解决"一老一小"问题关系人口发展战略目标的实现,是最现实、最紧迫、最突出的民生问题。发展养老托育也被列入了"十四五"规划纲要。其中,对于公共服务配套提出了明确的指标要求。

一方面,高质量养老服务、高质量育儿、托育、儿童发展支持的需求逐步扩大,承担公共服务与基本保障职能的城市,亟须通过有效的城市治理,建设软硬件环境良好、社会治理水平较高和和谐氛围浓厚的包容性现代城市;另一方面,伴随着积极老龄化理念的深入推进,老年友好型城市的出现为实现积极、健康老龄化,尤其在实现老年人社会参与及自我价值实现方面提供了新思路。

图2 2012—2021年少儿、老年以及总社会抚养比

资料来源:《中国统计年鉴》,载国家统计局官网2022年1月12日,https://www.stats.gov.cn/sj/ndsj/,2023年10月10日,笔者自制。

---

① 老龄健康司:《2020年度国家老龄事业发展公报》2021年10月15日,http://www.nhc.gov.cn/lljks/pqt/202110/c794a6b1a2084964a7ef45f69bef5423.shtml,2023年10月10日。

一老
养老服务床位总量达到900万张以上
养老机构护理型床位占比达到55%
新建居住区配套建设养老服务设施100%达标
一小
每千人口拥有3岁以下婴幼儿托位数达到4.5个

图3 "十四五"规划纲要中的指标要求

二 城市设计与总体规划

（一）"一老"：立足以人为本导向，夯实基础刚柔并济

进入21世纪，随着社会主义市场经济体制不断完善，社会福利事业也得到了长足的发展。经过多年探索，从最初的仅限于"五保"群体的简单保障，到社会化养老服务体系逐步探索建立，再到当前新技术导向下的智慧养老。中国的养老服务逐步完善（见表1），力争覆盖更大范围的群体以及更多元的需求。

当前，中国推行的养老模式主要为"9073"模式，这一模式最早在"十一五"规划中由上海市率先提出，即90%的老年人由家庭自我照顾，7%享受社区居家养老服务，3%享受机构养老服务。[①] 除此之外，如嵌入式养老、候鸟式养老、田园式养老等几种新型养老模式也逐渐兴起。虽然基础护理需求、应对生理退化仍然是养老服务的重要内容，但随着城市老人规模扩大、家庭养老功能逐渐弱化，养老场景逐步聚焦城市社区，作为城市治理与建设的基层单元，直接回应着老人日益凸显的互动社交、精神文化、心理健康等更高层次的需求。

---

① 《我国养老呈"9073"格局，养老行业发展现状、前景及问题分析》，载搜狐网2021年4月9日，https://www.sohu.com/a/459820369_120536144，2023年3月24日。

表 1　中国养老服务发展阶段

	第一阶段	第二阶段	第三阶段	第四阶段	第五阶段
	五保	福利院	社会化养老	商业养老	智慧养老
服务对象	"五保"户	普遍意义上的老年人（数量较少）	普遍意义上的老年人（数量相对有扩大）	普遍意义上的老年人（水平与档次的分化初步显现）	普遍意义上的老年人（年龄划分界线适当下放）
关键词	敬老院	福利院、敬老院	养老院、养老公寓	养老社区	智慧养老、智慧助老
时间阶段	20世纪80年代以前	20世纪八九十年代	2000—2007年	2008—2016年	2017年至今
主要内容	"五保"、生活保障	老年人权益、社会福利	养老服务、社会化、机构养老	消费升级；医养结合、候鸟式养老、度假养老、温泉养老、持续照料等	科技化、智慧化，互联网技术的引入，模式更加多元化

注：笔者自制。

图 4　当前养老问题重点关键词

资料来源：笔者根据新闻与育儿政策提取文本后整理。

老年友好城市可以理解为，在积极老龄化、健康老龄化理念的指导下，城市通过优化物质环境、完善政策体系、营造参与氛围，满足老年人的生活需求，提升为老服务质量，并为老年人创造实现自我价值的机会，从而促进积极老龄化，增强老年人的幸福感与获得感。

结合中国的实践，其内涵进一步细分为：空间友好、政策友好以及参与友好三个维度（见图5）。其中，"空间友好"是指以居住场所为轴心，以生活社区为半径，以城市公共设施为依托，打造无障碍、安全、可达的物质空间。具体而言，就是要推进城市规划建设适老化改造，从而让老年人在日常起居、出行等方面，享受舒适便捷、安全无忧的城市环境。"政策友好"是指形成以政府主导、社会参与、全民行动相结合的养老服务体系，提升老年人在医疗、养老、保障、福利等城市发展软环境的适老化建设，营造支持、包容的社会环境。"参与友好"的要求则相对较高，具体是指为老人提供丰富多元的参与机会，让其积极参与到社会各类事务中，帮助实现自我价值、获得效能感，营造积极老龄化的社会氛围。①

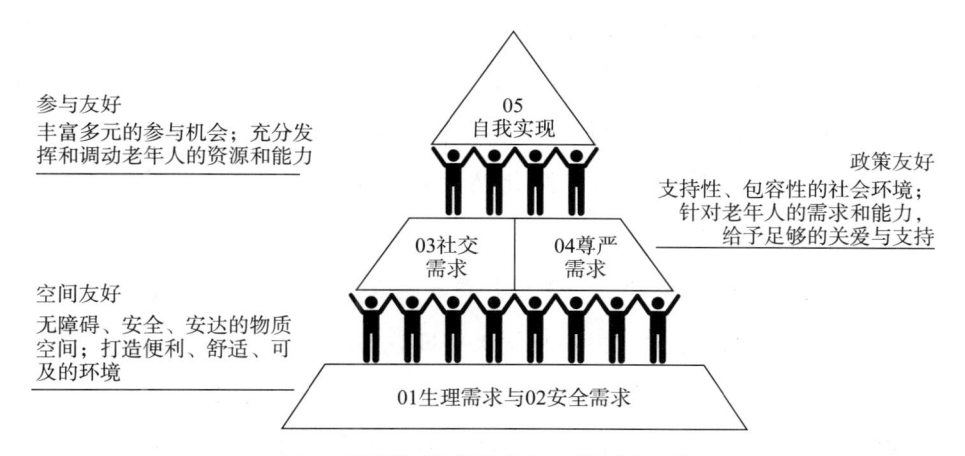

图5 马斯洛需求层次与三类"友好"

注：笔者自制。

---

① 袁昕：《我国老年友好城市评估指标体系研究》，2021年11月5日，https://www.thepaper.cn/newsDetail_forward_15246836，2023年10月10日。

基于上述理念，结合养老实际问题，近年来中国政府出台了系列政策规划。在空间环境建设层面，2015年《中华人民共和国老年人权益保障法》正式出台，明确了老年宜居环境建设的法律地位，提出了"国家采取措施，推进宜居环境建设，为老年人提供安全、便利和舒适的环境"的目标要求。2016年，《关于推进老年宜居环境建设的指导意见》出台，标志着中国老年宜居环境建设的全面启动。2018年发布的《"十三五"国家老龄事业发展和养老体系建设规划》从老年社会保障、养老服务、老年健康、老年宜居环境、老年精神文化生活、老年社会参与、老年权益保障、老年工作基础和保障等多个方面进行考核评估。2019年，《国家积极应对人口老龄化中长期规划》将积极应对人口老龄化上升为国家战略；除了提出财富准备、劳动力供给、老龄服务等基础内容，还包括科技创新、劳动力素质提升，以及老有所为、终身学习等全局性的新举措。

随着理念不断更新，对老龄问题认识的不断深入，中国逐步在碎片化尝试中探索构建系统化、层次化的养老服务体系。2022年出台的《"十四五"国家老龄事业发展和养老服务体系规划》，进一步提出养老服务供给不断扩大，老年健康支撑体系更加健全，为老服务多业态创新融合发展，要素保障能力持续增强，社会环境更加适老宜居等目标；并明确要求推动全社会积极应对人口老龄化格局初步形成，老年人获得感、幸福感、安全感显著提升。

（二）城市中的"一小"：关爱儿童发展成长，探索积累初成体系

为了应对全球城镇化、去中心化水平日益提高的现状，1996年，联合国儿童基金会发起儿童友好型城市倡议（Child Friendly Cities Initiative，以下简称CFCI），提出"每个儿童和青年都能拥有愉快的童年和青年时光，在各自城市和社区中，平等享有自身权利，充分发挥自身潜力"的愿景。按照联合国定义的"儿童友好城市"：致力于实现《儿童权利公约》规定的儿童权利（无歧视；在涉及儿童事宜中以儿童最大利益为出发点；确保儿童生命权、生存权和发展权；尊重儿童意见）的城市、城镇、社区或任何地方政府体系。在这些城市或社区，儿童的心声、需求、优先事项和权利是当地公共政策、程序、决策不可或缺的一部分。

图 6　当前儿童成长问题的关注重点关键词

资料来源：笔者根据新闻与育儿政策提取文本后整理。

中国是人口大国，也是儿童人口大国，2020 年第七次全国人口普查结果显示，中国 0—17 周岁人口约为 2.98 亿[①]。较大的儿童群体数量以及日益提升的成长与发展需求，对当前的儿童事业提出了挑战。目前，对于儿童成长，不仅要关注身体健康、疾病预防等基本生存保障，还要更进一步关注儿童的综合素质培养与兴趣爱好发展，单一的普惠性、保障性服务已无法满足部分儿童需求，而基本服务又难以覆盖所有儿童群体。中国儿童事业亟须探索兼顾多元需求，同时保障公平普惠的儿童保障体系。

[①] 澎湃新闻：《中国儿童发展现状与成就》，2022 年 6 月 1 日，https://www.thepaper.cn/newsDetail_forward_18373029，2023 年 10 月 10 日。

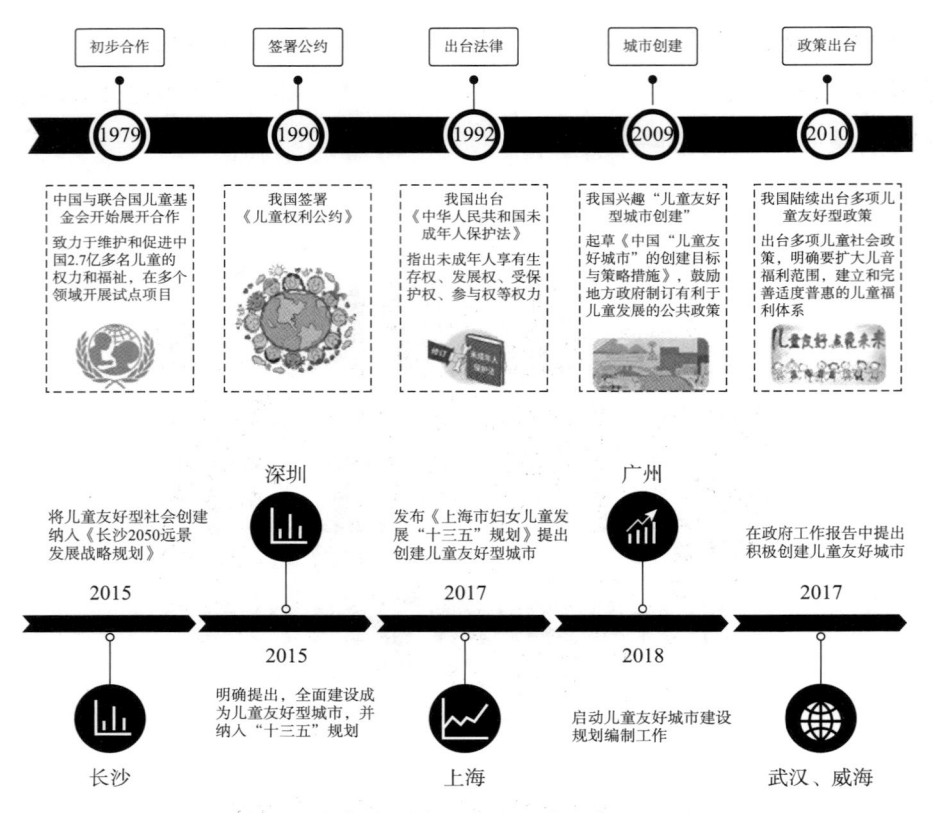

图 7　中国儿童友好探索历程及儿童友好城市建设历程

时间轴（上）：

- **1979　初步合作**：中国与联合国儿童基金会开始展开合作，致力于维护和促进中国 2.7 亿多名儿童的权力和福祉，在多个领域开展试点项目
- **1990　签署公约**：我国签署《儿童权利公约》
- **1992　出台法律**：我国出台《中华人民共和国未成年人保护法》，指出未成年人享有生存权、发展权、受保护权、参与权等权力
- **2009　城市创建**：我国兴趣"儿童友好型城市创建"，起草《中国"儿童友好城市"的创建目标与策略措施》，鼓励地方政府制订有利于儿童发展的公共政策
- **2010　政策出台**：我国陆续出台多项儿童友好型政策，出台多项儿童社会政策，明确要扩大儿童福利范围，建立和完善适度普惠的儿童福利体系

时间轴（下）：

- **长沙　2015**：将儿童友好型社会创建纳入《长沙 2050 远景发展战略规划》
- **深圳　2015**：明确提出，全面建设成为儿童友好型城市，并纳入"十三五"规划
- **上海　2017**：发布《上海市妇女儿童发展"十三五"规划》提出创建儿童友好型城市
- **广州　2018**：启动儿童友好城市建设规划编制工作
- **武汉、威海　2017**：在政府工作报告中提出积极创建儿童友好城市

注：笔者根据城市新闻和案例自行整理。

在儿童友好方面，自 1979 年以来，中国展开了诸多探索，一方面，将儿童权利保障以及儿童友好的理念融入政策、法律等顶层设计；另一方面，随着法律体系和制度建设进一步健全完善，各城市开始探索将儿童友好城市融入城市建设与发展规划，进一步提升福利保障水平和社会服务质量。

2021 年 10 月，国家发改委出台《关于推进儿童友好城市建设的指导意见》，目标到 2025 年，在全国范围内开展 100 个儿童友好城市建设试点，推动儿童友好理念深入人心；并提出儿童优先，普惠共享；中国特色，开放包容；因地制宜，探索创新；多元参与，凝聚合力的建设原则。

政策的顶层设计要求"儿童友好"充分融入社会政策、公共服务、权利保障、成长空间、发展环境等方面（见图8）。具体而言，首先，在推进社会政策友好层面，推动全社会践行儿童友好理念，推动儿童优先发展，城市规划建设体现儿童视角，推动儿童全方位参与融入城市社会生活，发动全社会力量共同致力儿童发展；其次，在推进公共服务友好层面，充分满足儿童成长发展需要，支持发展普惠托育服务，促进基础教育均衡发展，加强儿童健康保障，服务儿童看病就医和医疗保障，丰富儿童文体服务供给；再次，推进权利保障友好，完善公益普惠儿童福利体系，关爱孤儿和事实无人抚养儿童，推进残疾儿童康复服务，加强困境儿童分类保障；最后，推进成长空间友好，提升城市空间品质和服务效能，推进城市公共空间适儿化改造，改善儿童安全出行体验，拓展儿童人文参与空间，开展儿童友好社区建设，开展儿童友好自然生态建设，提升灾害事故防范应对能力；推进发展环境友好，优化儿童健康成长社会环境，推进家庭家教家风建设，培养健康向上的精神文化，持续净化网络环境，筑牢安全发展屏障，防止儿童意外和人身伤害，积极预防未成年人犯罪。[①]

01　社会政策友好
　　立足儿童视角，共同推动儿童优先发展

02　公共服务友好
　　注重普惠均衡，加强服务供给与基础保障

03　权利保障友好
　　关注重点群体，分类实施关注困境分类保障

04　成长空间友好
　　重视空间建设，推进城市公共空间适儿化改造

05　发展环境友好
　　重视环境营造，满足成长需求提供参与机遇

图8　儿童友好城市建设五大重点任务

注：笔者根据"儿童友好"相关政策自行整理和绘制。

---

① 《关于推进儿童友好城市建设的指导意见》，载中国政府网，2021年10月21日，http://www.gov.cn/zhengce/zhengceku/2021-10/21/content_5643976.htm，2023年10月10日。

三　基层实践与融合探索

（一）友好型社区：规划落实的"神经末梢"

在中国的"一老一小"友好城市建设的实践中，友好社区的建设是友好城市建设在微观实践层面的重要内容，是将规划落实、将服务整合的重要衔接点与平台。在各城市的"一老一小"服务保障规划中，都十分重视友好型社区的建设。

在老年友好城市建设中，受"在地老化"等理念的影响，社区既覆盖了老年人日常出行、社交的空间范围，也承载了提供基本服务的环境功能，最直接面向、对接老年人的日常需求。随着人口老龄化理论演进，老年友好社区的内涵也在不断丰富。从模式变迁看，老年友好社区经历了从"聚集式养老社区"向以居家养老、社区养老为主导的"在地化养老社区"转变的过程。从构建内容看，早期老年环境学主要关注社区物质性空间环境建设对老年生活质量的影响，包括住房、交通、户外空间设施等硬件配套环境。随着认知改变，不同机构和学者逐步认识到老年友好社区建设的物质环境和社会环境相辅相成，因此创建一个将物质空间环境和社会环境融合并相互增强的友好社区环境，将有效增强老年人的获得感、幸福感和安全感。从价值延伸看，老年友好社区建设越来越重视老年社会价值和代际关系。积极老龄化理论影响下的老年友好社区营造，更加强调老年人在社会发展过程中的价值创造和身份认同，鼓励老年人充分发挥自身潜能和自主性，积极参与社会各项事务活动，重塑老年人社会价值。①

在儿童友好城市的建设中，外部环境对于儿童的教育发挥着举足轻重的作用，实际上，中国传统设计和文化中，一直强调空间的教益功能，对于一个人的成长有很大的支撑作用，影响其品格的形成，而最深刻影响儿童成长的环境主要由"家庭—学校—社会"三层实体环境构成。社区作为中国社会

---

① 《老年友好型社区：开启养老新趋势》，2022年3月27日，https://new.qq.com/rain/a/20220327A02BUB00，2023年10月10日。

基层治理单元，按照就近上学的原则，一般在空间布局和管理职能上会包含"家庭""学校"环境，是三层次空间的叠合，承载了儿童及家长大量的日常生活行为，具有重要的环境支撑和综合教育功能。现代儿童发展心理学等研究表明，社区环境对儿童人格、独立意识、创新能力、社交能力的形成影响更为直接。此外，随着信息技术的快速发展，虚拟网络环境对儿童成长的影响不容忽视，其将引发育儿生活、学习方式、社区治理领域的巨大变革。可以说影响城乡儿童成长的环境，是以社区为主要空间载体的，家庭、学校、社会、网络四位一体、虚实结合的综合环境。儿童友好社区的营造，有助于让全社会养育和教育儿童的理念回归理性，逐渐认识到"四位一体"的综合环境对儿童发展的重要支撑作用，形成科学的养育观和新的教育理念共识。①

（二）统筹"一老一小"：全龄友好包容共建

"一老一小"友好城市建设在一定意义上是当前中国城市包容性治理探索的具体体现。在社会转型与经济发展过程中必然会遇到各种复杂的利益和观念的冲突，如何防止社会在冲突中走向断裂甚至危机，这是世界各国面临的重大考验。当前，中国正处于经济快速发展和社会快速转型时期，各种矛盾相对突出，对地方政府治理构成挑战。在探索新型治理的过程中，包容性治理成为化解新时期各种矛盾的基本选择。

包容性治理通过创造多元主体参与、互动与共享的机制，调动社会各个层面主体的积极性和创造性，从而汇成促进经济社会发展的强大动力；充分尊重各方利益诉求，以有效方法协调各方矛盾，从而通过培育"有机团结"实现社会的稳定与和谐。这种稳定与和谐为经济发展提供了必不可少的有利环境。②

结合联合国可持续发展目标最核心的理念"不落下任何一个社会成员"，老年友好城市、儿童友好城市不仅是对老人、儿童友好，更是代际共融和谐

---

① 刘磊、石楠、何艳玲等：《儿童友好城市建设实践》，《城市规划》2022年第46卷第1期。
② 《探索包容性治理的中国道路》，《光明日报》2020年12月3日，https://theory.gmw.cn/2020-12/03/content_34426571.htm，2023年3月24日。

互动的"全龄友好",综合考虑老年人和儿童生活习惯的差异性和相通性,构建代际共居、良性互动的全龄社区是满足多世代需求、缓解双龄问题、应对当前老龄化与少子化的有效途径。

"全龄友好"体现包容性思想,即面向并回应各类人群身边服务的需求。2007年,世界卫生组织提出了年龄友好型城市和社区的框架,指通过设计与物质和社会环境有关的政策和服务来支持各年龄段人口,这些政策和服务可帮助居民特别是老年人与儿童安全地生活,享受健康,并保持社会参与积极性。落实在社区层面,在完整居住社区建设中,提升对适老宜少的关注,按照步行可达要求,在5—10分钟距离范围内能够获得尽可能多的社区服务,落实包括宜人的公共空间、完整的服务体系、完善的基础设施、共同的社区认同感、兼容的治理体系等在内的建设内容。[①]

相比于过去,城市规划和城乡基础设施建设配置公共资源时,常使用"千人指标"这一概念。现在,中国人口发展面临着深刻而复杂的形势变化,不同年龄段人群的多元化需求越来越精细,而围绕全人群、全生命周期、全生活场景进行城市规划、建设和更新,是当前全龄友好环境建设的关键指标。

在这样的背景下,中国各大城市开展了全龄友好城市建设探索,例如广州提出打造全龄友好型城市,成都实施全龄友好包容社会营建工程,北京开展全龄友好公园改造,上海营造全龄友好的慢行交通环境。虽然各地实践各有侧重,但是总体上看,中国对于全龄友好城市的建设实践主要围绕以下三个方面。

1.打造全民宜居城市空间。近年来,多地致力于提高公园绿地、街道广场、体育设施、图书馆等公共场所的儿童友好、老年友好性能,促进不同年龄段人群社会交往和社会参与。例如,北京市以逐步实现特殊群体无障碍化游览公园为目标,于2021年完成了10个全龄友好型公园改造,重点对公园

---

① 《全龄友好是活力城市的保障》,《佛山日报》2022年1月8日,http://www.fsonline.com.cn/p/296530.html,2023年4月24日。

出入口坡化、低位服务设施、无障碍卫生间等设施进行优化和改造。

2. 丰富代际共融住房产品。家庭结构的变化给当今的中国带来多元的居住模式及空间需求。积极探索建立全龄友好型住房制度，积极发展适老化住房、代际友好住房，鼓励老少同住，促进代际共融。北京市在第三批集中供地政策中，北京进一步提出不再以"70/90"面积限制作为刚性约束，并且在户型设计上鼓励更加丰富的产品，满足多孩家庭、多代居住家庭、老年人就近子女养老等居住需求。

3. 建设全龄共享社区环境。积极应对人口老龄化和促进人口长期均衡发展战略背景下，以"一老一小"需求为重点，面向全年龄段全链条生活服务需求，构建便利、完善的服务设施体系。在社区服务设施方面，针对困扰社区老年人的"吃饭难"问题，一些城市结合社区服务站、文化活动站等，因地制宜建设社区老年食堂、社区老年助餐点等设施，为社区居民尤其是老年人与儿童提供助餐服务。

表2 不同社区模式比较

社区类型	社区选址	服务人群	住宅类型	居民需求
普通社区	不限	从幼儿到自理型老人，也有少量介助型老人、介护老人	普通住宅	生活服务、休闲娱乐、教育
养老社区	自然环境良好或交通便利的郊区	各种老年人群体	适老化住宅、养老公寓、别墅	医疗服务、生活服务、休闲娱乐
全龄社区	自然环境良好且交通便利的郊区	从幼儿到中青年和各种情况的老人	普通住宅、适老化住宅、养老公寓	生活服务、教育、休闲娱乐、医疗服务

注：笔者自制。

在具体实践中，全龄友好也逐渐成为市场化养老服务供给的一个重要模式，依托房地产开发，探索以全生命周期为线，营造适宜全龄群体混合居住的大型成长型活力社区模式，相比于普通社区与养老社区，围绕不同年龄段群体的需求，提供更丰富的综合性服务，相比而言更具代表性和可持续性。①

---

① 《全新的尝试——适老型社区》，2020 年 12 月 22 日，https://new.qq.com/rain/a/ 20201222A084G000，2023 年 3 月 24 日。

"一老一小"统筹解决的方案

杨一帆 陈璐[*] 蒋馨[**]

一 政策出台背景

当"老龄化"伴随"少子化","一老一小"这道世界性难题也摆在我国面前。统计年鉴数据显示,2021年中国65岁及以上人口超过2亿,占全国人口的14.2%,已达到"中度老龄化社会"的指标。另外,我国失能、半失能老年人约有4000万人,"一人失能、全家失衡"是这些老年人家庭的真实写照。国内调查显示,婴幼儿无人照料是阻碍生育的首要因素,城市中超过1/3的家庭有托育需求,但供给明显不足,特别是普惠性服务供不应求。

《中华人民共和国国民经济和社会发展第十四个五年规划和2035年远景目标纲要》中提出,实施积极应对人口老龄化国家战略,以"一老一小"为重点完善人口服务体系,发展普惠托育和基本养老服务体系。如何实现幼有所育、老有所养,已成为当前及未来阶段需要解决的重点问题。

二 统筹协调、高效联动的顶层设计

"一老一小"整体解决方案是指针对老年人和儿童的综合性解决方案,旨在满足他们在生活、健康、教育等方面的需求,提高他们的生活质量和幸福感。这个解决方案的背景是人口老龄化和少子化的趋势。随着社会的发展,

---

[*] 陈璐:西南交通大学国际老龄科学研究院对外联络与合作处主任。
[**] 蒋馨:西南交通大学公共管理学院本科生。

人们的寿命越来越长，老年人口比例逐渐增加，而同时出生率却逐渐下降，儿童人口比例逐渐减少。这种趋势导致了老年人和儿童在社会中的地位和需求的变化，需要针对他们的特殊需求提供更加综合性的解决方案。

解决"一老一小"问题关系人口发展战略目标的实现，是最现实、最紧迫、最突出的民生问题。2020年，党的十九届五中全会将积极应对人口老龄化上升为国家战略；同年，国办印发《关于促进养老托育服务健康发展的意见》，首次在国家层面提出整体性推进解决"一老一小"问题。"十三五"期间，累计投入196亿元支持养老托育服务设施建设，在保障和改善"一老一小"民生工作中发挥重要作用。为更有效应对"十四五"时期我国养老托育服务体系建设的新形势，《实施方案》提出到2025年，在中央和地方共同努力下，坚持补短板、强弱项、提质量，进一步改善养老、托育服务基础设施条件，推动设施规范化、标准化建设，增强兜底保障能力，增加普惠性服务供给，提升养老、托育服务水平，逐步构建居家社区机构相协调、医养康养相结合的养老服务体系，不断发展和完善普惠托育服务体系。发展养老托育是国家作出的"十四五"重大民生承诺。"十四五"规划《纲要》及相关专项规划提出，"一老"方面，养老服务床位总量达到900万张以上，养老机构护理型床位占比达到55%，新建居住区配套建设养老服务设施100%达标；"一小"方面，每千人口拥有3岁以下婴幼儿托位数达到4.5个。

养老和托育在很多方面有共通之处。"一老一小"是最大的民生，"一老一小"对应着生命两端，二者同源于家庭发展问题，都是面向最需要社会关爱的人群，都面临服务供给有待加强的问题，因此其解决方案具有共通之处，适合发挥政策集成效应，减少管理重叠。基于此，国家整体建构，推进"一老一小"统筹协调、高效联动，推动全国各地制定实施"一老一小"整体解决方案，这需要加快建立党政主要负责同志挂帅的"一老一小"工作推进机制，制定实施符合各省、市、州实际的"一老一小"整体解决方案，建立进展情况通报制度，推动重点任务、重大项目落地实施，形成一体规划、一体部署、一体推进、一体考核的养老托育服务体系建设格局。

一方面，各地需要抢抓国家扩大养老托育服务供给的政策机遇，统筹推进老年和儿童友好型城市（社区）建设，开展全国婴幼儿照护服务示范城市、全国示范性老年友好型社区等创建活动，积极申报国家应对人口老龄化工程和托育建设中央预算内投资项目，推进普惠养老和普惠托育服务设施项目建设。另一方面，要引导和支持各市、州聚焦社区全龄服务、"托幼一体化"、家庭式托育、"老幼共托"服务等方面开展试点示范，在模式创新和制度设计上先行先试，高质量探索"老有颐养""幼有善育"的地方经验。

三 相关政策分析

表1 国家层面"一老一小"相关政策梳理

时间	发文机构	政策名称	"一老一小"相关内容
2021年2月24日	国家发展改革委办公厅	《关于促进养老托育服务健康发展的意见》	地方各级政府要加快建立健全"一老一小"工作推进机制，要将建立健全工作机制与研究制定本地贯彻落实《意见》工作方案相结合、与制定"十四五"养老托育专项规划或"一老一小"整体解决方案相结合，着重在组织机构、人员配备、经费投入等方面予以保障，加强与人大等机构的协调配合，建立定期向同级人民代表大会常务委员会报告服务能力提升成效机制。
2022年8月29日	国家发展改革委、教育部、科技部、民政部、财政部、人力资源社会保障部、住房和城乡建设部、卫生健康委、人民银行、国务院国资委、税务总局、市场监管总局、银保监会	《养老托育服务业纾困扶持若干政策措施》	为切实推动养老托育服务业渡过新冠疫情难关、恢复发展，更好满足人民群众日益增长的养老托育服务需求，制定"两减免"措施，包括房租、税费减免，"四支持"，包括社会保险、金融、防疫、其他支持。

注：笔者自制。

近年来，我国将社会高度关切的两大民生事项统一考虑、集中回应，以编制实施城市"一老一小"整体解决方案，创新推动地方落实落地落细。429个城市已完成了方案编制工作，实现了全国地市级全覆盖，"一老一小"整体解决蔚然成风、初见成效。

我们收集了现有已公开的92个地级市《"一老一小"整体解决方案》进行词频统计，结果显示，地方非常重视养老托育基础设施建设和相关机构的发展，在养老托育供给和保障体系上都制定了相对应的具体实施方案。各地的《"一老一小"整体解决方案》，首先是对各市州实施该方案的背景进行了介绍，分析了各地的形势、机遇和挑战，梳理了已有建设成果，提出了发展目标。此外，重点规划了养老托育建设指标和标准，制定了重点任务及项目清单。

图1 92个地级市《"一老一小"整体解决方案》词频统计

资料来源：笔者根据各地区《"一老一小"整体解决方案》整理绘制。

将相关资料进行整合分析，选取了长沙、南京、三亚、郑州、东莞、拉萨、杭州、吉安、石家庄、南充这些比较具有代表性的十个地级市，着重比较相关地级市的重点建设指标。

表2 十个地市"一老"建设具体指标（2025）

城市	基本养老保险参保率（%）	基本医疗保险参保率（%）	护理型养老床位占比（%）	人均预期寿命（%）	居家社区养老服务覆盖率（%）	每千名老年人配套社会工作者（人）	老年人健康管理率（%）	示范性老年友好社区（活力社区）发展社区数	失能特困人员集中供养率（%）	每千名老年人养老床位数（张）	新建城区和新建居住（小）区配套建设养老服务设施达标率（%）
长沙	≥96	≥95	55	≥80	100	1	>70	30	100	—	100
南京	≥90	99	70	>83.5	100	1	72	—	100	45	100
三亚	≥98	>98	60	—	60	1	70	70	100	—	—
郑州	应保尽保	>95%	60	81	—	1	72	—	60	—	100
东莞	—	>95	≥55	82.8	—	≥1	≥70	2	100	≥35	100
拉萨	≥95	>95	65	73.1	80	—	88	350	100	45	100
杭州	—	—	65	83.88	—	—	65	12	—	33	—
吉安	96	95	60	78	100	2	>85	≥60—	60	—	100
石家庄	基本实现全覆盖	≥95	55	80.5	90	—	—	—	60	—	100
南充	95	96	55	78.2	—	≥1	75	—	60	36	100

资料来源：笔者根据各地区《"一老一小"整体解决方案》整理绘制。

通过指标的比较，可以看出中国各大城市在"一老"领域的实施方案主要涉及了老年社会保障体系、养老服务供给体系、老年健康服务体系、老龄人力资源保障体系等领域。从主体来看，养老服务体系主要由国家、社会、社区、机构连接而成，多元主体，汇聚合力。此外，许多城市还对老年教育体系有所建设和预期，如设定老年大学、老年学校、老年教育活动相关预期性指标。

四 统筹解决"一老一小"问题的中国路径

（一）完善"一老一小"规划体系

1.完善服务设施空间布局。充分考虑养老托育服务设施数量、结构需求，依据国土空间总体规划和"十四五"公共服务规划、卫生专项规划、儿童发展规划等相关规划，构建与人口结构、老年人口和婴幼儿数量相适应的服务设施规模和布局，并将所需用地落实到控制性详细规划。2.完善居住区配套设施建设。将养老、托育主管部门纳入本级规划委员会，参与配套养老托育服务设施同步规划、同步建设、同步验收、同步交付。盘活利用存量闲置资源，鼓励利用商业、办公等存量房屋以及社区用房等改建养老托育设施。3.扩大养老托育普惠服务体系。通过提供场地、减免租金、人才培养、财政补贴等方式，加大对社会力量发展养老托育服务的支持力度。4.加大公共预算投入。各级财政要根据人口的结构变化和养老托育服务发展的需要，结合本级财政能力，将养老托育经费纳入本级财政预算统筹保障。健全公共财政投入、发行福利彩票、社会捐赠以及社会资本投入并举的多元机制，并将不低于60%的社会福利彩票公益金用于支持发展养老服务。5.引导金融机构提升服务质效。加大对养老托育领域重点项目的信贷支持，鼓励银行机构加强对养老托育企业金融服务，积极发挥融资担保机构作用，为中小养老托育服务企业融资提供支持。引导保险业深度参与养老保障体系建设，支持保险机构开发相关责任险及养老托育机构运营相关保险。

（二）完善"一老一小"供给体系

1.确保兜底保障能力。健全城乡特困老人供养服务制度，开展特困人员集中供养需求摸底排查，优先满足生活不能自理特困人员集中供养需求，确保有意愿入驻机构的特困人员全部实现集中供养。2.增强家庭照护能力。强化家庭赡养老年人和监护婴幼儿主体责任，落实监护人监护责任。建立养老服务顾问制度，帮助老年人和家庭获取服务信息。发挥基层公共服务机构、专业社会组织作用，加强家庭护老者能力提升培训，加强对失能老年人家庭照护者及婴幼儿健康、家庭抚养者进行技能培训和指导服务，对有需求的老人及其家属进行家庭照护实务训练，支持基层医疗卫生机构为居家老年人提供上门医疗护理服务。3.优化居家社区服务。以社区居家养老服务中心为基础，加快推进社区居家养老综合体和托育网络建设，不断完善颐养社区、老年友好型社区网络建设，推进社区日间照料、助餐、嵌入式养老托育服务。4.扩大农村服务供给。推进乡镇特困供养机构、养老院管理体制改革，积极为农村老年人提供从居家、社区到机构的综合性养老服务。5.扩大养老托育服务市场化供给。鼓励和引导国有资本和社会资本积极参与，建设一批普惠性养老服务机构。6.加强长期护理服务能力建设。建立健全家庭、社区、机构相衔接的失能失智老年人长期照护服务体系，重点发展护理型养老机构。7.提高专业人才供给能力。加快高端人才引进和培养，注重引进先进养老托育服务理念和管理经验，加强对养老托育服务机构负责人、管理人员的岗前培训及定期培训，培养一批领军型养老托育服务机构负责人。

（三）完善"一老一小"发展体系

1.促进康养融合发展。做大"养老＋旅游"，依托大运河风光、滨江湖泊、田园风情、温泉康养、民宿休闲等优势资源，促进养老产业向休闲、度假、娱乐等各领域延伸，探索建立跨区域联盟和合作机制，打造特色旅居康养品牌。2.引导医疗机构向养老服务延伸。完善适老化就医环境，拓展医疗卫生机构养老服务功能，引导医疗机构加强老年病科建设、增设老年病床，发展医疗养老联合体，实现健康管理、疾病诊疗、康复护理、生活照料等服务的有机衔接，支持根据老年人健康状况在居家、社区、机构之间持续养老，探索医养结合"一床到底"的医疗护理和生活照护模式。3.支持养老机构开展医疗服务。鼓励养老机构与医疗机构通过协议、合作共建、服务外包等方式进行合作，加强护理型、医养结合型养老机构建设，鼓励职业医生到养老机构设置的医疗机构多点执业。4.加强"一老一小"健康管理服务。面向老年人及其照护者开展疾病预防、合理用药、康复护理、中医养生保健等健康教育活动，提高老年人健康素养。健全老年人精神关爱、心理慰藉、危机干预服务网络，开展能力评估、体格检查、健康教育指导，加强老年人群重点慢性病早期筛查、干预及分类管理。积极推进"医育结合"托育服务模式，充分发挥全市医疗卫生优势，支持托育服务机构和医疗卫生机构开展婴幼儿健康管理和科学育儿知识普及等普惠性服务，促进儿童早期发展、婴幼儿健康管理、儿科医疗服务与托育服务融合发展。5.激发老年教育活力。促进老年教育规范化建设，采取"一核多点"模式布局老年大学，方便老年人就近就便参加学习。支持院校、机构、社会组织举办老年大学，支持养老服务机构建设学习点培育养老托育新业态。积极引进知名养老服务企业，大力推广政府购买养老服务，支持养老服务品牌化、连锁化发展，支持企业利用新技术、新工艺、新材料开发和生产门类齐全、品种多样、经济实用的养老托育用品。

（四）完善"一老一小"保障体系

1.建立工作机制。坚持党委领导、政府主导，行业主管部门牵头负责，建立健全"一老一小"工作推进机制，成立由党政主要负责同志挂帅的领导小组，以健全政策体系、扩大服务供给、优化发展环境、完善监管服务为着力点，促进养老托育健康发展，常态化督促整体解决方案的实施。建立"一老一小"服务能力评估机制，依据养老产业统计分类，推进重要指标年度统计，探索构建托育服务统计指标体系，并定期向市人大常委会报告服务能力提升成效，把养老托育纳入国民经济和社会发展"十四五"规划和全市民生幸福目标责任制考核。2.加强政策保障。对养老、托育等社区家庭服务业落实税费和财政补贴优惠政策，创新发展相关金融产品和服务，引导保险资金、专业基金等各类社会资本投入"一老一小"事业，形成财政资金、社会资本等多元结合的投入机制。3.加强规范监管。加强部门协同监管，推进部门间人口基础信息库共建共享，健全覆盖全人群、生命全周期的人口发展监测分析系统，开展人口变动情况及趋势预测、养老托育产业前景展望等研究。加强从业人员监管，强化养老托育服务从业人员职业道德和安全教育，实施托育服务从业人员职业资格准入制度。建立养老托育服务机构及从业人员"黑名单"制度，推动实施养老托育服务行业守信联合激励和失信联合惩戒。探索开展养老托育服务机构等级评定，细化具体标准和评定方法，鼓励争创、提升养老托育星级机构认定。4.加强应急救援和风险防控。将养老托育纳入公共安全重点保障范围，建立完善突发事件预防与应急准备、监测与预警、应急处置与救援、事后恢复与重建等工作机制，确保服务机构安全平稳运转。5.营造友好环境。广泛开展积极应对人口老龄化国情市情和优化生育政策国情教育，合理引导社会预期，提高全社会对养老托育服务体系建设重要性和紧迫性的认识。

应对少子化的中国探索

范文婷　张　欢*　米源源**

一　中国生育政策变迁

1949年以来，中国的人口生育政策大致经历了五个发展阶段：鼓励生育阶段（1949—1953年），生育政策酝酿转变阶段（1954—1959年），确定限制生育政策阶段（1960—1969年），严格实施限制生育政策阶段（1970—2012年），生育政策调整完善阶段（2013年至今）。在不同的阶段，面对不同的人口形势，所推行的生育政策不一，政策对中国的人口发展产生了重要的影响。

随着独生子女政策长达三十多年的稳定实施，我国人口数量得到有效控制，生育水平稳定在低水平状态。但是，持续降低的生育率与日趋严峻的人口老龄化程度，使人口结构性失调、人口分布失衡等新的人口问题也接踵而至。第七次全国人口普查数据显示，中国总和生育率为1.3‰，远低于更替水平，2022年我国出生人口仅为956万人，首次低于1000万，少子化问题凸显。

自2013年开始，中国逐步调整生育政策。2013年11月12日党的十八届三中全会召开，通过并对外发布了《中共中央关于全面深化改革若干重大问题的决定》，对生育政策进行了调整，启动实施"单独两孩"政策。2013年12月，全国人大常委会通过调整完善生育政策的决议。"单独两孩"政策实施不到两年，2015年10月29日，中共十八届五中全会决定全面实施"二孩政

---

*　张欢：西南交通大学公共管理学院硕士研究生，国际老龄科学研究院科研助理。
**　米源源：西南交通大学公共管理学院硕士研究生，国际老龄科学研究院科研助理。

策"。2021年5月31日,《中共中央、国务院关于优化生育政策促进人口长期均衡发展的决定》明确提出"实施一对夫妻可以生育三个子女政策及配套支持措施",该决定于2021年7月20日正式公布。这是在调整生育政策时首次明确提出"配套支持措施",凸显了中国对生育支持政策的重视。中国共产党第二十次全国代表大会报告明确提出,"优化人口发展战略,建立生育支持政策体系,降低生育、养育、教育成本"。

近年来,中国积极应对少子化问题,政府部门出台了多项具有指导性的宏观生育支持政策。2019年国务院办公厅出台了《关于促进3岁以下婴幼儿照护服务发展的指导意见》,2022年国家卫健委、国家发改委等17部门联合发布《关于进一步完善和落实积极生育支持措施的指导意见》。响应国家政策要求,各省区市相继印发了具有本地特色的《关于促进3岁以下婴幼儿照护服务发展的实施意见》《关于优化生育政策促进人口长期均衡发展的实施方案》与《关于进一步完善和落实积极生育支持措施的实施意见》。

二 生育支持政策的地方探索

(一)北京市生育支持政策渐成体系

2021年,北京出生率为6.35‰,为近10年的最低值。自1991年出生率首次跌破10‰以后,已连续30年出生率低于15‰的警戒线。对此,北京市政府提出到2025年,要使生育、养育和教育成本显著降低,生育水平适当提高的目标,近年来,在生育假、陪产假、生育补贴、托育教学及女性就业等方面出台了一系列具体措施,从生到养到教,"全链条"地解决生育家庭的后顾之忧。

时间政策方面,除国家规定的产假外,2021年北京提出女性生育假由30天增加至60天,男性则可以享受15天的陪产假。夫妻双方经所在单位同意,可以调整延长生育假、育儿假的假期分配,女方自愿减少延长生育假的,男方享受的陪产假可以增加相应天数。子女满 3 周岁前，夫妻每人每年可享受五个工作日的育儿假。休假者的权益受到法律保护，不得降低工资或辞退休假对象。

经济政策方面，规定未成年子女数量较多的家庭在申请公共租赁住房时，可以被纳入优先配租范围，并在户型选择等方面享受适当照顾。1.3 米以下儿童乘坐公交、地铁，享受免票优惠。完善生育保险政策，确保参保女职工生育医疗费用按规定纳入生育保险待遇支付范围，及时、足额给付生育医疗费用和生育津贴。此外，生育女职工可享受生育营养补贴 300 元、围产保健补贴 700 元。

服务保障方面，北京将按照每千人口不少于 4.5 个托位、其中普惠托位不低于 60% 的标准，配置完善托育服务设施，鼓励社会组织参与到普惠托育的建设中去，对提供托育服务的机构给予补贴。同时，加大学前教育支持力度，不断满足家庭对普惠性幼儿园学位的需求，按照相关要求适当延长在园时长，给确有需要的家庭提供服务。此外，也将推动义务教育学校课后服务全覆盖，统筹开展体育锻炼、课业辅导答疑和丰富多彩的综合素质拓展类活动。

图 1　北京市 1985—2021 年出生率

资料来源：《北京统计年鉴 2022》，https://nj.tjj.beijing.gov.cn/nj/main/2022-tjnj/zk/e/zk/indexce.htm，2022 年 12 月 16 日。

保障女性就业合法权益方面，加强对用人单位的监督和执法检查，规范用人单位招录、招聘行为,用人单位和人力资源服务机构在招聘和用人过程中,不得性别歧视。用人单位建立健全女职工权益保护专项集体合同履约责任制度。完善履约监督检查制度,依法查处侵害女职工劳动保护、生育、公平就业等权益的违法行为。鼓励和支持失业女性参加本市免费就业技能培训。鼓励用人单位制定有利于职工平衡工作和家庭关系的措施,依法协商确定有利于照顾婴幼儿的灵活休假和弹性工作方式。

(二)上海市经济支持政策力度加强

2021年,上海出生率为4.67‰,位列全国倒数第二。常住人口较2020年增加了1万人,但是自然增加人口却减少了2万人,人口自然增长率为-0.92‰,老龄人口持续增加,成为深度老龄化的超大城市。为此,上海市提出要优化生育、养育、教育政策,着重组织实施好"三孩"生育政策及配套措施,以实现生育水平的正常化。

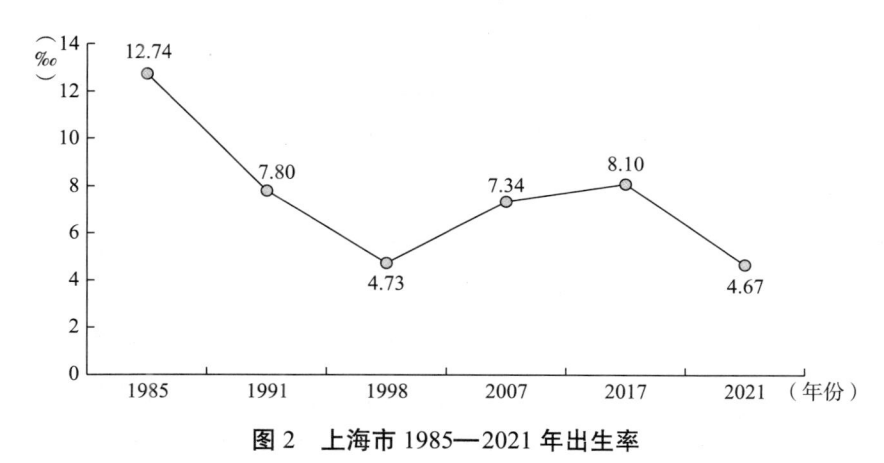

图2 上海市1985—2021年出生率

资料来源:《上海统计年鉴2022》,https://tjj.sh.gov.cn/tjnj/nj22.htm?d1=2022tjnj/C0203.htm,2022年12月16日。

经济政策方面,依法生育子女的公民,可报销子女入托儿所、幼儿园的部分托费和管理费,父母单位各报销50元,残障儿童的父母单位各报销70元;生育医疗费补贴按4200元计发,其中危重孕产妇生育医疗费补贴按8000元计发,补贴范围包括早孕检查与检测、产前检查、住院生产、产后访视、产后42天康复检查及自然流产。

时间政策方面，除享受国家规定假期外，女方延长60天的生育假，男方可以享受10天的陪产假。子女3岁以下的夫妻，每年还可以享受5天的带薪育儿假。休假期间，工资、奖金、福利待遇保持不变。

服务保障方面，综合采取规划、土地、住房、财政、金融、人才等方面措施，建立健全普惠托育服务体系，提高婴幼儿家庭获得服务的可及性和公平性。同时，鼓励和引导社会力量举办托育机构，支持幼儿园和机关、企业、事业单位、社区提供托育服务。此外，要求公共场所和引导女职工比较多的用人单位配置母婴设施，减轻养育的照料负担。

女性权益保护方面，落实女职工月经期、怀孕期、产期、哺乳期"四期"保护。为因生育影响就业的妇女提供就业服务，减少生育的后顾之忧。

（三）浙江省着重减轻生养负担

作为东部发达省份，浙江也面临着高龄化、少子化等人口困境。数据显示，浙江人口发展已呈现户籍出生人口持续下降、生育率持续下降的趋势，到2021年出生率仅为6.9‰，低于全国平均（7.52‰）水平。

经济政策方面，浙江省落实了3周岁以下婴幼儿照护个人所得税专项附加扣除有关规定。支持有条件的地区在充分评估论证基础上对家庭提供育儿补贴。适当提高0—6周岁婴幼儿医疗费用报销比例。推动落实多孩家庭子女入学（入园）"长幼随学"机制，三孩家庭子女可免费享受当地义务教育公办学校组织的课后服务。在配租公租房时，根据家庭未成年子女数量在户型选择等方面给予适当照顾，适度提高三孩家庭住房公积金贷款额度。2023年，杭州市拟向生育二孩且新出生子女户籍登记在杭州的家庭一次性发放补助5000元，生育三孩的家庭一次性发放补助20000元。杭州市在实施育儿补助的同时，还拟结合本地实际，在生育补助减轻负担、发展普惠托育服务、优化生育休假制度、实施住房购车支持政策、减轻家庭教育压力、构建新时代新型婚育文化等方面加大努力。值得一提的是，除了育儿补助外，杭州将采取的其他系列鼓励生育措施大部分不区分孩次，力求缓解群众压力，进一步释放生育潜力。

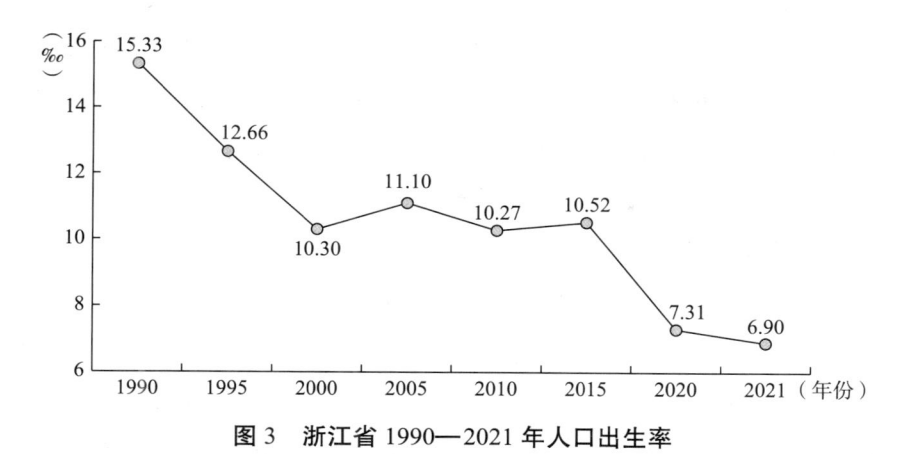

图 3　浙江省 1990—2021 年人口出生率

资料来源：《浙江统计年鉴 2022》，https://tjj.zj.gov.cn/art/2022/10/11/art_1525563_58954684.html，2022 年 12 月 16 日。

时间政策方面，2021 年浙江省修改了原来的 125 天产假，女性生育一孩的产假为 158 天，生育二孩、三孩的产假为 188 天。同时规定在子女 3 周岁内，夫妻双方每年可享受 10 天育儿假。此外，男性还可享受 15 天护理假。

服务保障方面，浙江完善了 3 岁以下婴幼儿照护服务政策制度和标准规范，促进城镇小区、乡镇（街道）婴幼儿照护服务机构全覆盖。推动托育服务智慧管理应用，鼓励有条件的用人单位提供婴幼儿照护服务，支持幼儿园发展托幼一体化服务。浙江提出学前教育"三年计划"，明确建立完善学前教育成本分担机制，推动普惠性幼儿园扩容工程和农村幼儿园补短提升工程，推广"安吉游戏"学前教育课程模式，确保 90% 以上县（市、区）成为全国学前教育普及普惠县（市、区），实现全省学前教育普及普惠。此外，在公共设施、商业综合体、旅游景点等公共场所的管理单位，女职工较多的用人单位及其所在的园区、商务楼宇等，建设和完善母婴设施，为婴幼儿照护、哺乳提供便利条件。

（四）南京市强调生产假期

南京市的人口密度较大，是中国东部地区重要的城市之一，同时也是江苏省的省会城市，其经济、文化、科技、教育等方面得到了较好的发展，吸引了大量人口前来工作和生活。此外，南京市的人口结构也在不断变化。随着人口老龄化的加剧，60岁及以上的老年人口占总人口的比重在不断增加。同时，南京市的年轻人口也在不断增多，20—39岁人口占总人口的比重逐年上升。在这种人口形势下，南京市最新发布的《南京市人口与生育服务规定》对各类假期进行了明确规定。

对于符合法律法规规定生育子女的夫妻，女方在享受国家规定的98天产假基础上，延长产假60天，即总计158天，男方享受护理假15天；对于符合法律法规规定生育子女的夫妻，子女3周岁前，夫妻双方每年分别享受10天育儿假。在积极落实生育政策及配套支持措施的同时，南京充分考虑到计划生育家庭的权益，积极应对人口老龄化。此次规定中的独生子女父母护理假，解决了不少家庭的后顾之忧。《规定》明确，独生子女父母年满60周岁患病住院期间，独生子女每年享受5天护理假。同样，独生子女在规定假期内不影响福利待遇，国家法定休假日不计入上述假期。

除了支持生育的假期外，南京市注重一系列措施全方位支持，减轻家庭生育、养育、教育负担。对此，南京从普惠托育、财税、住房、教育等全方位给予支持，并全力保障生育女性就业合法权益。为因生育中断就业的女性提供再就业培训公共服务，对生育二孩、三孩的女性劳动者优先给予就业帮扶；对企业在女职工产假期间支付的社会保险费用，生育二孩、三孩的按照规定分别给予50%、80%的补贴。

在住房方面，对符合住房保障条件且有未成年子女的家庭，在配租公租房时，可以根据未成年子女数量在户型选择等方面给予适当照顾。根据养育未成年子女负担情况，可以制定实施差异化租赁和购买房屋的优惠政策。

在财税方面，落实国家3周岁以下婴幼儿照护个人所得税专项附加扣除政策，纳税人按照规定标准定额扣除，减轻家庭养育负担。

在教育方面，严格规范校外培训，减轻义务教育阶段学生作业负担和校外培训负担，减少家庭教育支出。

（五）攀枝花市经济补贴先行

2000年以来，攀枝花市面临出生率持续走低的人口态势，虽然在二孩政策出台后有过短暂回升，但总体下行趋势明显。对此，攀枝花市委、市政府采取了更为直接和积极的干预政策。2021年7月《关于促进人力资源聚集的十六条政策措施》提出，对按政策生育二孩、三孩的攀枝花户籍家庭，每月向每个孩子发放500元育儿补贴金，直至孩子3岁，也就是生二孩总计发放1.8万元，生三孩总计发放3.6万元。按照2020年攀枝花市的城镇居民和农村居民的人均可支配收入分别为44209元、19938元计算，生育补贴分别占比13.6%、30%左右。攀枝花因此成为四川省内首个采取生育现金补贴促进生育行为的城市。《攀枝花市2021年国民经济和社会发展统计公报》显示，当年出生人口8432人，同2020年出生人口8556人基本持平，但仍低于2019年的9716人、2018年的10916人、2017年的11721人的近五年水平。政策实施一年来，全市出生人口数量较政策实施前一年增长了1.62%，其中二孩出生增长了5.58%，表明攀枝花市群众的生育积极性在育儿补贴金政策的激励下有所提高，但政策的中长期效果仍有待观察检验。

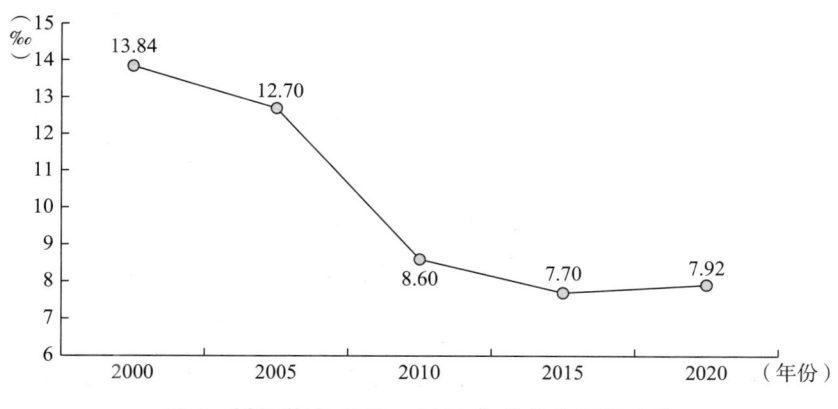

图4 攀枝花市2000—2020年常住人口出生率

资料来源：《年攀枝花市统计年鉴2022》，http://tjj.panzhihua.gov.cn/zwgk/tjsj/tjnj2022/4411219.shtml，2022年12月16日。

（六）深圳市育儿补贴释放生育潜能

近年来，中国最年轻的一线城市——深圳的人口数量也在持续下降。深圳市统计局此前公布的 2021 年人口数据显示，全市常住人口为 176816 万人。也就是说，一年间深圳市常住人口减少了 198 万人。

资料显示，深圳已婚育龄妇女规模从 2015 年起连续 7 年下降，2021 年全市常住人口已婚育龄妇女 37 631 万人，比上年减少 560 万人，减幅 1.47%，比 2015 年最高峰时减少了 35.76 万人，减幅 8.68%。当地晚婚率还在逐年提高，从 2015 年的 79.83% 上升至 2021 年的 92.20%。

深圳市卫健委表示，在各种因素的综合影响下，深圳市生育率近几年呈明显下滑趋势，老龄化程度不断加深，人口形势不容乐观，需尽快出台配套积极生育支持措施，有效释放生育潜能，减缓人口老龄化进程，增强社会整体活力。

在此背景下，深圳出台了一系列育儿补贴政策，对于生育第一个子女且办理入户登记的，拟发放一次性生育补贴 3000 元，另外每年发放 1500 元育儿补贴，三年累计发放补贴 7500 元，平均每年可领取 2500 元；生育第二个子女且办理入户登记的，拟发放一次性生育补贴 5000 元，另外每年发放 2000 元育儿补贴，三年累计发放补贴 11000 元，平均每年可领取 3667 元；生育第三个子女且办理入户登记的，拟发放一次性生育补贴 10000 元，另外每年发放 3000 元育儿补贴，三年累计发放补贴 19000 元，平均每年可领取 6333 元。上述补贴截至该子女满 3 周岁之日止发。超过三个子女的，按照第三个子女计发。

除此之外，在提高优生优育服务水平方面，深圳市提出了改善优生优育全程服务、提高儿童健康服务质量、加强生殖健康服务、提高家庭婴幼儿照护能力四项措施。推进妇幼保健机构能力建设，各省、市、县级均应设置 1 所政府举办、标准化的妇幼保健机构，加强高质量产科建设，全面改善住院分娩条件，推进基层医疗机构儿童保健门诊（儿童保健室）标准化建设，提高专业从事儿童保健和基本医疗服务医生配备水平。

三 应对少子化的未来走向

党的二十大报告提出"建立生育支持政策体系",既表明了中国对生育大力支持的态度,也强调了生育支持政策需要成体系,宏观指导意见的相继出台,加上地方接连的政策探索,也预示着中国在未来将更加重视通过构建生育支持政策体系以应对少子化问题,促进生育水平的提升。这些生育支持政策刚刚开展,效果尚未展现,需要进一步持续观察。现有生育支持政策是基于中国国情开展的,同时也借鉴了其他国家应对少子化的经验教训,未来中国必会在发展中探索出一套具有中国特色的生育支持政策体系。

儿童友好城市和社区案例研究

张雪永　李唯为

一　浙江省嘉兴市：全域化打造儿童友好嘉兴品牌[①]

嘉兴市将儿童权利作为城市发展的核心要素，引入"1米高度看城市"的儿童视角，推进儿童友好理念融入城市规划建设。聚焦儿童友好发展、友好品牌、友好服务三大引领，以系统化、全域化、融合化的科学理念将儿童友好和儿童优先在教育、医疗、公共服务等领域进一步落实落地落细。

嘉兴市以"儿童友好"发展理念为指引，顶层设计、战略布局，围绕高位推动、系统谋划、整体推进三大维度打造创建体系。制定《嘉兴市儿童友好城市建设实施方案》《嘉兴市儿童友好城市建设方案》，将儿童友好城市建设融入"一老一小""浙有善育"等中心工作，重点打造政策、服务、保障、成长、发展、产业、精神"七大友好"发展体系，为共同富裕注入"友好力量"。

嘉兴市坚持"儿童需求"导向，全力建设友好单元、公共空间、品牌活动等标志性工程，推动儿童友好城市建设从"单元试点"向"全域展开"递进。围绕儿童友好社区（村）、学校、医院、场馆、单位、交通、街区、商圈、企业、公园十大类别，精心挑选友好试点单元，制定技术导引和规范标准，用于指导实践，市交通运输局和市妇儿工委办联合出台《嘉兴市学校交通规划设计导则》。海宁市长安镇长郊社区儿童友好社区建设项目、平湖市林

[①] 中国儿童中心：《嘉兴市儿童友好城市建设特色实践》，[EB/OL].[2022-12-27]（2023-03-26）.https://www.ccc.org.cn/art/2022/12/27/art_627_45323.html，2023年10月10日。

埭镇徐家埭村棒球场儿童友好试点运动场馆（室外）双双入选浙江省妇女儿童发展规划2023年示范项目。系统实施适儿化改造工程项目，加快"未来社区""未来乡村"建设，为儿童灵活配置托育机构、儿童驿站等服务场景和功能设施。高标准规划建设一批儿童友好科学启蒙场所、儿童友好研学体验场所，儿童友好校外活动场馆，让儿童享受更加专业丰富的服务体验。重点推进嘉兴市儿童福利院项目和嘉兴市特殊学校项目，助推嘉兴儿童保障体系和服务能力提升。

此外，嘉兴市十分重视儿童参与。积极培育各级儿童参与组织、研发系列儿童参与活动、开展儿童参与专题培训。在红船少年模拟政协运营中心的经验基础上，把"小小政协委员"活动做出鲜明的特色；举办全国"双有"主题教育活动——儿童友好明天更好图文创作大赛，准确把握儿童对儿童友好城市建设的诉求；开展历时11年的市级儿童友好经典品牌项目"亲子城市穿越"活动，掀起儿童参与友好城市建设热潮。

二 上海市：打造儿童向往的儿童友好城市[①]

根据关于推进儿童友好城市建设的有关要求，上海积极推进"六个一"总体工作框架体系，即制定一个总体实施方案、实施一系列主题工程、编制一套建设指引、推进一揽子制度创新、建设一批示范样板、打造一张城市新名片，探索形成与高质量发展、高品质生活、高效能治理相匹配的儿童友好城市建设上海样本，闯出儿童友好社区"一城区、一城市"的上海路径。

上海市通过儿童参与组织、学校、街镇等，组织开展2.8万份儿童对儿童友好城市建设的需求问卷调查、多场专家座谈和专题研究，借鉴国际国内先进等做法，形成《上海市儿童友好城市建设实施方案》并由市政府发文，成立由市长挂帅的上海市推进儿童友好城市建设领导小组，"建设儿童友好城

---

① 中国儿童中心：《上海市儿童友好城市建设特色实践》，[EB/OL]［2022-11-25］（2023-04-24）.https://www.ccc.org.cn/art/2022/11/25/art_627_44528.html，2023年10月10日。

市"先后写入上海市妇女儿童发展"十三五""十四五"规划和2022年市政府工作报告，推动"一米高度看城市、看世界、看未来"的友好理念融入城市发展全过程、全领域。

加强立法支撑和机制完善，颁布首部地方学前教育与托育服务条例，率先构建托育服务体系，出台托育服务指导意见、标准规范、发展规划；将建设儿童友好社区、城市建设分别写入新修订的《上海市未成年人保护条例》《上海市无障碍环境建设条例（草案）》；发布《上海市慢行交通规划设计导则》，在城市交通规划中体现儿童友好理念，打造街区儿童友好通学路径，改善儿童安全出行环境；出台《关于加强公园绿地适老适儿设施建设及服务的通知》，在推进"千座公园"城市建设中营造更多富有趣味的儿童活动空间和游憩设施；在一网通办"随申办"移动端开设"未成年人专区"，集成有关儿童政务服务事项，实现"一网式服务、一键式转介、一站式监督"；依托人民建议征集、红领巾理事会等平台，构建儿童建言引导、征集、反馈、宣传为一体的长效儿童参与机制，儿童参与组织成员被评为首位上海市优秀人民建议获奖者儿童代表。

推进各类服务设施和场地适儿化改造，地铁闸机改造方便儿童进出站；推进公共场所母婴设施应配尽配，同时配套出台《上海市母婴设施建设和管理办法》。黄浦江、苏州河公共岸线贯通开放，"一江一河"儿童友好会客厅凸显游乐、运动、露营等亲子户外休闲特色功能。建立向社会力量购买妇女儿童家庭服务项目平台，通过社会组织、社会工作者、社会志愿者、市场主体等多方联动建立社会资源支持网络。

以上海市为例，2019年上海市政府出台《关于上海市开展儿童友好社区创建试点工作的指导意见》，2020年形成《上海市儿童友好社区建设标准》，2021年印发《关于进一步做好上海市儿童友好社区创建工作的通知》，经过三年多的儿童友好社区创建通过优化配置、整合统筹社区内儿童活动场所和服务项目，就近为儿童提供更多奔跑游戏、学习社交、健康成长的活动场所和嵌入式、菜单式、分龄式服务，形成以街镇儿童服务中心为枢纽，辐射带动居村儿童之家的"一中心、多站点"儿童友好15分钟社区生活圈,引导儿童共同参与绘制社区儿童友好地图。同时,引入第三方社会组织组建专家指导团队,编制地方标准《上海市儿童友好社区建设导则》和指导手册,从技术层面加强标准化和规范化建设。

在老年友好型社区建设上,上海市积极探索着力提升居住环境、日常出行、健康服务、养老服务、社会参与、精神文化生活、科技化水平等方面的社区服务能力和水平,着力打造"美好生活共同体"。

具体来说,以安全性改造、无障碍改造、整洁性改造为抓手,全面启动住房适老性改造持续推进小区综合治理工程,开展楼墙外立面和内部翻新工作,推动小区景观提升,打造楼道微空间,提升居住环境品质;依托邻里汇、文化长廊、交通走道等空间,推进小区公共区域无障碍设施建设,保障老年人日常出行安全便捷;完善老年助餐中心、长者照护之家、日间服务中心等服务空间,依托第三方专业服务机构,将养老服务嵌入社区,形成"15分钟社区养老服务圈",并聚焦"医养结合",提供一站式的综合养老服务,推动为老服务提质增量;推动居委会服务空间与邻里小汇空间议事活动空间相融合,打造新时代文明实践站点;构建群众自治组织网,联合区域单位和共建单位,发挥社会多元主体力量作用,鼓励老年人参与社区文体团队,开展敬老月主题活动,丰富精神文化生活;探索"AI+社区"健康养老应用场景,助力传统养老升级,建立"云医院",以物联网、人工智能为支持,打造沉浸式养老居住区,以科技赋能养老服务升级。

三 长沙市:建立起儿童友好型城市大格局

2015年长沙市积极响应联合国儿童基金会的倡导,提出创建"儿童友好型城市"目标;经过4年努力,坚持"从一米的高度看城市",将儿童友好型城市创建纳入城市各项规划中,建立起儿童友好型城市共建大格局。

早在2018年,长沙市自然资源和规划局、市教育局、市妇联就联合出台了《长沙市创建"儿童友好型城市"三年行动计划(2018—2020年)》,将围绕政策友好、空间友好、服务友好三个方面,推出创建儿童友好型城市十大行动、42项任务,按照顶层规划、试点创建、制定标准、逐步推广的创建策略,全面推动长沙儿童友好型城市建设,让少年儿童在星城长沙健康快乐地茁壮成长。2019年长沙市发布国内第一本以"儿童友好型城市"为主题的官方白皮书——《长沙市"儿童友好型城市"建设白皮书》。

在创建过程中,长沙市建立政府主导、社会参与、全民行动的工作格局;编制儿童权利分析报告、开展儿童重点问题课题研究,并编制《长沙儿童友好型城市发展白皮书》;制订儿童议事会培育计划,并建立儿童参与长效机制,利用国际儿童图书日、国际家庭日、"六一儿童节"、世界儿童日等节假日组织开展儿童参与主题实践活动。

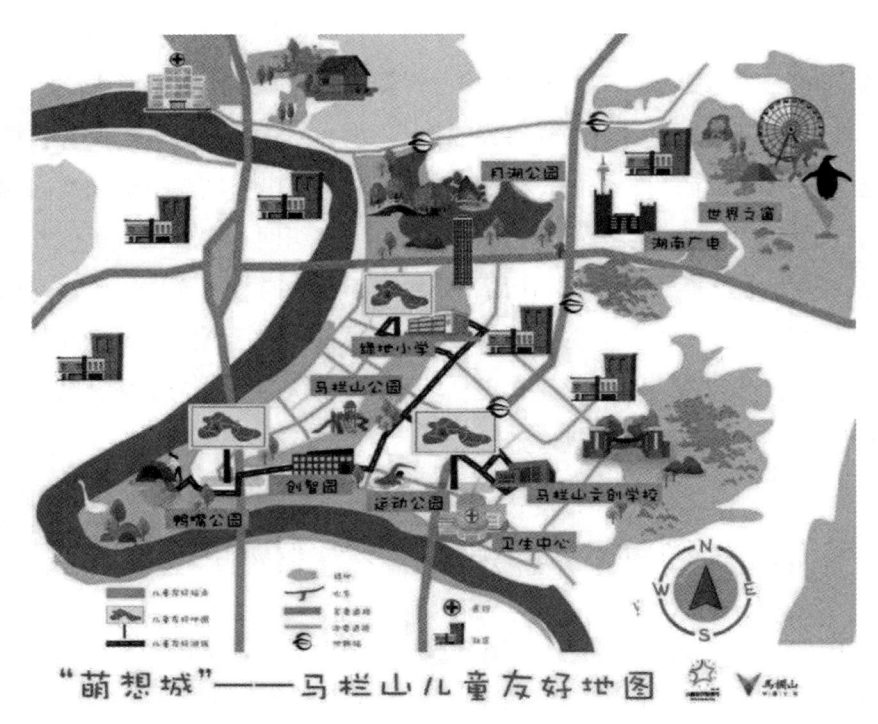

图1 长沙市"萌想城"儿童友好项目 [①]

---

① 图片来源于新闻:https://mp.weixin.qq.com/s/NR-FnMpzfO3SfiJZJnteZw

由长沙市自然资源和规划局、马栏山管委会指导，经湖南大学建筑与规划学院儿童友好城市研究室全面考察片区公园、小学、企业园区、人才公寓等，提出马栏山"萌想城"发展理念，通过"点、线、面"结合的方式开展适儿化改造。"点"上发力，精准改造精准打造具有游戏、社交、休憩、教育等功能的公共空间。建设儿童气象观察站、自然教育科普馆、儿童医疗站、儿童友好城市展厅等；增设儿童之家、母婴室等。"线"上贯通，连续共生建设安全、连续的儿童友好通学路径。对片区道路增设护学通道，完善出行指示牌、标识系统、增设儿童友好彩色斑马线等；并对马栏山片区东二环辅路桥下线形空间进行适儿化主题的涂鸦设计。"面"上统筹，辐射带动全面覆盖马栏山片区，打造"点线面"多位一体的适儿化空间网络，形成马栏山"萌想城"儿童友好示范片区，对长沙儿童友好城市建设起到辐射带动作用。

图2　长沙市儿童友好城市设计

资料来源：长沙市规划局。

依托马栏山诸多创意、文化、科技企业独特的内容、IP孵化优势，片区开发了来自园区企业原创性、代表性和流量的 IP 形象，构筑园区特色微型雕塑 IP 主体化场景区，形成长沙创建儿童友好城市具有标杆示范效应的项目。技术支撑方面，通过瞄准行业趋势，引领 5G、云计算、区块链、4k/8k、人工智能等前沿技术，促进"内容＋技术"的融合，推动儿童友好全链发展。

在空间友好建设方面，重视友好空间、友好安全出行的打造。2016 年，长沙市出台《长沙市儿童友好型校区周边交通及公共空间改造规划设计指引》，对学校周边交通及公共空间的引导主要包括步行空间、交通组织、道路节点、交通设施及公共空间等方面，为创建宜居、宜学、宜憩、宜乐的儿童友好型校区，并探索新的规划实施模式。《指引》由长沙市城乡规划局组织编制，交通与发展政策研究所（ITDP）、深圳市新城市规划建筑设计有限公司等多家机构参与编制。

对于城市儿童服务，长沙市的创建工作主要分为社会保障和宣传推广两部分，包括儿童社会福利保障、公共教育服务保障、儿童友好宣传推广三大行动。具体而言，在儿童社会保障领域，长沙积极开展消除义务教育大班额专项行动，小学和初中起始年级原则上分别控制在 45 人和 50 人以内；同时打造"一区一特色、一校一品牌、人人有特长"特色品牌，2020 年义务教育优质学校比例 85% 以上。全市社区（村）"儿童之家"覆盖率达 80.5%，公办幼儿园及普惠性民办幼儿园占比、学前三年教育毛入园率均高于全国平均水平；同时，重视宣传推广，创新宣传模式，全方位、多形式开展公益宣传，提升公众对建设儿童友好型城市的知晓度和参与度。

四　武汉市：建设具有全球城市特征的儿童友好型城市

2019 年 5 月武汉市政府与联合国人居署续签谅解备忘录，加强合作，共同建设儿童友好城市项目。2020 年武汉市政府工作报告正式提出："积极创建儿童友好型城市"，意在建设一个安全、公平、健康、有趣、迈向创新引领、具有全球城市特征的儿童友好型城市。

近年来，武汉市多次召开"武汉建设儿童友好型城市全国专家研讨会"，请来联合国官员及国内部分专家，为武汉市创建儿童友好型城市建言献策。其中，"武汉市建设儿童友好型城市（CFC）战略规划及空间规划导则"以文化认同、政策引领、服务保障、空间支撑四大战略及社区交往空间、公共服务设施、城市游憩空间、街道活动空间四大空间规划为指引，打造精致武汉，将武汉建设成为安全、公平、健康有趣，兼具武汉本土特色、全球城市特征的儿童友好型城市。

图3 武汉江汉区儿童友好公园

资料来源：图片来源于《长江日报》，https://baijiahao.baidu.com/s?id=1826802863666694129&wfr=spider&for=pc。

在创建过程中，武汉市十分重视儿童参与环节，组织开展"写给市长伯伯的一封信"活动，由此推动儿童参与，将儿童视角纳入城市规划。例如，汉口江滩儿童友好公园的出现，源于一名小学生写信给市长，表达了武汉市的健身设备只适合6岁以下儿童或成年人锻炼，希望建设面向不同年龄段人群的多样化公共场地设施。这一建议很快被采纳，政府选址汉口江滩，在公园中融入了丰富的运动元素，且主要面向8—15岁年龄段孩子。

此外武汉市十分重视城市"微空间"的打造，将城市文化以及建设特色与儿童友好相结合，较有代表性的两个项目是壹方北馆儿童屋顶花园和武汉园博园儿童乐园。

壹方北馆打造的公园式家庭社交空间，以富有活力的商业氛围，吸引了众多家庭客群。大面积的屋顶空间设计，融合了火星沙丘、喷雾广场等7个趣味游乐主题，丰富的植物景观将屋顶点缀得绿意盎然，带领人们用不一样的方式体验自然，互动娱乐，满足了周围住宅社区的亲子活动需求。

图4　壹方北馆儿童屋顶花园

资料来源：武汉市土地利用和城市空间规划。

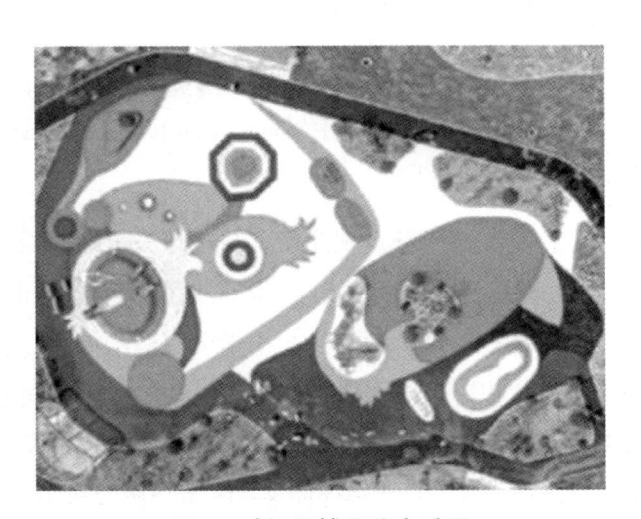

图5　武汉园博园儿童乐园

资料来源：武汉市土地利用和城市空间规划。

武汉园博园儿童乐园利用武汉园博会闭幕后保留下来的长江文明馆建设，一方面展示城市历史，再现长江流域大河文明，从石器时代、青铜时代一直追溯到当代；另一方面，场馆内配套打造四处儿童主题乐园，面向全龄段儿童，以创意、科普、探索为主题，激发儿童在乐园中学习的乐趣。

五 成都实践：让城市有温度、有关怀的全龄友好包容社会营建工程

自2021年起，成都市实施幸福美好生活十大工程，其中明确提出，要打造全龄友好包容社会营建工程，响应全年龄段市民对美好生活的差异化需求，以优质公共服务关怀全龄人口，把柔性关照渗透到城市"规建管运"各个环节中，把人文关怀落实到"衣食住行育教医养"每个细微处。目标是到"十四五"末期，成都市将建成儿童友好型城市，养老服务体系基本健全，民生兜底保障安全网更加密实牢靠，慈善服务覆盖城乡社区，形成孩子开心成长、老人舒心长寿、特殊人群暖心有尊严、市民共享友善和美的全龄友好包容社会氛围。

社会营建工程的重要内容之一，就是提升"一老一小"服务水平。为积极应对"一老一小"人口比例提升带来的服务需求增加，围绕实现老有颐养，实施养老服务能力提升行动，支持建设居家养老、社区养老、机构养老等养老服务设施，力争实现所有街道和有条件的乡（镇）至少建有1个社区养老服务综合体，每个区（市）县至少建有1个智慧养老院或智慧养老社区、1所县级特困人员供养服务设施。

为满足多元化养老服务需求，鼓励社会资本建设一批优质养老院、养老基地项目，改善社会福利院老人活动室、康复理疗室等设施，增加社会福利院护理型养老床位数，确保到2025年，新增普惠型养老床位1000张，护理型床位占比超过60%。围绕实现幼有善育，实施育幼服务能力提升行动，支持建设一批示范性托育服务机构，引导有条件的幼儿园、企事业单位等开办

托班，提升托育服务供给能力和供给水平，同时，丰富儿童友好型设施和服务供给，引导大型商超普及母婴室，营造良好的育幼环境。

表 1 成都市幸福美好生活十大工程民生项目清单 [①]

改造领域	具体成效
教育领域	教育领域，实施高等教育、职业教育、普通高中、义务教育、学前教育等项目 63 个，总投资 504.5 亿元，年度计划投资 126.8 亿元，市直属学校和五城区优质学校新增领办重点片区学校 6 所，培育新优质学校 60 所以上，增加学位 8 万个。
医疗卫生领域	医疗卫生领域，实施公立医院、公共卫生防控救治、中医药传承创新等项目 38 个，总投资 373 亿元，年度计划投资 74.1 亿元，新开工公立医院 16 所，竣工医院 7 所，建设医疗次中心 15 个、增加救治床位 800 张。
全龄友好社会营建领域	全龄友好社会营建领域，实施养老、托育、特殊群体关爱等项目 33 个，总投资 47.2 亿元，年度计划投资 9.3 亿元，规划建设护理型养老床位 4300 张，新增托位 1000 个，新增特殊教育办学规模超 1000 人。
公园城市有机更新领域	公园城市有机更新领域，实施老旧小区改造、老旧片区有机更新、安置房新建等项目 114 个，总投资 2781.8 亿元，年度计划投资 222.1 亿元，新启动片区有机更新项目 20 个，实施老旧院落改造 616 个，增设电梯 1500 台。
公园城市品质社区创建领域	公园城市品质社区创建领域，实施安全社区、智慧社区等项目 12 个，总投资 9.9 亿元，年度计划投资 3.1 亿元，建设消防站 9 个，实现智慧安防小区覆盖率达 60% 以上，完成全市小区供配电设施移交供电公司维修养护 60% 以上。
人才安居领域	人才安居领域，实施人才公寓、保障性租赁住房等项目 27 个，总投资 565.8 亿元，年度计划投资 79.3 亿元，新筹建人才公寓 5000 套、保障性租赁住房 6 万套。
文化旅游领域	文化旅游领域，实施文化保护与传承利用、高品质旅游目的地打造等项目 37 个，总投资 410.3 亿元，年度计划投资 90.6 亿元，建设博物馆、图书馆 4 个，修复保护遗迹 5 处，打造特色景区 21 个、特色展馆 5 个。

① 资料来源于《封面新闻》：https://baijiahao.baidu.com/s?id=1761151951799892852&wfr=spider&for=pc

续表

改造领域	具体成效
全民健生领域	全民健身领域，实施精品体育公园、运动健身设施提升等项目16个，总投资68.7亿元，年度计划投资25.3亿元，建设社区运动角100个，持续做好运动场馆和设施向公众开放。 城市交通治理优化领域，实施城区道路改造升级、公交效率提升、智慧停车场等项目95个，总投资1160亿元，年度计划投资144.3亿元，打通"断头路""瓶颈路"9条，新增公共停车泊位不少于1万个。
生态惠民领域	生态惠民领域，实施"锦城蓝天""青山映城""天府蓝网""天府净土""五绿润城"等项目98个，总投资994.6亿元，年度计划投资132.6亿元，生态修复面积超9.5万亩，新建各类公园68个、天府绿道800公里、天府蓝网300公里，完成黑臭水体整治126条。

此外，为了给未成年人营造良好成长环境，实施未成年人关爱服务体系建设行动、儿童活动空间建设行动等系列行动计划，依托社区规划建设200个社区儿童综合体，集中配套社区托儿所、社区儿童中心、家庭聚会中心、儿童运动场及家庭农场等设施，打造儿童"5分钟步行活动圈"，提供更多鼓励、吸引儿童参与社区活动的机会。依托城市社区公园，打造儿童"15分钟公共空间体验网络"依托城市郊野公园，打造儿童"半小时自然体验圈"，为儿童提供回归自然、释放天性的公共空间。

中国老年护理人才培育现状及存在问题

罗 鹏 魏子轩* 敬璐璐**

一 中国老年护理人才培育背景

人口老龄化已成为全球普遍现象。中国的人口老龄化程度虽然没有日本严重，但老龄化呈加速趋势。第七次全国人口普查数据显示，中国65岁及以上人口比重达到13.5%，人口老龄化程度已高于世界平均水平（9.3%）。中国人口老龄化有规模大、速度快、差异明显和未富先老四大特点，老年人口数量庞大，养老负担重成为中国老龄化社会面临的主要问题。与一般人群相比，老年人在生理、心理和疾病特征等多方面均有一定的特殊性，因而在护理保健服务上需要给予特别关注。但是，目前中国老年护理人才数量匮乏，且整体素质偏低，无法满足老年人群的护理需求。因此，加快培养专业的老年护理人才已迫在眉睫。①

（一）老年护理人才培育扶持政策

2022年4月29日中国国家卫健委发布《全国护理事业发展规划（2021—2025年）》②，明确"十四五"期间将老年护理专业护士作为紧缺护理人才加快培养培训。各地纷纷响应中央号召，出台符合实际需求的地方政策，加快培育老年护理人才。2022年3月"两会"期间，全国人大

---

* 魏子轩：西南交通大学本科生。
** 敬璐璐：西南交通大学公共管理学院硕士研究生。国际老龄科学研究院科研助理。
① 吴文婷、谢静波：《人口老龄化趋势下中国老年护理人才的培养》，《中国校医》2016年第30卷第12期。
② 中国政府网：《国家卫生健康委关于印发〈全国护理事业发展规划（2021—2025年）〉》，2022年4月29日，https://www.gov.cn/zhengce/zhengceku/2022-05/09/content_5689354.htm，2022年11月13日。

代表陈保华拟提交制定《中华人民共和国养老服务法》的法律框架设计方案，议案稿指出，要高度重视养老服务人员队伍（特别是人才队伍）建设，尊重养老服务从业人员的劳动，提高其报酬待遇和社会地位，并依法保护其合法权益等，从切身利益和社会地位提升养老服务业从业人员的责任感和荣誉感。全国政协委员孟丽红计划提交的《关于大力推动养老产业发展，促进养老服务体系完善的提案》，也提到加强养老服务人员的继续教育和后备人才培养，大力推动校企合作，为从业人员提供完善的社会保障制度和职业晋升通道；加强养老服务志愿团队建设，吸纳更多志愿者和社会工作者加入；培育养老服务人才市场和线上平台，为招聘信息、服务需求提供畅通的信息渠道等。

中央及部分地区养老人才培育政策表

	时间	发文机构	政策名称	养老人才培养相关内容
中央层面	2013年9月	国务院	《国务院关于加快发展养老服务业的若干意见》	教育、人力资源和社会保障、民政部门要支持高等院校和中等职业学校增设养老服务相关专业和课程，扩大人才培养规模，制定优惠政策，鼓励大专院校对口专业毕业生从事养老服务工作。
	2015年11月	国务院	《卫生计生委等部门关于推进医疗卫生与养老服务相结合指导意见的通知》	做好职称评定、专业技术培训和继续医学教育等方面的制度衔接，对养老机构和医疗卫生机构中的医务人员同等对待。完善薪酬、职称评定等激励机制，鼓励医护人员到医养结合机构执业。
	2022年2月	国务院	《"十四五"健康老龄化规划》	增加从事老年护理工作的医疗护理员数量，加大培训力度，开展职业技能培训和就业指导服务，健全老年健康相关职业人才评价制度。

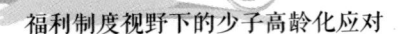

续表

	时间	发文机构	政策名称	养老人才培养相关内容
中央层面	2022年4月	国务院	《全国护理事业发展规划（2021—2025年）》	持续增加护士数量。加强护士培养培训。建立以岗位需求为导向、以岗位胜任力为核心的护士培训制度。
地方层面	2020年7月	深圳市政府	《深圳市构建高水平"1336"养老服务体系实施方案（2020—2025年）》	养老学院与华润、招商健康、万科等企业采用"现代学徒制""新型学徒制"共育人才，打造"家庭护老者"培训品牌。
	2020年11月	北京市政府	《北京市养老服务人才培养培训实施办法》	实行养老服务人才分类培训制度，健全市、区、养老服务机构分级分层培训体系。全面提高养老服务人才综合素质，加强养老服务队伍整体化建设。
	2021年8月	广州市政府	《广州市养老服务体系建设"十四五"规划》	落实养老机构税费减免等优惠政策，不断加强人才队伍。加大养老护理等专业人才培养、引进力度，实施多项优惠措施。
	2022年1月	上海市政府	《上海市促进养老托育服务高质量发展实施方案》	在有条件的高等院校和职业院校开设专业或课程。加强职业道德建设，开展养老托育从业人员岗前培训和岗位技能提升培训。

注：笔者自制。

（二）老年护理人才培养规模

根据国家卫健委2021年5月公布的数据，中国目前有约2.54亿老年人，其中有4000万左右的失能半失能老年人，对养老护理员的需求达600多万人，但是中国目前仅有50多万名从事养老护理的服务人员，远不能满足需求。目前中国一线养老照护人员的培养培训工作主要由两类主体完成，一类是开设老年服务与管理等养老专业的各类中高职院校；另一类是由民政部门、人社部门、中国社会福利协会等部门主持开办的资格认定和培训教育。早在1999年，中国便陆续有院校开设培育老年护理人才的相关专业。2007年天津医科大学率先开设社区护理学本科专业方向，2009年天津中医药大学开设老年护理学本科专业方向。目前，中国仅有极少数本科护理院校开设养老护理相关专业，但课程设置广而不精。护理本科生实习地点大多在三甲医院，基本没有安排养老机构实践计划。在中国护理院校中，仅有少数开设了养老服务相关专业的硕士、博士层次的教育，每年培养不超过70名硕博研究生。截至2020年11月11日，全国开设护理专业的高职院校有506所，四川、山东、湖北、河南均超过了30所，河北、广东、江西、安徽、内蒙古、云南、陕西等超过了20所。截至2020年12月24日，全国开设老年服务与管理专业的高职院校有279所，其中山东、四川超过20所，安徽、河南、福建超过15所。[1] 因辛苦、待遇低等原因，选择养老服务相关专业的学生目前比较少，总体培养数量达不到社会需求，难以满足养老服务需求的快速增长。[2] 数量稀缺的高层次人才与中国庞大的老龄人口服务需求不相称。

（三）中国养老人才培育的从无到有

中国高职院校老年服务与管理专业历经了从无到有、由少变多、逐步做大做强做优的演变过程。根据公开数据，2019年，中国高职老年服务与管理专业点新增56个，总数达到278个；中等职业学校由2004年的3所发展到如今的100余所；技工院校在2018年专业目录增设老年服务与管理、健康服务与管理等专业。本科教育于2019年也增设养老服务管理专业、老年学专业，至此，中国逐步构建起从技工院校、中职学校、高职学校到本科学校立体化的老年专业教育体系。

在学校专业设置上，《中等职业学校专业目录（2010年修订）》设置了护理（老年护理与服务方向）、老年人服务与管理等专业。《普通高等学校高等

---

[1] 人民知慧教育：《我国养老护理缺口已达千万，专业人员仅有6%，各地出台政策最高奖6万》，2021年8月26日，https://zhuanlan.zhihu.com/p/403762072，2022年11月13日。
[2] 王文焕、符雪彩、辛胜利：《医养结合背景下养老护理人才培养研究》，《北京劳动保障职业学院学报》2022年第16卷第1期。

职业教育（专科）专业目录（2015年）》设置了护理、老年服务与管理、老年保健与管理、家政服务与管理、社会工作等专业。

（四）四川省养老服务专业发展及人才培育现状

四川省民政厅数据显示，四川省近年来加强养老服务行业技能人才队伍建设，着力打造一支专业化、职业化的养老服务人才队伍。在学历教育方面，推动普通高校和职业院校加强养老服务专业建设，全省高等院校开设健康服务与管理、中药学等养老健康服务相关专业点250个，在校生13.5万人。全省中等职业学校开设涉老人才相关专业23个，专业点133个，在校生11万人。在职业教育方面，依据养老护理员、健康照护师、家政服务员等国家职业技能标准，开展学制教育培养和相关职业技能培训，提升从业人员的职业素养和技能水平。未来四川省还将研究制定《四川省老年照护师（养老护理员）职业技能标准》，积极鼓励养老服务从业人员参加职业技能鉴定，畅通人才晋级渠道。指导具备资质的企业、院校、机构开展教育培训和评价工作，推广"校企合作"培养模式，为养老服务业发展提供高质量人才保障。在全省范围内进一步建立完善养老服务从业年限补贴制度，探索对普通高校、职业技术院校全日制毕业生在机构从事养老护理工作的给予一次性养老服务就业补贴，提高养老服务行业对专业人才的吸引力。

二 中国老年护理人才培育存在的问题

（一）培育质量与规模有待提升

目前中国开设老年护理专业方向的院校数量较少，与社会对老年护理人才的大量需求相去甚远。部分院校采取"护理学+老年护理"方向模块的课程体系，但有时存在广而不精的问题，多数学生虽然具备了一定的老年护理基本技能，但尚不能应对老年人健康评估、营养膳食、康复训练等多层次的照护需求，培育质量和培育规模都有待进一步提升。研究显示，中国机构养老护理人员年龄主要集中于 36—50 岁，平均年龄 43.3 岁，80.0% 以上只有初中及以下文化程度，其中文盲占有相当比例，新增老年护理人员的流失率为 40.0%—50.0%，呈现"一高三低"的特点。[①] 按照国际标准每 3 名失能老年人即需要 1 名护理人员计算，中国护理人员应不少于 1300 万人；而按照《全国民政人才中长期发展规划》目标，到 2020 年中国健康养老护理员需达到 600 万人，2022 年年底前需培养、培训养老护理员 200 万人。但就目前而言，中国养老护理员还不足 100 万人，老年护理人才需求巨大。[②]

（二）人才培育体系还未健全

整体来看，中国老年护理人才培养体系尚不健全。在人才培养目标体系方面，老年护理的学科定位模糊，一方面医疗、康复、营养等专业与护理专业相互交叉，内容深度不足以应对临床工作；另一方面，老年护理人才培养层级仍需进一步划分以满足中国对养老护理多层次人才的需求。中国尚没有出台涵盖"注册护士到临床护理专家"的阶梯型的老年护理人才胜任标准体系可供参考，使得具体的培养要求以及培养层次缺乏明确的指导。在人才培养过程体系方面，培训内容、培训质量、考核认证、质量监管等尚需一套完整的配套体系来保证。在人才培养层次体系上，尽管现在形成了"学士到博士后科研流动站"一体化的护理人才培养体系，但是极少高学历层次的老年护理方向人才接受过系统的老年护理课程体系教育。因此，中国老年护理人才培养体系，无论从内涵的横向挖掘，还是在发展层次的纵向进阶，都有较大的发展空间。

（三）产教融合广度深度不够

中国在养老服务领域的人才培养方面，校企合作与产教融合的模式和良性运行机制尚未形成，共同招生、共同培养、共同发展、共同就业的态势仍然不够深入，临床实践与学校教学难以形成合力。首先，养老护理专业课程

[①] "一高三低"指：养老护理员普遍年龄较大，学历低、薪资待遇低、社会认可度低。
[②] 徐菊玲、黄三雄、钱秀群等：《高等院校养老护理员培养问题及对策研究》，《护理研究》2020 年第 34 卷第 22 期。

设置与岗位需求契合度不够。护理专业人才培养主要面向医疗机构，与养老护理实际需求关联度较高的"康复护理""营养护理""心理护理""安宁护理"等未开设或仅作为考查课程，缺乏专门的老年护理实训室，难以落实老年护理人才实践技能训练。其次，较少院校设有校外老年护理实习基地，也没有与专业相匹配的毕业实习大纲，学生的毕业实习与普通护理专业一样去临床医院实习，实习科目及时间亦与普通护理专业类同，培养目标与实际岗位关联不紧密。再次，校企合作机制难以落地，与《职业学校校企合作促进办法》相配套的政策法规尚未出台，对校企双方的约束有待进一步明确，医院、护理院、养老院等产业端发挥作用有限。最后，缺乏既能从事专业理论教学又有较强护理经验的"双师型"师资，制约了老年护理人才实践能力提升。

专栏：四川省民干校校企合作新模式的探索问题

校企合作不够深入，学生就业率低。通过前期调研发现，目前存在学生毕业后在企业实习期间无法胜任、实习结束后在岗率低的情况，这使校企合作效果大打折扣。根本原因是中职毕业生专业素养和职业能力有待提升。在企业眼中，中职学校学生与普通社会人员相比优势并不突出。中职学生年龄结构偏小，知识结构偏低，与普通社会人员相比理解和接受能力也较差。面对企业严格的规章制度、复杂的人际关系和较大的劳动强度以及工作压力，中职学生一时间从学校踏入社会实践，普遍会感到无法适应。企业基于公司发展需要高质量的员工和实习生，意味着学校需要提升专业建设水平，提升人才培养质量，才能满足企业的人才需求。

省民干校可选择优质合作企业少。通过调研得知大多企业合作不稳定，因近年疫情政策的影响，养老企业进行封闭式管理，学校很难与其开展连续性合作。其次，与已合作企业在共同育人模式上的探索不够深入，企业协同育人参与较少。目前校企合作中企业所做的内容停留在签订协议、提供实习岗位等方面上。企业仅在实习和实训时期参与学生课程，其用人需求与学校人才培养目标不匹配，"双主体"的校企合作中，企业的主体地位难以得到保障，缺乏合作动力。长此以往，学校难以与企业维持常态化、固定化的合作关系。

三 制约老年护理人才培育的因素

（一）人才扶持政策覆盖面有限

近年来，中国各地陆续出台关于老年护理人才培训和补贴的相关政策与措施，由于地区间经济发展水平存在差异，各地的补贴项目和补贴标准也各不相同。如四川省泸州市出台的《关于支持社会力量参与居家和社区养老服务发展的实施意见》规定：对与本市民办社区居家养老服务机构签订劳动合同且在社区居家养老机构中从事生活照料、康复护理等一线工作满5年的给予一次性2000元从业年限补贴，满10年的给予一次性5000元从业年限补贴。而广东省广州市出台的《关于印发广州市养老机构服务人员就业补贴及岗位补贴试行办法的通知》（穗民规字〔2018〕4号）规定：在养老机构中从事一线养老护理工作满五年但未满十年的，给予一次性岗位补贴5000元。满十年的，给予一次性岗位补贴20000元。因补贴水平不同，政策激励效果也有所差异。有些地区还未出台专门的老年护理人才培训补贴政策，需要国家进一步推进落实老年护理人才就业扶持政策，吸引更多人才就业。

（二）人才的职业价值认同感低

缺乏政策宣传引导，长期以来社会上一直存在对老年护理专业的偏见，导致部分护理专业毕业生择业视野狭窄，不愿从事老年护理职业，学校在择业指导上仍有待改进。对于学生而言，真正熟悉专业内容，并不是在书本上，而是在实践中。中国老年护理专业方向课程模块仍依附于临床护理专业课程体系，无明确、统一模式，缺乏针对性的老年护理实践课程，很多学生都反映实习内容与课堂内容差距过大，使他们很难形成专业认同或是职业认同。由于学生对自身的职业发展路径不甚了解，在毕业后往往选择社会认可度更高的临床护理岗位。

专栏：地位低，养老护理员如何获得社会认可？愁！

北京劳动保障职业学院院长李继延说："由于受到传统观念影响，人们总是把服务于人的工作等同于伺候人，把老年照护工作等同于伺候老年人，认为伺候人的工作是低端的，没地位、没面子，不受人尊重，低人一等，没有发展前途。现在的状况是一个毕业生有七八家就业单位在等待，但仍旧有许多学生和家长对这样的专业有排斥性，从而使养老服务职业处在'叫好不叫座'的窘境。"养老护理员何苗苗说："我朋友也挺多，没人选择这个行业，他们看着咱们干这个活，就接受不了，好像是一份挺丢人的工作。""钱难赚，气难受"是养老护理员的普遍心声。杜彦青告诉记者，护理人员不被老人和家属尊重的情况并不少见，有些护理员委屈地抹眼泪说"回家种地，也不干这活了"。

"养老护理人员职业发展路径不清晰，没有明确的上升通道，导致社会认同度低，也是挫伤这一行业工作人员积极性的原因。"郭桂芳说。

在日本，养老护理员可以考介护福祉士（国家资格），这个正式非常专业，代表了日本养老护理行业最高标准之一，其培训体系和专业水平在全世界都能得到认可。相比而言，中国的老年护理员证书考试专业化水平不高，很多内容都是从护士资格证考试里借鉴的，没有体现养老行业的特色。其次，职称体系不完善也制约了毕业生的发展，他们难以凭借养老护理资格证考取事业单位编制，也就没有职称晋升路径。尽管民营机构占据了养老行业的大半壁江山，但编制是行业的"风向标"，会影响到从业人员的收入、晋升渠道和社会认可度等方方面面。

（三）人才激励机制有待完善

据调查，护理员准入门槛较低，专业化水平参差不齐，接受过专业培训和持证上岗人员均不到30%。① 而且养老护理员的劳动强度大、收入比较低，在日均工作时长大于9小时的情况下，半数以上人员的工资低于2000元，加之社会福利待遇比较低、社会认可度不高，使得养老护理队伍流动性大、人员不稳定。② 第三方教育评价机构麦可思对该行业的"高流失率"问题做的一次追踪调查显示，从全国养老职业教育发展来看，学生到岗第一年流失率可能达到30%，第二年达到50%，第三年达到70%甚至更高。许多老年护理专业学生只是对老年护理相关课程比较感兴趣，但是一半以上的学生因为薪资待遇、发展机会、工作环境等原因不愿意进入综合医院老年科或老年专科医院实习，且毕业后从事老年护理工作的意愿不高。③

专栏：易流失，在岗人才薪资水平如何提高？盼！

北京师范大学中国公益研究院发布的《中国大学生养老服务就业意愿调查报告（2019）》是中国第一份专门针对养老服务相关专业大学生进行的调查。在参与调查的3189名大学生中，40.41%的人期待薪资在5001元至7000元之间，还有568人希望薪资在7000元以上。

在安徽省合肥市包河区滨湖世纪社区老年人托养中心担任护理员的袁春云护理学"科班出身"，做过11年护士，进入养老行业4年，是整个机构里最年轻的护理员，日常需要和3名同事负责11位老人的托养、康复理疗、

---

① 景跃军、李元：《中国失能老年人构成及长期护理需求分析》，《人口学刊》2014年第36卷第2期。
② 王若维、杨庆爱、王桂云：《山东省养老机构护理员现状调查》，《护理学杂志》2015年第30卷第2期。
③ 冯玉、赵小玉、曾兢等：《专科护生从事老年护理就业意愿调查》，《护理研究》2017年第31卷第14期。

居家护理工作。她坦言,这份工作既辛苦、又辛酸,而工资拿到手却只有4000多元。目前支撑她继续干下去的可能是一份情怀。

养老护理员石林成说:"工资太少了,在北京,干别的行业一个月也能拿个五六千工资,而我们的活也很累,就拿个三四千。"

上海市养老服务行业协会开展的专项调查显示,2020年度养老护理员税后工资收入监测值为:高位数7735元/月、中位数4846元/月、低位数2854元/月、平均数为4985元/月。而2019年上海技能人才年平均工资达12.79万元,相比之下,养老护理员的收入着实不高。这是导致该行业难以吸引年轻人的重要因素之一。

四　中国老年护理人才培养及职业发展规划建议

中国正在老龄化快速发展阶段,老年人对养老服务的多样化、多层次、多种类的需求不断增长,需要大量养老服务专业人才提供专业化的服务。但是中国整体人才供给却呈现出质量差、数量少、人才结构不合理等多种问题。解决养老服务专业人才问题,应注重发挥政府和社会力量,以就业为导向,开展专业教育,提升教育水平,创新培养机制,提高人才质量。

(一)加强政策引导,推动各类院校开展人才培育

专科护理人员问题在于多而不精,整体质量低。应当在专科增设除专业知识外更多的人文学科模块,如《大学生思想健康教育》《医学信息技术基础》等基础医学与思想健康课程,提升人才的综合素质。积极稳妥推进"1+X"证书(学历证书+若干职业技能等级证书)制度。在有条件和意愿的高校增加养老服务管理、康复治疗、家庭服务等养老服务专业课程,并且增设硕士点、博士点等学位点位,形成良好的高级护理人才梯队。因为健康管

理专业起步不久，缺乏借鉴，多数学校在设置专业核心课程时只考虑本校的师资力量或者借鉴其他学校的核心课程设置情况。鉴于健康产业作为新兴产业已成为中国经济产业中一大"朝阳产业"和支柱产业，在设置专业核心课程时应考虑健康产业群的需要，使其与高职院校人才培养目标和社会实际需求相符。①

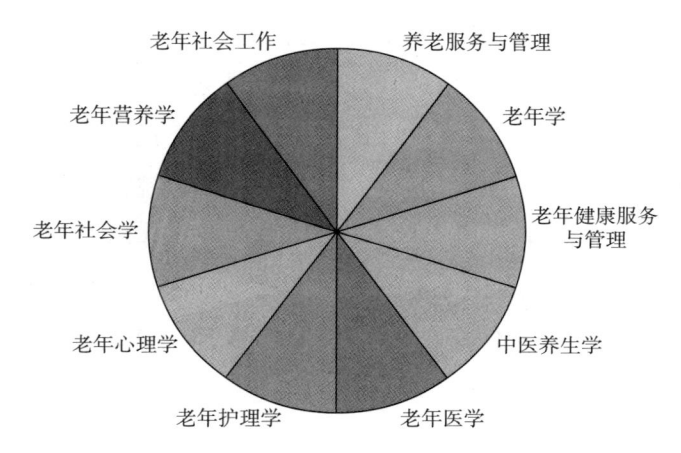

鼓励开设相关养老服务专业课程图

注：笔者自制。

（二）增强社会文化宣传，提高护理人才职业认同感

受传统观念影响，许多人认为养老服务就是给老人洗头洗脚，是一个"伺候人"的工作，很多人不愿涉足，护工和护士虽只有一字之差，但社会声望差距却不小。中国养老服务起步较晚，老年护理人才常处于职业认同度偏低、自我认同感较低的生存境况，提高老年护理人才职业认可度和社会认同感，营造良好的职业发展社会氛围至关重要。政府要加大对老年护理人才的培训，定期组织专业技能培训，进一步完善相关政策，通过评选"最美养老护理员"的方式增强养老人才的职业荣誉感。此外，政府还要完善养老人才激励制度，吸引优秀人才。对于取得相应职业技能等级的养老护理员，应分年限给予一次性岗位补贴。

---

① 郭宝云：《健康中国背景下高职医学院校健康管理专业课程设置研究——以漳州卫生职业学院为例》，《佳木斯职业学院学报》2019 年第 7 期。

（三）树立企业社会责任感，提高护理人才福利保障

鼓励养老机构对专业技术人才和高技能人才实行按任务、岗位、业绩定薪的分配办法，以岗位的技术含量、关键程度、贡献大小、效率高低等指标合理划分岗位等级，以岗定薪。此外，机构应加强老年护理人才在职培训，实现员工专业能力的可持续发展。机构要进一步完善畅通养老护理员职业晋升通道，鼓励机构从一线养老护理员中遴选业务管理人员[①]，尤其是从事养老服务的骨干企业要加强行企合作、校企合作，推进工学结合，实行企业新型学徒制，探索集学历教育为基础、在职培训为支撑、技能鉴定为补充的三位一体的系统化的养老服务人才培训机制，建设集职业院校综合性实习实训基地、行业性职业培训中心和社会技术技能鉴定站于一体的养老服务人才培训体系。尝试通过发放一次性入职奖励补助等手段，激励养老服务和管理类毕业生选择入职民办非营利性养老服务机构，并长期、稳定地从事一线护理岗位，突破制约养老服务业发展的人才难题。

---

① 张婷：《聚焦急难愁盼 谋划养老护理人才队伍高质量发展》，《中国社会工作》2022年第8期。

探索面向职业化的全新社会福祉人才教育体系

罗 鹏 田金吉

目前中国对于社会福祉的概念还相对比较模糊，对于福祉教育尚处于探索阶段，在此背景下，本文将以中国社会保障制度体系建设为切口，对话日本社会福祉人才教育体系，描述社会福祉人才培养的重要性以及目前中国已有的相关福祉人才教育现状，进而为探索面向职业化的全新社会福祉人才教育体系提出建设对策。

社会保障制度是政府运用强制手段进行社会风险管理的制度安排，是政府风险管理的重要方面，是社会政治经济制度的重要组成部分，是社会经济发展的安全网和社会矛盾的缓冲器。社会保障制度是对经受生老病死、失业、贫困等风险的社会成员给予保障的制度，以保障公民基本生活为目标。[①]

中文语境中狭义社会保障体系中的社会福利包括公共福利、特殊人群福利、社区福利和职工福利（见图1），其中特殊人群的社会福利制度保障对象与日本各类社会福祉专业保障对象相似。上篇中小森敦先生所书的《福利专职与培养教育》，在开头便明确提出日本四个被制度化为国家资格的社会福祉专业职位，分别是社会福祉士、精神保健福祉士、介护福祉士和保育士，并对其内涵、培训教育内容展开了详细的描述。中国特殊人员的社会福利制度保障人群主要包括老年人、未成年人和残疾人三类，长期以来，中国社会福利对老年人、未成年人和残疾人这三类群体提供着基本

---

① 刘钧：《社会保障理论与实务》（第四版），清华大学出版社2019年版，第1页。

的生活保障和服务保障。目前中国正大力培育养老护理员、保育员、康复护士等社会福祉人才，在构建和谐社会的历史进程中，为缓和社会矛盾，积极应对人口老龄化、"一老一小"等社会问题提供社会福祉方面的人才支持。

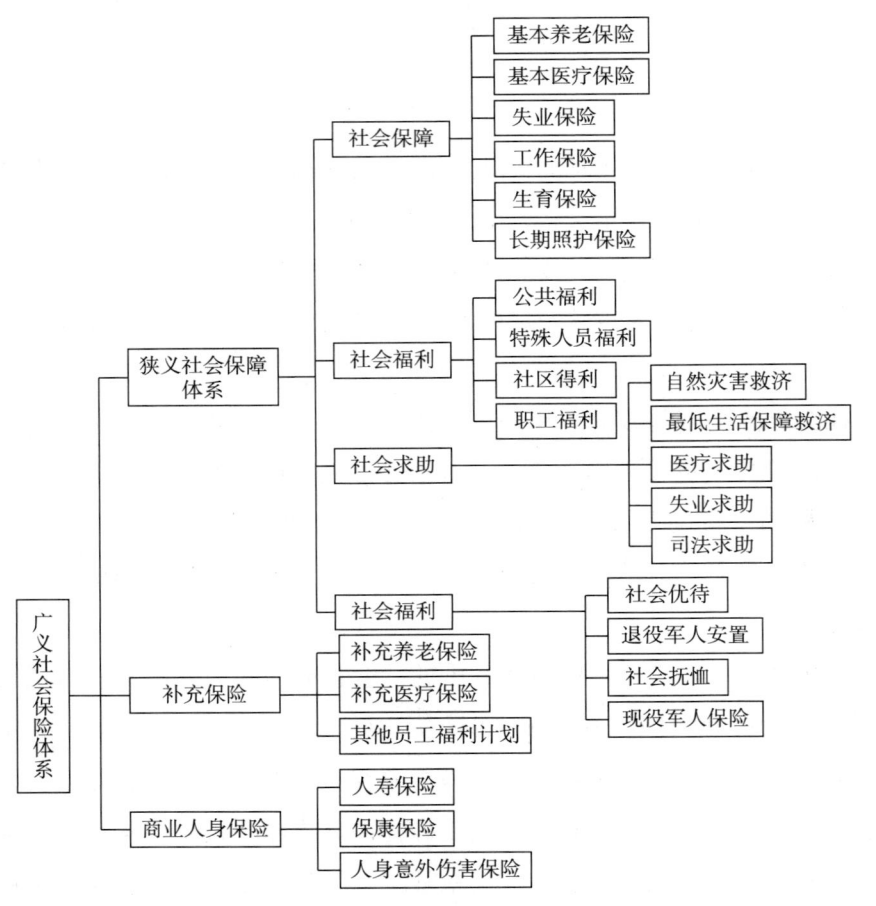

```
广义社会保险体系
├─ 狭义社会保障体系
│   ├─ 社会保障
│   │   ├─ 基本养老保险
│   │   ├─ 基本医疗保险
│   │   ├─ 失业保险
│   │   ├─ 工作保险
│   │   ├─ 生育保险
│   │   └─ 长期照护保险
│   ├─ 社会福利
│   │   ├─ 公共福利
│   │   ├─ 特殊人员福利
│   │   ├─ 社区得利
│   │   └─ 职工福利
│   ├─ 社会求助
│   │   ├─ 自然灾害救济
│   │   ├─ 最低生活保障救济
│   │   ├─ 医疗求助
│   │   ├─ 失业求助
│   │   └─ 司法求助
│   └─ 社会福利
│       ├─ 社会优待
│       ├─ 退役军人安置
│       ├─ 社会抚恤
│       └─ 现役军人保险
├─ 补充保险
│   ├─ 补充养老保险
│   ├─ 补充医疗保险
│   └─ 其他员工福利计划
└─ 商业人身保险
    ├─ 人寿保险
    ├─ 保康保险
    └─ 人身意外伤害保险
```

图 1 中国广义社会保障体系三支柱体系示意图

资料来源：刘钧：《社会保障理论与实务》（第四版），清华大学出版社2019 年版，第 16 页。

一　养老护理员

根据中国第七次全国人口普查数据[①]，截至 2020 年 11 月 1 日，中国 60 岁及以上老年人口比重达到 18.7%，其中 65 岁及以上人口比重达到 13.5%。目前中国人口老龄化主要呈现出以下几方面特点。

1. 老年人口规模庞大。截至 2020 年，中国 65 岁及以上人口为 1.9 亿人。全国 31 个省份中，有 16 个省份的 65 岁及以上人口超过了 500 万人，其中，有 6 个省份的老年人口超过了 1000 万人。2. 老龄化进程明显加快。2010 年至 2020 年，60 岁及以上人口比重上升了 5.44 个百分点，65 岁及以上人口上升了 4.63 个百分点。与上个十年相比，上升幅度分别提高了 2.51 和 2.72 个百分点。3. 老年人口质量不断提高。60 岁及以上人口中，拥有高中及以上文化程度的有 3669 万人，比 2010 年增加了 2085 万人；高中及以上文化程度的人口比重为 13.90%，比十年前提高了 4.98 个百分点。十年来，中国人均预期寿命也在持续提高，2020 年，80 岁及以上人口有 3580 万人，占总人口的比重为 2.54%，比 2010 年增加了 1485 万人，比重提高了 0.98 个百分点。

人口老龄化是中国社会发展的重要趋势，也是今后较长一段时期中国的基本国情，除家庭成员外，养老护理员作为为老年人提供照护的主力军，在老年人的生活照顾、健康照护、精神慰藉等方面发挥着重要作用。中国国家和社会为规范养老护理员职业行为，提高养老服务的职业化、专业化、规范化水平，推动老龄事业的高质量可持续发展，于 2019 年提出养老护理员的具体职业技能标准，明确了养老护理员的工作领域、工作内容和技能要求等。另外，《养老护理员国家职业技能标准》（2019 年版）还依次递进对五级（初级工）、四级（中级工）、三级（高级工）、二级（技师）、一级（高级技师）提出相应的理论知识和技能要求（高级别涵盖低级别的要求），具体权重见表 1 和表 2。

[①] 《第七次全国人口普查公报》（第五号），2021 年 5 月 11 日，https://www.stats.gov.cn/sj/tjgb/rkpcgb/qgrkpcgb/202302/t20230206_1902005.html，2022 年 7 月 15 日。

表1 《养老护理员国家职业技能标准》(2019年版)理论知识权重

项目	技能等级	五级/初级工(%)	四级/中级工(%)	三级/高级工(%)	二级/技师(%)	一级/高级技师(%)
基本要求	职业道德	5	5	5	5	5
	基础知识	20	20	15	10	10
相关知识要求	生活照护	45	30	—	—	—
	基础照护	20	30	35	—	—
	康复服务	10	10	15	15	—
	心理支持	—	5	15	—	—
	照护评估	—	—	—	30	30
	质量管理	—	—	—	25	30
	培训指导	—	—	15	15	25
合计		100	100	100	100	100

资料来源:《养老护理员国家职业技能标准》(2019年版),第19页。

表2 《养老护理员国家职业技能标准》(2019年版)技能要求权重

项目	技能等级	五级/初级工(%)	四级/中级工(%)	三级/高级工(%)	二级/技师(%)	一级/高级技师(%)
技能要求	生活照护	60	30	—	—	—
	基础照护	25	45	40	—	—
	康复服务	15	15	20	20	—
	心理支持	—	10	20	—	—
	照护评估	—	—	—	30	40
	质量管理	—	—	—	30	35
	培训指导	—	—	20	20	25
合计		100	100	100	100	100

资料来源:《养老护理员国家职业技能标准》(2019年版),第19页。

但目前中国仍存在养老护理员供需失衡、供给需求未相互适配的问题。以四川省为例，四川省有近3万名登记在册的涉老专业技术服务人员，其中，初级技术人才为9600多人，中级人才为1.7万余人，高级人才为1200多人，而拥有养老护理技师专业技术职称的仅有6人[①]。人才缺口大的同时，养老护理员普遍存在"文化素质低、专业技能差、年龄偏大、流失严重"等问题。

二 保育员

随着社会的发展，家长对幼儿早期的照顾、教育问题也越来越重视，以婴幼儿早期教育市场为代表的家政行业迅猛发展，在市场上占据了不可忽视的地位。在幼儿的发展中，保育员扮演着辅助教师、生活老师等多重角色，对幼儿的身心健康、生活习惯等方面都发挥着重要的影响作用，聘请专业保育员对孩子进行早期的科学护理和教育正逐渐成为一个热门的职业领域。根据中华人民共和国人力资源和社会保障部制定的《国家职业技能标准—保育员》中的定义，保育员是指在托幼园所、社会福利及其他保育机构中，从事儿童基本生活照料、保健、自理能力培养和辅助教育工作的人员。[②] 在《国家职业技能标准—保育员》文件中也对保育员五级（初级工）、四级（中级工）、三级（高级工）的技能和相关知识依次递进提出明确的要求（高级别涵盖低级别的要求）。

表3 《国家职业技能标准—保育员》理论知识权重

项目	技能等级	五级/初级工（%）	四级/中级工（%）	三级/高级工（%）
基本要求	职业道德	5	5	5
	基础知识	20	15	10

---

① 《四川养老服务专业人才少、流失率高，如何破解？》，2017年6月20日，https://cbgc.scol.com.cn/home/52690，2022年7月17日。

② 《人力资源社会保障部办公厅关于颁布劳动关系协调员等16个国家职业技能标准的通知》，2019年3月26日，http://www.mohrss.gov.cn/xxgk2020/fdzdgknr/rcrs_4225/jnrc/202112/t20211227_431367.html，2022年7月17日。

续表

项目	技能等级	五级/初级工（%）	四级/中级工（%）	三级/高级工（%）
相关知识要求	卫生管理与教育	20	20	14
	生活管理与教育	25	20	15
	健康管理与教育	15	20	25
	辅助教育活动与家长工作	15	20	21
	培训与指导	—	—	10
合计		100	100	100

资料来源：《国家职业技能标准—保育员》，中国劳动社会保障出版社2009年版，第20页。

表4 《国家职业技能标准—保育员》技能要求权重

项目	技能等级	五级/初级工（%）	四级/中级工（%）	三级/高级工（%）
技能要求	卫生管理与教育	20	20	20
	生活管理与教育	35	30	20
	健康管理与教育	20	23	26
	辅助教育活动与家长工作	25	27	24
	培训与指导	—	—	10
合计		100	100	100

资料来源：《国家职业技能标准—保育员》，中国劳动社会保障出版社2009年版，第20页。

保育工作随着人们工作节奏的加快、物质精神等生活水平的提高成为社会专业化分工的一个重要组成部分，被越来越多的家庭所接受，呈现出家庭劳动社会化的趋势，保育工作的市场潜在需求也随之逐渐增加。但与此同时，工作的专业性以及行业管理的系统性问题逐渐显现。目前由于缺乏统一的管理和教学教材，保育员整体素质水平参差不齐，专业科学知识也相对匮乏，对幼儿教育缺乏完整的认知。这一定程度上会影响市场对这一行业的信任以及保育员的未来发展。对此，需要进一步给予明确的引导和管理，推动高职、专科、本科增设保育相关的专业，完善人才培养体系，并充分发挥《国家职业技能标准》的作用，理顺培训市场，多措并举，提高保育人才的培养质量。

三 康复专业人才

康复是残疾人最迫切的需求，特别是对于残疾儿童，康复更是抢救性的、不能等待的问题，康复是残疾生命的重建，帮助残疾人恢复、补偿其生理功能，走向新的生活。康复也是基本民生问题之一，是国家基本公共服务的重要内容，关乎社会公平正义。对于增进人民福祉，发展好残疾人康复事业是巨大的推动力，身体功能的恢复能够帮助残疾人减轻痛苦，帮助家庭减轻负担，进而提高生活的幸福指数，创造参与社会的条件和机会。中国历来也十分重视残疾人康复保障工作，自1988年把残疾人康复工作纳入国民经济和社会发展计划以来，逐步形成了以政府为主导、有关部门各负其责、社会广泛参与的工作格局，表5为近五年来中国有关残疾人康复事业的相关政策法规。

表5 残疾人康复事业相关政策法规

发布时间	政策名称	重点内容
2017.2	《残疾预防和残疾人康复调理》	明确了残疾人康复服务的基本要求，明确了康复机构及其工作人员的法定条件及要求，以规范康复服务行为、保障康复服务质量。
2018.7	《关于建立残疾儿童康复救助制度的意见》	明确残疾儿童康复救助对象为符合条件的0—6岁视力、听力、言语、肢体、智力等残疾儿童和孤独症儿童。并明确规定了残疾儿童康复救助的工作流程。

续表

发布时间	政策名称	重点内容
2018.10	《中华人民共和国残疾人保障法》（修订）	包含总则、康复、教育、劳动就业、文化生活、社会保障、无障碍环境、法律责任和附则九大块内容，对于维护残疾人的合法权益，发展残疾人事业，保障残疾人平等充分参与社会活动，共享社会物质文化成果具有重要意义。
2019.5	《关于在脱贫攻坚中做好贫困重度残疾人照护服务工作的通知》	立足现有条件，采取积极措施，扎实做好贫困重度残疾人照护服务相关工作。
2019.7	《残疾人基本康复服务目录》（2019年版）	进一步满足残疾人基本康复服务需求，确保如期完成《"十三五"推进基本公共服务均等化规划》确定的"残疾人基本康复服务覆盖率达80%"任务目标。
2020.12	《精神障碍社区康复服务工作规范》	对部门协调机制和职责、服务对象、服务机构、服务人员培训、服务内容、服务流程展开详细的界定和描述，促进精神障碍社区康复服务健康规范发展。
2021.4	《全国残联系统康复专业技术人员规范化培训实施方案》	提出到2025年，建立较完善的规范化培训管理制度、实施体系，形成健全的工作机制，完成国家级培训3000人以上，实现各级残联下属（业务主管）康复机构所有在岗及新近康复专业技术人员全面接受规范化培训的目标。
2021.11	《关于开展康复医疗服务试点工作的通知》	经过1年的试点，探索形成较完善的康复医疗服务体系、多元化康复医疗服务模式、有利于康复医疗服务发展的政策措施等有益做法和典型经验，加快推动全国康复医疗服务发展取得实效。

注：笔者自制。

发展康养事业，满足残疾人、老年人、儿童等不同群体的康复需求，人才发挥着关键作用，但当前专业人才缺乏和人才质量良莠不齐正是制约中国康复事业发展的主要因素。一是康复专业人才不足。《中国卫生健康统计年鉴》数据显示，2020年中国康复医疗行业执业（含助理）医师数量为1.64万人，占整体执业（助理）医师规模的比重不到0.5%。而中国残疾人联合会统计数据显示，截至2020年2月，中国共有8500万残疾人，由此对比可看出康复治疗师人才的巨大缺口。二是专业人才质量良莠不齐。中国的康复事业起步较晚，基础薄弱，在康复医学各层次教育的培养模式、课程设置、教学内容等方面都缺乏规范的标准，整体康复教育水平有待提高。这些需求与不足进一步推动中国需要建立起完善的康复人才培养体系，加快康复专业人才培养，促进康复事业发展。

四 人才体系建设的几点思考

（一）制定差异性培养方案，实现培养目标的多样性

在培养方案的设计过程中，一是应考虑到当前及未来社会对福祉人才的真实需求，关注行业发展动态，使得福祉专业学生在学校、机构等场所学习到的技能在步入社会时依旧具有较大的市场，实现知识和技能学习与实际需求相匹配。二是应注意到培养方案的差异性，既要关注行业需求的差异性，也要关注学生个体的差异性。在夯实基础之上进行分流培养，例如在福祉专业内分老年护理、保育托育、康复理疗、心理咨询等方向教学，在养老服务与管理专业内开设人际交流沟通、机构管理、职业生涯规划等课程，通过学生的自主选择，培养具备良好职业道德和素养，较强职业知识和技能的福祉人才，实现培养目标的多样化、专业化、个性化。

四川省民政干部学校实地调研情况分析

四川省民政干部学校是四川省最早开设老年人服务与管理专业的中职学校。学校专业课程设置分为公共基础课和专业技能课。公共基础课包括德育课、文化课、体育与健康、公共艺术、历史，及其他自然科学和人文科学类基础课。专业技能课包括专业核心课、专业（技能）方向课，实习实训是专业技能课教学的重要内容，含校内外实训、毕业实习等多种形式。但在现代信息技术基本应用能力、具有终身学习和可持续发展的能力等方面的目标设

置相对较弱，而这些能力是国内发展较好的高职、中职养老服务专业共同关注的重要能力，需要在未来发展中重点关注。

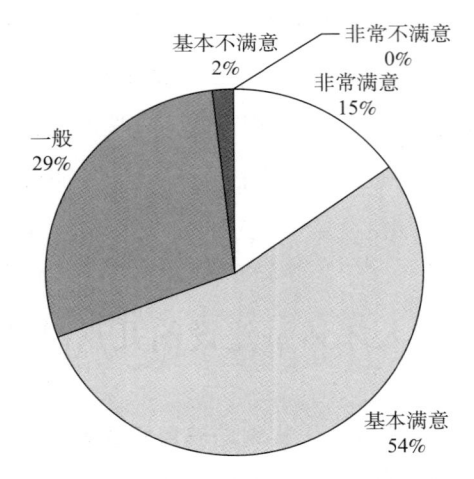

图2　学生对课程设置的满意程度（调研学生数：111 名）

资料来源：四川省民政干部学校实地调研整理绘制。

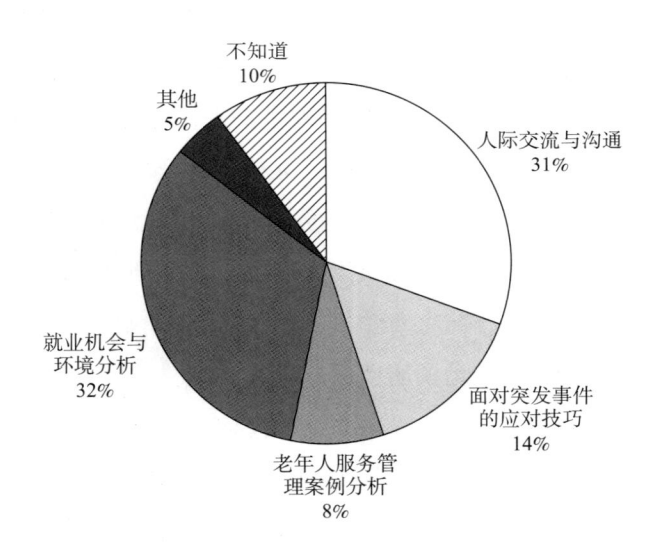

图3　学生希望开设的课程（调研学生数：111 名）

资料来源：四川省民政干部学校实地调研整理绘制。

从学生对课程设置的满意程度来看，学生对课程设置整体满意程度较高，98%的学生对课程设置达到中等以上满意程度。学校在心理健康与职业生涯、养老机构管理、中职劳动教育、智能康养产品应用等课程开设方面相对薄弱，相关课程未开设或仅在其他课程中有所涉及。如职业生涯规划课程，虽然在公共基础课的德育教育课程中有所涉及，但对比其他学校单独开设课程而言，还是较为单薄。另外，养老服务与管理专业具有面向老人开展服务、需要生活技能、人际沟通等综合性能力、较强实践性的特点，因此开设心理健康与职业生涯课程、养老机构管理、中职劳动教育等相关课程较为重要。从学生的问卷调查结果（见图2）也表明学生对此类课程需求明显，较多学生希望开设人际交流与沟通、就业机会与环境分析等相关课程。

（二）完善多元融合渠道，构建产教研训一体化平台

以社会需求为导向，加强学校与医院、机构、企业的教学合作，通过校院联盟、校企互助等形式整合学校与医院、社会的资源，开设校内校外实训基地，为学生提供理论教学、实践教学的双场景，并运用"双导师"教师培养方式，增强技能型人才培养，为医院、机构、家庭等社会各个领域输送具备生活照护、康复服务、心理支持、健康管理、辅助教育等方面能力的应用型福祉人才。在制定人才培养方案时，对于不同年级的学生，可以考虑结合校企合作模式，将就业方向纳入方案中，提高学生对行业专业的认知。另外，学校可通过搭建技术合作交流平台，引进国内医养康护等领域产业专家，开展技术方面的研究，为社会提供研究型人才，引领社会福祉产业的发展。

长沙民政职业技术学院（现代学徒制）

长沙民政职业技术学院与湖南康乃馨养老产业有限公司合作制订校企人才战略合作计划，开展现代学徒制人才培养、课程体系开发、教学团队共建、

企业标准开发在内的几大领域合作。

培养计划方面，第一阶段为第一学期。第一学期课程在校内完成，周末到企业见习，让学生对该专业有所了解。第二阶段为第二、三、四学期。第二、三、四学期1—16周校内学习，17—20周课程在企业完成。第二、四学期21—24周为暑假，学生到企业实践。专业理论学习和专业技能培训轮替交叉进行。第三阶段为第五、六学期。第五、六学期在企业进行顶岗实习。企业对学生进行综合技能培训和考核，学生通过考核，成为企业正式员工。

课程设置方面，设有企业导师。为提升企业在人才培育中的参与度，增设了企业特色课程、校企共授课程等，企业导师在课程设计、授课场所、考核评价等方面享有很大的自主权。此外，还打造了课程考核（校企共同完成）对应学分、寒暑假见习考核（企业单独完成）对应企业奖学金、大三顶岗实习考核（企业单独完成）对应就业的三重机制，真正发挥校企双元育人主体作用。

（三）提高工作待遇，改善工作环境与氛围

一支素质高、稳定性强的社会福祉人才队伍对于满足社会需求、推动中国福祉事业发展具有重要作用和意义，但要破解福祉人才培养困境，首要一点便是工作环境和氛围的改变。宏观层面可以通过法律、政策等方式保障社会福祉人才的基本合法权益，给予人才安全、公平的工作环境；制定规范的行业标准，给予人才科学的培养环境。在微观层面，完善人才激励机制和晋升机制，提高社会福祉行业工作待遇，提升福祉人才的职业获得感；拓宽福祉人才学习、培训渠道和资源，提供继续深造、锻炼的机会，在提升自身和队伍综合素质能力的同时提高社会认可度，有利于改善社会福祉工作的社会形象，提高社会地位，增强社会福祉人才的职业幸福感。

（四）开拓家政服务人才，赋能养老服务供给

家政行业的发展可以为养老托育行业提供更多的专业服务人员和服务机

构,缓解服务短缺问题。在养老服务领域,家政服务通过为老年人提供全方位的家庭护理服务、生活照料服务、心理疏导服务,这些服务可以提高老年人的生活质量和幸福感,让老年人得到更好的心理关怀;在托育服务领域,家政服务通过提供专业的居家上门托育服务,缓解家长育儿压力,满足家长多元化需求。家政行业能够与养老托育服务融合发展,在人员的培训上,通过对家政从业人员的培训,不仅提供清洁、烹饪、收纳等服务,也能从事育儿、早教、老年护理等服务。

国企示范引领,打造一流家服企业
——重庆"渝家人"健康养老服务有限公司

"渝家人"品牌诞生于 2012 年,渝家人公司是重庆市人力资源和社会保障局下属的国有企业。自 2013 年开始,累计培训 1.3 万人,直接或间接促进就业 5 万余人,公司是重庆市第一批重点培育打造的劳务品牌和培训品牌,是"千户百强"家庭服务企业,重庆市家庭服务业十佳企业。

国企品牌:政府引导,赋有公共服务、行业示范引领的职能职责;拥有较完善的标准体系、管理制度、人才储备;品牌历史悠久,在重庆家政行业具有良好声誉。

商业模式:采用"员工制"中介制相结合的模式,入职政审和体检严格,培训系统规范,评价回访机制完备,为客户提供多种选择,客户服务更有保障。

人才培养:重庆"渝家人"健康家政养老服务有限公司通过企业文化进校园等方式,与智慧家政学院、重庆城市管理职业学院、重庆市南岸区职业教育中心、川南幼儿师范高等专科学校等积极开展校企合作,主要涉及人才培养、实习实训、科研合作等方面。有利于提升成渝双城经济圈养老职教人才培养质量,助推成渝双城经济圈养老产业发展。

广西南宁大力打造"八桂家政"劳务品牌

2022年1月,南宁市印发《南宁市落实打造"八桂系列"劳务品牌促进就业工作方案》,明确了打造"八桂系列"劳务品牌的任务目标,提出以打造全国知名区域领先的"八桂家政""八桂米粉师傅"等"八桂系列"劳务品牌为引领。其中,打造"八桂家政"劳务品牌,则是围绕"一老一小一患"等群体迫切需求的家政类职业(工种)项目,重点培养母婴护理员、家政服务员、家庭照护员、养老护理员和病患陪护工等技能人才,到2025年,全市将组织开展家政类培训,培训人次2.5万以上,力争带动家政行业就业创业人次3万以上。

在人才建设上,南宁市部分高职院校积极响应国家关于推动家政服务业发展的政策方针,一是在农村转移劳动力、贫困劳动力中推广养老护理员、老人照料、家居保洁、家政服务员等培训项目,并积极推荐就业;二是大力开展家政服务企业员工技能培训,推行家政服务业人员持证上岗,参与家政服务员、家居保洁、老人照料、母婴护理等培训项目的培训方案设计和课程内容制定;三是开展各类技能大赛家政赛项,以赛促训,以赛促学;四是组建家政类专家团队,针对市场需求、职业标准变动调整教学大纲,拟定教学计划,培养年轻教师。

中国社会福祉人才的培养任重而道远,但相信随着国家和社会对老人、儿童、残疾人等人群关注度的不断提升,中国在社会福祉研究和人才培养体系建设上会有质的提高。与此同时,日本等国外成熟经验将对中国福祉事业的发展起到重要的借鉴和指导作用。

灵活就业人员的社会保障：
现实困境与可能的出路

颜学勇* 潘君豪

一 前 言

新科技革命催生的灵活就业新浪潮正在席卷中国。以"新产业""新业态""新商业模式"为核心的"三新经济"在驱动中国经济稳定增长的同时，也深刻地改变了中国的用工模式和劳动雇佣关系。[①] 由于数字经济、平台经济、共享经济和零工经济等新兴经济模式的涌现，灵活就业也从过去零星散发的小范围现象演变为当下渗透进中国人日常生活的普遍就业现象和重要就业形态。中国国家统计局的最新数据显示，截至2021年年底，中国灵活就业人数已经高达2亿人[②]，灵活就业人数占总就业人口的26.7%，劳动人口中每4人就有1人从事灵活就业。从具体的职业来看，既包括城市建设工人、流动商贩等传统的灵活就业者，也出现了大量像网约车司机、外卖骑手和电商运营等随着新业态和新经济而崛起的新就业群体，比如近年来大火的主播行业及其相关从业人员已达160万人，相比于2020年增长将近3倍[③]，此外还有约400万名快递员，1300万名外卖骑手，3000万名网约车司机活跃在"虚实

---

* 颜学勇：西南交通大学公共管理学院副教授。
① 杨伟国、吴清军、张建国、汪建华、陈雯：《中国数字经济时代的多元化用工模式》，《中国灵活用工发展报告（2022）》，社会科学文献出版社2021年版，第6页。
② 日本的灵活用工在人力资源行业中占比已超过40%，该模式在日本早已成熟。据日本求职公司统计，2018年有744万日本人至少打两份工，约占劳动力总数的11%，明显高于2015年的533万人。
③ 金贻龙、周缦卿、张寒：《2亿人"打零工"，要"自由"还是要"权益"？》，《财经》2022年4月24日，https://news.sina.com.cn/s/2022-04-24-doc-imcwiwst3761941.shtml，2024年3月11日。

结合"的灵活就业市场上。①

后疫情时代经济下行压力助推中国灵活就业行业进入高速发展阶段。②由于中国国内局部疫情的反复和经济外循环的受挫，中国经济增长的下行压力不断增大，全年就业目标实现面临严峻挑战。进一步发展和规范灵活就业就成为缓解当前就业问题，尤其是破解青年就业问题的现实路径之一。2020年7月，中央13个部门联合印发的《关于支持新业态新模式健康发展激活消费市场带动扩大就业的意见》明确了数字经济新业态新模式发展的15个重点方向和政策支持，进一步激活新型就业潜力。几乎在相同时间，国务院办公厅印发《关于支持多渠道灵活就业的意见》，从"拓宽灵活就业发展渠道""优化自主创业环境"和"加大对灵活就业保障支持"三方面落实政策支持，中国灵活就业新模式进入高速发展阶段。

新型灵活就业形态将有望为残障群体创造更加公平的就业创新机会。通过培养和挖掘技能、创意等软性的人力资本，残障群体可以凭借自身在其他方面的人力资本优势提升就业质量。根据中国残疾人联合会发布的《2022年残疾人事业发展统计公报》数据，中国2022年城乡持证残疾人就业人数为905.5万人，其中灵活就业人数高达265.6万人，是除了农业种养就业（430万人）以外，残障人士第二大就业方式。③但是灵活就业同样会给残障人士就业带来更大的挑战，市场在给予了更大自主权的同时，也对其专长的人力资本水平更加挑剔。互联网在降低对残障人士身体技能方面的要求的同时，市场对其就业创业主要依赖的人力资本水平也提出了更高的要求，平庸、迟缓的行动都会迅速被市场淘汰。

---

① 卢思叶:《2亿灵活就业者保障如何解？两会代表：推动立法、企业担责》，观察者网，2022年3月10日，https://www.guancha.cn/economy/2022_03_10_629706.shtml，2024年3月11日。

② 同样的情况也出现在日本：20世纪90年代日本经济陷入低迷，对用工灵活性的依赖和政策推动共同促进了日本灵活用工行业的快速发展。1990年日本的经济泡沫达到了顶点，经济长时间萎靡，失业率节节攀升，1990—2008年，日本GDP复合增速仅为0.9%，但灵活用工行业收入却增长了8倍，行业渗透率达到2.8%的历史高点，具有很强的抗周期性。

③ 中国残疾人联合会：《2022年残疾人事业发展统计公报》，https://www.cdpf.org.cn/zwgk/zccx/tjgb/4d0dbde4ece7414f95e5dfa4873f3cb9.htm，2024年3月12日。

灵活就业人员的社会保障困境已然成为中国社会的痛点和难点问题。社保有门槛、工伤无保障和劳动关系难认定被各界认为是灵活就业群体的"三大难"①。比如前期引发中国舆论的某平台"强迫"骑手注册成为个体户，骑手不注册将无法继续在平台接单，以此规避主体用工责任。直营式的快递公司为员工的社会保险缴费基本到位，加盟式的快递公司为了降低运营成本将少交甚至不交社保作为潜规则运行。近几年来，诸多外卖和快递小哥在送餐送快递途中的各种意外事故中，因为未缴纳社保而无法获得保障的新闻屡见报端。从宏观数据来看，2018年全国参加城镇职工基本养老保险的4.1亿人中，以灵活就业人员身份参保的有8000多万人；医疗保险参保人群中，企业、机关事业和灵活就业三类人员参保人数分别为2.15亿人、6119万人和4042万人；物流快递行业缺乏社会保障的青年员工占比为21.1%，外卖行业这一比例更多为47.8%。②

二 现实困境

（一）参保可能受到户籍限制

中国正在加快城乡二元户籍制度改革的步伐，各地城市相继放开了对灵活就业群体社保参保的户籍限制。根据对中国31个城市的材料整理，大致可以将各个城市对灵活就业人员参保的户籍要求分为四类：第一类是完全不限制户籍，诸如太原、石家庄、南昌、贵阳和成都等城市；第二类是较大程度上放开了户籍限制，只要提供居住证和营业执照等凭证即可参保，比如上海、重庆、天津、济南和昆明等城市；第三类是有限放开了户籍限制，在提供居住证的前提下能够参加养老保险但是不能医保，或者参加医保前需要先参加养老保险，比如南京、沈阳、杭州和长沙等城市；第四类是完全限制户籍，

---

① 刘阳：《社保有门槛、工伤无保障、劳动关系难认定，灵活就业三大痛点怎么破》，《瞭望》2020年9月14日，https://www.xinhuanet.com/politics/2020-09/14/c_1126488535.htm，2024年3月12日。
② 张璐：《政协委员王锋：建议快递员等重点群体强制参保工伤失业保险》，《新京报》2018年5月23日，http://www.china.com.cn/lianghui/news/2020-05/26/content_76090056.shtml，2024年3月12日。

比如北京和西宁等城市。

徐先生自 2016 年从北京的企业辞职后南下寻找新的工作，在广东省的深圳、东莞和中山等城市工作过，主要从事的是物流、电子行业和保安等类型的零工。在几年的零工生涯中，就职的公司并未给徐先生缴纳过任何社保，个人社保缴纳部分都转化成了当月的工资。徐先生也曾想过在深圳缴纳社保并主动咨询过相关政策，拥有深圳户籍的灵活就业人员能够参加养老和医疗保险，但是对于非深户籍的灵活就业者却无法通过正常渠道进行参保，找关系或寻找公司代缴都是不合法、不合规的行为，只能在与单位确定劳动关系后，通过单位为其参保。无奈，徐先生只能回到山西省运城市户籍地参保。

值得欣喜的是，灵活就业人员参保户籍限制的问题已经成为重要的政策议题，引起了中国人力资源和社会保障部的重视。2020 年 3 月的国务院政策例行吹风会上，人社部就提出要逐步取消省内参加企业养老保险的灵活就业人员的城乡户籍限制，对于从事灵活就业的困难群体，在缴纳社保时还要给予补贴。

（二）参保缴费负担沉重

眼前的生活与未来的保障是部分灵活就业者在参保时面临的两难选择。与企业职工基本养老保险作为对比，在企业内就业的拥有雇佣劳动关系的职员个人缴费比例在 8% 左右，而灵活就业群体的个人缴费比例高达 20%，过高的缴纳标准也是"劝退"部分低收入的年轻灵活就业人员的重要原因。不同城市设定的灵活就业人员最低缴费基数和缴费也各不相同。例如，北京本地户籍的灵活就业人员每月缴纳的养老、医疗和失业保险最低门槛为 1200 元，广州本地户籍的灵活就业人员每月缴纳养老和医疗保险最低保费为 1200 元，天津的灵活就业人员不分户籍每月缴纳养老和医疗保险最低为 900 元起步，深圳本地户籍的灵活就业人员缴纳养老和医疗保险一档社保为 800 多元，二档社保为 500 多元。

董先生在企业工作时一直按照 9000 元的基数缴纳社保，每个月社保个人部分仅扣除 448 元，大部分保费由公司承担。自公司离职后，董先生坚持继续缴纳保费，除了自己继续缴纳个人部分的社保费用外，还通过网上机构缴纳原本的公司应承担部分，两部分合计 1400 多元。董先生认为即使自己以广州市灵活就业人员身份参保，每个月缴纳的 1200 多元也是一笔不小的支出，对于正在创业前期的董先生来说社保缴费已经成为他仅次于房租的日常开支大头。

陈女士向朋友借钱来缴纳 2 个月的社保费用，离职后她的社保仍然挂靠在前东家处，按照最低标准缴纳社保，面临着和董先生相同的困境，算上自己个人和公司两部分，每个月至少需要缴纳 1300 多元。陈女士认为灵活就业人员的社保不应趋同于常规就业职工，应该根据不同人的经济承受能力灵活选择缴费基数，而且缴费金额也应当适当下调，自己每个月所能承受的上限就是 600 元。

在北京从事自由撰稿工作已经 4 年的陆先生由于收入不高，社保缴费也断断续续，其间也在三四家媒体公司做过正式员工，但是没过多久也都辞职了。虽然陆先生很清楚社保对未来的重要作用，但是从来没有尝试主动缴纳社保。因为工作和收入的波动难以让他有条件考虑长远的未来，自由职业的收入对他来说只够当下糊口，没有余力再考虑缴纳社保。

（三）平台经济新业态的挑战

平台经济在吸纳大量新增就业"稳就业"的同时，平台就业者社保"裸奔"引发的社会问题也冲击着以户籍制度和劳动关系确立的传统社会保障制度。就发达国家的平台经济用工模式而言，平台无法如常规劳动合同一般解雇劳动者，雇主和雇员之间的工作关系也从一元的雇佣到合作、利益相关的双边雇佣关系。[1] 而我国现阶段的灵活就业新业态本质上却仍然是农民工问

---

[1] 吴清军、张艺园、周广肃：《互联网平台用工与劳动政策未来发展趋势——以劳动者身份判定为基础的分析》，《中国行政管理》2019 年第 4 期。

题在新经济下的延续和加剧[①]，脱离传统的雇佣模式即意味着保障缺失和高度的不稳定性。

今年三十刚出头的李先生靠送快递来勉强维持一家人的生计。两个月前他还在一家电商企业内部的物流系统里做快递员，每月由单位为其缴纳社保。但是2020—2022年，李先生所处的行业受到了严重的冲击，电商平台从自营转为了承包，而李先生也成为裁员的对象。失业一个月后，李先生继续应聘上了快递员这个老本行，但是面临的处境却大不相同，入职前就在新公司的要求下签署了《代理注册及代管工商协议》，协议签署后由公司为李先生注册成为个体工商户方可入职，且公司不用再为其缴纳任何社保。公司不仅这么要求新员工，还积极建议老员工转为非正式员工，并用"灵活"和"高薪"作为优惠条件。比如公司规定非正式员工的派件收入为每件2.2元，而正式员工每件派送费用只有1.7元。为此，李先生就职后身边不少老员工都转为了非正式员工，劳务关系由另一个劳务公司所代理。对于李先生而言，短期的断保是一个无可奈何的临时选择，他十分明白社保对于灵活就业者的重要性，只要挺过这段经济困难期，就打算去继续缴纳社保。

三　可能的出路

（一）"劳动三分法"对新型劳动关系的持续探索创新

长久以来，关于如何确定灵活就业人员的劳动关系一直是各界争论的焦点。2021年5月，西班牙出台的"骑手法"（Riders' Law）直接界定骑手（包括网约配送员）与平台之间为雇佣关系，平台需对骑手承担劳动法上的全

[①] 王全兴、刘琦：《我国新经济下灵活用工的特点、挑战和法律规制》，《法学评论》2019年第4期。

部义务。该法案甫一出台就迫使国际著名配送平台户户送（Deliveroo）退出西班牙市场，而该平台旗下的所有骑手瞬间全部失业，当地骑手爆发的抗议冲突直指本意想要"保护"他们的当地政府。中国在面对日益增长的灵活就业大军时，到底是要坚持"劳动二分法"、坚决维护灵活就业者作为受雇者的劳动权利，还是考虑到灵活就业劳动关系转型的巨大社会和制度成本而放弃改革，找到平衡点尤为关键。

2021年7月16日，经过国务院同意后，人力资源和社会保障厅等八部门共同印发的《关于维护新就业形态劳动者劳动保障权益的指导意见》（后文简称《指导意见》）将依托平台的新就业形态分为"劳动关系—不完全符合劳动关系情形—民事关系"① 三种类型，标志着"劳动三分法"成为中国劳动法律的新框架，填补了《中华人民共和国劳动法》和《中华人民共和国民法典》之间的制度空白，也为旷日持久的劳动关系争论画上了句号。由于平台与灵活就业者之间的依存而非对立关系，"不完全符合劳动关系"的确立既希望支持平台持续发展，同时也要让灵活就业人群得到适当的保障。但是"不完全符合劳动关系"却不是一个成熟的法律用语，更像是政策话语，折中的做法很可能会混淆灵活就业与劳动关系的边界②，要想真正实现政策制定的初衷仍需长时间的探索和完善。

（二）更加合理的缴费负担水平和缴费负担机制

参加养老保险能够有效提升灵活就业人员的总体收入水平，但是较高的缴费负担和漫长的"等候"与眼前的"苟且"成为"劝退"相当部分灵活就业人员的主要原因。中国的社会保险尤其是养老保险的负担水平主要由缴费基数和缴费率决定，缴费基数主要由各地社会平均工资的一定比例决定，缴费率由雇主（公司）和雇员共同承担。对于灵活就业者来说，工资是维持生

---

① 《指导意见》中明确："劳动关系"为符合确立劳动关系情形的，企业应当依法与劳动者订立劳动合同；"不完全符合劳动关系"为不完全符合确立劳动关系情形但企业对劳动者进行劳动管理的，指导企业与劳动者订立书面协议，合理确定企业与劳动者的权利义务；"无劳动关系"为个人依托平台自主开展经营活动、从事自由职业等，按照民事法律调整双方的权利义务。

② 王天玉：《试点的价值：平台灵活就业人员职业伤害保障的制度约束》，《中国法律评论》2021年第4期。

计的主要甚至是唯一来源,其边际效用远远大于其他收入渠道①,因此调整灵活就业人员的缴费基数结构,比如适当将除工资外的其他收入纳入缴费基数结构当中,适当降低灵活就业人员的社保缴费门槛②。从缴费率入手,根据各地发展水平持续拓展"4050""4555""4959"③政策补贴范围和内涵,适度延长3年的最高领取时限,根据社会平均工资水平的增长提高补贴比例和额度。就缴费负担机制而言,针对灵活就业人员工作和收入起伏波动较大的不稳定特点,为该群体的社保参保设置灵活弹性的缴费负担机制,在一定时期内允许灵活就业人员降低当期的缴费额度以待收入回涨后补缴,适当延长该群体断缴补缴时限,保障相关从业人员缴费的延续性。

(三)数字时代更加全面的工作权利保护和职业发展支持

随数字经济发展蓬勃壮大的灵活就业新业态在消解传统职业岗位的同时,也模糊了以劳动雇佣关系为基础的工作权利边界。数字经济范式下应更加聚焦实现劳动产出的多载体多形态工作权利保护,尊重灵活就业人员与平台双边雇佣关系的自由选择权利。将劳动权真正视为基本人权,加大数字科技带来的进步力量支持有意愿的老年人、残障人士等群体继续工作,保障其正当的工作权益和生存权利不受侵犯,建立"终身活跃型社会"。④建立以劳动过程为主、以劳动关系为辅的灵活就业人员跨平台和多雇主之间的劳动权利保护和权益救济,进一步在"劳动三分法"明晰"不完全劳动关系"中平台企业与相关从业人员的权利义务关系。

灵活就业以低门槛和广覆盖的优势吸纳了大量农村和城镇劳动力,人员多集中于电子商务、物流、家政服务和餐饮外卖等传统服务业,而从事知识、

---

① 潘旦:《互联网"零工经济"就业群体的劳动权益保障研究》,《浙江社会科学》2022年第4期。
② 杨伟国:《从工业化就业到数字化工作:新工作范式转型与政策框架》,《行政管理改革》2021年第4期。
③ "4050"政策适用于未满50岁的男性和未满40岁的女性灵活就业人员,可以每个月领取社保缴费补贴。"4555"和"4959"含义同上。比如广州市,符合条件的每人每月可领取600元,一年即为7200元,而连续领取3年就有21600元。
④ 日本在老年人从事灵活用工上一直保持着开放的态度。2020年2月4日,日本内阁会议提出了《老年人雇用稳定法》修正案,要求企业有义务确保员工能够工作到70岁。此前2019年5月15日召开的未来投资会议上,日本政府发布了《高年龄者雇用安定法》修正案,还要求企业将退休年龄延长至70岁外,还要求企业支持老年员工到其他公司再就业、创业等。在日本会出现越来越多从事灵活就业和老年人业务委托等兼职性质的零工劳动者。

技能和创新等领域的较少[①]，部分职业的发展前景和社会保险参保受限。面对当下以及不远的未来因技术产生的持续变革中，对知识信息的搜寻和学习能力将是所有劳动者获益的关键所在。因此，要建立完善的灵活就业职业发展服务体系，政府、初高等院校和人力资源对接的企业和产业部门及时发布数字化就业信息，动态地将各类劳动供求信息透明化，使得学校等教育机构及时根据工作能力的需求调整人才培养体系。[②] 借助数字化平台的集成优势能够最大限度地利用劳动者有限的时间和资源进行职业技能的深度学习。通过优化就业结构的差异，赋予广大劳动者在数字时代职业技能与时俱进提升的机会和认可。

[①] 曹佳：《2021年中国数字化就业发展的现状与趋势》，载余兴安主编《人力资源蓝皮书：中国人力资源发展报告（2021）》，社会科学文献出版社2021年版，第262—271页。

[②] 郑祁、杨伟国：《零工经济前沿研究述评》，《中国人力资源开发》2019年第36期。

飞速发展的中国老龄科技与创新设计

杨一帆　潘君豪　杨　溢[*]

一　前　言

老龄少子化已然成为21世纪中国面临的最大"灰犀牛"之一。根据第七次全国人口普查公报数据显示，中国65岁以上老年人口已达1.9亿，占总人口比重达13.5%，已经逼近深度老龄化（14%）的国际标准，同日本在1994年时的人口老龄化（13.78%）水平相当，且60岁以上老年人口每年正在以1000万以上的速度持续增长，预计在2050年达到峰值后长期保持在重度老龄化的"高原"状态。中日两国在较短时间内就迈入的老龄化门槛是快速现代化进程的巨大成就，科技的进步一直在其中起着至关重要的支持作用。中华人民共和国成立伊始，人均预期寿命仅有35岁[①]，截至2022年中国的人均预期寿命已经达到77.3岁[②]。日本"二战"后的人均预期寿命约为55岁，2021年根据厚生劳动省的统计数据，日本人均预期寿命达到84.5岁[③]。

高龄不健康始终是中日两国的人口老龄化进程中亟待解决的重要问题。根据中国国家卫生健康委员会2019年数据显示，中国有超过1.8亿老年人

---

[*]　杨溢：西南交通大学公共管理学院本科生。
[①]　中国人口与发展研究中心：《新中国70年 新中国奇迹：人均预期寿命从35岁提高至77岁》，2019年9月29日，https://www.cpdrc.org.cn/ztlj/70/201909/t20190929_2912.html，2024年3月12日。
[②]　张文婷、吕骞：《国家卫健委：我国人均预期寿命达到77.3岁》，2022年4月7日，http://health.people.com.cn/n1/2022/0407/c14739-32393582.html，2024年3月12日。
[③]　许文金、孙璐：《日本人最新平均寿命数据公布：女性87.71岁、男性81.56岁》，2022年3月3日，http://japan.people.com.cn/n1/2022/0303/c35421-32365329.html，2024年3月12日。

患有慢性病，患有一种及以上慢性病的比例高达75%，超过4000万的老年人口处于失能和半失能状态，老年人整体健康状况存在患病时间早、患病比例高和"带病"生存时间长的特点。① 因此，中国对养老护理员的需求高达600多万，而目前中国全国仅有50多万名养老护理员，其中存在着巨大的缺口。② 对此必须认识到，传统意义上床位和护工数量的线性增长将永远无法满足未来中日两国人口老龄化的指数级增长需求。当前，在做好人力、物力和财力"加法"的基础上，必须更多地依靠技术进步的乘数效应来提质增效新科技革命范式下的为老服务体系。③

与此同时，欧美日发达国家的老龄科技创新和探索活动也在快速发展。美国国家科学技术委员会（NSTC）成立了老年人技术支持研发工作组，引导研发最新技术来保障持续老化的全国人口保持更加积极、健康和融入社会的宝贵机会，目的在于激发人力资本在全生命周期的增值潜力；为了在脱欧之后能够保持英国在欧洲社会经济发展中的前沿地位，英国政府更新了本国的工业战略（《工业战略：建设适合未来的英国》）④。《战略》将数字化和AI等创新技术作为重振工业和社会发展的首要驱动力，计划凭借颠覆性的技术力量来重塑老龄化、清洁化和未来智能的英国社会；作为世界最早进入老龄化社会的地区，欧盟更加重视银发经济的可持续发展，制定了以智慧化养老为核心内容的健康老龄化创新行动战略（European Summit On Innovation For Active & Healthy Ageing）⑤。2016年1月日本内阁会议审议通过的《第五期科学技术基本计划（2016—2020）》提出了"智能社会5.0"（Society 5.0）的概

---

① 屈婷：《超1.8亿老年人患有慢性病 我国将全面推进老年健康管理》，2019年7月31日，http://www.gov.cn/xinwen/2019-07/31/content_5417631.htm，2024年3月12日。
② 格格：《养老护理员缺口千万，谁来守护老年群体增长的"银发时代"？》，2021年7月1日，https://www.thepaper.cn/newsDetail_forward_13365422，2024年3月12日。
③ 黄鲁成、刘春文、苗红、吴菲菲：《开展依靠科技创新应对人口老龄化研究的思考》，《中国软科学》2019年第5期。
④ Department For Business E I S, *Industrial Strategy: building a Britain fit for the future*, London, 2017.
⑤ Friemel T N, "The digital divide has grown old: Determinants of a digital divide among seniors", *New Media & Society*, Vol.18（2）, 2016, pp.313-331.

念①。"智能社会5.0"以问题为导向,将智能化的工业生产作为发展经济和解决社会难题的重要手段,整合社会中的各个横向子系统,通过智慧服务来积极提升生活各方面的便捷性,以此应对高龄少子化以及教育、能源、环境和社会公平问题。

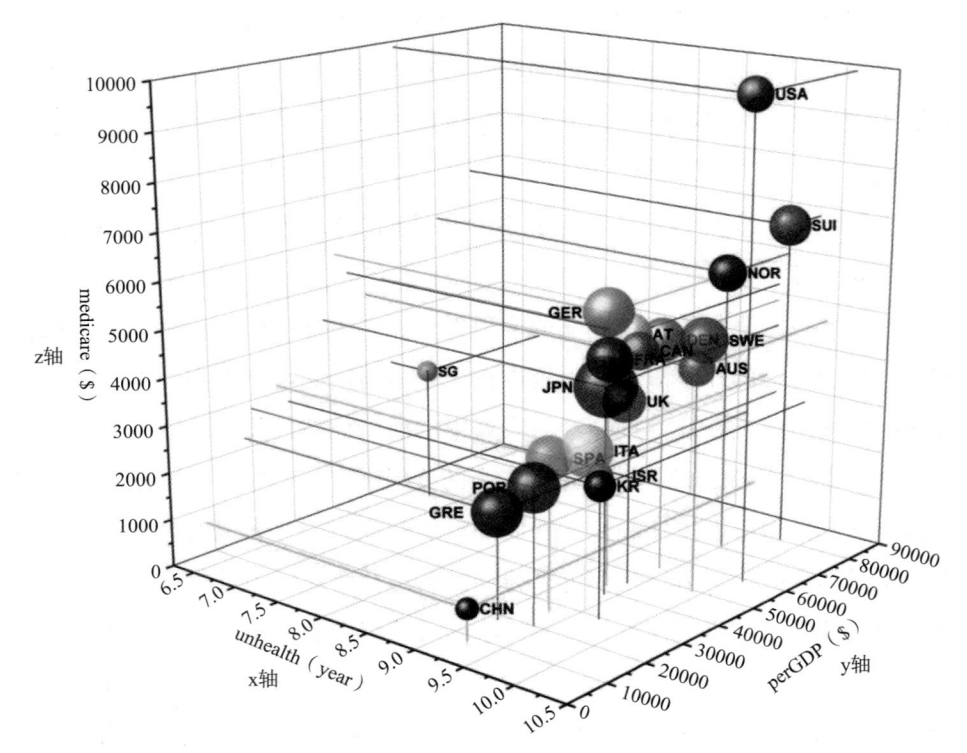

图 1　OECD 主要国家人口老龄化的综合比较视角

注:X、Y 和 Z 轴分别表示不健康生存时间(年)、人均 GDP(美元)和人均医疗支出(美元);不同国家气泡大小代表不同程度的人口老龄化率(65 岁及以上);笔者自制。

中国在面对老龄化社会资源约束的被动困局时同样在寻求科技创新上的关键突破,最大的变数在于中国自 2000 年进入老龄化开始,同频共振的便是信息化、数字化和智能化的科技浪潮,这意味着大量的技术创新应用将深度

---

① 丁曼:《"社会 5.0":日本超智慧社会的实现路径》,《现代日本经济》2018 年第 3 期。

嵌入老龄化社会的内生发展之中，中国"健康中国"的国家战略目标有望以更高效（国民健康生存时间长）、更集约（人均医疗支出少）的方式圆满实现，科技创新也将成为支撑中国"积极应对人口老龄化"国家战略的关键要素。

中国的科技创新在应对老龄化这个话题上还不是国际主流。从实证的角度分析，检索全球专利数据库可知，中国老龄科技专利近年来数量增速不断加快，但专利质量较差、缺乏技术创新和品质优化意识。① 而美国和日本虽然在专利申请上速度有所放缓，但是其仍然牢牢处于老龄科技研发的第一队列和相关产业链的上游领域。为了改变现有的落后形势，中国科技部自2018年开始连续四年发布了"主动健康和老龄化科技应对"重点研究计划，2017年度中国国家重大社会科学基金申报指南中也首次出现"依靠科技创新应对人口老龄化跨学科研究"选题，2021年中国科技部发布的《"脑科学与类脑研究"重大项目申报指南》中探求人类重大脑疾病（阿尔兹海默症）的发病机理和诊治手段也是重要研究领域之一，在老龄硬科技方面中国正在不断努力迎头赶上。

二 中国脑科学类的老龄科技与创新设计

（一）BrainRobotics 人工智能假肢手

类别：脑机接口

作者：BrainCo

标签：肌电感应、功能恢复、脑科学

BrainRobotics 智能假肢手利用人工智能算法让用户能够操作无限种手势。BrainRobotics 假肢手使用了一种能让用户与手互相学习的先进算法，让用户对手的操作熟练度随着使用时间不断提升。同时，该产品使

---

① 黄鲁成、李晋、吴菲菲：《老年科技重点创新领域的竞争态势分析》，《情报杂志》2019年第6期。

用了 8 个通道的肌电信号传感器，使用户可以通过残肢肌肉做出精细的操控指令。①

（二）爱银发海马指数

类别：人脑认知能力评估检测工具

作者：爱银发公司

标签：健康水平评估、健康预警、认知能力监测

海马指数是爱银发公司开发的一款中老年人脑认知能力评估检测工具，能够帮助中老年人快速进行脑认知健康水平评估。系统通过检测大脑认知能力退化的风险指数，建立长期评估档案，预警老年痴呆症。②

（三）爱银发瑞智庄园

类别：人脑认知能力训练平台

作者：爱银发公司

标签：场景任务、游戏闯关

瑞智庄园是中老年人脑认知能力训练平台，针对中老年人群体，以生活化场景任务为主线的脑认知训练平台。通过类似游戏闯关的形式，提高中老年人大脑能力，预防老年痴呆症。③

（四）"运动医生系统"

类别：智慧健身养老产品

作者：茵诺医疗

标签：老年人健身、AI 算法

"运动医生系统"是茵诺医疗打造的智慧养老产品，也是"龄动健康"智慧健身房的核心管理系统。目前运动医生分为两大板块。第一个板块是软件系统，依赖于大数据、以 AI 算法为工具，除了可以为老人进行疾病的筛查

---

① 新浪 VR：《让脑机接口技术走出科幻片 BrainCo 发明入选时代杂志最佳发明》，2019 年 11 月 22 日，http://vr.sina.com.cn/news/hz/2019-11-22/doc-iihnzahi2571126.shtml，2024 年 3 月 14 日。
② 爱银发：《中老年人大脑能力评估与训练》，2022 年 6 月 5 日，www.aiyinfa.com，2024 年 3 月 14 日。
③ 爱银发：《中老年人大脑能力评估与训练》，2022 年 6 月 5 日，www.aiyinfa.com，2024 年 3 月 14 日。

外,还可以提供身体肌肉等相关数据。第二个板块是器械可视化板块,如物联网传感器、智能配件、智能硬件,智能穿戴等,通过它们可以获取老年人核心肌肉训练过程中的数据。①

三 中国助行助听类重点领域的科技创新

(一)TOGOther

类别:电动运输工具

年度:2020年

作者:Pan Yu-Ting,Wu Ya-Cheng

标签:老年人、残障人士、日常出行

TOGOther是一种电动运输工具,可以连接到各种轮椅上。根据残障人士的需求,它提供了三种移动模式:独立模式、辅助模式和个人运输者模式。为了摆脱对残疾的耻辱,采用了现代风格和通用设计。TOGOther的理念是为每个人建立一个包容性社会的理念,它减轻了残疾人和照顾者的负担,从而为老龄化社会提供了支持。

(二)讯飞智能助听器

类别:助听产品

年度:2022年

作者:科大讯飞集团

标签:个性化、抑制噪声

外观兼顾时尚与居家,减轻老年人佩戴的心理负担,同时其搭配的数字16通道和APP自主验配,可根据个人不同的听损状况进行个性化的设置,确

---

① AgeclubDOC:《独家专访 龄动健康创始人黄超:以"运动医生+智慧康养"为核心,打造全龄长者专属连锁健身房》,2021年5月12日,http://www.360doc.com/content/21/0512/16/62175311_976832173.shtml,2024年3月15日。Billwang工业设计:《获奖作品 五款老龄化产品设计》,2020年10月9日,https://view.inews.qq.com/a/20201109A05UC800,2024年3月15日。

保最佳的聆听体验。无论是讯飞自研的 AiScene 场景识别系统还是 AiClear 啸叫抑制算法，均突破了多个行业难题，提供出色的噪声抑制和啸叫抑制效果，给用户带来更好的聆听体验。①

四　中国家具类老龄科技与创新设计

（一）Reminder 置物盘

类别：日用品、收纳用品

年度：2014 年

作者：郜媛

标签：交互功能

由于记忆力的减退，老年人可能会经常忘记把东西放在哪儿了。浙江大学"工设自造"的毕业设计展上，设计师郜媛展示了一款为老年人提供重要物品收纳的交互装置。Reminder 置物装置有四个置物盘，分别可以放置药品、手机、钥匙和钱包。每个置物盘上都有相应的图标做标识，方便老年人识别。置物盘下端连接着压力传感器，当有物品放在置物盘上时，对应的 LED 灯就会亮起来，达到产品的交互效果。Reminder 置物装置通过灯的明灭，提醒老年人收纳重要物品，帮助老年人的生活更有条理。②

（二）养老公寓

类别：室内建筑设计

年度：2020 年

导师：Zhang Haiao

标签：老年人、日常生活、老年友好

---

① 科大讯飞集团：《世界电信日 科大讯飞 AI 赋能，让老年人乐享数字生活》，2022 年 5 月 17 日，https://mp.weixin.qq.com/s/lw85UtzX-z6UhrnecNWRLA，2024 年 3 月 15 日。

② 《老人也需要享受科技！快来看看这些转为老人设计的创意产品！》，2021 年 10 月 18 日，https://mp.weixin.qq.com/s/faeegNMwoxrKKn3cKBnL1w，2024 年 3 月 18 日。

该项目是来自上海交通大学的作品，荣获 2020 年红点奖。样板房的内部空间是专门为老年人设计的，它配备了技术手段，即使有身体限制也可以帮助执行日常任务。一个特殊功能是专门为此项目开发的移动设备。它是一个托盘，已连接到天花板上的导轨，可用于轻松地水平和垂直运输东西。这种室内设计满足了老年人的需求，并通过创新技术为日常生活提供了有效的帮助。①

（三）AI+ 康养大屏

类别：家用电器

年度：2022 年

作者：科大讯飞集团

标签：健康监测、老龄健康医养

这是科大讯飞在电视承载居家健康服务方面的探索。老年用户可在观看电视节目的同时监测自己的身体状况，并且配套搭载电视大屏上的康养服务平台，为老年用户提供心率血氧检测数据分析、疾病自查、在线问诊、出行查询等老龄健康医养服务。②

（四）美的"美颐享"智能家居适老化产品

类别：智能家居

年度：2020 年

作者：美的集团

标签：适老化、养老生态

2020 年 5 月 7 日，美的集团正式对外发布智慧养老解决方案，推出高科技适老化品牌"美颐享"，并推介美颐享热水器、美颐享智慧环浴坐式淋浴器等智能家居适老化产品。同时，美的集团还发布了智慧养老解决方案及 AI 父

---

① 搜狐网：《2020 红点奖如约官宣，这 40 件作品值得细品》，2020 年 7 月 3 日，https://www.sohu.com/a/405642539_100010373，2024 年 3 月 18 日。

② 科大讯飞集团：世界电信日丨科大讯飞 AI 赋能，让老年人乐享数字生活，2022 年 5 月 17 日，https://mp.weixin.qq.com/s/lw85UtzX-z6UhrnecNWRLA，2024 年 3 月 18 日。

母云管家系统，将从智能硬件、定制化软件、银发内容社区、升级售后服务等维度构建美的智慧养老生态体系。①

五　其他领域中国老龄科技与创新设计

（一）科大讯飞 5G 通信产品

类别：通信产品

年度：2022 年

作者：科大讯飞集团

标签：视频通话、信息智能

在 2022 年母亲节期间，科大讯飞推出了 5G 智能通信产品，在视频通话的过程中，当用户向妈妈说出"母亲节快乐"等话语时，屏幕上就会绽放鲜花。借助信息智能推荐功能，当向妈妈嘘寒问暖时，还可实时显示近期的天气预报等信息，为老年人省去了操作查询的烦恼。②

（二）爱晚频道

类别：电视媒体和融媒体平台

年度：2022 年

作者：湖南广播电视台

标签：中老年生活、银发幸福感

为响应中国国家广电总局关于"加强专业电视频道建设"的意见，中国湖南省湖南公共频道即将转型升级为"湖南爱晚频道"。据悉，转型升级后，爱晚频道将成为中国首个省级老年主题电视媒体和首个省级老年主题融媒体平台。在节目编排上，爱晚频道将全方位关注中老年生活，

---

① AgeCLub：老年趋势 | 科大讯飞推出智能助听器；美的发布适老化新品牌；前谷歌高管居家护理项目获 950 万美元融资…，2022 年 5 月 16 日，https://mp.weixin.qq.com/s/3lMj_RfGg1MDY64hG-TX2Q，2024 年 4 月 20 日。

② 科大讯飞集团：《世界电信日科大讯飞 AI 赋能，让老年人乐享数字生活》，2022 年 5 月 17 日，https://mp.weixin.qq.com/s/lw85UtzX-z6UhrnecNWRLA，2024 年 4 月 20 日。

推动老年社会服务平台建设，使银发人群享有更多获得感、幸福感、安全感。①

（三）讯飞输入法

类别：输入法

年度：2022 年

作者：科大讯飞集团

标签：AI 技术、方言识别、老年人"触网"

讯飞输入法针对老年人输入的特点，可以一键进入长辈模式，支持高识别率的手写输入，可叠字连写，也可以自动纠错，手写单字还有注音提示。当然，相比手写输入，讯飞真正的强项是语音输入，基于强大的 AI 技术支撑，老年人可以直接用语音来输入，讯飞输入法支持 23 种方言语音输入，不会普通话也无识别难题。讯飞输入法通过 AI 技术的赋能，弥合老年输入"数字鸿沟"，使"触网"的老年人表达更有效率，得以平等地和年轻用户一般，享受互联网发展给生活带来的红利。②

六 总 结

我们今天要面对的不仅仅是科技养老问题，还有超出"老年人未来生活"话题的社会转型问题。科技创新的长足进步在给社会福祉带来更多剩余的同时，不恰当的应用模式造成的技术鸿沟也在排斥、异化着原本最需要科技帮助的弱势群体，要让未来占总人口比重高达三分之一的老年群体能够主动、乐意和顺心融入科技加速迭代的现代社会，就要创新现有的社会治理范式，警惕技术至上主义，兼顾高效和公平的发展需要。目前已有相应的代表性案例可供我们研究和学习，例如上海市政府部门联合企业、市民、社会组织共

---

① AgeCLub：《老年趋势 科大讯飞推出智能助听器；美的发布适老化新品牌；前谷歌高管居家护理项目获 950 万美元融资…》，2022 年 5 月 16 日，https://mp.weixin.qq.com/s/3lMj_RfGg1MDY64hG-TX2Q，2024 年 4 月 20 日。

② 江西网络广播电视台：《讯飞输入法长辈模式：让老年人看得见、听得清、用得了》，2021 年 1 月 28 日，https://cn.chinadaily.com.cn/a/202101/28/WS6012819ea3101e7ce973d493.html，2024 年 4 月 23 日。

同发起的"数字伙伴计划",各界积极开展系列数字助老活动;江西省持续优化"赣服通"的服务效能,多部门共同发力保障老年人安心出行、就医和外出办事,其中都凸显出了赋予老年人独立自主的能力和条件,而不是让老年人被动保护的创新治理本质理念。

中日两国应对人口老龄化的路径离不开老龄科技的支撑作用,更离不开对创新科技敏捷、包容、协同和开放的治理。敏捷治理要求我们准确识别技术变革带来的环境变化,洞察技术未来发展的趋势和规律,主动利用数字科技高效配置资源、畅通联通渠道,及时、精准回应老年群体对于养老、医疗等生存发展领域的迫切需求,保障为老基本公共服务的可及性、普惠性和便捷性。

实现包容治理要将全龄友好的理念深入贯彻落实到"人的全面发展"目标当中,并将其作为老龄科技创新的社会效益和内生驱动力,关键要以用户思维开发一批场景适用、安全可控和品质领先的公共服务技术和产品,辅助通过养教结合、技术标准化和征信体系建设等方式营造老龄科技研发和应用的良好生态环境。

协同治理要求进一步培育以政府、研发机构、企业和社会为主体的老龄科技"政产学研用"创新生态。政府应当发挥主导性作用,持续维护公平、透明、有序的市场竞争环境,保证稳定和可预期的知识产权保护制度供给。研发机构和企业要强化科研成果转化力度,追赶国际先进技术的同时要关切技术包容的普惠落地问题。社会层面要加强老年人数字支持和引导功能,依托现有的网格、自治组织、非营利机构和意见领袖织牢老年人应用创新科技的社会支持网络。

开放治理需要我国主动吸取国外科技发展先发的治理经验,加强国际社会关于老龄科技创新的知识合作,在科技风险性和政治对抗性日益增长博弈的过程中,积极开展区域协同合作,融入全球老龄科技治理网络,共享全球老龄科技研发和治理的主导权。